中华人民共和国
新法规汇编

2022
第1辑

司法部 编

中国法制出版社

编辑说明

一、《中华人民共和国新法规汇编》是国家出版的法律、行政法规汇编正式版本，是刊登报国务院备案并予以登记的部门规章的指定出版物。

二、本汇编收集的内容包括：上一个月内由全国人民代表大会及其常务委员会通过的法律和有关法律问题的决定，国务院公布的行政法规和国务院文件，报国务院备案并予以登记的部门规章，最高人民法院和最高人民检察院公布的司法解释。另外，还收入了上一个月内报国务院备案并予以登记的地方性法规和地方政府规章目录。

三、本汇编所收的内容，按下列分类顺序编排：法律，行政法规，国务院文件，国务院部门规章，司法解释。每类中按公布的时间顺序排列。报国务院备案并予以登记的地方性法规和地方政府规章目录按1987年国务院批准的行政区划顺序排列；同一行政区域报备两件以上者，按公布时间顺序排列。

四、本汇编每年出版12辑，每月出版1辑。本辑为2022年度第1辑，收入2021年12月份内公布的法律7件、有关法律问题的决定1件、国务院文件7件、报国务院备案并经审查予以登记编号的部门规章21件、司法解释6件，共计42件。

五、本汇编在编辑出版过程中，得到了国务院有关部门和有关方面以及广大读者的大力支持和协助，在此谨致谢意。

司法部

2022年1月

目　　录

法　　律

有关法律问题的决定

国务院文件

国务院部门规章

司法解释

附：

法　　律

中华人民共和国反有组织犯罪法

（2021 年 12 月 24 日第十三届全国人民代表大会常务委员会第三十二次会议通过　2021 年 12 月 24 日中华人民共和国主席令第 101 号公布　自 2022 年 5 月 1 日起施行）

目　　录

第一章　总　　则

第一条　为了预防和惩治有组织犯罪，加强和规范反有组织犯罪工作，维护国家安全、社会秩序、经济秩序，保护公民和组织的合法权益，根据宪法，制定本法。

第二条　本法所称有组织犯罪，是指《中华人民共和国刑法》第二百九十四条规定的组织、领导、参加黑社会性质组织犯罪，以及黑社会性质组织、恶势力组织实施的犯罪。

本法所称恶势力组织，是指经常纠集在一起，以暴力、威胁或者其他手段，在一定区域或者行业领域内多次实施违法犯罪活动，为非作恶，欺压群众，扰乱社会秩序、经济秩序，造成较为恶劣的社会影响，但尚未形成黑社会性质组织的犯罪组织。

境外的黑社会组织到中华人民共和国境内发展组织成员、实施犯罪，以及在境外对中华人民共和国国家或者公民犯罪的，适用本法。

第三条 反有组织犯罪工作应当坚持总体国家安全观，综合运用法律、经济、科技、文化、教育等手段，建立健全反有组织犯罪工作机制和有组织犯罪预防治理体系。

第四条 反有组织犯罪工作应当坚持专门工作与群众路线相结合，坚持专项治理与系统治理相结合，坚持与反腐败相结合，坚持与加强基层组织建设相结合，惩防并举、标本兼治。

第五条 反有组织犯罪工作应当依法进行，尊重和保障人权，维护公民和组织的合法权益。

第六条 监察机关、人民法院、人民检察院、公安机关、司法行政机关以及其他有关国家机关，应当根据分工，互相配合，互相制约，依法做好反有组织犯罪工作。

有关部门应当动员、依靠村民委员会、居民委员会、企业事业单位、社会组织，共同开展反有组织犯罪工作。

第七条 任何单位和个人都有协助、配合有关部门开展反有组织犯罪工作的义务。

国家依法对协助、配合反有组织犯罪工作的单位和个人给予保护。

第八条 国家鼓励单位和个人举报有组织犯罪。

对举报有组织犯罪或者在反有组织犯罪工作中作出突出贡献的单位和个人，按照国家有关规定给予表彰、奖励。

第二章 预防和治理

第九条 各级人民政府和有关部门应当依法组织开展有组织犯罪预防和治理工作，将有组织犯罪预防和治理工作纳入考评体系。

村民委员会、居民委员会应当协助人民政府以及有关部门开展有组织犯罪预防和治理工作。

第十条 承担有组织犯罪预防和治理职责的部门应当开展反有组织犯罪宣传教育，增强公民的反有组织犯罪意识和能力。

监察机关、人民法院、人民检察院、公安机关、司法行政机关应当通过普法宣传、以案释法等方式，开展反有组织犯罪宣传教育。

新闻、广播、电视、文化、互联网信息服务等单位，应当有针对性地面向社会开展反有组织犯罪宣传教育。

第十一条 教育行政部门、学校应当会同有关部门建立防范有组织犯罪侵害校园工作机制，加强反有组织犯罪宣传教育，增强学生防范有组织犯罪的意识，教育引导学生自觉抵制有组织犯罪，防范有组织犯罪的侵害。

学校发现有组织犯罪侵害学生人身、财产安全，妨害校园及周边秩序的，有组织犯罪组织在学生中发展成员的，或者学生参加有组织犯罪活动的，应当及时制止，采取防范措施，并向公安机关和教育行政部门报告。

第十二条 民政部门应当会同监察机关、公安机关等有关部门，对村民委员会、居民委员会成员候选人资格进行审查，发现因实施有组织犯罪受过刑事处罚的，应当依照有关规定及时作出处理；发现有组织犯罪线索的，应当及时向公安机关报告。

第十三条 市场监管、金融监管、自然资源、交通运输等行业主管部门应当会同公安机关，建立健全行业有组织犯罪预防和治理长效机制，对相关行业领域内有组织犯罪情况进行监测分析，对有组织犯罪易发的行业领域加强监督管理。

第十四条 监察机关、人民法院、人民检察院、公安机关在办理案件中发现行业主管部门有组织犯罪预防和治理工作存在问题的，可以书面向相关行业主管部门提出意见建议。相关行业主管部门应当及时处理并书面反馈。

第十五条 公安机关可以会同有关部门根据本地有组织犯罪情况，确定预防和治理的重点区域、行业领域或者场所。

重点区域、行业领域或者场所的管理单位应当采取有效措施，加强管理，并及时将工作情况向公安机关反馈。

第十六条 电信业务经营者、互联网服务提供者应当依法履行网络信息安全管理义务，采取安全技术防范措施，防止含有宣扬、诱导有组织犯罪内容的信息传播；发现含有宣扬、诱导有组织犯罪内容的信息的，应当立即停止传输，采取消除等处置措施，保存相关记录，并向公安机关或者有关部门报告，依法为公安机关侦查有组织犯罪提供技术支持和协助。

网信、电信、公安等主管部门对含有宣扬、诱导有组织犯罪内容的信息，应当按照职责分工，及时责令有关单位停止传输、采取消除等处置措施，或者下架相关应用、关闭相关网站、关停相关服务。有关单位应当立即执行，并保存相关记录，协助调查。对互联网上来源于境外的上述信息，电信主管部门应当采取技术措施，及时阻断传播。

第十七条 国务院反洗钱行政主管部门、国务院其他有关部门、机构应当督促金融机构和特定非金融机构履行反洗钱义务。发现与有组织犯罪有关的可疑交易活动的，有关主管部门可以依法进行调查，经调查不能排除洗钱嫌疑的，应当及时向公安机关报案。

第十八条 监狱、看守所、社区矫正机构对有组织犯罪的罪犯，应当采取有针对性的监管、教育、矫正措施。

有组织犯罪的罪犯刑满释放后，司法行政机关应当会同有关部门落实安置帮教等必要措施，促进其顺利融入社会。

第十九条 对因组织、领导黑社会性质组织被判处刑罚的人员，设区的市级以上公安机关可以决定其自刑罚执行完毕之日起，按照国家有关规定向公安机关报告个人财产及日常活动。报告期限不超过五年。

第二十条 曾被判处刑罚的黑社会性质组织的组织者、领导者或者恶势力组织的首要分子开办企业或者在企业中担任高级管理人员的，相关行业主管部门应当依法审查，对其经营活动加强监督管理。

第二十一条 移民管理、海关、海警等部门应当会同公安机关严密防范境外的黑社会组织入境渗透、发展、实施违法犯罪活动。

出入境证件签发机关、移民管理机构对境外的黑社会组织的人员，有权决定不准其入境、不予签发入境证件或者宣布其入境证件作废。

移民管理、海关、海警等部门发现境外的黑社会组织的人员入境的，应当及时通知公安机关。发现相关人员涉嫌违反我国法律或者发现涉嫌有组织犯罪物品的，应当依法扣留并及时处理。

第三章 案件办理

第二十二条 办理有组织犯罪案件，应当以事实为根据，以法律为准绳，坚持宽严相济。

对有组织犯罪的组织者、领导者和骨干成员，应当严格掌握取保候审、不起诉、缓刑、减刑、假释和暂予监外执行的适用条件，充分适用剥夺政治权利、没收财产、罚金等刑罚。

有组织犯罪的犯罪嫌疑人、被告人自愿如实供述自己的罪行，承认指控的犯罪事实，愿意接受处罚的，可以依法从宽处理。

第二十三条 利用网络实施的犯罪，符合本法第二条规定的，应当认定为有组织犯罪。

为谋取非法利益或者形成非法影响，有组织地进行滋扰、纠缠、哄闹、聚众造势等，对他人形成心理强制，足以限制人身自由、危及人身财产安全，影响正常社会秩序、经济秩序的，可以认定为有组织犯罪的犯罪手段。

第二十四条　公安机关应当依法运用现代信息技术，建立有组织犯罪线索收集和研判机制，分级分类进行处置。

公安机关接到对有组织犯罪的报案、控告、举报后，应当及时开展统计、分析、研判工作，组织核查或者移送有关主管机关依法处理。

第二十五条　有关国家机关在履行职责时发现有组织犯罪线索，或者接到对有组织犯罪的举报的，应当及时移送公安机关等主管机关依法处理。

第二十六条　公安机关核查有组织犯罪线索，可以按照国家有关规定采取调查措施。公安机关向有关单位和个人收集、调取相关信息和材料的，有关单位和个人应当如实提供。

第二十七条　公安机关核查有组织犯罪线索，经县级以上公安机关负责人批准，可以查询嫌疑人员的存款、汇款、债券、股票、基金份额等财产信息。

公安机关核查黑社会性质组织犯罪线索，发现涉案财产有灭失、转移的紧急风险的，经设区的市级以上公安机关负责人批准，可以对有关涉案财产采取紧急止付或者临时冻结、临时扣押的紧急措施，期限不得超过四十八小时。期限届满或者适用紧急措施的情形消失的，应当立即解除紧急措施。

第二十八条　公安机关核查有组织犯罪线索，发现犯罪事实或者犯罪嫌疑人的，应当依照《中华人民共和国刑事诉讼法》的规定立案侦查。

第二十九条　公安机关办理有组织犯罪案件，可以依照《中华人民共和国出境入境管理法》的规定，决定对犯罪嫌疑人采取限制出境措施，通知移民管理机构执行。

第三十条　对有组织犯罪案件的犯罪嫌疑人、被告人，根据办理案件和维护监管秩序的需要，可以采取异地羁押、分别羁押或者单独羁押等措施。采取异地羁押措施的，应当依法通知犯罪嫌疑人、被告人的家属和辩护人。

第三十一条　公安机关在立案后，根据侦查犯罪的需要，依照《中华人民共和国刑事诉讼法》的规定，可以采取技术侦查措施、实施控制下交付或者由有关人员隐匿身份进行侦查。

第三十二条　犯罪嫌疑人、被告人检举、揭发重大犯罪的其他共同犯罪人或者提供侦破重大案件的重要线索或者证据，同案处理可能导致其本人或者近亲属有人身危险的，可以分案处理。

第三十三条　犯罪嫌疑人、被告人积极配合有组织犯罪案件的侦查、起诉、审判等工作，有下列情形之一的，可以依法从宽处罚，但对有组织犯罪的组织者、领导者应当严格适用：

（一）为查明犯罪组织的组织结构及其组织者、领导者、首要分子的地位、作用提供重要线索或者证据的；

（二）为查明犯罪组织实施的重大犯罪提供重要线索或者证据的；

（三）为查处国家工作人员涉有组织犯罪提供重要线索或者证据的；

（四）协助追缴、没收尚未掌握的赃款赃物的；

（五）其他为查办有组织犯罪案件提供重要线索或者证据的情形。

对参加有组织犯罪组织的犯罪嫌疑人、被告人不起诉或者免予刑事处罚的，可以根据案件的不同情况，依法予以训诫、责令具结悔过、赔礼道歉、赔偿损失，或者由主管部门予以行政处罚或者处分。

第三十四条　对黑社会性质组织的组织者、领导者，应当依法并处没收财产。对其他组织成员，根据其在犯罪组织中的地位、作用以及所参与违法犯罪活动的次数、性质、违法所得数额、造成的损失等，可以依法并处罚金或者没收财产。

第三十五条　对有组织犯罪的罪犯，执行机关应当依法从严管理。

黑社会性质组织的组织者、领导者或者恶势力组织的首要分子被判处十年以上有期徒刑、无期徒刑、死刑缓期二年执行的，应当跨省、自治区、直辖市异地执行刑罚。

第三十六条　对被判处十年以上有期徒刑、无期徒刑、死刑缓期二年执行的黑社会性质组织的组织者、领导者或者恶势力组织的首要分子减刑的，执行机关应当依法提出减刑建议，报经省、自治区、直辖市监狱管理机关复核后，提请人民法院裁定。

对黑社会性质组织的组织者、领导者或者恶势力组织的首要分子假释的，适用前款规定的程序。

第三十七条　人民法院审理黑社会性质组织犯罪罪犯的减刑、假释案件，应当通知人民检察院、执行机关参加审理，并通知被报请减刑、假释的罪犯参加，听取其意见。

第三十八条　执行机关提出减刑、假释建议以及人民法院审理减刑、假释案件，应当充分考虑罪犯履行生效裁判中财产性判项、配合处置涉案财产等情况。

第四章　涉案财产认定和处置

第三十九条　办理有组织犯罪案件中发现的可用以证明犯罪嫌疑人、被告人有罪或者无罪的各种财物、文件，应当依法查封、扣押。

公安机关、人民检察院、人民法院可以依照《中华人民共和国刑事诉讼法》的规定查询、冻结犯罪嫌疑人、被告人的存款、汇款、债券、股票、基金份额等财产。有关单位和个人应当配合。

第四十条　公安机关、人民检察院、人民法院根据办理有组织犯罪案件的需要,可以全面调查涉嫌有组织犯罪的组织及其成员的财产状况。

第四十一条　查封、扣押、冻结、处置涉案财物,应当严格依照法定条件和程序进行,依法保护公民和组织的合法财产权益,严格区分违法所得与合法财产、本人财产与其家属的财产,减少对企业正常经营活动的不利影响。不得查封、扣押、冻结与案件无关的财物。经查明确实与案件无关的财物,应当在三日以内解除查封、扣押、冻结,予以退还。对被害人的合法财产,应当及时返还。

查封、扣押、冻结涉案财物,应当为犯罪嫌疑人、被告人及其扶养的家属保留必需的生活费用和物品。

第四十二条　公安机关可以向反洗钱行政主管部门查询与有组织犯罪相关的信息数据,提请协查与有组织犯罪相关的可疑交易活动,反洗钱行政主管部门应当予以配合并及时回复。

第四十三条　对下列财产,经县级以上公安机关、人民检察院或者人民法院主要负责人批准,可以依法先行出售、变现或者变卖、拍卖,所得价款由扣押、冻结机关保管,并及时告知犯罪嫌疑人、被告人或者其近亲属:

(一)易损毁、灭失、变质等不宜长期保存的物品;

(二)有效期即将届满的汇票、本票、支票等;

(三)债券、股票、基金份额等财产,经权利人申请,出售不损害国家利益、被害人利益,不影响诉讼正常进行的。

第四十四条　公安机关、人民检察院应当对涉案财产审查甄别。在移送审查起诉、提起公诉时,应当对涉案财产提出处理意见。

在审理有组织犯罪案件过程中,应当对与涉案财产的性质、权属有关的事实、证据进行法庭调查、辩论。人民法院应当依法作出判决,对涉案财产作出处理。

第四十五条　有组织犯罪组织及其成员违法所得的一切财物及其孳息、收益,违禁品和供犯罪所用的本人财物,应当依法予以追缴、没收或者责令退赔。

依法应当追缴、没收的涉案财产无法找到、灭失或者与其他合法财产混合且不可分割的,可以追缴、没收其他等值财产或者混合财产中的等值部分。

被告人实施黑社会性质组织犯罪的定罪量刑事实已经查清,有证据证明其在犯罪期间获得的财产高度可能属于黑社会性质组织犯罪的违法所得及其孳息、收益，被告人不能说明财产合法来源的，应当依法予以追缴、没收。

第四十六条 涉案财产符合下列情形之一的，应当依法予以追缴、没收：

（一）为支持或者资助有组织犯罪活动而提供给有组织犯罪组织及其成员的财产；

（二）有组织犯罪组织成员的家庭财产中实际用于支持有组织犯罪活动的部分；

（三）利用有组织犯罪组织及其成员的违法犯罪活动获得的财产及其孳息、收益。

第四十七条 黑社会性质组织犯罪案件的犯罪嫌疑人、被告人逃匿，在通缉一年后不能到案，或者犯罪嫌疑人、被告人死亡，依照《中华人民共和国刑法》规定应当追缴其违法所得及其他涉案财产的，依照《中华人民共和国刑事诉讼法》有关犯罪嫌疑人、被告人逃匿、死亡案件违法所得的没收程序的规定办理。

第四十八条 监察机关、公安机关、人民检察院发现与有组织犯罪相关的洗钱以及掩饰、隐瞒犯罪所得、犯罪所得收益等犯罪的，应当依法查处。

第四十九条 利害关系人对查封、扣押、冻结、处置涉案财物提出异议的，公安机关、人民检察院、人民法院应当及时予以核实，听取其意见，依法作出处理。

公安机关、人民检察院、人民法院对涉案财物作出处理后，利害关系人对处理不服的，可以提出申诉或者控告。

第五章 国家工作人员涉有组织犯罪的处理

第五十条 国家工作人员有下列行为的，应当全面调查，依法作出处理：

（一）组织、领导、参加有组织犯罪活动的；

（二）为有组织犯罪组织及其犯罪活动提供帮助的；

（三）包庇有组织犯罪组织、纵容有组织犯罪活动的；

（四）在查办有组织犯罪案件工作中失职渎职的；

（五）利用职权或者职务上的影响干预反有组织犯罪工作的；

（六）其他涉有组织犯罪的违法犯罪行为。

国家工作人员组织、领导、参加有组织犯罪的，应当依法从重处罚。

第五十一条 监察机关、人民法院、人民检察院、公安机关、司法行政机关应当加强协作配合，建立线索办理沟通机制，发现国家工作人员涉嫌本法第五十条规定的违法犯罪的线索，应当依法处理或者及时移送主管机关处理。

任何单位和个人发现国家工作人员与有组织犯罪有关的违法犯罪行为，有权向监察机关、人民检察院、公安机关等部门报案、控告、举报。有关部门接到报案、控告、举报后，应当及时处理。

第五十二条 依法查办有组织犯罪案件或者依照职责支持、协助查办有组织犯罪案件的国家工作人员，不得有下列行为：

（一）接到报案、控告、举报不受理，发现犯罪信息、线索隐瞒不报、不如实报告，或者未经批准、授权擅自处置、不移送犯罪线索、涉案材料；

（二）向违法犯罪人员通风报信，阻碍案件查处；

（三）违背事实和法律处理案件；

（四）违反规定查封、扣押、冻结、处置涉案财物；

（五）其他滥用职权、玩忽职守、徇私舞弊的行为。

第五十三条 有关机关接到对从事反有组织犯罪工作的执法、司法工作人员的举报后，应当依法处理，防止犯罪嫌疑人、被告人等利用举报干扰办案、打击报复。

对利用举报等方式歪曲捏造事实，诬告陷害从事反有组织犯罪工作的执法、司法工作人员的，应当依法追究责任；造成不良影响的，应当按照规定及时澄清事实，恢复名誉，消除不良影响。

第六章 国际合作

第五十四条 中华人民共和国根据缔结或者参加的国际条约，或者按照平等互惠原则，与其他国家、地区、国际组织开展反有组织犯罪合作。

第五十五条 国务院有关部门根据国务院授权，代表中国政府与外国政府和有关国际组织开展反有组织犯罪情报信息交流和执法合作。

国务院公安部门应当加强跨境反有组织犯罪警务合作，推动与有关国家和地区建立警务合作机制。经国务院公安部门批准，边境地区公安机关可以与相邻国家或者地区执法机构建立跨境有组织犯罪情报信息交流和警务合作机制。

第五十六条 涉及有组织犯罪的刑事司法协助、引渡，依照有关法律的规定办理。

第五十七条 通过反有组织犯罪国际合作取得的材料可以在行政处罚、刑事诉讼中作为证据使用，但依据条约规定或者我方承诺不作为证据使用的除外。

第七章 保障措施

第五十八条 国家为反有组织犯罪工作提供必要的组织保障、制度保障和物质保障。

第五十九条 公安机关和有关部门应当依照职责，建立健全反有组织犯罪专业力量，加强人才队伍建设和专业训练，提升反有组织犯罪工作能力。

第六十条 国务院和县级以上地方各级人民政府应当按照事权划分，将反有组织犯罪工作经费列入本级财政预算。

第六十一条 因举报、控告和制止有组织犯罪活动，在有组织犯罪案件中作证，本人或者其近亲属的人身安全面临危险的，公安机关、人民检察院、人民法院应当按照有关规定，采取下列一项或者多项保护措施：

（一）不公开真实姓名、住址和工作单位等个人信息；

（二）采取不暴露外貌、真实声音等出庭作证措施；

（三）禁止特定的人接触被保护人员；

（四）对人身和住宅采取专门性保护措施；

（五）变更被保护人员的身份，重新安排住所和工作单位；

（六）其他必要的保护措施。

第六十二条 采取本法第六十一条第三项、第四项规定的保护措施，由公安机关执行。根据本法第六十一条第五项规定，变更被保护人员身份的，由国务院公安部门批准和组织实施。

公安机关、人民检察院、人民法院依法采取保护措施，有关单位和个人应当配合。

第六十三条 实施有组织犯罪的人员配合侦查、起诉、审判等工作，对侦破案件或者查明案件事实起到重要作用的，可以参照证人保护的规定执行。

第六十四条 对办理有组织犯罪案件的执法、司法工作人员及其近亲属，可以采取人身保护、禁止特定的人接触等保护措施。

第六十五条 对因履行反有组织犯罪工作职责或者协助、配合有关部门开展反有组织犯罪工作导致伤残或者死亡的人员，按照国家有关规定给予相应的待遇。

第八章 法律责任

第六十六条 组织、领导、参加黑社会性质组织，国家机关工作人员包庇、纵容黑社会性质组织，以及黑社会性质组织、恶势力组织实施犯罪的，依法追究刑事责任。

境外的黑社会组织的人员到中华人民共和国境内发展组织成员、实施犯罪，以及在境外对中华人民共和国国家或者公民犯罪的，依法追究刑事责任。

第六十七条 发展未成年人参加黑社会性质组织、境外的黑社会组织，教唆、诱骗未成年人实施有组织犯罪，或者实施有组织犯罪侵害未成年人合法权益的，依法从重追究刑事责任。

第六十八条 对有组织犯罪的罪犯，人民法院可以依照《中华人民共和国刑法》有关从业禁止的规定，禁止其从事相关职业，并通报相关行业主管部门。

第六十九条 有下列情形之一，尚不构成犯罪的，由公安机关处五日以上十日以下拘留，可以并处一万元以下罚款；情节较重的，处十日以上十五日以下拘留，并处一万元以上三万元以下罚款；有违法所得的，除依法应当返还被害人的以外，应当予以没收：

（一）参加境外的黑社会组织的；

（二）积极参加恶势力组织的；

（三）教唆、诱骗他人参加有组织犯罪组织，或者阻止他人退出有组织犯罪组织的；

（四）为有组织犯罪活动提供资金、场所等支持、协助、便利的；

（五）阻止他人检举揭发有组织犯罪、提供有组织犯罪证据，或者明知他人有有组织犯罪行为，在司法机关向其调查有关情况、收集有关证据时拒绝提供的。

教唆、诱骗未成年人参加有组织犯罪组织或者阻止未成年人退出有组织犯罪组织，尚不构成犯罪的，依照前款规定从重处罚。

第七十条 违反本法第十九条规定，不按照公安机关的决定如实报告个人财产及日常活动的，由公安机关给予警告，并责令改正；拒不改正的，处五日以上十日以下拘留，并处三万元以下罚款。

第七十一条 金融机构等相关单位未依照本法第二十七条规定协助公安机关采取紧急止付、临时冻结措施的，由公安机关责令改正；拒不改正的，由公安机关处五万元以上二十万元以下罚款，并对直接负责的主管人员和其他直接责任人员处五万元以下罚款；情节严重的，公安机关可以建议有关主管部门对直接负责的主管人员和其他直接责任人员依法给予处分。

第七十二条 电信业务经营者、互联网服务提供者有下列情形之一的，由有关主管部门责令改正；拒不改正或者情节严重的，由有关主管部门依照《中华人民共和国网络安全法》的有关规定给予处罚：

（一）拒不为侦查有组织犯罪提供技术支持和协助的；

（二）不按照主管部门的要求对含有宣扬、诱导有组织犯罪内容的信息停止传输、采取消除等处置措施、保存相关记录的。

第七十三条 有关国家机关、行业主管部门拒不履行或者拖延履行反有组织犯罪法定职责，或者拒不配合反有组织犯罪调查取证，或者在其他工作中滥用反有组织犯罪工作有关措施的，由其上级机关责令改正；情节严重的，对负有责任的领导人员和直接责任人员，依法给予处分；构成犯罪的，依法追究刑事责任。

第七十四条 有关部门和单位、个人应当对在反有组织犯罪工作过程中知悉的国家秘密、商业秘密和个人隐私予以保密。违反规定泄露国家秘密、商业秘密和个人隐私的，依法追究法律责任。

第七十五条 国家工作人员有本法第五十条、第五十二条规定的行为，构成犯罪的，依法追究刑事责任；尚不构成犯罪的，依法给予处分。

第七十六条 有关单位和个人对依照本法作出的行政处罚和行政强制措施决定不服的，可以依法申请行政复议或者提起行政诉讼。

第九章　附　　则

第七十七条 本法自2022年5月1日起施行。

中华人民共和国湿地保护法

（2021年12月24日第十三届全国人民代表大会常务委员会第三十二次会议通过　2021年12月24日中华人民共和国主席令第102号公布　自2022年6月1日起施行）

目　　录

第一章　总　　则

第一条　为了加强湿地保护，维护湿地生态功能及生物多样性，保障生态安全，促进生态文明建设，实现人与自然和谐共生，制定本法。

第二条　在中华人民共和国领域及管辖的其他海域内从事湿地保护、利用、修复及相关管理活动，适用本法。

本法所称湿地，是指具有显著生态功能的自然或者人工的、常年或者季节性积水地带、水域，包括低潮时水深不超过六米的海域，但是水田以及用于养殖的人工的水域和滩涂除外。国家对湿地实行分级管理及名录制度。

江河、湖泊、海域等的湿地保护、利用及相关管理活动还应当适用《中华人民共和国水法》、《中华人民共和国防洪法》、《中华人民共和国水污染防治法》、《中华人民共和国海洋环境保护法》、《中华人民共和国长江保护法》、《中华人民共和国渔业法》、《中华人民共和国海域使用管理法》等有关法律的规定。

第三条　湿地保护应当坚持保护优先、严格管理、系统治理、科学修复、合理利用的原则，发挥湿地涵养水源、调节气候、改善环境、维护生物多样性等多种生态功能。

第四条　县级以上人民政府应当将湿地保护纳入国民经济和社会发展规划，并将开展湿地保护工作所需经费按照事权划分原则列入预算。

县级以上地方人民政府对本行政区域内的湿地保护负责，采取措施保持湿地面积稳定，提升湿地生态功能。

乡镇人民政府组织群众做好湿地保护相关工作，村民委员会予以协助。

第五条　国务院林业草原主管部门负责湿地资源的监督管理，负责湿地保护规划和相关国家标准拟定、湿地开发利用的监督管理、湿地生态保护修复工作。国务院自然资源、水行政、住房城乡建设、生态环境、农业农村等其他有关部门，按照职责分工承担湿地保护、修复、管理有关工作。

国务院林业草原主管部门会同国务院自然资源、水行政、住房城乡建设、生态环境、农业农村等主管部门建立湿地保护协作和信息通报机制。

第六条　县级以上地方人民政府应当加强湿地保护协调工作。县级以上地方人民政府有关部门按照职责分工负责湿地保护、修复、管理有关工作。

第七条　各级人民政府应当加强湿地保护宣传教育和科学知识普及工

作，通过湿地保护日、湿地保护宣传周等开展宣传教育活动，增强全社会湿地保护意识；鼓励基层群众性自治组织、社会组织、志愿者开展湿地保护法律法规和湿地保护知识宣传活动，营造保护湿地的良好氛围。

教育主管部门、学校应当在教育教学活动中注重培养学生的湿地保护意识。

新闻媒体应当开展湿地保护法律法规和湿地保护知识的公益宣传，对破坏湿地的行为进行舆论监督。

第八条 国家鼓励单位和个人依法通过捐赠、资助、志愿服务等方式参与湿地保护活动。

对在湿地保护方面成绩显著的单位和个人，按照国家有关规定给予表彰、奖励。

第九条 国家支持开展湿地保护科学技术研究开发和应用推广，加强湿地保护专业技术人才培养，提高湿地保护科学技术水平。

第十条 国家支持开展湿地保护科学技术、生物多样性、候鸟迁徙等方面的国际合作与交流。

第十一条 任何单位和个人都有保护湿地的义务，对破坏湿地的行为有权举报或者控告，接到举报或者控告的机关应当及时处理，并依法保护举报人、控告人的合法权益。

第二章 湿地资源管理

第十二条 国家建立湿地资源调查评价制度。

国务院自然资源主管部门应当会同国务院林业草原等有关部门定期开展全国湿地资源调查评价工作，对湿地类型、分布、面积、生物多样性、保护与利用情况等进行调查，建立统一的信息发布和共享机制。

第十三条 国家实行湿地面积总量管控制度，将湿地面积总量管控目标纳入湿地保护目标责任制。

国务院林业草原、自然资源主管部门会同国务院有关部门根据全国湿地资源状况、自然变化情况和湿地面积总量管控要求，确定全国和各省、自治区、直辖市湿地面积总量管控目标，报国务院批准。地方各级人民政府应当采取有效措施，落实湿地面积总量管控目标的要求。

第十四条 国家对湿地实行分级管理，按照生态区位、面积以及维护生态功能、生物多样性的重要程度，将湿地分为重要湿地和一般湿地。重要湿地包括国家重要湿地和省级重要湿地，重要湿地以外的湿地为一般湿地。重要湿地依法划入生态保护红线。

国务院林业草原主管部门会同国务院自然资源、水行政、住房城乡建设、生态环境、农业农村等有关部门发布国家重要湿地名录及范围，并设立保护标志。国际重要湿地应当列入国家重要湿地名录。

省、自治区、直辖市人民政府或者其授权的部门负责发布省级重要湿地名录及范围，并向国务院林业草原主管部门备案。

一般湿地的名录及范围由县级以上地方人民政府或者其授权的部门发布。

第十五条　国务院林业草原主管部门应当会同国务院有关部门，依据国民经济和社会发展规划、国土空间规划和生态环境保护规划编制全国湿地保护规划，报国务院或者其授权的部门批准后组织实施。

县级以上地方人民政府林业草原主管部门应当会同有关部门，依据本级国土空间规划和上一级湿地保护规划编制本行政区域内的湿地保护规划，报同级人民政府批准后组织实施。

湿地保护规划应当明确湿地保护的目标任务、总体布局、保护修复重点和保障措施等内容。经批准的湿地保护规划需要调整的，按照原批准程序办理。

编制湿地保护规划应当与流域综合规划、防洪规划等规划相衔接。

第十六条　国务院林业草原、标准化主管部门会同国务院自然资源、水行政、住房城乡建设、生态环境、农业农村主管部门组织制定湿地分级分类、监测预警、生态修复等国家标准；国家标准未作规定的，可以依法制定地方标准并备案。

第十七条　县级以上人民政府林业草原主管部门建立湿地保护专家咨询机制，为编制湿地保护规划、制定湿地名录、制定相关标准等提供评估论证等服务。

第十八条　办理自然资源权属登记涉及湿地的，应当按照规定记载湿地的地理坐标、空间范围、类型、面积等信息。

第十九条　国家严格控制占用湿地。

禁止占用国家重要湿地，国家重大项目、防灾减灾项目、重要水利及保护设施项目、湿地保护项目等除外。

建设项目选址、选线应当避让湿地，无法避让的应当尽量减少占用，并采取必要措施减轻对湿地生态功能的不利影响。

建设项目规划选址、选线审批或者核准时，涉及国家重要湿地的，应当征求国务院林业草原主管部门的意见；涉及省级重要湿地或者一般湿地的，应当按照管理权限，征求县级以上地方人民政府授权的部门的意见。

第二十条 建设项目确需临时占用湿地的，应当依照《中华人民共和国土地管理法》、《中华人民共和国水法》、《中华人民共和国森林法》、《中华人民共和国草原法》、《中华人民共和国海域使用管理法》等有关法律法规的规定办理。临时占用湿地的期限一般不得超过二年，并不得在临时占用的湿地上修建永久性建筑物。

临时占用湿地期满后一年内，用地单位或者个人应当恢复湿地面积和生态条件。

第二十一条 除因防洪、航道、港口或者其他水工程占用河道管理范围及蓄滞洪区内的湿地外，经依法批准占用重要湿地的单位应当根据当地自然条件恢复或者重建与所占用湿地面积和质量相当的湿地；没有条件恢复、重建的，应当缴纳湿地恢复费。缴纳湿地恢复费的，不再缴纳其他相同性质的恢复费用。

湿地恢复费缴纳和使用管理办法由国务院财政部门会同国务院林业草原等有关部门制定。

第二十二条 国务院林业草原主管部门应当按照监测技术规范开展国家重要湿地动态监测，及时掌握湿地分布、面积、水量、生物多样性、受威胁状况等变化信息。

国务院林业草原主管部门应当依据监测数据，对国家重要湿地生态状况进行评估，并按照规定发布预警信息。

省、自治区、直辖市人民政府林业草原主管部门应当按照监测技术规范开展省级重要湿地动态监测、评估和预警工作。

县级以上地方人民政府林业草原主管部门应当加强对一般湿地的动态监测。

第三章　湿地保护与利用

第二十三条 国家坚持生态优先、绿色发展，完善湿地保护制度，健全湿地保护政策支持和科技支撑机制，保障湿地生态功能和永续利用，实现生态效益、社会效益、经济效益相统一。

第二十四条 省级以上人民政府及其有关部门根据湿地保护规划和湿地保护需要，依法将湿地纳入国家公园、自然保护区或者自然公园。

第二十五条 地方各级人民政府及其有关部门应当采取措施，预防和控制人为活动对湿地及其生物多样性的不利影响，加强湿地污染防治，减缓人为因素和自然因素导致的湿地退化，维护湿地生态功能稳定。

在湿地范围内从事旅游、种植、畜牧、水产养殖、航运等利用活动，应当避免改变湿地的自然状况，并采取措施减轻对湿地生态功能的不利影响。

县级以上人民政府有关部门在办理环境影响评价、国土空间规划、海域使用、养殖、防洪等相关行政许可时，应当加强对有关湿地利用活动的必要性、合理性以及湿地保护措施等内容的审查。

第二十六条 地方各级人民政府对省级重要湿地和一般湿地利用活动进行分类指导，鼓励单位和个人开展符合湿地保护要求的生态旅游、生态农业、生态教育、自然体验等活动，适度控制种植养殖等湿地利用规模。

地方各级人民政府应当鼓励有关单位优先安排当地居民参与湿地管护。

第二十七条 县级以上地方人民政府应当充分考虑保障重要湿地生态功能的需要，优化重要湿地周边产业布局。

县级以上地方人民政府可以采取定向扶持、产业转移、吸引社会资金、社区共建等方式，推动湿地周边地区绿色发展，促进经济发展与湿地保护相协调。

第二十八条 禁止下列破坏湿地及其生态功能的行为：

（一）开（围）垦、排干自然湿地，永久性截断自然湿地水源；

（二）擅自填埋自然湿地，擅自采砂、采矿、取土；

（三）排放不符合水污染物排放标准的工业废水、生活污水及其他污染湿地的废水、污水，倾倒、堆放、丢弃、遗撒固体废物；

（四）过度放牧或者滥采野生植物，过度捕捞或者灭绝式捕捞，过度施肥、投药、投放饵料等污染湿地的种植养殖行为；

（五）其他破坏湿地及其生态功能的行为。

第二十九条 县级以上人民政府有关部门应当按照职责分工，开展湿地有害生物监测工作，及时采取有效措施预防、控制、消除有害生物对湿地生态系统的危害。

第三十条 县级以上人民政府应当加强对国家重点保护野生动植物集中分布湿地的保护。任何单位和个人不得破坏鸟类和水生生物的生存环境。

禁止在以水鸟为保护对象的自然保护地及其他重要栖息地从事捕鱼、挖捕底栖生物、捡拾鸟蛋、破坏鸟巢等危及水鸟生存、繁衍的活动。开展观鸟、科学研究以及科普活动等应当保持安全距离，避免影响鸟类正常觅食和繁殖。

在重要水生生物产卵场、索饵场、越冬场和洄游通道等重要栖息地应当实施保护措施。经依法批准在洄游通道建闸、筑坝，可能对水生生物洄游产生影响的，建设单位应当建造过鱼设施或者采取其他补救措施。

禁止向湿地引进和放生外来物种，确需引进的应当进行科学评估，并依法取得批准。

第三十一条 国务院水行政主管部门和地方各级人民政府应当加强对河流、湖泊范围内湿地的管理和保护，因地制宜采取水系连通、清淤疏浚、水源涵养与水土保持等治理修复措施，严格控制河流源头和蓄滞洪区、水土流失严重区等区域的湿地开发利用活动，减轻对湿地及其生物多样性的不利影响。

第三十二条 国务院自然资源主管部门和沿海地方各级人民政府应当加强对滨海湿地的管理和保护，严格管控围填滨海湿地。经依法批准的项目，应当同步实施生态保护修复，减轻对滨海湿地生态功能的不利影响。

第三十三条 国务院住房城乡建设主管部门和地方各级人民政府应当加强对城市湿地的管理和保护，采取城市水系治理和生态修复等措施，提升城市湿地生态质量，发挥城市湿地雨洪调蓄、净化水质、休闲游憩、科普教育等功能。

第三十四条 红树林湿地所在地县级以上地方人民政府应当组织编制红树林湿地保护专项规划，采取有效措施保护红树林湿地。

红树林湿地应当列入重要湿地名录；符合国家重要湿地标准的，应当优先列入国家重要湿地名录。

禁止占用红树林湿地。经省级以上人民政府有关部门评估，确因国家重大项目、防灾减灾等需要占用的，应当依照有关法律规定办理，并做好保护和修复工作。相关建设项目改变红树林所在河口水文情势、对红树林生长产生较大影响的，应当采取有效措施减轻不利影响。

禁止在红树林湿地挖塘，禁止采伐、采挖、移植红树林或者过度采摘红树林种子，禁止投放、种植危害红树林生长的物种。因科研、医药或者红树林湿地保护等需要采伐、采挖、移植、采摘的，应当依照有关法律法规办理。

第三十五条 泥炭沼泽湿地所在地县级以上地方人民政府应当制定泥炭沼泽湿地保护专项规划，采取有效措施保护泥炭沼泽湿地。

符合重要湿地标准的泥炭沼泽湿地，应当列入重要湿地名录。

禁止在泥炭沼泽湿地开采泥炭或者擅自开采地下水；禁止将泥炭沼泽湿地蓄水向外排放，因防灾减灾需要的除外。

第三十六条 国家建立湿地生态保护补偿制度。

国务院和省级人民政府应当按照事权划分原则加大对重要湿地保护的财政投入，加大对重要湿地所在地区的财政转移支付力度。

国家鼓励湿地生态保护地区与湿地生态受益地区人民政府通过协商或者市场机制进行地区间生态保护补偿。

因生态保护等公共利益需要，造成湿地所有者或者使用者合法权益受到损害的，县级以上人民政府应当给予补偿。

第四章　湿地修复

第三十七条　县级以上人民政府应当坚持自然恢复为主、自然恢复和人工修复相结合的原则，加强湿地修复工作，恢复湿地面积，提高湿地生态系统质量。

县级以上人民政府对破碎化严重或者功能退化的自然湿地进行综合整治和修复，优先修复生态功能严重退化的重要湿地。

第三十八条　县级以上人民政府组织开展湿地保护与修复，应当充分考虑水资源禀赋条件和承载能力，合理配置水资源，保障湿地基本生态用水需求，维护湿地生态功能。

第三十九条　县级以上地方人民政府应当科学论证，对具备恢复条件的原有湿地、退化湿地、盐碱化湿地等，因地制宜采取措施，恢复湿地生态功能。

县级以上地方人民政府应当按照湿地保护规划，因地制宜采取水体治理、土地整治、植被恢复、动物保护等措施，增强湿地生态功能和碳汇功能。

禁止违法占用耕地等建设人工湿地。

第四十条　红树林湿地所在地县级以上地方人民政府应当对生态功能重要区域、海洋灾害风险等级较高地区、濒危物种保护区域或者造林条件较好地区的红树林湿地优先实施修复，对严重退化的红树林湿地进行抢救性修复，修复应当尽量采用本地树种。

第四十一条　泥炭沼泽湿地所在地县级以上地方人民政府应当因地制宜，组织对退化泥炭沼泽湿地进行修复，并根据泥炭沼泽湿地的类型、发育状况和退化程度等，采取相应的修复措施。

第四十二条　修复重要湿地应当编制湿地修复方案。

重要湿地的修复方案应当报省级以上人民政府林业草原主管部门批准。林业草原主管部门在批准修复方案前，应当征求同级人民政府自然资源、水行政、住房城乡建设、生态环境、农业农村等有关部门的意见。

第四十三条　修复重要湿地应当按照经批准的湿地修复方案进行修复。

重要湿地修复完成后，应当经省级以上人民政府林业草原主管部门验收合格，依法公开修复情况。省级以上人民政府林业草原主管部门应当加强修复湿地后期管理和动态监测，并根据需要开展修复效果后期评估。

第四十四条　因违法占用、开采、开垦、填埋、排污等活动，导致湿地破坏的，违法行为人应当负责修复。违法行为人变更的，由承继其债权、债务的主体负责修复。

因重大自然灾害造成湿地破坏，以及湿地修复责任主体灭失或者无法确定的，由县级以上人民政府组织实施修复。

第五章　监督检查

第四十五条　县级以上人民政府林业草原、自然资源、水行政、住房城乡建设、生态环境、农业农村主管部门应当依照本法规定，按照职责分工对湿地的保护、修复、利用等活动进行监督检查，依法查处破坏湿地的违法行为。

第四十六条　县级以上人民政府林业草原、自然资源、水行政、住房城乡建设、生态环境、农业农村主管部门进行监督检查，有权采取下列措施：

（一）询问被检查单位或者个人，要求其对与监督检查事项有关的情况作出说明；

（二）进行现场检查；

（三）查阅、复制有关文件、资料，对可能被转移、销毁、隐匿或者篡改的文件、资料予以封存；

（四）查封、扣押涉嫌违法活动的场所、设施或者财物。

第四十七条　县级以上人民政府林业草原、自然资源、水行政、住房城乡建设、生态环境、农业农村主管部门依法履行监督检查职责，有关单位和个人应当予以配合，不得拒绝、阻碍。

第四十八条　国务院林业草原主管部门应当加强对国家重要湿地保护情况的监督检查。省、自治区、直辖市人民政府林业草原主管部门应当加强对省级重要湿地保护情况的监督检查。

县级人民政府林业草原主管部门和有关部门应当充分利用信息化手段，对湿地保护情况进行监督检查。

各级人民政府及其有关部门应当依法公开湿地保护相关信息，接受社会监督。

第四十九条　国家实行湿地保护目标责任制，将湿地保护纳入地方人民政府综合绩效评价内容。

对破坏湿地问题突出、保护工作不力、群众反映强烈的地区，省级以上人民政府林业草原主管部门应当会同有关部门约谈该地区人民政府的主要负责人。

第五十条　湿地的保护、修复和管理情况，应当纳入领导干部自然资源资产离任审计。

第六章　法律责任

第五十一条　县级以上人民政府有关部门发现破坏湿地的违法行为或者接到对违法行为的举报，不予查处或者不依法查处，或者有其他玩忽职守、滥用职权、徇私舞弊行为的，对直接负责的主管人员和其他直接责任人员依法给予处分。

第五十二条　违反本法规定，建设项目擅自占用国家重要湿地的，由县级以上人民政府林业草原等有关主管部门按照职责分工责令停止违法行为，限期拆除在非法占用的湿地上新建的建筑物、构筑物和其他设施，修复湿地或者采取其他补救措施，按照违法占用湿地的面积，处每平方米一千元以上一万元以下罚款；违法行为人不停止建设或者逾期不拆除的，由作出行政处罚决定的部门依法申请人民法院强制执行。

第五十三条　建设项目占用重要湿地，未依照本法规定恢复、重建湿地的，由县级以上人民政府林业草原主管部门责令限期恢复、重建湿地；逾期未改正的，由县级以上人民政府林业草原主管部门委托他人代为履行，所需费用由违法行为人承担，按照占用湿地的面积，处每平方米五百元以上二千元以下罚款。

第五十四条　违反本法规定，开(围)垦、填埋自然湿地的，由县级以上人民政府林业草原等有关主管部门按照职责分工责令停止违法行为，限期修复湿地或者采取其他补救措施，没收违法所得，并按照破坏湿地面积，处每平方米五百元以上五千元以下罚款；破坏国家重要湿地的，并按照破坏湿地面积，处每平方米一千元以上一万元以下罚款。

违反本法规定，排干自然湿地或者永久性截断自然湿地水源的，由县级以上人民政府林业草原主管部门责令停止违法行为，限期修复湿地或者采取其他补救措施，没收违法所得，并处五万元以上五十万元以下罚款；造成严重后果的，并处五十万元以上一百万元以下罚款。

第五十五条　违反本法规定，向湿地引进或者放生外来物种的，依照《中华人民共和国生物安全法》等有关法律法规的规定处理、处罚。

第五十六条　违反本法规定，在红树林湿地内挖塘的，由县级以上人民政府林业草原等有关主管部门按照职责分工责令停止违法行为，限期修复湿地或者采取其他补救措施，按照破坏湿地面积，处每平方米一千元以上一万元以下罚款；对树木造成毁坏的，责令限期补种成活毁坏株数一倍以上三倍以下的树木，无法确定毁坏株数的，按照相同区域同类树种生长密度计算株数。

违反本法规定，在红树林湿地内投放、种植妨碍红树林生长物种的，由县级以上人民政府林业草原主管部门责令停止违法行为，限期清理，处二万元以上十万元以下罚款；造成严重后果的，处十万元以上一百万元以下罚款。

第五十七条 违反本法规定开采泥炭的，由县级以上人民政府林业草原等有关主管部门按照职责分工责令停止违法行为，限期修复湿地或者采取其他补救措施，没收违法所得，并按照采挖泥炭体积，处每立方米二千元以上一万元以下罚款。

违反本法规定，从泥炭沼泽湿地向外排水的，由县级以上人民政府林业草原主管部门责令停止违法行为，限期修复湿地或者采取其他补救措施，没收违法所得，并处一万元以上十万元以下罚款；情节严重的，并处十万元以上一百万元以下罚款。

第五十八条 违反本法规定，未编制修复方案修复湿地或者未按照修复方案修复湿地，造成湿地破坏的，由省级以上人民政府林业草原主管部门责令改正，处十万元以上一百万元以下罚款。

第五十九条 破坏湿地的违法行为人未按照规定期限或者未按照修复方案修复湿地的，由县级以上人民政府林业草原主管部门委托他人代为履行，所需费用由违法行为人承担；违法行为人因被宣告破产等原因丧失修复能力的，由县级以上人民政府组织实施修复。

第六十条 违反本法规定，拒绝、阻碍县级以上人民政府有关部门依法进行的监督检查的，处二万元以上二十万元以下罚款；情节严重的，可以责令停产停业整顿。

第六十一条 违反本法规定，造成生态环境损害的，国家规定的机关或者法律规定的组织有权依法请求违法行为人承担修复责任、赔偿损失和有关费用。

第六十二条 违反本法规定，构成违反治安管理行为的，由公安机关依法给予治安管理处罚；构成犯罪的，依法追究刑事责任。

第七章 附 则

第六十三条 本法下列用语的含义：

（一）红树林湿地，是指由红树植物为主组成的近海和海岸潮间湿地；

（二）泥炭沼泽湿地，是指有泥炭发育的沼泽湿地。

第六十四条 省、自治区、直辖市和设区的市、自治州可以根据本地实际，制定湿地保护具体办法。

第六十五条 本法自 2022 年 6 月 1 日起施行。

中华人民共和国科学技术进步法

（1993年7月2日第八届全国人民代表大会常务委员会第二次会议通过　2007年12月29日第十届全国人民代表大会常务委员会第三十一次会议第一次修订　2021年12月24日第十三届全国人民代表大会常务委员会第三十二次会议第二次修订　2021年12月24日中华人民共和国主席令第103号公布　自2022年1月1日起施行）

目　　录

第一章　总　　则

第一条　为了全面促进科学技术进步，发挥科学技术第一生产力、创新第一动力、人才第一资源的作用，促进科技成果向现实生产力转化，推动科技创新支撑和引领经济社会发展，全面建设社会主义现代化国家，根据宪法，制定本法。

第二条　坚持中国共产党对科学技术事业的全面领导。

国家坚持新发展理念，坚持科技创新在国家现代化建设全局中的核心地位，把科技自立自强作为国家发展的战略支撑，实施科教兴国战略、人才强国战略和创新驱动发展战略，走中国特色自主创新道路，建设科技强国。

第三条 科学技术进步工作应当面向世界科技前沿、面向经济主战场、面向国家重大需求、面向人民生命健康，为促进经济社会发展、维护国家安全和推动人类可持续发展服务。

国家鼓励科学技术研究开发，推动应用科学技术改造提升传统产业、发展高新技术产业和社会事业，支撑实现碳达峰碳中和目标，催生新发展动能，实现高质量发展。

第四条 国家完善高效、协同、开放的国家创新体系，统筹科技创新与制度创新，健全社会主义市场经济条件下新型举国体制，充分发挥市场配置创新资源的决定性作用，更好发挥政府作用，优化科技资源配置，提高资源利用效率，促进各类创新主体紧密合作、创新要素有序流动、创新生态持续优化，提升体系化能力和重点突破能力，增强创新体系整体效能。

国家构建和强化以国家实验室、国家科学技术研究开发机构、高水平研究型大学、科技领军企业为重要组成部分的国家战略科技力量，在关键领域和重点方向上发挥战略支撑引领作用和重大原始创新效能，服务国家重大战略需要。

第五条 国家统筹发展和安全，提高科技安全治理能力，健全预防和化解科技安全风险的制度机制，加强科学技术研究、开发与应用活动的安全管理，支持国家安全领域科技创新，增强科技创新支撑国家安全的能力和水平。

第六条 国家鼓励科学技术研究开发与高等教育、产业发展相结合，鼓励学科交叉融合和相互促进。

国家加强跨地区、跨行业和跨领域的科学技术合作，扶持革命老区、民族地区、边远地区、欠发达地区的科学技术进步。

国家加强军用与民用科学技术协调发展，促进军用与民用科学技术资源、技术开发需求的互通交流和技术双向转移，发展军民两用技术。

第七条 国家遵循科学技术活动服务国家目标与鼓励自由探索相结合的原则，超前部署重大基础研究、有重大产业应用前景的前沿技术研究和社会公益性技术研究，支持基础研究、前沿技术研究和社会公益性技术研究持续、稳定发展，加强原始创新和关键核心技术攻关，加快实现高水平科技自立自强。

第八条 国家保障开展科学技术研究开发的自由，鼓励科学探索和技术创新，保护科学技术人员自由探索等合法权益。

科学技术研究开发机构、高等学校、企业事业单位和公民有权自主选择课题，探索未知科学领域，从事基础研究、前沿技术研究和社会公益性技术研究。

第九条 学校及其他教育机构应当坚持理论联系实际，注重培养受教育者的独立思考能力、实践能力、创新能力和批判性思维，以及追求真理、崇尚创新、实事求是的科学精神。

国家发挥高等学校在科学技术研究中的重要作用，鼓励高等学校开展科学研究、技术开发和社会服务，培养具有社会责任感、创新精神和实践能力的高级专门人才。

第十条 科学技术人员是社会主义现代化建设事业的重要人才力量，应当受到全社会的尊重。

国家坚持人才引领发展的战略地位，深化人才发展体制机制改革，全方位培养、引进、用好人才，营造符合科技创新规律和人才成长规律的环境，充分发挥人才第一资源作用。

第十一条 国家营造有利于科技创新的社会环境，鼓励机关、群团组织、企业事业单位、社会组织和公民参与和支持科学技术进步活动。

全社会都应当尊重劳动、尊重知识、尊重人才、尊重创造，形成崇尚科学的风尚。

第十二条 国家发展科学技术普及事业，普及科学技术知识，加强科学技术普及基础设施和能力建设，提高全体公民特别是青少年的科学文化素质。

科学技术普及是全社会的共同责任。国家建立健全科学技术普及激励机制，鼓励科学技术研究开发机构、高等学校、企业事业单位、社会组织、科学技术人员等积极参与和支持科学技术普及活动。

第十三条 国家制定和实施知识产权战略，建立和完善知识产权制度，营造尊重知识产权的社会环境，保护知识产权，激励自主创新。

企业事业单位、社会组织和科学技术人员应当增强知识产权意识，增强自主创新能力，提高创造、运用、保护、管理和服务知识产权的能力，提高知识产权质量。

第十四条 国家建立和完善有利于创新的科学技术评价制度。

科学技术评价应当坚持公开、公平、公正的原则，以科技创新质量、贡献、绩效为导向，根据不同科学技术活动的特点，实行分类评价。

第十五条 国务院领导全国科学技术进步工作，制定中长期科学和技术发展规划、科技创新规划，确定国家科学技术重大项目、与科学技术密切相关的重大项目。中长期科学和技术发展规划、科技创新规划应当明确指导方针，发挥战略导向作用，引导和统筹科技发展布局、资源配置和政策制定。

县级以上人民政府应当将科学技术进步工作纳入国民经济和社会发展规划，保障科学技术进步与经济建设和社会发展相协调。

地方各级人民政府应当采取有效措施，加强对科学技术进步工作的组织和管理，优化科学技术发展环境，推进科学技术进步。

第十六条 国务院科学技术行政部门负责全国科学技术进步工作的宏观管理、统筹协调、服务保障和监督实施；国务院其他有关部门在各自的职责范围内，负责有关的科学技术进步工作。

县级以上地方人民政府科学技术行政部门负责本行政区域的科学技术进步工作；县级以上地方人民政府其他有关部门在各自的职责范围内，负责有关的科学技术进步工作。

第十七条 国家建立科学技术进步工作协调机制，研究科学技术进步工作中的重大问题，协调国家科学技术计划项目的设立及相互衔接，协调科学技术资源配置、科学技术研究开发机构的整合以及科学技术研究开发与高等教育、产业发展相结合等重大事项。

第十八条 每年5月30日为全国科技工作者日。

国家建立和完善科学技术奖励制度，设立国家最高科学技术奖等奖项，对在科学技术进步活动中做出重要贡献的组织和个人给予奖励。具体办法由国务院规定。

国家鼓励国内外的组织或者个人设立科学技术奖项，对科学技术进步活动中做出贡献的组织和个人给予奖励。

第二章 基础研究

第十九条 国家加强基础研究能力建设，尊重科学发展规律和人才成长规律，强化项目、人才、基地系统布局，为基础研究发展提供良好的物质条件和有力的制度保障。

国家加强规划和部署，推动基础研究自由探索和目标导向有机结合，围绕科学技术前沿、经济社会发展、国家安全重大需求和人民生命健康，聚焦重大关键技术问题，加强新兴和战略产业等领域基础研究，提升科学技术的源头供给能力。

国家鼓励科学技术研究开发机构、高等学校、企业等发挥自身优势，加强基础研究，推动原始创新。

第二十条 国家财政建立稳定支持基础研究的投入机制。

国家鼓励有条件的地方人民政府结合本地区经济社会发展需要，合理确定基础研究财政投入，加强对基础研究的支持。

国家引导企业加大基础研究投入，鼓励社会力量通过捐赠、设立基金等方式多渠道投入基础研究，给予财政、金融、税收等政策支持。

逐步提高基础研究经费在全社会科学技术研究开发经费总额中的比例，与创新型国家和科技强国建设要求相适应。

第二十一条 国家设立自然科学基金，资助基础研究，支持人才培养和团队建设。确定国家自然科学基金资助项目，应当坚持宏观引导、自主申请、平等竞争、同行评审、择优支持的原则。

有条件的地方人民政府结合本地区经济社会实际情况和发展需要，可以设立自然科学基金，支持基础研究。

第二十二条 国家完善学科布局和知识体系建设，推进学科交叉融合，促进基础研究与应用研究协调发展。

第二十三条 国家加大基础研究人才培养力度，强化对基础研究人才的稳定支持，提高基础研究人才队伍质量和水平。

国家建立满足基础研究需要的资源配置机制，建立与基础研究相适应的评价体系和激励机制，营造潜心基础研究的良好环境，鼓励和吸引优秀科学技术人员投身基础研究。

第二十四条 国家强化基础研究基地建设。

国家完善基础研究的基础条件建设，推进开放共享。

第二十五条 国家支持高等学校加强基础学科建设和基础研究人才培养，增强基础研究自主布局能力，推动高等学校基础研究高质量发展。

第三章　应用研究与成果转化

第二十六条 国家鼓励以应用研究带动基础研究，促进基础研究与应用研究、成果转化融通发展。

国家完善共性基础技术供给体系，促进创新链产业链深度融合，保障产业链供应链安全。

第二十七条 国家建立和完善科研攻关协调机制，围绕经济社会发展、国家安全重大需求和人民生命健康，加强重点领域项目、人才、基地、资金一体化配置，推动产学研紧密合作，推动关键核心技术自主可控。

第二十八条 国家完善关键核心技术攻关举国体制，组织实施体现国家战略需求的科学技术重大任务，系统布局具有前瞻性、战略性的科学技术重大项目，超前部署关键核心技术研发。

第二十九条 国家加强面向产业发展需求的共性技术平台和科学技术研究开发机构建设，鼓励地方围绕发展需求建设应用研究科学技术研究开发机构。

国家鼓励科学技术研究开发机构、高等学校加强共性基础技术研究，鼓励以企业为主导，开展面向市场和产业化应用的研究开发活动。

第三十条 国家加强科技成果中试、工程化和产业化开发及应用，加快科技成果转化为现实生产力。

利用财政性资金设立的科学技术研究开发机构和高等学校，应当积极促进科技成果转化，加强技术转移机构和人才队伍建设，建立和完善促进科技成果转化制度。

第三十一条 国家鼓励企业、科学技术研究开发机构、高等学校和其他组织建立优势互补、分工明确、成果共享、风险共担的合作机制，按照市场机制联合组建研究开发平台、技术创新联盟、创新联合体等，协同推进研究开发与科技成果转化，提高科技成果转移转化成效。

第三十二条 利用财政性资金设立的科学技术计划项目所形成的科技成果，在不损害国家安全、国家利益和重大社会公共利益的前提下，授权项目承担者依法取得相关知识产权，项目承担者可以依法自行投资实施转化、向他人转让、联合他人共同实施转化、许可他人使用或者作价投资等。

项目承担者应当依法实施前款规定的知识产权，同时采取保护措施，并就实施和保护情况向项目管理机构提交年度报告；在合理期限内没有实施且无正当理由的，国家可以无偿实施，也可以许可他人有偿实施或者无偿实施。

项目承担者依法取得的本条第一款规定的知识产权，为了国家安全、国家利益和重大社会公共利益的需要，国家可以无偿实施，也可以许可他人有偿实施或者无偿实施。

项目承担者因实施本条第一款规定的知识产权所产生的利益分配，依照有关法律法规规定执行；法律法规没有规定的，按照约定执行。

第三十三条 国家实行以增加知识价值为导向的分配政策，按照国家有关规定推进知识产权归属和权益分配机制改革，探索赋予科学技术人员职务科技成果所有权或者长期使用权制度。

第三十四条 国家鼓励利用财政性资金设立的科学技术计划项目所形成的知识产权首先在境内使用。

前款规定的知识产权向境外的组织或者个人转让，或者许可境外的组织或者个人独占实施的，应当经项目管理机构批准；法律、行政法规对批准机构另有规定的，依照其规定。

第三十五条 国家鼓励新技术应用，按照包容审慎原则，推动开展新技术、新产品、新服务、新模式应用试验，为新技术、新产品应用创造条件。

第三十六条 国家鼓励和支持农业科学技术的应用研究,传播和普及农业科学技术知识,加快农业科技成果转化和产业化,促进农业科学技术进步,利用农业科学技术引领乡村振兴和农业农村现代化。

县级以上人民政府应当采取措施,支持公益性农业科学技术研究开发机构和农业技术推广机构进行农业新品种、新技术的研究开发、应用和推广。

地方各级人民政府应当鼓励和引导农业科学技术服务机构、科技特派员和农村群众性科学技术组织为种植业、林业、畜牧业、渔业等的发展提供科学技术服务,为农民提供科学技术培训和指导。

第三十七条 国家推动科学技术研究开发与产品、服务标准制定相结合,科学技术研究开发与产品设计、制造相结合;引导科学技术研究开发机构、高等学校、企业和社会组织共同推进国家重大技术创新产品、服务标准的研究、制定和依法采用,参与国际标准制定。

第三十八条 国家培育和发展统一开放、互联互通、竞争有序的技术市场,鼓励创办从事技术评估、技术经纪和创新创业服务等活动的中介服务机构,引导建立社会化、专业化、网络化、信息化和智能化的技术交易服务体系和创新创业服务体系,推动科技成果的应用和推广。

技术交易活动应当遵循自愿平等、互利有偿和诚实信用的原则。

第四章 企业科技创新

第三十九条 国家建立以企业为主体,以市场为导向,企业同科学技术研究开发机构、高等学校紧密合作的技术创新体系,引导和扶持企业技术创新活动,支持企业牵头国家科技攻关任务,发挥企业在技术创新中的主体作用,推动企业成为技术创新决策、科研投入、组织科研和成果转化的主体,促进各类创新要素向企业集聚,提高企业技术创新能力。

国家培育具有影响力和竞争力的科技领军企业,充分发挥科技领军企业的创新带动作用。

第四十条 国家鼓励企业开展下列活动:

(一)设立内部科学技术研究开发机构;

(二)同其他企业或者科学技术研究开发机构、高等学校开展合作研究,联合建立科学技术研究开发机构和平台,设立科技企业孵化机构和创新创业平台,或者以委托等方式开展科学技术研究开发;

(三)培养、吸引和使用科学技术人员;

(四)同科学技术研究开发机构、高等学校、职业院校或者培训机构联合培养专业技术人才和高技能人才，吸引高等学校毕业生到企业工作；

（五）设立博士后工作站或者流动站；

（六）结合技术创新和职工技能培训，开展科学技术普及活动，设立向公众开放的普及科学技术的场馆或者设施。

第四十一条 国家鼓励企业加强原始创新，开展技术合作与交流，增加研究开发和技术创新的投入，自主确立研究开发课题，开展技术创新活动。

国家鼓励企业对引进技术进行消化、吸收和再创新。

企业开发新技术、新产品、新工艺发生的研究开发费用可以按照国家有关规定，税前列支并加计扣除，企业科学技术研究开发仪器、设备可以加速折旧。

第四十二条 国家完善多层次资本市场，建立健全促进科技创新的机制，支持符合条件的科技型企业利用资本市场推动自身发展。

国家加强引导和政策扶持，多渠道拓宽创业投资资金来源，对企业的创业发展给予支持。

国家完善科技型企业上市融资制度，畅通科技型企业国内上市融资渠道，发挥资本市场服务科技创新的融资功能。

第四十三条 下列企业按照国家有关规定享受税收优惠：

（一）从事高新技术产品研究开发、生产的企业；

（二）科技型中小企业；

（三）投资初创科技型企业的创业投资企业；

（四）法律、行政法规规定的与科学技术进步有关的其他企业。

第四十四条 国家对公共研究开发平台和科学技术中介、创新创业服务机构的建设和运营给予支持。

公共研究开发平台和科学技术中介、创新创业服务机构应当为中小企业的技术创新提供服务。

第四十五条 国家保护企业研究开发所取得的知识产权。企业应当不断提高知识产权质量和效益，增强自主创新能力和市场竞争能力。

第四十六条 国有企业应当建立健全有利于技术创新的研究开发投入制度、分配制度和考核评价制度，完善激励约束机制。

国有企业负责人对企业的技术进步负责。对国有企业负责人的业绩考核，应当将企业的创新投入、创新能力建设、创新成效等情况纳入考核范围。

第四十七条 县级以上地方人民政府及其有关部门应当创造公平竞争的市场环境，推动企业技术进步。

国务院有关部门和省级人民政府应当通过制定产业、财政、金融、能源、环境保护和应对气候变化等政策，引导、促使企业研究开发新技术、新产品、新工艺,进行技术改造和设备更新,淘汰技术落后的设备、工艺,停止生产技术落后的产品。

第五章　科学技术研究开发机构

第四十八条　国家统筹规划科学技术研究开发机构布局,建立和完善科学技术研究开发体系。

国家在事关国家安全和经济社会发展全局的重大科技创新领域建设国家实验室,建立健全以国家实验室为引领、全国重点实验室为支撑的实验室体系,完善稳定支持机制。

利用财政性资金设立的科学技术研究开发机构,应当坚持以国家战略需求为导向,提供公共科技供给和应急科技支撑。

第四十九条　自然人、法人和非法人组织有权依法设立科学技术研究开发机构。境外的组织或者个人可以在中国境内依法独立设立科学技术研究开发机构,也可以与中国境内的组织或者个人联合设立科学技术研究开发机构。

从事基础研究、前沿技术研究、社会公益性技术研究的科学技术研究开发机构,可以利用财政性资金设立。利用财政性资金设立科学技术研究开发机构,应当优化配置,防止重复设置。

科学技术研究开发机构、高等学校可以设立博士后流动站或者工作站。科学技术研究开发机构可以依法在国外设立分支机构。

第五十条　科学技术研究开发机构享有下列权利:

(一)依法组织或者参加学术活动;

(二)按照国家有关规定,自主确定科学技术研究开发方向和项目,自主决定经费使用、机构设置、绩效考核及薪酬分配、职称评审、科技成果转化及收益分配、岗位设置、人员聘用及合理流动等内部管理事务;

(三)与其他科学技术研究开发机构、高等学校和企业联合开展科学技术研究开发、技术咨询、技术服务等活动;

(四)获得社会捐赠和资助;

(五)法律、行政法规规定的其他权利。

第五十一条　科学技术研究开发机构应当依法制定章程,按照章程规定的职能定位和业务范围开展科学技术研究开发活动;加强科研作风学风建设,建立和完善科研诚信、科技伦理管理制度,遵守科学研究活动管理规范;不得组织、参加、支持迷信活动。

利用财政性资金设立的科学技术研究开发机构开展科学技术研究开发活

动，应当为国家目标和社会公共利益服务；有条件的，应当向公众开放普及科学技术的场馆或者设施，组织开展科学技术普及活动。

第五十二条 利用财政性资金设立的科学技术研究开发机构，应当建立职责明确、评价科学、开放有序、管理规范的现代院所制度，实行院长或者所长负责制，建立科学技术委员会咨询制和职工代表大会监督制等制度，并吸收外部专家参与管理、接受社会监督；院长或者所长的聘用引入竞争机制。

第五十三条 国家完善利用财政性资金设立的科学技术研究开发机构的评估制度，评估结果作为机构设立、支持、调整、终止的依据。

第五十四条 利用财政性资金设立的科学技术研究开发机构，应当建立健全科学技术资源开放共享机制，促进科学技术资源的有效利用。

国家鼓励社会力量设立的科学技术研究开发机构，在合理范围内实行科学技术资源开放共享。

第五十五条 国家鼓励企业和其他社会力量自行创办科学技术研究开发机构，保障其合法权益。

社会力量设立的科学技术研究开发机构有权按照国家有关规定，平等竞争和参与实施利用财政性资金设立的科学技术计划项目。

国家完善对社会力量设立的非营利性科学技术研究开发机构税收优惠制度。

第五十六条 国家支持发展新型研究开发机构等新型创新主体，完善投入主体多元化、管理制度现代化、运行机制市场化、用人机制灵活化的发展模式，引导新型创新主体聚焦科学研究、技术创新和研发服务。

第六章　科学技术人员

第五十七条 国家营造尊重人才、爱护人才的社会环境，公正平等、竞争择优的制度环境，待遇适当、保障有力的生活环境，为科学技术人员潜心科研创造良好条件。

国家采取多种措施，提高科学技术人员的社会地位，培养和造就专门的科学技术人才，保障科学技术人员投入科技创新和研究开发活动，充分发挥科学技术人员的作用。禁止以任何方式和手段不公正对待科学技术人员及其科技成果。

第五十八条 国家加快战略人才力量建设，优化科学技术人才队伍结构，完善战略科学家、科技领军人才等创新人才和团队的培养、发现、引进、使用、评价机制，实施人才梯队、科研条件、管理机制等配套政策。

第五十九条 国家完善创新人才教育培养机制，在基础教育中加强科学兴趣培养，在职业教育中加强技术技能人才培养，强化高等教育资源配置与科学技术领域创新人才培养的结合，加强完善战略性科学技术人才储备。

第六十条 各级人民政府、企业事业单位和社会组织应当采取措施，完善体现知识、技术等创新要素价值的收益分配机制，优化收入结构，建立工资稳定增长机制，提高科学技术人员的工资水平；对有突出贡献的科学技术人员给予优厚待遇和荣誉激励。

利用财政性资金设立的科学技术研究开发机构和高等学校的科学技术人员，在履行岗位职责、完成本职工作、不发生利益冲突的前提下，经所在单位同意，可以从事兼职工作获得合法收入。技术开发、技术咨询、技术服务等活动的奖酬金提取，按照科技成果转化有关规定执行。

国家鼓励科学技术研究开发机构、高等学校、企业等采取股权、期权、分红等方式激励科学技术人员。

第六十一条 各级人民政府和企业事业单位应当保障科学技术人员接受继续教育的权利，并为科学技术人员的合理、畅通、有序流动创造环境和条件，发挥其专长。

第六十二条 科学技术人员可以根据其学术水平和业务能力选择工作单位、竞聘相应的岗位，取得相应的职务或者职称。

科学技术人员应当信守工作承诺，履行岗位责任，完成职务或者职称相应工作。

第六十三条 国家实行科学技术人员分类评价制度，对从事不同科学技术活动的人员实行不同的评价标准和方式，突出创新价值、能力、贡献导向，合理确定薪酬待遇、配置学术资源、设置评价周期，形成有利于科学技术人员潜心研究和创新的人才评价体系，激发科学技术人员创新活力。

第六十四条 科学技术行政等有关部门和企业事业单位应当完善科学技术人员管理制度，增强服务意识和保障能力，简化管理流程，避免重复性检查和评估，减轻科学技术人员项目申报、材料报送、经费报销等方面的负担，保障科学技术人员科研时间。

第六十五条 科学技术人员在艰苦、边远地区或者恶劣、危险环境中工作，所在单位应当按照国家有关规定给予补贴，提供其岗位或者工作场所应有的职业健康卫生保护和安全保障，为其接受继续教育、业务培训等提供便利条件。

第六十六条 青年科学技术人员、少数民族科学技术人员、女性科学技术人员等在竞聘专业技术职务、参与科学技术评价、承担科学技术研究开发项目、接受继续教育等方面享有平等权利。鼓励老年科学技术人员在科学技术进步中发挥积极作用。

各级人民政府和企业事业单位应当为青年科学技术人员成长创造环境和条件,鼓励青年科学技术人员在科技领域勇于探索、敢于尝试,充分发挥青年科学技术人员的作用。发现、培养和使用青年科学技术人员的情况,应当作为评价科学技术进步工作的重要内容。

各级人民政府和企业事业单位应当完善女性科学技术人员培养、评价和激励机制,关心孕哺期女性科学技术人员,鼓励和支持女性科学技术人员在科学技术进步中发挥更大作用。

第六十七条 科学技术人员应当大力弘扬爱国、创新、求实、奉献、协同、育人的科学家精神,坚守工匠精神,在各类科学技术活动中遵守学术和伦理规范,恪守职业道德,诚实守信;不得在科学技术活动中弄虚作假,不得参加、支持迷信活动。

第六十八条 国家鼓励科学技术人员自由探索、勇于承担风险,营造鼓励创新、宽容失败的良好氛围。原始记录等能够证明承担探索性强、风险高的科学技术研究开发项目的科学技术人员已经履行了勤勉尽责义务仍不能完成该项目的,予以免责。

第六十九条 科研诚信记录作为对科学技术人员聘任专业技术职务或者职称、审批科学技术人员申请科学技术研究开发项目、授予科学技术奖励等的重要依据。

第七十条 科学技术人员有依法创办或者参加科学技术社会团体的权利。

科学技术协会和科学技术社会团体按照章程在促进学术交流、推进学科建设、推动科技创新、开展科学技术普及活动、培养专门人才、开展咨询服务、加强科学技术人员自律和维护科学技术人员合法权益等方面发挥作用。

科学技术协会和科学技术社会团体的合法权益受法律保护。

第七章 区域科技创新

第七十一条 国家统筹科学技术资源区域空间布局,推动中央科学技术资源与地方发展需求紧密衔接,采取多种方式支持区域科技创新。

第七十二条 县级以上地方人民政府应当支持科学技术研究和应用,为促进科技成果转化创造条件,为推动区域创新发展提供良好的创新环境。

第七十三条 县级以上人民政府及其有关部门制定的与产业发展相关的

科学技术计划，应当体现产业发展的需求。

县级以上人民政府及其有关部门确定科学技术计划项目，应当鼓励企业平等竞争和参与实施；对符合产业发展需求、具有明确市场应用前景的项目，应当鼓励企业联合科学技术研究开发机构、高等学校共同实施。

地方重大科学技术计划实施应当与国家科学技术重大任务部署相衔接。

第七十四条 国务院可以根据需要批准建立国家高新技术产业开发区、国家自主创新示范区等科技园区，并对科技园区的建设、发展给予引导和扶持，使其形成特色和优势，发挥集聚和示范带动效应。

第七十五条 国家鼓励有条件的县级以上地方人民政府根据国家发展战略和地方发展需要，建设重大科技创新基地与平台，培育创新创业载体，打造区域科技创新高地。

国家支持有条件的地方建设科技创新中心和综合性科学中心，发挥辐射带动、深化创新改革和参与全球科技合作作用。

第七十六条 国家建立区域科技创新合作机制和协同互助机制，鼓励地方各级人民政府及其有关部门开展跨区域创新合作，促进各类创新要素合理流动和高效集聚。

第七十七条 国家重大战略区域可以依托区域创新平台，构建利益分享机制，促进人才、技术、资金等要素自由流动，推动科学仪器设备、科技基础设施、科学工程和科技信息资源等开放共享，提高科技成果区域转化效率。

第七十八条 国家鼓励地方积极探索区域科技创新模式，尊重区域科技创新集聚规律，因地制宜选择具有区域特色的科技创新发展路径。

第八章 国际科学技术合作

第七十九条 国家促进开放包容、互惠共享的国际科学技术合作与交流，支撑构建人类命运共同体。

第八十条 中华人民共和国政府发展同外国政府、国际组织之间的科学技术合作与交流。

国家鼓励科学技术研究开发机构、高等学校、科学技术社会团体、企业和科学技术人员等各类创新主体开展国际科学技术合作与交流，积极参与科学研究活动，促进国际科学技术资源开放流动，形成高水平的科技开放合作格局，推动世界科学技术进步。

第八十一条 国家鼓励企业事业单位、社会组织通过多种途径建设国际科技创新合作平台，提供国际科技创新合作服务。

鼓励企业事业单位、社会组织和科学技术人员参与和发起国际科学技术组织,增进国际科学技术合作与交流。

第八十二条 国家采取多种方式支持国内外优秀科学技术人才合作研发,应对人类面临的共同挑战,探索科学前沿。

国家支持科学技术研究开发机构、高等学校、企业和科学技术人员积极参与和发起组织实施国际大科学计划和大科学工程。

国家完善国际科学技术研究合作中的知识产权保护与科技伦理、安全审查机制。

第八十三条 国家扩大科学技术计划对外开放合作,鼓励在华外资企业、外籍科学技术人员等承担和参与科学技术计划项目,完善境外科学技术人员参与国家科学技术计划项目的机制。

第八十四条 国家完善相关社会服务和保障措施,鼓励在国外工作的科学技术人员回国,吸引外籍科学技术人员到中国从事科学技术研究开发工作。

科学技术研究开发机构及其他科学技术组织可以根据发展需要,聘用境外科学技术人员。利用财政性资金设立的科学技术研究开发机构、高等学校聘用境外科学技术人员从事科学技术研究开发工作的,应当为其工作和生活提供方便。

外籍杰出科学技术人员到中国从事科学技术研究开发工作的,按照国家有关规定,可以优先获得在华永久居留权或者取得中国国籍。

第九章 保障措施

第八十五条 国家加大财政性资金投入,并制定产业、金融、税收、政府采购等政策,鼓励、引导社会资金投入,推动全社会科学技术研究开发经费持续稳定增长。

第八十六条 国家逐步提高科学技术经费投入的总体水平;国家财政用于科学技术经费的增长幅度,应当高于国家财政经常性收入的增长幅度。全社会科学技术研究开发经费应当占国内生产总值适当的比例,并逐步提高。

第八十七条 财政性科学技术资金应当主要用于下列事项的投入:

(一)科学技术基础条件与设施建设;

(二)基础研究和前沿交叉学科研究;

(三)对经济建设和社会发展具有战略性、基础性、前瞻性作用的前沿技术研究、社会公益性技术研究和重大共性关键技术研究;

(四)重大共性关键技术应用和高新技术产业化示范;

（五）关系生态环境和人民生命健康的科学技术研究开发和成果的应用、推广；

（六）农业新品种、新技术的研究开发和农业科技成果的应用、推广；

（七）科学技术人员的培养、吸引和使用；

（八）科学技术普及。

对利用财政性资金设立的科学技术研究开发机构，国家在经费、实验手段等方面给予支持。

第八十八条 设立国家科学技术计划，应当按照国家需求，聚焦国家重大战略任务，遵循科学研究、技术创新和成果转化规律。

国家建立科学技术计划协调机制和绩效评估制度，加强专业化管理。

第八十九条 国家设立基金，资助中小企业开展技术创新，推动科技成果转化与应用。

国家在必要时可以设立支持基础研究、社会公益性技术研究、国际联合研究等方面的其他非营利性基金，资助科学技术进步活动。

第九十条 从事下列活动的，按照国家有关规定享受税收优惠：

（一）技术开发、技术转让、技术许可、技术咨询、技术服务；

（二）进口国内不能生产或者性能不能满足需要的科学研究、技术开发或者科学技术普及的用品；

（三）为实施国家重大科学技术专项、国家科学技术计划重大项目，进口国内不能生产的关键设备、原材料或者零部件；

（四）科学技术普及场馆、基地等开展面向公众开放的科学技术普及活动；

（五）捐赠资助开展科学技术活动；

（六）法律、国家有关规定规定的其他科学研究、技术开发与科学技术应用活动。

第九十一条 对境内自然人、法人和非法人组织的科技创新产品、服务，在功能、质量等指标能够满足政府采购需求的条件下，政府采购应当购买；首次投放市场的，政府采购应当率先购买，不得以商业业绩为由予以限制。

政府采购的产品尚待研究开发的，通过订购方式实施。采购人应当优先采用竞争性方式确定科学技术研究开发机构、高等学校或者企业进行研究开发，产品研发合格后按约定采购。

第九十二条 国家鼓励金融机构开展知识产权质押融资业务，鼓励和引导金融机构在信贷、投资等方面支持科学技术应用和高新技术产业发展，鼓励保险机构根据高新技术产业发展的需要开发保险品种，促进新技术应用。

第九十三条 国家遵循统筹规划、优化配置的原则，整合和设置国家科学技术研究实验基地。

国家鼓励设置综合性科学技术实验服务单位，为科学技术研究开发机构、高等学校、企业和科学技术人员提供或者委托他人提供科学技术实验服务。

第九十四条 国家根据科学技术进步的需要，按照统筹规划、突出共享、优化配置、综合集成、政府主导、多方共建的原则，统筹购置大型科学仪器、设备，并开展对以财政性资金为主购置的大型科学仪器、设备的联合评议工作。

第九十五条 国家加强学术期刊建设，完善科研论文和科学技术信息交流机制，推动开放科学的发展，促进科学技术交流和传播。

第九十六条 国家鼓励国内外的组织或者个人捐赠财产、设立科学技术基金，资助科学技术研究开发和科学技术普及。

第九十七条 利用财政性资金设立的科学技术研究开发机构、高等学校和企业，在推进科技管理改革、开展科学技术研究开发、实施科技成果转化活动过程中，相关负责人锐意创新探索，出现决策失误、偏差，但尽到合理注意义务和监督管理职责，未牟取非法利益的，免除其决策责任。

第十章 监督管理

第九十八条 国家加强科技法治化建设和科研作风学风建设，建立和完善科研诚信制度和科技监督体系，健全科技伦理治理体制，营造良好科技创新环境。

第九十九条 国家完善科学技术决策的规则和程序，建立规范的咨询和决策机制，推进决策的科学化、民主化和法治化。

国家改革完善重大科学技术决策咨询制度。制定科学技术发展规划和重大政策，确定科学技术重大项目、与科学技术密切相关的重大项目，应当充分听取科学技术人员的意见，发挥智库作用，扩大公众参与，开展科学评估，实行科学决策。

第一百条 国家加强财政性科学技术资金绩效管理，提高资金配置效率和使用效益。财政性科学技术资金的管理和使用情况，应当接受审计机关、财政部门的监督检查。

科学技术行政等有关部门应当加强对利用财政性资金设立的科学技术计划实施情况的监督，强化科研项目资金协调、评估、监管。

任何组织和个人不得虚报、冒领、贪污、挪用、截留财政性科学技术资金。

第一百零一条 国家建立科学技术计划项目分类管理机制，强化对项目实效的考核评价。利用财政性资金设立的科学技术计划项目，应当坚持问题导向、目标导向、需求导向进行立项，按照国家有关规定择优确定项目承担者。

国家建立科技管理信息系统，建立评审专家库，健全科学技术计划项目的专家评审制度和评审专家的遴选、回避、保密、问责制度。

第一百零二条 国务院科学技术行政部门应当会同国务院有关主管部门，建立科学技术研究基地、科学仪器设备等资产和科学技术文献、科学技术数据、科学技术自然资源、科学技术普及资源等科学技术资源的信息系统和资源库，及时向社会公布科学技术资源的分布、使用情况。

科学技术资源的管理单位应当向社会公布所管理的科学技术资源的共享使用制度和使用情况，并根据使用制度安排使用；法律、行政法规规定应当保密的，依照其规定。

科学技术资源的管理单位不得侵犯科学技术资源使用者的知识产权，并应当按照国家有关规定确定收费标准。管理单位和使用者之间的其他权利义务关系由双方约定。

第一百零三条 国家建立科技伦理委员会，完善科技伦理制度规范，加强科技伦理教育和研究，健全审查、评估、监管体系。

科学技术研究开发机构、高等学校、企业事业单位等应当履行科技伦理管理主体责任，按照国家有关规定建立健全科技伦理审查机制，对科学技术活动开展科技伦理审查。

第一百零四条 国家加强科研诚信建设，建立科学技术项目诚信档案及科研诚信管理信息系统，坚持预防与惩治并举、自律与监督并重，完善对失信行为的预防、调查、处理机制。

县级以上地方人民政府和相关行业主管部门采取各种措施加强科研诚信建设，企业事业单位和社会组织应当履行科研诚信管理的主体责任。

任何组织和个人不得虚构、伪造科研成果，不得发布、传播虚假科研成果，不得从事学术论文及其实验研究数据、科学技术计划项目申报验收材料等的买卖、代写、代投服务。

第一百零五条 国家建立健全科学技术统计调查制度和国家创新调查制度，掌握国家科学技术活动基本情况，监测和评价国家创新能力。

国家建立健全科技报告制度，财政性资金资助的科学技术计划项目的承担者应当按照规定及时提交报告。

第一百零六条 国家实行科学技术保密制度，加强科学技术保密能力建设，保护涉及国家安全和利益的科学技术秘密。

国家依法实行重要的生物种质资源、遗传资源、数据资源等科学技术资源和关键核心技术出境管理制度。

第一百零七条 禁止危害国家安全、损害社会公共利益、危害人体健康、违背科研诚信和科技伦理的科学技术研究开发和应用活动。

从事科学技术活动，应当遵守科学技术活动管理规范。对严重违反科学技术活动管理规范的组织和个人，由科学技术行政等有关部门记入科研诚信严重失信行为数据库。

第十一章 法律责任

第一百零八条 违反本法规定，科学技术行政等有关部门及其工作人员，以及其他依法履行公职的人员滥用职权、玩忽职守、徇私舞弊的，对直接负责的主管人员和其他直接责任人员依法给予处分。

第一百零九条 违反本法规定，滥用职权阻挠、限制、压制科学技术研究开发活动，或者利用职权打压、排挤、刁难科学技术人员的，对直接负责的主管人员和其他直接责任人员依法给予处分。

第一百一十条 违反本法规定，虚报、冒领、贪污、挪用、截留用于科学技术进步的财政性资金或者社会捐赠资金的，由有关主管部门责令改正，追回有关财政性资金，责令退还捐赠资金，给予警告或者通报批评，并可以暂停拨款，终止或者撤销相关科学技术活动；情节严重的，依法处以罚款，禁止一定期限内承担或者参与财政性资金支持的科学技术活动；对直接负责的主管人员和其他直接责任人员依法给予行政处罚和处分。

第一百一十一条 违反本法规定，利用财政性资金和国有资本购置大型科学仪器、设备后，不履行大型科学仪器、设备等科学技术资源共享使用义务的，由有关主管部门责令改正，给予警告或者通报批评，对直接负责的主管人员和其他直接责任人员依法给予处分。

第一百一十二条 违反本法规定，进行危害国家安全、损害社会公共利益、危害人体健康、违背科研诚信和科技伦理的科学技术研究开发和应用活动的，由科学技术人员所在单位或者有关主管部门责令改正；获得用于科学技术进步的财政性资金或者有违法所得的，由有关主管部门终止或者撤销相关科学技术活动，追回财政性资金，没收违法所得；情节严重的，由有关主管部门向社会公布其违法行为，依法给予行政处罚和处分，禁止一定期限内承担或者参与财政性资金支持的科学技术活动、申请相关科学技术活动行政许可；对直接负责的主管人员和其他直接责任人员依法给予行政处罚和处分。

违反本法规定，虚构、伪造科研成果，发布、传播虚假科研成果，或者从事学术论文及其实验研究数据、科学技术计划项目申报验收材料等的买卖、代写、代投服务的，由有关主管部门给予警告或者通报批评，处以罚款；有违法所得的，没收违法所得；情节严重的，吊销许可证件。

第一百一十三条 违反本法规定，从事科学技术活动违反科学技术活动管理规范的，由有关主管部门责令限期改正，并可以追回有关财政性资金，给予警告或者通报批评，暂停拨款、终止或者撤销相关财政性资金支持的科学技术活动；情节严重的，禁止一定期限内承担或者参与财政性资金支持的科学技术活动，取消一定期限内财政性资金支持的科学技术活动管理资格；对直接负责的主管人员和其他直接责任人员依法给予处分。

第一百一十四条 违反本法规定，骗取国家科学技术奖励的，由主管部门依法撤销奖励，追回奖章、证书和奖金等，并依法给予处分。

违反本法规定，提名单位或者个人提供虚假数据、材料，协助他人骗取国家科学技术奖励的，由主管部门给予通报批评；情节严重的，暂停或者取消其提名资格，并依法给予处分。

第一百一十五条 违反本法规定的行为，本法未作行政处罚规定，其他有关法律、行政法规有规定的，依照其规定；造成财产损失或者其他损害的，依法承担民事责任；构成违反治安管理行为的，依法给予治安管理处罚；构成犯罪的，依法追究刑事责任。

第十二章 附 则

第一百一十六条 涉及国防科学技术进步的其他有关事项，由国务院、中央军事委员会规定。

第一百一十七条 本法自2022年1月1日起施行。

中华人民共和国噪声污染防治法

（2021年12月24日第十三届全国人民代表大会常务委员会第三十二次会议通过 2021年12月24日中华人民共和国主席令第104号公布 自2022年6月5日起施行）

目 录

第一章　总　　则

第一条　为了防治噪声污染,保障公众健康,保护和改善生活环境,维护社会和谐,推进生态文明建设,促进经济社会可持续发展,制定本法。

第二条　本法所称噪声,是指在工业生产、建筑施工、交通运输和社会生活中产生的干扰周围生活环境的声音。

本法所称噪声污染,是指超过噪声排放标准或者未依法采取防控措施产生噪声,并干扰他人正常生活、工作和学习的现象。

第三条　噪声污染的防治,适用本法。

因从事本职生产经营工作受到噪声危害的防治,适用劳动保护等其他有关法律的规定。

第四条　噪声污染防治应当坚持统筹规划、源头防控、分类管理、社会共治、损害担责的原则。

第五条　县级以上人民政府应当将噪声污染防治工作纳入国民经济和社会发展规划、生态环境保护规划,将噪声污染防治工作经费纳入本级政府预算。

生态环境保护规划应当明确噪声污染防治目标、任务、保障措施等内容。

第六条　地方各级人民政府对本行政区域声环境质量负责,采取有效措施,改善声环境质量。

国家实行噪声污染防治目标责任制和考核评价制度,将噪声污染防治目标完成情况纳入考核评价内容。

第七条　县级以上地方人民政府应当依照本法和国务院的规定,明确有关部门的噪声污染防治监督管理职责,根据需要建立噪声污染防治工作协调联动机制,加强部门协同配合、信息共享,推进本行政区域噪声污染防治工作。

第八条　国务院生态环境主管部门对全国噪声污染防治实施统一监督管理。

地方人民政府生态环境主管部门对本行政区域噪声污染防治实施统一监督管理。

各级住房和城乡建设、公安、交通运输、铁路监督管理、民用航空、海事等部门，在各自职责范围内，对建筑施工、交通运输和社会生活噪声污染防治实施监督管理。

基层群众性自治组织应当协助地方人民政府及其有关部门做好噪声污染防治工作。

第九条 任何单位和个人都有保护声环境的义务，同时依法享有获取声环境信息、参与和监督噪声污染防治的权利。

排放噪声的单位和个人应当采取有效措施，防止、减轻噪声污染。

第十条 各级人民政府及其有关部门应当加强噪声污染防治法律法规和知识的宣传教育普及工作，增强公众噪声污染防治意识，引导公众依法参与噪声污染防治工作。

新闻媒体应当开展噪声污染防治法律法规和知识的公益宣传，对违反噪声污染防治法律法规的行为进行舆论监督。

国家鼓励基层群众性自治组织、社会组织、公共场所管理者、业主委员会、物业服务人、志愿者等开展噪声污染防治法律法规和知识的宣传。

第十一条 国家鼓励、支持噪声污染防治科学技术研究开发、成果转化和推广应用，加强噪声污染防治专业技术人才培养，促进噪声污染防治科学技术进步和产业发展。

第十二条 对在噪声污染防治工作中做出显著成绩的单位和个人，按照国家规定给予表彰、奖励。

第二章 噪声污染防治标准和规划

第十三条 国家推进噪声污染防治标准体系建设。

国务院生态环境主管部门和国务院其他有关部门，在各自职责范围内，制定和完善噪声污染防治相关标准，加强标准之间的衔接协调。

第十四条 国务院生态环境主管部门制定国家声环境质量标准。

县级以上地方人民政府根据国家声环境质量标准和国土空间规划以及用地现状，划定本行政区域各类声环境质量标准的适用区域；将以用于居住、科学研究、医疗卫生、文化教育、机关团体办公、社会福利等的建筑物为主的区域，划定为噪声敏感建筑物集中区域，加强噪声污染防治。

声环境质量标准适用区域范围和噪声敏感建筑物集中区域范围应当向社

会公布。

第十五条 国务院生态环境主管部门根据国家声环境质量标准和国家经济、技术条件，制定国家噪声排放标准以及相关的环境振动控制标准。

省、自治区、直辖市人民政府对尚未制定国家噪声排放标准的，可以制定地方噪声排放标准；对已经制定国家噪声排放标准的，可以制定严于国家噪声排放标准的地方噪声排放标准。地方噪声排放标准应当报国务院生态环境主管部门备案。

第十六条 国务院标准化主管部门会同国务院发展改革、生态环境、工业和信息化、住房和城乡建设、交通运输、铁路监督管理、民用航空、海事等部门，对可能产生噪声污染的工业设备、施工机械、机动车、铁路机车车辆、城市轨道交通车辆、民用航空器、机动船舶、电气电子产品、建筑附属设备等产品，根据声环境保护的要求和国家经济、技术条件，在其技术规范或者产品质量标准中规定噪声限值。

前款规定的产品使用时产生噪声的限值，应当在有关技术文件中注明。禁止生产、进口或者销售不符合噪声限值的产品。

县级以上人民政府市场监督管理等部门对生产、销售的有噪声限值的产品进行监督抽查，对电梯等特种设备使用时发出的噪声进行监督抽测，生态环境主管部门予以配合。

第十七条 声环境质量标准、噪声排放标准和其他噪声污染防治相关标准应当定期评估，并根据评估结果适时修订。

第十八条 各级人民政府及其有关部门制定、修改国土空间规划和相关规划，应当依法进行环境影响评价，充分考虑城乡区域开发、改造和建设项目产生的噪声对周围生活环境的影响，统筹规划，合理安排土地用途和建设布局，防止、减轻噪声污染。有关环境影响篇章、说明或者报告书中应当包括噪声污染防治内容。

第十九条 确定建设布局，应当根据国家声环境质量标准和民用建筑隔声设计相关标准，合理划定建筑物与交通干线等的防噪声距离，并提出相应的规划设计要求。

第二十条 未达到国家声环境质量标准的区域所在的设区的市、县级人民政府，应当及时编制声环境质量改善规划及其实施方案，采取有效措施，改善声环境质量。

声环境质量改善规划及其实施方案应当向社会公开。

第二十一条 编制声环境质量改善规划及其实施方案，制定、修订噪声污染防治相关标准，应当征求有关行业协会、企业事业单位、专家和公众等的意见。

第三章　噪声污染防治的监督管理

第二十二条　排放噪声、产生振动，应当符合噪声排放标准以及相关的环境振动控制标准和有关法律、法规、规章的要求。

排放噪声的单位和公共场所管理者，应当建立噪声污染防治责任制度，明确负责人和相关人员的责任。

第二十三条　国务院生态环境主管部门负责制定噪声监测和评价规范，会同国务院有关部门组织声环境质量监测网络，规划国家声环境质量监测站（点）的设置，组织开展全国声环境质量监测，推进监测自动化，统一发布全国声环境质量状况信息。

地方人民政府生态环境主管部门会同有关部门按照规定设置本行政区域声环境质量监测站（点），组织开展本行政区域声环境质量监测，定期向社会公布声环境质量状况信息。

地方人民政府生态环境等部门应当加强对噪声敏感建筑物周边等重点区域噪声排放情况的调查、监测。

第二十四条　新建、改建、扩建可能产生噪声污染的建设项目，应当依法进行环境影响评价。

第二十五条　建设项目的噪声污染防治设施应当与主体工程同时设计、同时施工、同时投产使用。

建设项目在投入生产或者使用之前，建设单位应当依照有关法律法规的规定，对配套建设的噪声污染防治设施进行验收，编制验收报告，并向社会公开。未经验收或者验收不合格的，该建设项目不得投入生产或者使用。

第二十六条　建设噪声敏感建筑物，应当符合民用建筑隔声设计相关标准要求，不符合标准要求的，不得通过验收、交付使用；在交通干线两侧、工业企业周边等地方建设噪声敏感建筑物，还应当按照规定间隔一定距离，并采取减少振动、降低噪声的措施。

第二十七条　国家鼓励、支持低噪声工艺和设备的研究开发和推广应用，实行噪声污染严重的落后工艺和设备淘汰制度。

国务院发展改革部门会同国务院有关部门确定噪声污染严重的工艺和设备淘汰期限，并纳入国家综合性产业政策目录。

生产者、进口者、销售者或者使用者应当在规定期限内停止生产、进口、销售或者使用列入前款规定目录的设备。工艺的采用者应当在规定期限内停止采用列入前款规定目录的工艺。

第二十八条　对未完成声环境质量改善规划设定目标的地区以及噪声污染问题突出、群众反映强烈的地区，省级以上人民政府生态环境主管部门会同其他负有噪声污染防治监督管理职责的部门约谈该地区人民政府及其有关部门的主要负责人，要求其采取有效措施及时整改。约谈和整改情况应当向社会公开。

第二十九条　生态环境主管部门和其他负有噪声污染防治监督管理职责的部门，有权对排放噪声的单位或者场所进行现场检查。被检查者应当如实反映情况，提供必要的资料，不得拒绝或者阻挠。实施检查的部门、人员对现场检查中知悉的商业秘密应当保密。

检查人员进行现场检查，不得少于两人，并应当主动出示执法证件。

第三十条　排放噪声造成严重污染，被责令改正拒不改正的，生态环境主管部门或者其他负有噪声污染防治监督管理职责的部门，可以查封、扣押排放噪声的场所、设施、设备、工具和物品。

第三十一条　任何单位和个人都有权向生态环境主管部门或者其他负有噪声污染防治监督管理职责的部门举报造成噪声污染的行为。

生态环境主管部门和其他负有噪声污染防治监督管理职责的部门应当公布举报电话、电子邮箱等，方便公众举报。

接到举报的部门应当及时处理并对举报人的相关信息保密。举报事项属于其他部门职责的，接到举报的部门应当及时移送相关部门并告知举报人。举报人要求答复并提供有效联系方式的，处理举报事项的部门应当反馈处理结果等情况。

第三十二条　国家鼓励开展宁静小区、静音车厢等宁静区域创建活动，共同维护生活环境和谐安宁。

第三十三条　在举行中等学校招生考试、高等学校招生统一考试等特殊活动期间，地方人民政府或者其指定的部门可以对可能产生噪声影响的活动，作出时间和区域的限制性规定，并提前向社会公告。

第四章　工业噪声污染防治

第三十四条　本法所称工业噪声，是指在工业生产活动中产生的干扰周围生活环境的声音。

第三十五条　工业企业选址应当符合国土空间规划以及相关规划要求，县级以上地方人民政府应当按照规划要求优化工业企业布局，防止工业噪声污染。

在噪声敏感建筑物集中区域，禁止新建排放噪声的工业企业，改建、扩建工业企业的，应当采取有效措施防止工业噪声污染。

第三十六条 排放工业噪声的企业事业单位和其他生产经营者，应当采取有效措施，减少振动、降低噪声，依法取得排污许可证或者填报排污登记表。

实行排污许可管理的单位，不得无排污许可证排放工业噪声，并应当按照排污许可证的要求进行噪声污染防治。

第三十七条 设区的市级以上地方人民政府生态环境主管部门应当按照国务院生态环境主管部门的规定，根据噪声排放、声环境质量改善要求等情况，制定本行政区域噪声重点排污单位名录，向社会公开并适时更新。

第三十八条 实行排污许可管理的单位应当按照规定，对工业噪声开展自行监测，保存原始监测记录，向社会公开监测结果，对监测数据的真实性和准确性负责。

噪声重点排污单位应当按照国家规定，安装、使用、维护噪声自动监测设备，与生态环境主管部门的监控设备联网。

第五章　建筑施工噪声污染防治

第三十九条 本法所称建筑施工噪声，是指在建筑施工过程中产生的干扰周围生活环境的声音。

第四十条 建设单位应当按照规定将噪声污染防治费用列入工程造价，在施工合同中明确施工单位的噪声污染防治责任。

施工单位应当按照规定制定噪声污染防治实施方案，采取有效措施，减少振动、降低噪声。建设单位应当监督施工单位落实噪声污染防治实施方案。

第四十一条 在噪声敏感建筑物集中区域施工作业，应当优先使用低噪声施工工艺和设备。

国务院工业和信息化主管部门会同国务院生态环境、住房和城乡建设、市场监督管理等部门，公布低噪声施工设备指导名录并适时更新。

第四十二条 在噪声敏感建筑物集中区域施工作业，建设单位应当按照国家规定，设置噪声自动监测系统，与监督管理部门联网，保存原始监测记录，对监测数据的真实性和准确性负责。

第四十三条 在噪声敏感建筑物集中区域，禁止夜间进行产生噪声的建筑施工作业，但抢修、抢险施工作业，因生产工艺要求或者其他特殊需要必须连续施工作业的除外。

因特殊需要必须连续施工作业的，应当取得地方人民政府住房和城乡建设、生态环境主管部门或者地方人民政府指定的部门的证明，并在施工现场显著位置公示或者以其他方式公告附近居民。

第六章　交通运输噪声污染防治

第四十四条　本法所称交通运输噪声，是指机动车、铁路机车车辆、城市轨道交通车辆、机动船舶、航空器等交通运输工具在运行时产生的干扰周围生活环境的声音。

第四十五条　各级人民政府及其有关部门制定、修改国土空间规划和交通运输等相关规划，应当综合考虑公路、城市道路、铁路、城市轨道交通线路、水路、港口和民用机场及其起降航线对周围声环境的影响。

新建公路、铁路线路选线设计，应当尽量避开噪声敏感建筑物集中区域。

新建民用机场选址与噪声敏感建筑物集中区域的距离应当符合标准要求。

第四十六条　制定交通基础设施工程技术规范，应当明确噪声污染防治要求。

新建、改建、扩建经过噪声敏感建筑物集中区域的高速公路、城市高架、铁路和城市轨道交通线路等的，建设单位应当在可能造成噪声污染的重点路段设置声屏障或者采取其他减少振动、降低噪声的措施，符合有关交通基础设施工程技术规范以及标准要求。

建设单位违反前款规定的，由县级以上人民政府指定的部门责令制定、实施治理方案。

第四十七条　机动车的消声器和喇叭应当符合国家规定。禁止驾驶拆除或者损坏消声器、加装排气管等擅自改装的机动车以轰鸣、疾驶等方式造成噪声污染。

使用机动车音响器材，应当控制音量，防止噪声污染。

机动车应当加强维修和保养，保持性能良好，防止噪声污染。

第四十八条　机动车、铁路机车车辆、城市轨道交通车辆、机动船舶等交通运输工具运行时，应当按照规定使用喇叭等声响装置。

警车、消防救援车、工程救险车、救护车等机动车安装、使用警报器，应当符合国务院公安等部门的规定；非执行紧急任务，不得使用警报器。

第四十九条　地方人民政府生态环境主管部门会同公安机关根据声环境保护的需要，可以划定禁止机动车行驶和使用喇叭等声响装置的路段和时间，向社会公告，并由公安机关交通管理部门依法设置相关标志、标线。

第五十条　在车站、铁路站场、港口等地指挥作业时使用广播喇叭的，应当控制音量，减轻噪声污染。

第五十一条　公路养护管理单位、城市道路养护维修单位应当加强对公路、城市道路的维护和保养，保持减少振动、降低噪声设施正常运行。

城市轨道交通运营单位、铁路运输企业应当加强对城市轨道交通线路和城市轨道交通车辆、铁路线路和铁路机车车辆的维护和保养，保持减少振动、降低噪声设施正常运行，并按照国家规定进行监测，保存原始监测记录，对监测数据的真实性和准确性负责。

第五十二条　民用机场所在地人民政府，应当根据环境影响评价以及监测结果确定的民用航空器噪声对机场周围生活环境产生影响的范围和程度，划定噪声敏感建筑物禁止建设区域和限制建设区域，并实施控制。

在禁止建设区域禁止新建与航空无关的噪声敏感建筑物。

在限制建设区域确需建设噪声敏感建筑物的，建设单位应当对噪声敏感建筑物进行建筑隔声设计，符合民用建筑隔声设计相关标准要求。

第五十三条　民用航空器应当符合国务院民用航空主管部门规定的适航标准中的有关噪声要求。

第五十四条　民用机场管理机构负责机场起降航空器噪声的管理，会同航空运输企业、通用航空企业、空中交通管理部门等单位，采取低噪声飞行程序、起降跑道优化、运行架次和时段控制、高噪声航空器运行限制或者周围噪声敏感建筑物隔声降噪等措施，防止、减轻民用航空器噪声污染。

民用机场管理机构应当按照国家规定，对机场周围民用航空器噪声进行监测，保存原始监测记录，对监测数据的真实性和准确性负责，监测结果定期向民用航空、生态环境主管部门报送。

第五十五条　因公路、城市道路和城市轨道交通运行排放噪声造成严重污染的，设区的市、县级人民政府应当组织有关部门和其他有关单位对噪声污染情况进行调查评估和责任认定，制定噪声污染综合治理方案。

噪声污染责任单位应当按照噪声污染综合治理方案的要求采取管理或者工程措施，减轻噪声污染。

第五十六条　因铁路运行排放噪声造成严重污染的，铁路运输企业和设区的市、县级人民政府应当对噪声污染情况进行调查，制定噪声污染综合治理方案。

铁路运输企业和设区的市、县级人民政府有关部门和其他有关单位应当按照噪声污染综合治理方案的要求采取有效措施，减轻噪声污染。

第五十七条　因民用航空器起降排放噪声造成严重污染的，民用机场所在地人民政府应当组织有关部门和其他有关单位对噪声污染情况进行调查，综合考虑经济、技术和管理措施，制定噪声污染综合治理方案。

民用机场管理机构、地方各级人民政府和其他有关单位应当按照噪声污染综合治理方案的要求采取有效措施，减轻噪声污染。

第五十八条 制定噪声污染综合治理方案，应当征求有关专家和公众等的意见。

第七章 社会生活噪声污染防治

第五十九条 本法所称社会生活噪声，是指人为活动产生的除工业噪声、建筑施工噪声和交通运输噪声之外的干扰周围生活环境的声音。

第六十条 全社会应当增强噪声污染防治意识，自觉减少社会生活噪声排放，积极开展噪声污染防治活动，形成人人有责、人人参与、人人受益的良好噪声污染防治氛围，共同维护生活环境和谐安宁。

第六十一条 文化娱乐、体育、餐饮等场所的经营管理者应当采取有效措施，防止、减轻噪声污染。

第六十二条 使用空调器、冷却塔、水泵、油烟净化器、风机、发电机、变压器、锅炉、装卸设备等可能产生社会生活噪声污染的设备、设施的企业事业单位和其他经营管理者等，应当采取优化布局、集中排放等措施，防止、减轻噪声污染。

第六十三条 禁止在商业经营活动中使用高音广播喇叭或者采用其他持续反复发出高噪声的方法进行广告宣传。

对商业经营活动中产生的其他噪声，经营者应当采取有效措施，防止噪声污染。

第六十四条 禁止在噪声敏感建筑物集中区域使用高音广播喇叭，但紧急情况以及地方人民政府规定的特殊情形除外。

在街道、广场、公园等公共场所组织或者开展娱乐、健身等活动，应当遵守公共场所管理者有关活动区域、时段、音量等规定，采取有效措施，防止噪声污染；不得违反规定使用音响器材产生过大音量。

公共场所管理者应当合理规定娱乐、健身等活动的区域、时段、音量，可以采取设置噪声自动监测和显示设施等措施加强管理。

第六十五条 家庭及其成员应当培养形成减少噪声产生的良好习惯，乘坐公共交通工具、饲养宠物和其他日常活动尽量避免产生噪声对周围人员造成干扰，互谅互让解决噪声纠纷，共同维护声环境质量。

使用家用电器、乐器或者进行其他家庭场所活动，应当控制音量或者采取其他有效措施，防止噪声污染。

第六十六条 对已竣工交付使用的住宅楼、商铺、办公楼等建筑物进行室内装修活动，应当按照规定限定作业时间，采取有效措施，防止、减轻噪声污染。

第六十七条 新建居民住房的房地产开发经营者应当在销售场所公示住房可能受到噪声影响的情况以及采取或者拟采取的防治措施，并纳入买卖合同。

新建居民住房的房地产开发经营者应当在买卖合同中明确住房的共用设施设备位置和建筑隔声情况。

第六十八条 居民住宅区安装电梯、水泵、变压器等共用设施设备的，建设单位应当合理设置，采取减少振动、降低噪声的措施，符合民用建筑隔声设计相关标准要求。

已建成使用的居民住宅区电梯、水泵、变压器等共用设施设备由专业运营单位负责维护管理，符合民用建筑隔声设计相关标准要求。

第六十九条 基层群众性自治组织指导业主委员会、物业服务人、业主通过制定管理规约或者其他形式，约定本物业管理区域噪声污染防治要求，由业主共同遵守。

第七十条 对噪声敏感建筑物集中区域的社会生活噪声扰民行为，基层群众性自治组织、业主委员会、物业服务人应当及时劝阻、调解；劝阻、调解无效的，可以向负有社会生活噪声污染防治监督管理职责的部门或者地方人民政府指定的部门报告或者投诉，接到报告或者投诉的部门应当依法处理。

第八章 法律责任

第七十一条 违反本法规定，拒绝、阻挠监督检查，或者在接受监督检查时弄虚作假的，由生态环境主管部门或者其他负有噪声污染防治监督管理职责的部门责令改正，处二万元以上二十万元以下的罚款。

第七十二条 违反本法规定，生产、进口、销售超过噪声限值的产品的，由县级以上人民政府市场监督管理部门、海关按照职责责令改正，没收违法所得，并处货值金额一倍以上三倍以下的罚款；情节严重的，报经有批准权的人民政府批准，责令停业、关闭。

违反本法规定，生产、进口、销售、使用淘汰的设备，或者采用淘汰的工艺的，由县级以上人民政府指定的部门责令改正，没收违法所得，并处货值金额一倍以上三倍以下的罚款；情节严重的，报经有批准权的人民政府批准，责令停业、关闭。

第七十三条 违反本法规定，建设单位建设噪声敏感建筑物不符合民用建筑隔声设计相关标准要求的，由县级以上地方人民政府住房和城乡建设主管部门责令改正，处建设工程合同价款百分之二以上百分之四以下的罚款。

违反本法规定，建设单位在噪声敏感建筑物禁止建设区域新建与航空无关的噪声敏感建筑物的，由地方人民政府指定的部门责令停止违法行为，处建设工程合同价款百分之二以上百分之十以下的罚款，并报经有批准权的人民政府批准，责令拆除。

第七十四条 违反本法规定，在噪声敏感建筑物集中区域新建排放噪声的工业企业的，由生态环境主管部门责令停止违法行为，处十万元以上五十万元以下的罚款，并报经有批准权的人民政府批准，责令关闭。

违反本法规定，在噪声敏感建筑物集中区域改建、扩建工业企业，未采取有效措施防止工业噪声污染的，由生态环境主管部门责令改正，处十万元以上五十万元以下的罚款；拒不改正的，报经有批准权的人民政府批准，责令关闭。

第七十五条 违反本法规定，无排污许可证或者超过噪声排放标准排放工业噪声的，由生态环境主管部门责令改正或者限制生产、停产整治，并处二万元以上二十万元以下的罚款；情节严重的，报经有批准权的人民政府批准，责令停业、关闭。

第七十六条 违反本法规定，有下列行为之一，由生态环境主管部门责令改正，处二万元以上二十万元以下的罚款；拒不改正的，责令限制生产、停产整治：

（一）实行排污许可管理的单位未按照规定对工业噪声开展自行监测，未保存原始监测记录，或者未向社会公开监测结果的；

（二）噪声重点排污单位未按照国家规定安装、使用、维护噪声自动监测设备，或者未与生态环境主管部门的监控设备联网的。

第七十七条 违反本法规定，建设单位、施工单位有下列行为之一，由工程所在地人民政府指定的部门责令改正，处一万元以上十万元以下的罚款；拒不改正的，可以责令暂停施工：

（一）超过噪声排放标准排放建筑施工噪声的；

（二）未按照规定取得证明，在噪声敏感建筑物集中区域夜间进行产生噪声的建筑施工作业的。

第七十八条 违反本法规定，有下列行为之一，由工程所在地人民政府指定的部门责令改正，处五千元以上五万元以下的罚款；拒不改正的，处五万元以上二十万元以下的罚款：

（一）建设单位未按照规定将噪声污染防治费用列入工程造价的；

（二）施工单位未按照规定制定噪声污染防治实施方案，或者未采取有效措施减少振动、降低噪声的；

（三）在噪声敏感建筑物集中区域施工作业的建设单位未按照国家规定设置噪声自动监测系统，未与监督管理部门联网，或者未保存原始监测记录的；

（四）因特殊需要必须连续施工作业，建设单位未按照规定公告附近居民的。

第七十九条　违反本法规定，驾驶拆除或者损坏消声器、加装排气管等擅自改装的机动车轰鸣、疾驶，机动车运行时未按照规定使用声响装置，或者违反禁止机动车行驶和使用声响装置的路段和时间规定的，由县级以上地方人民政府公安机关交通管理部门依照有关道路交通安全的法律法规处罚。

违反本法规定，铁路机车车辆、城市轨道交通车辆、机动船舶等交通运输工具运行时未按照规定使用声响装置的，由交通运输、铁路监督管理、海事等部门或者地方人民政府指定的城市轨道交通有关部门按照职责责令改正，处五千元以上一万元以下的罚款。

第八十条　违反本法规定，有下列行为之一，由交通运输、铁路监督管理、民用航空等部门或者地方人民政府指定的城市道路、城市轨道交通有关部门，按照职责责令改正，处五千元以上五万元以下的罚款；拒不改正的，处五万元以上二十万元以下的罚款：

（一）公路养护管理单位、城市道路养护维修单位、城市轨道交通运营单位、铁路运输企业未履行维护和保养义务，未保持减少振动、降低噪声设施正常运行的；

（二）城市轨道交通运营单位、铁路运输企业未按照国家规定进行监测，或者未保存原始监测记录的；

（三）民用机场管理机构、航空运输企业、通用航空企业未采取措施防止、减轻民用航空器噪声污染的；

（四）民用机场管理机构未按照国家规定对机场周围民用航空器噪声进行监测，未保存原始监测记录，或者监测结果未定期报送的。

第八十一条　违反本法规定，有下列行为之一，由地方人民政府指定的部门责令改正，处五千元以上五万元以下的罚款；拒不改正的，处五万元以上二十万元以下的罚款，并可以报经有批准权的人民政府批准，责令停业：

（一）超过噪声排放标准排放社会生活噪声的；

（二）在商业经营活动中使用高音广播喇叭或者采用其他持续反复发出高

噪声的方法进行广告宣传的；

（三）未对商业经营活动中产生的其他噪声采取有效措施造成噪声污染的。

第八十二条 违反本法规定，有下列行为之一，由地方人民政府指定的部门说服教育，责令改正；拒不改正的，给予警告，对个人可以处二百元以上一千元以下的罚款，对单位可以处二千元以上二万元以下的罚款：

（一）在噪声敏感建筑物集中区域使用高音广播喇叭的；

（二）在公共场所组织或者开展娱乐、健身等活动，未遵守公共场所管理者有关活动区域、时段、音量等规定，未采取有效措施造成噪声污染，或者违反规定使用音响器材产生过大音量的；

（三）对已竣工交付使用的建筑物进行室内装修活动，未按照规定在限定的作业时间内进行，或者未采取有效措施造成噪声污染的；

（四）其他违反法律规定造成社会生活噪声污染的。

第八十三条 违反本法规定，有下列行为之一，由县级以上地方人民政府房产管理部门责令改正，处一万元以上五万元以下的罚款；拒不改正的，责令暂停销售：

（一）新建居民住房的房地产开发经营者未在销售场所公示住房可能受到噪声影响的情况以及采取或者拟采取的防治措施，或者未纳入买卖合同的；

（二）新建居民住房的房地产开发经营者未在买卖合同中明确住房的共用设施设备位置或者建筑隔声情况的。

第八十四条 违反本法规定，有下列行为之一，由地方人民政府指定的部门责令改正，处五千元以上五万元以下的罚款；拒不改正的，处五万元以上二十万元以下的罚款：

（一）居民住宅区安装共用设施设备，设置不合理或者未采取减少振动、降低噪声的措施，不符合民用建筑隔声设计相关标准要求的；

（二）对已建成使用的居民住宅区共用设施设备，专业运营单位未进行维护管理，不符合民用建筑隔声设计相关标准要求的。

第八十五条 噪声污染防治监督管理人员滥用职权、玩忽职守、徇私舞弊的，由监察机关或者任免机关、单位依法给予处分。

第八十六条 受到噪声侵害的单位和个人，有权要求侵权人依法承担民事责任。

对赔偿责任和赔偿金额纠纷，可以根据当事人的请求，由相应的负有噪声污染防治监督管理职责的部门、人民调解委员会调解处理。

国家鼓励排放噪声的单位、个人和公共场所管理者与受到噪声侵害的单位和个人友好协商，通过调整生产经营时间、施工作业时间，采取减少振动、降低噪声措施，支付补偿金、异地安置等方式，妥善解决噪声纠纷。

第八十七条 违反本法规定，产生社会生活噪声，经劝阻、调解和处理未能制止，持续干扰他人正常生活、工作和学习，或者有其他扰乱公共秩序、妨害社会管理等违反治安管理行为的，由公安机关依法给予治安管理处罚。

违反本法规定，构成犯罪的，依法追究刑事责任。

第九章 附 则

第八十八条 本法中下列用语的含义：

（一）噪声排放，是指噪声源向周围生活环境辐射噪声；

（二）夜间，是指晚上十点至次日早晨六点之间的期间，设区的市级以上人民政府可以另行规定本行政区域夜间的起止时间，夜间时段长度为八小时；

（三）噪声敏感建筑物，是指用于居住、科学研究、医疗卫生、文化教育、机关团体办公、社会福利等需要保持安静的建筑物；

（四）交通干线，是指铁路、高速公路、一级公路、二级公路、城市快速路、城市主干路、城市次干路、城市轨道交通线路、内河高等级航道。

第八十九条 省、自治区、直辖市或者设区的市、自治州根据实际情况，制定本地方噪声污染防治具体办法。

第九十条 本法自2022年6月5日起施行。《中华人民共和国环境噪声污染防治法》同时废止。

全国人民代表大会常务委员会关于修改《中华人民共和国种子法》的决定

（2021年12月24日第十三届全国人民代表大会常务委员会第三十二次会议通过　2021年12月24日中华人民共和国主席令第105号公布　自2022年3月1日起施行）

第十三届全国人民代表大会常务委员会第三十二次会议决定对《中华人民共和国种子法》作如下修改：

一、将第一条修改为："为了保护和合理利用种质资源，规范品种选育、种子生产经营和管理行为，加强种业科学技术研究，鼓励育种创新，保护植物新品种权，维护种子生产经营者、使用者的合法权益，提高种子质量，发展现代种业，保障国家粮食安全，促进农业和林业的发展，制定本法。”

二、在第九条中的“国家有计划地普查、收集、整理、鉴定、登记、保存、交流和利用种质资源”后增加“重点收集珍稀、濒危、特有资源和特色地方品种”。

三、将第十一条第一款修改为：“国家对种质资源享有主权。任何单位和个人向境外提供种质资源，或者与境外机构、个人开展合作研究利用种质资源的，应当报国务院农业农村、林业草原主管部门批准，并同时提交国家共享惠益的方案。国务院农业农村、林业草原主管部门可以委托省、自治区、直辖市人民政府农业农村、林业草原主管部门接收申请材料。国务院农业农村、林业草原主管部门应当将批准情况通报国务院生态环境主管部门。”

四、将第十二条第一款、第二款修改为：“国家支持科研院所及高等院校重点开展育种的基础性、前沿性和应用技术研究以及生物育种技术研究，支持常规作物、主要造林树种育种和无性繁殖材料选育等公益性研究。

“国家鼓励种子企业充分利用公益性研究成果，培育具有自主知识产权的优良品种；鼓励种子企业与科研院所及高等院校构建技术研发平台，开展主要粮食作物、重要经济作物育种攻关，建立以市场为导向、利益共享、风险共担的产学研相结合的种业技术创新体系。”

五、将第二十八条修改为：“植物新品种权所有人对其授权品种享有排他的独占权。植物新品种权所有人可以将植物新品种权许可他人实施，并按照合同约定收取许可使用费；许可使用费可以采取固定价款、从推广收益中提成等方式收取。

“任何单位或者个人未经植物新品种权所有人许可，不得生产、繁殖和为繁殖而进行处理、许诺销售、销售、进口、出口以及为实施上述行为储存该授权品种的繁殖材料，不得为商业目的将该授权品种的繁殖材料重复使用于生产另一品种的繁殖材料。本法、有关法律、行政法规另有规定的除外。

“实施前款规定的行为，涉及由未经许可使用授权品种的繁殖材料而获得的收获材料的，应当得到植物新品种权所有人的许可；但是，植物新品种权所有人对繁殖材料已有合理机会行使其权利的除外。

“对实质性派生品种实施第二款、第三款规定行为的，应当征得原始品种的植物新品种权所有人的同意。

“实质性派生品种制度的实施步骤和办法由国务院规定。”

六、将第三十一条第一款、第二款修改为：“从事种子进出口业务的种子生产经营许可证，由国务院农业农村、林业草原主管部门核发。国务院农业农村、林业草原主管部门可以委托省、自治区、直辖市人民政府农业农村、林业草原主管部门接收申请材料。

“从事主要农作物杂交种子及其亲本种子、林木良种繁殖材料生产经营的，以及符合国务院农业农村主管部门规定条件的实行选育生产经营相结合的农作物种子企业的种子生产经营许可证，由省、自治区、直辖市人民政府农业农村、林业草原主管部门核发。”

七、将第三十四条修改为：“种子生产应当执行种子生产技术规程和种子检验、检疫规程，保证种子符合净度、纯度、发芽率等质量要求和检疫要求。

“县级以上人民政府农业农村、林业草原主管部门应当指导、支持种子生产经营者采用先进的种子生产技术，改进生产工艺，提高种子质量。”

八、删去第三十九条。

九、将第五十三条改为第五十二条，删去其中的“林木种子应当经用种地省、自治区、直辖市人民政府批准”。

十、将第五十八条改为第五十七条，修改为：“从事种子进出口业务的，应当具备种子生产经营许可证；其中，从事农作物种子进出口业务的，还应当按照国家有关规定取得种子进出口许可。

“从境外引进农作物、林木种子的审定权限，农作物种子的进口审批办法，引进转基因植物品种的管理办法，由国务院规定。”

十一、将第六十四条改为第六十三条，修改为：“国家加强种业公益性基础设施建设，保障育种科研设施用地合理需求。

“对优势种子繁育基地内的耕地，划入永久基本农田。优势种子繁育基地由国务院农业农村主管部门商所在省、自治区、直辖市人民政府确定。”

十二、将第七十三条改为第七十二条，将第三款修改为：“侵犯植物新品种权的赔偿数额按照权利人因被侵权所受到的实际损失确定；实际损失难以确定的，可以按照侵权人因侵权所获得的利益确定。权利人的损失或者侵权人获得的利益难以确定的，可以参照该植物新品种权许可使用费的倍数合理确定。故意侵犯植物新品种权，情节严重的，可以在按照上述方法确定数额的一倍以上五倍以下确定赔偿数额。”

将第四款中的“三百万元”修改为“五百万元”。

增加一款，作为第五款：“赔偿数额应当包括权利人为制止侵权行为所支付的合理开支。”

十三、将第七十五条改为第七十四条，将第一款中的“一万元”修改为“二万元”，“十万元”修改为“二十万元”。

十四、将第七十六条改为第七十五条，将第一款中的“一万元”修改为“二万元”，“五千元”修改为“一万元”，“五万元”修改为“十万元”。

十五、将第七十七条改为第七十六条，在第一款中的“第三十三条”后增加“第三十四条”。

第一款增加两项，作为第五项、第六项：“（五）不再具有繁殖种子的隔离和培育条件，或者不再具有无检疫性有害生物的种子生产地点或者县级以上人民政府林业草原主管部门确定的采种林，继续从事种子生产的；

“（六）未执行种子检验、检疫规程生产种子的。”

十六、删去第八十四条。

十七、将第九十二条改为第九十条，增加一项，作为第十项：“（十）实质性派生品种是指由原始品种实质性派生，或者由该原始品种的实质性派生品种派生出来的品种，与原始品种有明显区别，并且除派生引起的性状差异外，在表达由原始品种基因型或者基因型组合产生的基本性状方面与原始品种相同。”

十八、将第九十三条改为第九十一条，增加一款，作为第一款：“国家加强中药材种质资源保护，支持开展中药材育种科学技术研究。”

十九、将本法中的“农业主管部门”修改为“农业农村主管部门”，“林业主管部门”修改为“林业草原主管部门”，“农业、林业主管部门”修改为“农业农村、林业草原主管部门”。

本决定自2022年3月1日起施行。

《中华人民共和国种子法》根据本决定作相应修改并对条文顺序作相应调整，重新公布。

全国人民代表大会常务委员会关于修改《中华人民共和国民事诉讼法》的决定

（2021年12月24日第十三届全国人民代表大会常务委员会第三十二次会议通过　2021年12月24日中华人民共和国主席令第106号公布　自2022年1月1日起施行）

第十三届全国人民代表大会常务委员会第三十二次会议决定对《中华人民共和国民事诉讼法》作如下修改：

一、增加一条，作为第十六条：“经当事人同意，民事诉讼活动可以通过信息网络平台在线进行。

“民事诉讼活动通过信息网络平台在线进行的，与线下诉讼活动具有同等法律效力。”

二、将第三十九条改为第四十条，第二款修改为：“适用简易程序审理的民事案件，由审判员一人独任审理。基层人民法院审理的基本事实清楚、权利义务关系明确的第一审民事案件，可以由审判员一人适用普通程序独任审理。”

三、将第四十条改为第四十一条，增加一款，作为第二款：“中级人民法院对第一审适用简易程序审结或者不服裁定提起上诉的第二审民事案件，事实清楚、权利义务关系明确的，经双方当事人同意，可以由审判员一人独任审理。”

四、增加一条，作为第四十二条：“人民法院审理下列民事案件，不得由审判员一人独任审理：

“（一）涉及国家利益、社会公共利益的案件；

“（二）涉及群体性纠纷，可能影响社会稳定的案件；

“（三）人民群众广泛关注或者其他社会影响较大的案件；

“（四）属于新类型或者疑难复杂的案件；

“（五）法律规定应当组成合议庭审理的案件；

“（六）其他不宜由审判员一人独任审理的案件。”

五、增加一条，作为第四十三条：“人民法院在审理过程中，发现案件不宜由审判员一人独任审理的，应当裁定转由合议庭审理。

“当事人认为案件由审判员一人独任审理违反法律规定的，可以向人民法院提出异议。人民法院对当事人提出的异议应当审查，异议成立的，裁定转由合议庭审理；异议不成立的，裁定驳回。”

六、将第八十七条改为第九十条，修改为：“经受送达人同意，人民法院可以采用能够确认其收悉的电子方式送达诉讼文书。通过电子方式送达的判决书、裁定书、调解书，受送达人提出需要纸质文书的，人民法院应当提供。

“采用前款方式送达的，以送达信息到达受送达人特定系统的日期为送达日期。”

七、将第九十二条改为第九十五条，第一款修改为：“受送达人下落不明，或者用本节规定的其他方式无法送达的，公告送达。自发出公告之日起，经过三十日，即视为送达。”

八、将第一百六十一条改为第一百六十四条，修改为：“人民法院适用简易程序审理案件，应当在立案之日起三个月内审结。有特殊情况需要延长的，经本院院长批准，可以延长一个月。”

九、将第一百六十二条改为第一百六十五条，修改为：“基层人民法院和它派出的法庭审理事实清楚、权利义务关系明确、争议不大的简单金钱给付民事案件，标的额为各省、自治区、直辖市上年度就业人员年平均工资百分之五十以下的，适用小额诉讼的程序审理，实行一审终审。

“基层人民法院和它派出的法庭审理前款规定的民事案件，标的额超过各省、自治区、直辖市上年度就业人员年平均工资百分之五十但在二倍以下的，当事人双方也可以约定适用小额诉讼的程序。”

十、增加一条，作为第一百六十六条：“人民法院审理下列民事案件，不适用小额诉讼的程序：

“（一）人身关系、财产确权案件；

“（二）涉外案件；

“（三）需要评估、鉴定或者对诉前评估、鉴定结果有异议的案件；

“（四）一方当事人下落不明的案件；

“（五）当事人提出反诉的案件；

“（六）其他不宜适用小额诉讼的程序审理的案件。”

十一、增加一条，作为第一百六十七条：“人民法院适用小额诉讼的程序审理案件，可以一次开庭审结并且当庭宣判。”

十二、增加一条，作为第一百六十八条：“人民法院适用小额诉讼的程序审理案件，应当在立案之日起两个月内审结。有特殊情况需要延长的，经本院院长批准，可以延长一个月。”

十三、增加一条，作为第一百六十九条：“人民法院在审理过程中，发现案件不宜适用小额诉讼的程序的，应当适用简易程序的其他规定审理或者裁定转为普通程序。

“当事人认为案件适用小额诉讼的程序审理违反法律规定的，可以向人民法院提出异议。人民法院对当事人提出的异议应当审查，异议成立的，应当适用简易程序的其他规定审理或者裁定转为普通程序；异议不成立的，裁定驳回。”

十四、将第一百六十九条改为第一百七十六条，第一款修改为：“第二审人民法院对上诉案件应当开庭审理。经过阅卷、调查和询问当事人，对没有提出新的事实、证据或者理由，人民法院认为不需要开庭审理的，可以不开庭审理。”

十五、将第一百九十四条改为第二百零一条，修改为：“经依法设立的调解组织调解达成调解协议，申请司法确认的，由双方当事人自调解协议生效之日起三十日内，共同向下列人民法院提出：

“（一）人民法院邀请调解组织开展先行调解的，向作出邀请的人民法院提出；

“（二）调解组织自行开展调解的，向当事人住所地、标的物所在地、调解组织所在地的基层人民法院提出；调解协议所涉纠纷应当由中级人民法院管辖的，向相应的中级人民法院提出。”

十六、将第十三条中的“诚实信用”修改为“诚信”；将第四十六条、第一百三十七条、第一百四十一条中的“审判长”修改为“审判长或者独任审判员”；将第八十二条中的“节假日”修改为“法定休假日”；将第一百零六条、第一百五十一条、第二百零六条、第二百五十七条中的“抚育费”修改为“抚养费”；将第一百二十八条中的“合议庭组成人员”修改为“审判人员”；将第一百四十九条中的“由本院院长批准”修改为“经本院院长批准”；将第一百八十四条、第一百八十五条中的“意外事故”修改为“意外事件”；将第一百八十七条中的“其近亲属或者其他利害关系人”修改为“利害关系人或者有关组织”；将第一百九十条中的“或者他的监护人”修改为“本人、利害关系人或者有关组织”；将第一百九十三条中的“民法通则”修改为“民法典”；将第一百九十六条中的“物权法”修改为“民法典”；将第二百三十九条中的“从规定的每次履行期间的最后一日起计算”修改为“从最后一期履行期限届满之日起计算”。

本决定自2022年1月1日起施行。

《中华人民共和国民事诉讼法》根据本决定作相应修改并对条文顺序作相应调整，重新公布。

全国人民代表大会常务委员会关于修改《中华人民共和国工会法》的决定

（2021年12月24日第十三届全国人民代表大会常务委员会第三十二次会议通过　2021年12月24日中华人民共和国主席令第107号公布　自2022年1月1日起施行）

第十三届全国人民代表大会常务委员会第三十二次会议决定对《中华人民共和国工会法》作如下修改：

一、将第二条第一款修改为：“工会是中国共产党领导的职工自愿结合的工人阶级群众组织，是中国共产党联系职工群众的桥梁和纽带。”

二、将第三条修改为：“在中国境内的企业、事业单位、机关、社会组织（以下统称用人单位）中以工资收入为主要生活来源的劳动者，不分民族、种族、性别、职业、宗教信仰、教育程度，都有依法参加和组织工会的权利。任何组织和个人不得阻挠和限制。

“工会适应企业组织形式、职工队伍结构、劳动关系、就业形态等方面的发展变化，依法维护劳动者参加和组织工会的权利。”

三、将第四条第一款修改为：“工会必须遵守和维护宪法，以宪法为根本的活动准则，以经济建设为中心，坚持社会主义道路，坚持人民民主专政，坚持中国共产党的领导，坚持马克思列宁主义、毛泽东思想、邓小平理论、‘三个代表’重要思想、科学发展观、习近平新时代中国特色社会主义思想，坚持改革开放，保持和增强政治性、先进性、群众性，依照工会章程独立自主地开展工作。”

四、将第六条修改为：“维护职工合法权益、竭诚服务职工群众是工会的基本职责。工会在维护全国人民总体利益的同时，代表和维护职工的合法权益。

“工会通过平等协商和集体合同制度等，推动健全劳动关系协调机制，维护职工劳动权益，构建和谐劳动关系。

“工会依照法律规定通过职工代表大会或者其他形式，组织职工参与本单位的民主选举、民主协商、民主决策、民主管理和民主监督。

“工会建立联系广泛、服务职工的工会工作体系，密切联系职工，听取和反映职工的意见和要求，关心职工的生活，帮助职工解决困难，全心全意为职工服务。”

五、增加一条，作为第八条：“工会推动产业工人队伍建设改革，提高产业工人队伍整体素质，发挥产业工人骨干作用，维护产业工人合法权益，保障产业工人主人翁地位，造就一支有理想守信念、懂技术会创新、敢担当讲奉献的宏大产业工人队伍。”

六、将第二十条改为第二十一条，修改为：“工会帮助、指导职工与企业、实行企业化管理的事业单位、社会组织签订劳动合同。

“工会代表职工与企业、实行企业化管理的事业单位、社会组织进行平等协商，依法签订集体合同。集体合同草案应当提交职工代表大会或者全体职工讨论通过。

“工会签订集体合同，上级工会应当给予支持和帮助。

“企业、事业单位、社会组织违反集体合同，侵犯职工劳动权益的，工会可以依法要求企业、事业单位、社会组织予以改正并承担责任；因履行集体合同发生争议，经协商解决不成的，工会可以向劳动争议仲裁机构提请仲裁，仲裁机构不予受理或者对仲裁裁决不服的，可以向人民法院提起诉讼。”

七、将第二十二条改为第二十三条，修改为：“企业、事业单位、社会组织违反劳动法律法规规定，有下列侵犯职工劳动权益情形，工会应当代表职工与企业、事业单位、社会组织交涉，要求企业、事业单位、社会组织采取措施予以改正；企业、事业单位、社会组织应当予以研究处理，并向工会作出答复；企业、事业单位、社会组织拒不改正的，工会可以提请当地人民政府依法作出处理：

“（一）克扣、拖欠职工工资的；

“（二）不提供劳动安全卫生条件的；

“（三）随意延长劳动时间的；

“（四）侵犯女职工和未成年工特殊权益的；

“（五）其他严重侵犯职工劳动权益的。”

八、将第二十九条改为第三十条，修改为：“县级以上各级总工会依法为所属工会和职工提供法律援助等法律服务。”

九、将第三十一条改为第三十二条，修改为：“工会会同用人单位加强对职工的思想政治引领，教育职工以国家主人翁态度对待劳动，爱护国家和单位的财产；组织职工开展群众性的合理化建议、技术革新、劳动和技能竞赛活动，进行业余文化技术学习和职工培训，参加职业教育和文化体育活动，推进职业安全健康教育和劳动保护工作。”

十、将第三十八条改为第三十九条，修改为：“企业、事业单位、社会组织研究经营管理和发展的重大问题应当听取工会的意见；召开会议讨论有关工资、福利、劳动安全卫生、工作时间、休息休假、女职工保护和社会保险等涉及职工切身利益的问题，必须有工会代表参加。

“企业、事业单位、社会组织应当支持工会依法开展工作，工会应当支持企业、事业单位、社会组织依法行使经营管理权。”

十一、对部分条文作以下修改：

（一）将第十条、第三十条、第四十一条、第四十二条第一款、第四十五条中的“企业、事业单位、机关”修改为“用人单位”，将第二十一条第二款、第三款中的“企业”修改为“用人单位”。

（二）将第十二条中的“企业终止或者所在的事业单位、机关被撤销”修改为“用人单位终止或者被撤销”。

（三）将第十三条、第十九条、第二十一条第一款、第二十五条、第二十七条、第四十条、第四十二条第二款、第四十三条中的“企业、事业单位”修改为“企业、事业单位、社会组织”。

（四）将第十四条中的“民法通则”修改为“民法典”。

本决定自 2022 年 1 月 1 日起施行。

《中华人民共和国工会法》根据本决定作相应修改并对条文顺序作相应调整，重新公布。

有关法律问题的决定

全国人民代表大会常务委员会关于加强经济工作监督的决定

（2000 年 3 月 1 日第九届全国人民代表大会常务委员会第十四次会议通过　2021 年 12 月 24 日第十三届全国人民代表大会常务委员会第三十二次会议修订）

为更好地履行宪法和法律赋予全国人民代表大会及其常务委员会的职责，贯彻落实党中央决策部署，进一步加强经济工作监督，切实增强监督实效，推动高质量发展，推进国家治理体系和治理能力现代化，结合实践经验，作如下决定：

一、全国人民代表大会常务委员会依法对国务院经济工作行使监督职权。全国人民代表大会财政经济委员会和有关专门委员会在全国人民代表大会及其常务委员会领导下，承担有关具体工作。国务院及其有关部门应当做好协助和配合。

二、全国人民代表大会常务委员会开展经济工作监督，应当坚持中国共产党的领导，坚持以马克思列宁主义、毛泽东思想、邓小平理论、“三个代表”重要思想、科学发展观、习近平新时代中国特色社会主义思想为指导，坚持以人民为中心，坚持和完善社会主义基本经济制度，保障和促进市场在资源配置中起决定性作用和更好发挥政府作用，立足新发展阶段，贯彻新发展理念，构建新发展格局，推动高质量发展。

三、根据全国人民代表大会议事规则的有关规定，全国人民代表大会财政经济委员会应当在全国人民代表大会会议举行的四十五日前，会同有关专门委员会，对国民经济和社会发展年度计划进行初步审查，形成初步审查意见，送国务院有关主管部门。国务院有关主管部门应当将处理情况及时反馈财政经济委员会。

全国人民代表大会财政经济委员会开展初步审查阶段，有关专门委员会可以开展专项审查，提出专项审查意见，送财政经济委员会研究处理。

四、对国民经济和社会发展年度计划初步审查时，国务院有关主管部门应当提交以下材料：

（一）关于上一年度国民经济和社会发展计划执行情况与本年度国民经济和社会发展计划草案的报告，其中应当报告上一年度国民经济和社会发展计划主要目标和任务完成情况、全国人民代表大会决议贯彻落实情况，对本年度国民经济和社会发展计划主要目标、工作任务及相应的主要政策、措施的编制依据和考虑作出说明和解释；

（二）本年度国民经济和社会发展计划草案的初步方案；

（三）关于上一年度中央预算内投资计划执行情况的说明和本年度中央预算内投资计划的安排；

（四）初步审查所需要的其他材料。

五、对国民经济和社会发展年度计划初步审查的重点是：上一年度国民经济和社会发展计划完成情况，特别是主要目标和任务的完成情况；本年度国民经济和社会发展计划编制的指导思想应当符合党中央决策部署和中央经济工作会议精神，符合国民经济和社会发展五年规划纲要和中长期规划纲要；主要目标、重点任务和重大工程项目应当符合经济社会发展条件特别是资源、财力、环境实际支撑能力，符合五年规划纲要实施的基本要求，有利于经济社会长期健康发展；主要政策取向和措施安排应当符合完善体制机制和依法行政的要求，坚持目标导向和问题导向，针对性强且切实可行，财政政策、货币政策应当与主要目标相匹配。

六、全国人民代表大会财政经济委员会向全国人民代表大会主席团提出关于上一年度国民经济和社会发展计划执行情况和本年度国民经济和社会发展计划草案的审查结果报告。审查结果报告应当包括下列内容：

（一）关于上一年度国民经济和社会发展计划执行情况的总体评价，需要关注的主要问题；

（二）对本年度国民经济和社会发展计划报告和计划草案的可行性作出评价，对本年度国民经济和社会发展计划执行工作提出意见和建议；

（三）对全国人民代表大会会议批准国民经济和社会发展年度计划报告和计划草案提出建议。

七、全国人民代表大会常务委员会应当加强对全国人民代表大会批准的国民经济和社会发展年度计划执行的监督。

全国人民代表大会常务委员会应当在每年八月听取和审议国务院关于本年度上一阶段国民经济和社会发展计划执行情况的报告。常务委员会组成人员的审议意见交由国务院研究处理，国务院应当将研究处理情况向常务委员会提出书面报告。国民经济和社会发展年度计划执行情况的报告、常务委员会组成人员的审议意见和国务院对审议意见的研究处理情况,向全国人民代表大会代表通报并向社会公布。

全国人民代表大会财政经济委员会结合上半年经济形势分析做好相关准备工作,向常务委员会提出分析报告。

八、对国民经济和社会发展年度计划执行监督的重点是:国民经济和社会发展年度计划执行应当贯彻党中央决策部署和中央经济工作会议精神,落实全国人民代表大会决议要求,符合政府工作报告中提出的各项目标和任务要求;主要目标特别是约束性指标完成情况、重点任务和重大工程项目进展情况应当符合国民经济和社会发展年度计划进度安排;国民经济和社会发展计划执行情况的报告应当深入分析存在的主要困难和问题及其原因,对未达到预期进度的指标和任务应当作出说明和解释,提出具有针对性且切实可行的政策措施,推动国民经济和社会发展年度计划顺利完成。

九、全国人民代表大会财政经济委员会在每年四月、七月和十月中旬分别召开季度经济形势分析会议,听取国务院有关部门关于一季度、上半年、前三季度国民经济运行情况的汇报,进行分析研究,将会议对国民经济运行情况的分析和提出的意见建议向委员长会议报告,并以会议纪要和简报形式发送国务院办公厅及有关部门,各省、自治区、直辖市人民代表大会常务委员会办公厅。

十、国民经济和社会发展五年规划纲要和中长期规划纲要草案的初步审查和审查,参照本决定第三条、第六条的规定执行。

五年规划纲要和中长期规划纲要草案提请全国人民代表大会审查批准的前一年,全国人民代表大会常务委员会围绕五年规划纲要和中长期规划纲要编制工作开展专题调研,听取调研工作情况的报告,并将调研报告送有关方面研究参考,为全国人民代表大会审查批准做好准备工作。

全国人民代表大会常务委员会办公厅和财政经济委员会承担具体组织工作,拟定调研工作方案,协调有关专门委员会和常务委员会工作机构开展专题调研,汇总集成调研成果。

十一、对五年规划纲要和中长期规划纲要草案初步审查时,国务院有关主管部门应当提交以下材料:

(一)五年规划纲要和中长期规划纲要草案;

(二)关于五年规划纲要和中长期规划纲要草案及其编制情况的说明,其中应当对上一个五年规划纲要主要目标和任务完成情况、全国人民代表大会决议贯彻落实情况、本五年规划纲要主要目标和重点任务的编制依据和考虑等作出说明和解释；

（三）关于重大工程项目的安排；

（四）初步审查所需要的其他材料。

十二、对五年规划纲要和中长期规划纲要草案初步审查的重点是：上一个五年规划纲要实施情况；本五年规划纲要编制的指导思想应当符合党中央关于五年规划的建议精神，能够发挥未来五年发展蓝图和行动纲领的作用；主要目标、重点任务和重大工程项目应当符合我国国情和发展阶段，符合经济社会发展的客观规律，符合国家中长期发展战略目标，兼顾必要性与可行性；主要政策取向应当符合党的基本理论、基本路线、基本方略，针对性强且切实可行。

十三、国务院应当加强对五年规划纲要实施情况的动态监测、中期评估和总结评估。全国人民代表大会常务委员会应当加强对五年规划纲要实施的监督。

全国人民代表大会财政经济委员会和有关专门委员会在全国人民代表大会及其常务委员会领导下，有针对性地做好五年规划纲要实施的监督工作，推动五年规划纲要顺利实施。

国务院有关主管部门应当将五年规划纲要实施情况的动态监测材料送全国人民代表大会财政经济委员会。

十四、五年规划纲要实施的中期阶段，国务院应当将五年规划纲要实施情况的中期评估报告提请全国人民代表大会常务委员会审议。常务委员会组成人员的审议意见交由国务院研究处理，国务院应当将研究处理情况向常务委员会提出书面报告。五年规划纲要实施情况的中期评估报告、常务委员会组成人员的审议意见和国务院对审议意见的研究处理情况，向全国人民代表大会代表通报并向社会公布。财政经济委员会会同有关专门委员会开展专题调研，向常务委员会提出调研报告。

对五年规划纲要实施情况中期评估的监督重点是：五年规划纲要实施应当符合党中央的建议精神，贯彻落实全国人民代表大会决议要求；主要目标特别是约束性指标完成情况、重点任务和重大工程项目进展情况应当符合五年规划纲要进度安排；五年规划纲要实施情况的中期评估报告应当深入分析存在的主要困难和问题及其原因，对未达到预期进度的指标和任务应当作出解释和说明，提出有针对性且切实可行的政策措施，推动五年规划纲要顺利完成。

十五、国务院应当对上一个五年规划纲要实施情况进行总结评估，形成总结评估报告，与提请全国人民代表大会审查批准的五年规划纲要草案一并印发全国人民代表大会会议。五年规划纲要的总结评估报告应当包括下列内容：

（一）主要指标完成情况；

（二）重点任务落实情况；

（三）重大工程项目实施情况；

（四）存在的主要困难和问题；

（五）相关意见建议。

十六、经全国人民代表大会批准的国民经济和社会发展年度计划、五年规划纲要在执行过程中，出现下列情况之一的，可以进行调整：

（一）因国内外经济形势发生重大变化导致宏观调控政策取向和主要目标、重点任务等必须作出重大调整的；

（二）国家发生特别重大自然灾害、全局性的重大公共安全事件或者进入紧急状态等导致国民经济和社会发展年度计划、五年规划纲要无法正常执行或者完成的；

（三）其他特殊情况导致国民经济和社会发展年度计划、五年规划纲要无法正常执行或者完成的。

十七、国民经济和社会发展年度计划、五年规划纲要经全国人民代表大会批准后，在执行过程中需要作部分调整的，国务院应当将调整方案提请全国人民代表大会常务委员会审查和批准。国民经济和社会发展年度计划调整方案的提出一般不迟于当年第三季度末；五年规划纲要调整方案的提出一般不迟于其实施的第四年第二季度末。除特殊情况外，国务院应当在全国人民代表大会常务委员会会议举行的三十日前，将调整方案报送常务委员会。

除特殊情况外，国务院有关主管部门应当在全国人民代表大会常务委员会会议举行的四十五日前，将国务院的调整方案送交全国人民代表大会财政经济委员会，由财政经济委员会进行初步审查，并向常务委员会提出审查结果报告。

经全国人民代表大会常务委员会批准的国民经济和社会发展年度计划、五年规划纲要调整方案，应当向全国人民代表大会下次会议报告。

十八、全国人民代表大会常务委员会围绕党和国家经济工作中心和全局依法加强监督，重点关注深化经济体制改革、优化营商环境、加强科技创新、推动区域协调发展、坚持绿色低碳发展、保障和改善民生、促进共同富裕、推进高水平对外开放、维护国家经济安全等方面工作落实情况，必要时可以听取和审议国务院专项工作报告、开展专题询问或者作出决议。

全国人民代表大会财政经济委员会、有关专门委员会和常务委员会有关工作机构在常务委员会领导下做好相关工作，督促国务院有关部门更好地推进落实工作。

十九、国务院对事关国民经济和社会发展全局、涉及人民群众切身利益的重大决策，依法在出台前向全国人民代表大会常务委员会报告。

出现下列情况之一的，国务院或者国务院有关部门应当向全国人民代表大会常务委员会或者财政经济委员会和有关专门委员会报告，作出说明：

（一）因国际经济形势或者国内经济运行发生重大变化需要对宏观调控政策取向作出重大调整；

（二）涉及国计民生、国家经济安全、人民群众切身利益的重大经济体制改革或者对外开放方案出台前；

（三）重大自然灾害或者给国家财产、集体财产、人民群众生命财产造成严重损失的重大事件发生后；

（四）其他有必要向全国人民代表大会常务委员会或者财政经济委员会和有关专门委员会报告的重大经济事项。

全国人民代表大会常务委员会认为必要时，可以依法作出决定决议，也可以将讨论中的意见建议转送国务院及其有关部门研究处理。

二十、对涉及面广、影响深远、投资巨大的国家特别重大建设项目，国务院可以向全国人民代表大会或者常务委员会提出议案，由全国人民代表大会或者常务委员会审议并作出决定。

根据全国人民代表大会或者常务委员会安排，财政经济委员会会同有关专门委员会对前款所述议案进行初步审查，并向全国人民代表大会或者常务委员会提出审查报告。

二十一、全国人民代表大会常务委员会对国民经济和社会发展年度计划、五年规划纲要确定的重大工程项目和本决定第二十条所述的国家特别重大建设项目等，根据需要听取国务院的工作汇报，进行审议，认为必要时可以作出决议。

根据全国人民代表大会常务委员会安排，财政经济委员会会同有关专门委员会和常务委员会有关工作机构，可以对前款所述项目的实施情况开展专题调研，向常务委员会提出专题调研报告。

国务院有关主管部门应当每半年向全国人民代表大会财政经济委员会提供中央预算内投资计划实施情况的有关材料。

二十二、全国人民代表大会常务委员会应当加强对金融工作的监督。国务院应当在每年十月向全国人民代表大会常务委员会报告下列情况：

（一）货币政策执行情况；

（二）金融业运行情况和监督管理工作情况；

（三）金融支持实体经济情况；

（四）金融体系改革和对外开放情况；

（五）防范化解金融风险隐患情况。

国务院有关主管部门应当及时向全国人民代表大会财政经济委员会提供月度、季度和年度金融运行数据和相关材料，配合支持跟踪监督工作。

二十三、同外国或者国际组织缔结有关经济方面的条约和协定，凡根据缔结条约程序法的规定，应当由全国人民代表大会常务委员会决定批准或者加入的，由国务院向全国人民代表大会常务委员会提出议案，提请审议决定。按照常务委员会议事规则有关规定，可以将议案交由财政经济委员会提出审议意见。

上述条约和协定的修改、废除或者退出，比照其缔结的程序办理。

二十四、全国人民代表大会常务委员会通过听取和审议专项工作报告、执法检查、询问和质询、特定问题调查、专题调研等方式，加强对国务院及其有关部门经济工作的监督。

根据全国人民代表大会常务委员会安排，财政经济委员会和有关专门委员会可以召开会议，听取国务院有关部门的专题汇报。

全国人民代表大会常务委员会，财政经济委员会和有关专门委员会可以运用审计监督、财会监督和统计监督成果，聘请研究机构和专家学者，委托第三方评估，利用大数据技术等，提高经济工作监督效能。

二十五、对全国人民代表大会及其常务委员会在经济工作监督中作出的决议、决定和审议意见等，常务委员会应当加强跟踪监督，督促国务院及其有关部门贯彻执行决议和决定，认真研究处理意见和建议并及时反馈。常务委员会认为必要时，可以就有关情况听取和审议国务院的专项工作报告。国务院应当在规定期限内，将决定决议的执行情况或者审议意见的研究处理情况向全国人民代表大会常务委员会报告。财政经济委员会承担跟踪监督的具体工作。

对不执行决定决议或者执行决定决议不力造成严重后果的，全国人民代表大会及其常务委员会可以通过专题询问、质询、特定问题调查等方式加强监督。

二十六、全国人民代表大会常务委员会行使经济工作监督职权的情况，应当向全国人民代表大会报告，接受监督。财政经济委员会和有关专门委员会提出的意见和建议，应当报告委员长会议，由委员长会议决定是否批转国务院及其有关部门研究处理，并将结果报告全国人民代表大会常务委员会。

二十七、全国人民代表大会常务委员会开展经济工作监督，应当充分发挥全国人民代表大会代表的作用，认真听取代表意见建议，主动回应代表关切，支持代表依法履职。

全国人民代表大会财政经济委员会和有关专门委员会应当建立健全经济工作监督联系代表工作机制。确定监督项目、开展监督工作，应当认真听取全国人民代表大会代表的意见建议。财政经济委员会和有关专门委员会围绕代表议案建议提出的、代表普遍关注的经济社会发展工作中的突出问题，组织开展专题调研。

全国人民代表大会财政经济委员会对国民经济和社会发展年度计划和五年规划纲要草案进行初步审查时，应当邀请全国人民代表大会代表参加。本决定所列其他事项的监督工作，可以根据需要邀请有关方面的全国人民代表大会代表参加。

开展经济工作监督的有关情况应当通过代表工作机构及时向全国人民代表大会代表通报，有关材料应当及时发送全国人民代表大会代表。

二十八、全国人民代表大会常务委员会听取和审议、讨论本决定所列事项时，国务院及其有关部门应当根据要求，及时提供相关的信息资料和情况说明，并派国务院负责人或者有关部门负责人到会汇报情况，听取意见，回答询问。

全国人民代表大会财政经济委员会和有关专门委员会听取和审议、讨论本决定所列事项时，国务院有关部门应当根据要求，及时提供相关的信息资料和情况说明，并派本部门有关负责人到会汇报情况，听取意见，回答询问。

国务院有关部门根据全国人民代表大会财政经济委员会和有关专门委员会的要求，利用国家电子政务网等方式，定期提供国民经济和社会发展数据和相关材料。

二十九、全国人民代表大会常务委员会开展经济工作监督的情况，除法律另有规定外，向社会公开。

本决定自公布之日起施行。

国务院文件

国务院关于印发"十四五"数字经济发展规划的通知

（2021 年 12 月 12 日　国发〔2021〕29 号）

现将《"十四五"数字经济发展规划》印发给你们，请认真贯彻执行。

"十四五"数字经济发展规划

数字经济是继农业经济、工业经济之后的主要经济形态，是以数据资源为关键要素，以现代信息网络为主要载体，以信息通信技术融合应用、全要素数字化转型为重要推动力，促进公平与效率更加统一的新经济形态。数字经济发展速度之快、辐射范围之广、影响程度之深前所未有，正推动生产方式、生活方式和治理方式深刻变革，成为重组全球要素资源、重塑全球经济结构、改变全球竞争格局的关键力量。"十四五"时期，我国数字经济转向深化应用、规范发展、普惠共享的新阶段。为应对新形势新挑战，把握数字化发展新机遇，拓展经济发展新空间，推动我国数字经济健康发展，依据《中华人民共和国国民经济和社会发展第十四个五年规划和 2035 年远景目标纲要》，制定本规划。

一、发展现状和形势

（一）发展现状。

"十三五"时期，我国深入实施数字经济发展战略，不断完善数字基础设施，加快培育新业态新模式，推进数字产业化和产业数字化取得积极成效。2020 年，我国数字经济核心产业增加值占国内生产总值（GDP）比重达到 7.8%，数字经济为经济社会持续健康发展提供了强大动力。

信息基础设施全球领先。建成全球规模最大的光纤和第四代移动通信（4G）网络，第五代移动通信（5G）网络建设和应用加速推进。宽带用户普及率明显提高，光纤用户占比超过 94%，移动宽带用户普及率达到 108%，互联网协议第六版(IPv6)活跃用户数达到4.6亿。

产业数字化转型稳步推进。农业数字化全面推进。服务业数字化水平显著提高。工业数字化转型加速,工业企业生产设备数字化水平持续提升,更多企业迈上"云端"。

新业态新模式竞相发展。数字技术与各行业加速融合,电子商务蓬勃发展,移动支付广泛普及,在线学习、远程会议、网络购物、视频直播等生产生活新方式加速推广,互联网平台日益壮大。

数字政府建设成效显著。一体化政务服务和监管效能大幅度提升,"一网通办"、"最多跑一次"、"一网统管"、"一网协同"等服务管理新模式广泛普及,数字营商环境持续优化,在线政务服务水平跃居全球领先行列。

数字经济国际合作不断深化。《二十国集团数字经济发展与合作倡议》等在全球赢得广泛共识,信息基础设施互联互通取得明显成效,"丝路电商"合作成果丰硕,我国数字经济领域平台企业加速出海,影响力和竞争力不断提升。

与此同时,我国数字经济发展也面临一些问题和挑战:关键领域创新能力不足,产业链供应链受制于人的局面尚未根本改变;不同行业、不同区域、不同群体间数字鸿沟未有效弥合,甚至有进一步扩大趋势;数据资源规模庞大,但价值潜力还没有充分释放;数字经济治理体系需进一步完善。

(二)面临形势。

当前,新一轮科技革命和产业变革深入发展,数字化转型已经成为大势所趋,受内外部多重因素影响,我国数字经济发展面临的形势正在发生深刻变化。

发展数字经济是把握新一轮科技革命和产业变革新机遇的战略选择。数字经济是数字时代国家综合实力的重要体现,是构建现代化经济体系的重要引擎。世界主要国家均高度重视发展数字经济,纷纷出台战略规划,采取各种举措打造竞争新优势,重塑数字时代的国际新格局。

数据要素是数字经济深化发展的核心引擎。数据对提高生产效率的乘数作用不断凸显,成为最具时代特征的生产要素。数据的爆发增长、海量集聚蕴藏了巨大的价值,为智能化发展带来了新的机遇。协同推进技术、模式、业态和制度创新,切实用好数据要素,将为经济社会数字化发展带来强劲动力。

数字化服务是满足人民美好生活需要的重要途径。数字化方式正有效打破时空阻隔,提高有限资源的普惠化水平,极大地方便群众生活,满足多样化个性化需要。数字经济发展正在让广大群众享受到看得见、摸得着的实惠。

规范健康可持续是数字经济高质量发展的迫切要求。我国数字经济规模快速扩张,但发展不平衡、不充分、不规范的问题较为突出,迫切需要转变传统发展方式,加快补齐短板弱项,提高我国数字经济治理水平,走出一条高质量发展道路。

二、总体要求

（一）指导思想。

以习近平新时代中国特色社会主义思想为指导，全面贯彻党的十九大和十九届历次全会精神，立足新发展阶段，完整、准确、全面贯彻新发展理念，构建新发展格局，推动高质量发展，统筹发展和安全、统筹国内和国际，以数据为关键要素，以数字技术与实体经济深度融合为主线，加强数字基础设施建设，完善数字经济治理体系，协同推进数字产业化和产业数字化，赋能传统产业转型升级，培育新产业新业态新模式，不断做强做优做大我国数字经济，为构建数字中国提供有力支撑。

（二）基本原则。

坚持创新引领、融合发展。坚持把创新作为引领发展的第一动力，突出科技自立自强的战略支撑作用，促进数字技术向经济社会和产业发展各领域广泛深入渗透，推进数字技术、应用场景和商业模式融合创新，形成以技术发展促进全要素生产率提升、以领域应用带动技术进步的发展格局。

坚持应用牵引、数据赋能。坚持以数字化发展为导向，充分发挥我国海量数据、广阔市场空间和丰富应用场景优势，充分释放数据要素价值，激活数据要素潜能，以数据流促进生产、分配、流通、消费各个环节高效贯通，推动数据技术产品、应用范式、商业模式和体制机制协同创新。

坚持公平竞争、安全有序。突出竞争政策基础地位，坚持促进发展和监管规范并重，健全完善协同监管规则制度，强化反垄断和防止资本无序扩张，推动平台经济规范健康持续发展，建立健全适应数字经济发展的市场监管、宏观调控、政策法规体系，牢牢守住安全底线。

坚持系统推进、协同高效。充分发挥市场在资源配置中的决定性作用，构建经济社会各主体多元参与、协同联动的数字经济发展新机制。结合我国产业结构和资源禀赋，发挥比较优势，系统谋划、务实推进，更好发挥政府在数字经济发展中的作用。

（三）发展目标。

到 2025 年，数字经济迈向全面扩展期，数字经济核心产业增加值占 GDP 比重达到 10%，数字化创新引领发展能力大幅提升，智能化水平明显增强，数字技术与实体经济融合取得显著成效，数字经济治理体系更加完善，我国数字经济竞争力和影响力稳步提升。

——数据要素市场体系初步建立。数据资源体系基本建成，利用数据资源推动研发、生产、流通、服务、消费全价值链协同。数据要素市场化建设成效显现，数据确权、定价、交易有序开展，探索建立与数据要素价值和贡献相适应的收入分配机制，激发市场主体创新活力。

——产业数字化转型迈上新台阶。农业数字化转型快速推进，制造业数字化、网络化、智能化更加深入，生产性服务业融合发展加速普及，生活性服务业多元化拓展显著加快，产业数字化转型的支撑服务体系基本完备，在数字化转型过程中推进绿色发展。

——数字产业化水平显著提升。数字技术自主创新能力显著提升，数字化产品和服务供给质量大幅提高，产业核心竞争力明显增强，在部分领域形成全球领先优势。新产业新业态新模式持续涌现、广泛普及，对实体经济提质增效的带动作用显著增强。

——数字化公共服务更加普惠均等。数字基础设施广泛融入生产生活，对政务服务、公共服务、民生保障、社会治理的支撑作用进一步凸显。数字营商环境更加优化，电子政务服务水平进一步提升，网络化、数字化、智慧化的利企便民服务体系不断完善，数字鸿沟加速弥合。

——数字经济治理体系更加完善。协调统一的数字经济治理框架和规则体系基本建立，跨部门、跨地区的协同监管机制基本健全。政府数字化监管能力显著增强，行业和市场监管水平大幅提升。政府主导、多元参与、法治保障的数字经济治理格局基本形成，治理水平明显提升。与数字经济发展相适应的法律法规制度体系更加完善，数字经济安全体系进一步增强。

展望2035年，数字经济将迈向繁荣成熟期，力争形成统一公平、竞争有序、成熟完备的数字经济现代市场体系，数字经济发展基础、产业体系发展水平位居世界前列。

“十四五”数字经济发展主要指标

指　　标	2020年	2025年	属性
数字经济核心产业增加值占GDP比重(%)	7.8	10	预期性
IPv6活跃用户数(亿户)	4.6	8	预期性
千兆宽带用户数(万户)	640	6000	预期性
软件和信息技术服务业规模(万亿元)	8.16	14	预期性
工业互联网平台应用普及率(%)	14.7	45	预期性
全国网上零售额(万亿元)	11.76	17	预期性
电子商务交易规模(万亿元)	37.21	46	预期性
在线政务服务实名用户规模(亿)	4	8	预期性

三、优化升级数字基础设施

（一）加快建设信息网络基础设施。建设高速泛在、天地一体、云网融合、智能敏捷、绿色低碳、安全可控的智能化综合性数字信息基础设施。有序推进骨干网扩容，协同推进千兆光纤网络和5G网络基础设施建设，推动5G商用部署和规模应用，前瞻布局第六代移动通信（6G）网络技术储备，加大6G技术研发支持力度，积极参与推动6G国际标准化工作。积极稳妥推进空间信息基础设施演进升级，加快布局卫星通信网络等，推动卫星互联网建设。提高物联网在工业制造、农业生产、公共服务、应急管理等领域的覆盖水平，增强固移融合、宽窄结合的物联接入能力。

专栏1　信息网络基础设施优化升级工程

1. 推进光纤网络扩容提速。加快千兆光纤网络部署，持续推进新一代超大容量、超长距离、智能调度的光传输网建设，实现城市地区和重点乡镇千兆光纤网络全面覆盖。

2. 加快5G网络规模化部署。推动5G独立组网（SA）规模商用，以重大工程应用为牵引，支持在工业、电网、港口等典型领域实现5G网络深度覆盖，助推行业融合应用。

3. 推进IPv6规模部署应用。深入开展网络基础设施IPv6改造，增强网络互联互通能力，优化网络和应用服务性能，提升基础设施业务承载能力和终端支持能力，深化对各类网站及应用的IPv6改造。

4. 加速空间信息基础设施升级。提升卫星通信、卫星遥感、卫星导航定位系统的支撑能力，构建全球覆盖、高效运行的通信、遥感、导航空间基础设施体系。

（二）推进云网协同和算网融合发展。加快构建算力、算法、数据、应用资源协同的全国一体化大数据中心体系。在京津冀、长三角、粤港澳大湾区、成渝地区双城经济圈、贵州、内蒙古、甘肃、宁夏等地区布局全国一体化算力网络国家枢纽节点，建设数据中心集群，结合应用、产业等发展需求优化数据中心建设布局。加快实施“东数西算”工程，推进云网协同发展，提升数据中心跨网络、跨地域数据交互能力，加强面向特定场景的边缘计算能力，强化算力统筹和智能调度。按照绿色、低碳、集约、高效的原则，持续推进绿色数字中心建设，加快推进数据中心节能改造，持续提升数据中心可再生能源利用水平。推动智能计算中心有序发展，打造智能算力、通用算法和开发平台一体化的新型智能基础设施，面向政务服务、智慧城市、智能制造、自动驾驶、语言智能等重点新兴领域，提供体系化的人工智能服务。

（三）有序推进基础设施智能升级。稳步构建智能高效的融合基础设施，提升基础设施网络化、智能化、服务化、协同化水平。高效布局人工智能基础设施，提升支撑“智能+”发展的行业赋能能力。推动农林牧渔业基础设施和生产装备智能化改造，推进机器视觉、机器学习等技术应用。建设可靠、灵活、安全的工业互联网基础设施，支撑制造资源的泛在连接、弹性供给和高效配置。加快推进能源、交通运输、水利、物流、环保等领域基础设施数字化改造。推动新型城市基础设施建设，提升市政公用设施和建筑智能化水平。构建先进普惠、智能协作的生活服务数字化融合设施。在基础设施智能升级过程中，充分满足老年人等群体的特殊需求，打造智慧共享、和睦共治的新型数字生活。

四、充分发挥数据要素作用

（一）强化高质量数据要素供给。支持市场主体依法合规开展数据采集，聚焦数据的标注、清洗、脱敏、脱密、聚合、分析等环节，提升数据资源处理能力，培育壮大数据服务产业。推动数据资源标准体系建设，提升数据管理水平和数据质量，探索面向业务应用的共享、交换、协作和开放。加快推动各领域通信协议兼容统一，打破技术和协议壁垒，努力实现互通互操作，形成完整贯通的数据链。推动数据分类分级管理，强化数据安全风险评估、监测预警和应急处置。深化政务数据跨层级、跨地域、跨部门有序共享。建立健全国家公共数据资源体系，统筹公共数据资源开发利用，推动基础公共数据安全有序开放，构建统一的国家公共数据开放平台和开发利用端口，提升公共数据开放水平，释放数据红利。

专栏2　数据质量提升工程

1. 提升基础数据资源质量。建立健全国家人口、法人、自然资源和空间地理等基础信息更新机制，持续完善国家基础数据资源库建设、管理和服务，确保基础信息数据及时、准确、可靠。

2. 培育数据服务商。支持社会化数据服务机构发展，依法依规开展公共资源数据、互联网数据、企业数据的采集、整理、聚合、分析等加工业务。

3. 推动数据资源标准化工作。加快数据资源规划、数据治理、数据资产评估、数据服务、数据安全等国家标准研制，加大对数据管理、数据开放共享等重点国家标准的宣贯力度。

（二）加快数据要素市场化流通。加快构建数据要素市场规则，培育市场主体、完善治理体系，促进数据要素市场流通。鼓励市场主体探索数据资产定价机制，推动形成数据资产目录，逐步完善数据定价体系。规范数据交易管理，培育规范的数据交易平台和市场主体，建立健全数据资产评估、登记结算、交易撮合、争议仲裁等市场运营体系，提升数据交易效率。严厉打击数据黑市交易，营造安全有序的市场环境。

专栏3　数据要素市场培育试点工程

1. 开展数据确权及定价服务试验。探索建立数据资产登记制度和数据资产定价规则，试点开展数据权属认定，规范完善数据资产评估服务。

2. 推动数字技术在数据流通中的应用。鼓励企业、研究机构等主体基于区块链等数字技术，探索数据授权使用、数据溯源等应用，提升数据交易流通效率。

3. 培育发展数据交易平台。提升数据交易平台服务质量，发展包含数据资产评估、登记结算、交易撮合、争议仲裁等的运营体系，健全数据交易平台报价、询价、竞价和定价机制，探索协议转让、挂牌等多种形式的数据交易模式。

（三）创新数据要素开发利用机制。适应不同类型数据特点，以实际应用需求为导向，探索建立多样化的数据开发利用机制。鼓励市场力量挖掘商业数据价值，推动数据价值产品化、服务化，大力发展专业化、个性化数据服务，促进数据、技术、场景深度融合，满足各领域数据需求。鼓励重点行业创新数据开发利用模式，在确保数据安全、保障用户隐私的前提下，调动行业协会、科研院所、企业等多方参与数据价值开发。对具有经济和社会价值、允许加工利用的政务数据和公共数据，通过数据开放、特许开发、授权应用等方式，鼓励更多社会力量进行增值开发利用。结合新型智慧城市建设，加快城市数据融合及产业生态培育，提升城市数据运营和开发利用水平。

五、大力推进产业数字化转型

（一）加快企业数字化转型升级。引导企业强化数字化思维，提升员工数字技能和数据管理能力，全面系统推动企业研发设计、生产加工、经营管理、销售服务等业务数字化转型。支持有条件的大型企业打造一体化数字平台，全面整合企业内部信息系统，强化全流程数据贯通，加快全价值链业务协同，形成数据驱动的智能决策能力，提升企业整体运行效率和产业链上下游协同效率。实施中小企业数字化赋能专项行动，支持中小企业从数字化转型需求迫切的环节入手，加快推进线上营销、远程协作、数字化办公、智能生产线等应用，由点及面向全业务全流程数字化转型延伸拓展。鼓励和支持互联网平台、行业龙头企业等立足自身优势，开放数字化资源和能力，帮助传统企业和中小企业实现数字化转型。推行普惠性"上云用数赋智"服务，推动企业上云、上平台，降低技术和资金壁垒，加快企业数字化转型。

（二）全面深化重点产业数字化转型。立足不同产业特点和差异化需求，推动传统产业全方位、全链条数字化转型，提高全要素生产率。大力提升农业数字化水平，推进"三农"综合信息服务，创新发展智慧农业，提升农业生产、加工、销售、物流等各环节数字化水平。纵深推进工业数字化转型，加快推动研发设计、生产制造、经营管理、市场服务等全生命周期数字化转型，加快培育一批“专精特新”中小企业和制造业单项冠军企业。深入实施智能制造工程，大力推动装备数字化，开展智能制造试点示范专项行动，完善国家智能制造标准体系。培育推广个性化定制、网络化协同等新模式。大力发展数字商务，全面加快商贸、物流、金融等服务业数字化转型，优化管理体系和服务模式，提高服务业的品质与效益。促进数字技术在全过程工程咨询领域的深度应用，引领咨询服务和工程建设模式转型升级。加快推动智慧能源建设应用，促进能源生产、运输、消费等各环节智能化升级，推动能源行业低碳转型。加快推进国土空间基础信息平台建设应用。推动产业互联网融通应用，培育供应链金融、服务型制造等融通发展模式，以数字技术促进产业融合发展。

专栏 4　重点行业数字化转型提升工程

1. *发展智慧农业和智慧水利*。加快推动种植业、畜牧业、渔业等领域数字化转型，加强大数据、物联网、人工智能等技术深度应用，提升农业生产经营数字化水平。构建智慧水利体系，以流域为单元提升水情测报和智能调度能力。

2. *开展工业数字化转型应用示范*。实施智能制造试点示范行动，建设智能制造示范工厂，培育智能制造先行区。针对产业痛点、堵点，分行业制定数字化转型路线图，面向原材料、消费品、装备制造、电子信息等重点行业开展数字化转型应用示范和评估，加大标杆应用推广力度。

3. *加快推动工业互联网创新发展*。深入实施工业互联网创新发展战略，鼓励工业企业利用5G、时间敏感网络（TSN）等技术改造升级企业内外网，完善标识解析体系，打造若干具有国际竞争力的工业互联网平台，提升安全保障能力，推动各行业加快数字化转型。

4. *提升商务领域数字化水平*。打造大数据支撑、网络化共享、智能化协作的智慧供应链体系。健全电子商务公共服务体系，汇聚数字赋能服务资源，支持商务领域中小微企业数字化转型升级。提升贸易数字化水平。引导批发零售、住宿餐饮、租赁和商务服务等传统业态积极开展线上线下、全渠道、定制化、精准化营销创新。

5. *大力发展智慧物流*。加快对传统物流设施的数字化改造升级，促进现代物流业与农业、制造业等产业融合发展。加快建设跨行业、跨区域的物流信息服务平台，实现需求、库存和物流信息的实时共享，探索推进电子提单应用。建设智能仓储体系，提升物流仓储的自动化、智能化水平。

6. *加快金融领域数字化转型*。合理推动大数据、人工智能、区块链等技术在银行、证券、保险等领域的深化应用，发展智能支付、智慧网点、智能投顾、数字化融资等新模式，稳妥推进数字人民币研发，有序开展可控试点。

7. *加快能源领域数字化转型*。推动能源产、运、储、销、用各环节设施的数字化升

续表

级，实施煤矿、油气田、油气管网、电厂、电网、油气储备库、终端用能等领域设备设施、工艺流程的数字化建设与改造。推进微电网等智慧能源技术试点示范应用。推动基于供需衔接、生产服务、监督管理等业务关系的数字平台建设，提升能源体系智能化水平。

（三）推动产业园区和产业集群数字化转型。引导产业园区加快数字基础设施建设，利用数字技术提升园区管理和服务能力。积极探索平台企业与产业园区联合运营模式，丰富技术、数据、平台、供应链等服务供给，提升线上线下相结合的资源共享水平，引导各类要素加快向园区集聚。围绕共性转型需求，推动共享制造平台在产业集群落地和规模化发展。探索发展跨越物理边界的“虚拟”产业园区和产业集群，加快产业资源虚拟化集聚、平台化运营和网络化协同，构建虚实结合的产业数字化新生态。依托京津冀、长三角、粤港澳大湾区、成渝地区双城经济圈等重点区域，统筹推进数字基础设施建设，探索建立各类产业集群跨区域、跨平台协同新机制，促进创新要素整合共享，构建创新协同、错位互补、供需联动的区域数字化发展生态，提升产业链供应链协同配套能力。

（四）培育转型支撑服务生态。建立市场化服务与公共服务双轮驱动，技术、资本、人才、数据等多要素支撑的数字化转型服务生态，解决企业“不会转”、“不能转”、“不敢转”的难题。面向重点行业和企业转型需求，培育推广一批数字化解决方案。聚焦转型咨询、标准制定、测试评估等方向，培育一批第三方专业化服务机构，提升数字化转型服务市场规模和活力。支持高校、龙头企业、行业协会等加强协同，建设综合测试验证环境，加强产业共性解决方案供给。建设数字化转型促进中心，衔接集聚各类资源条件，提供数字化转型公共服务，打造区域产业数字化创新综合体，带动传统产业数字化转型。

专栏5　数字化转型支撑服务生态培育工程
1. 培育发展数字化解决方案供应商。面向中小微企业特点和需求，培育若干专业型数字化解决方案供应商，引导开发轻量化、易维护、低成本、一站式解决方案。培育若干服务能力强、集成水平高、具有国际竞争力的综合型数字化解决方案供应商。 2. 建设一批数字化转型促进中心。依托产业集群、园区、示范基地等建立公共数字化转型促进中心，开展数字化服务资源条件衔接集聚、优质解决方案展示推广、人才招聘及培养、测试试验、产业交流等公共服务。依托企业、产业联盟等建立开放型、专业化数字化转型促进中心，面向产业链上下游企业和行业内中小微企业提供供需撮合、转型咨询、定制化系统解决方案开发等市场化服务。制定完善数字化转型促进

续表

中心遴选、评估、考核等标准、程序和机制。 3. 创新转型支撑服务供给机制。鼓励各地因地制宜,探索建设数字化转型产品、服务、解决方案供给资源池,搭建转型供需对接平台,开展数字化转型服务券等创新,支持企业加快数字化转型。深入实施数字化转型伙伴行动计划,加快建立高校、龙头企业、产业联盟、行业协会等市场主体资源共享、分工协作的良性机制。

六、加快推动数字产业化

(一)增强关键技术创新能力。瞄准传感器、量子信息、网络通信、集成电路、关键软件、大数据、人工智能、区块链、新材料等战略性前瞻性领域,发挥我国社会主义制度优势、新型举国体制优势、超大规模市场优势,提高数字技术基础研发能力。以数字技术与各领域融合应用为导向,推动行业企业、平台企业和数字技术服务企业跨界创新,优化创新成果快速转化机制,加快创新技术的工程化、产业化。鼓励发展新型研发机构、企业创新联合体等新型创新主体,打造多元化参与、网络化协同、市场化运作的创新生态体系。支持具有自主核心技术的开源社区、开源平台、开源项目发展,推动创新资源共建共享,促进创新模式开放化演进。

专栏6　数字技术创新突破工程
1. 补齐关键技术短板。优化和创新"揭榜挂帅"等组织方式,集中突破高端芯片、操作系统、工业软件、核心算法与框架等领域关键核心技术,加强通用处理器、云计算系统和软件关键技术一体化研发。 2. 强化优势技术供给。支持建设各类产学研协同创新平台,打通贯穿基础研究、技术研发、中试熟化与产业化全过程的创新链,重点布局5G、物联网、云计算、大数据、人工智能、区块链等领域,突破智能制造、数字孪生、城市大脑、边缘计算、脑机融合等集成技术。 3. 抢先布局前沿技术融合创新。推进前沿学科和交叉研究平台建设,重点布局下一代移动通信技术、量子信息、神经芯片、类脑智能、脱氧核糖核酸(DNA)存储、第三代半导体等新兴技术,推动信息、生物、材料、能源等领域技术融合和群体性突破。

(二)提升核心产业竞争力。着力提升基础软硬件、核心电子元器件、关键基础材料和生产装备的供给水平,强化关键产品自给保障能力。实施产业链强链补链行动,加强面向多元化应用场景的技术融合和产品创新,提升产业链关键环节竞争力,完善5G、集成电路、新能源汽车、人工智能、工业互联网等重点产业供应链体系。深化新一代信息技术集成创新和融合应用,加快平台化、定制化、轻量化服务模式创新,打造新兴数字产业新优势。协同推进信息技术

软硬件产品产业化、规模化应用，加快集成适配和迭代优化，推动软件产业做大做强，提升关键软硬件技术创新和供给能力。

（三）加快培育新业态新模式。推动平台经济健康发展，引导支持平台企业加强数据、产品、内容等资源整合共享，扩大协同办公、互联网医疗等在线服务覆盖面。深化共享经济在生活服务领域的应用，拓展创新、生产、供应链等资源共享新空间。发展基于数字技术的智能经济，加快优化智能化产品和服务运营，培育智慧销售、无人配送、智能制造、反向定制等新增长点。完善多元价值传递和贡献分配体系，有序引导多样化社交、短视频、知识分享等新型就业创业平台发展。

专栏7　数字经济新业态培育工程

1. 持续壮大新兴在线服务。加快互联网医院发展，推广健康咨询、在线问诊、远程会诊等互联网医疗服务，规范推广基于智能康养设备的家庭健康监护、慢病管理、养老护理等新模式。推动远程协同办公产品和服务优化升级，推广电子合同、电子印章、电子签名、电子认证等应用。

2. 深入发展共享经济。鼓励共享出行等商业模式创新，培育线上高端品牌，探索错时共享、有偿共享新机制。培育发展共享制造平台，推进研发设计、制造能力、供应链管理等资源共享，发展可计量可交易的新型制造服务。

3. 鼓励发展智能经济。依托智慧街区、智慧商圈、智慧园区、智能工厂等建设，加强运营优化和商业模式创新，培育智能服务新增长点。稳步推进自动驾驶、无人配送、智能停车等应用，发展定制化、智慧化出行服务。

4. 有序引导新个体经济。支持线上多样化社交、短视频平台有序发展，鼓励微创新、微产品等创新模式。鼓励个人利用电子商务、社交软件、知识分享、音视频网站、创客等新型平台就业创业，促进灵活就业、副业创新。

（四）营造繁荣有序的产业创新生态。发挥数字经济领军企业的引领带动作用，加强资源共享和数据开放，推动线上线下相结合的创新协同、产能共享、供应链互通。鼓励开源社区、开发者平台等新型协作平台发展，培育大中小企业和社会开发者开放协作的数字产业创新生态，带动创新型企业快速壮大。以园区、行业、区域为整体推进产业创新服务平台建设，强化技术研发、标准制修订、测试评估、应用培训、创业孵化等优势资源汇聚，提升产业创新服务支撑水平。

七、持续提升公共服务数字化水平

（一）提高"互联网+政务服务"效能。全面提升全国一体化政务服务平台功能，加快推进政务服务标准化、规范化、便利化，持续提升政务服务数字化、智能化水平，实现利企便民高频服务事项"一网通办"。建立健全政务数据共享协调机制，加快数字身份统一认证和电子证照、电子签章、电子公文等互信互认，推进发票电子化改革，促进政务数据共享、流程优化和业务协同。推动政务服务线上线下整体联动、全流程在线、向基层深度拓展，提升服务便利化、共享化水平。开展政务数据与业务、服务深度融合创新，增强基于大数据的事项办理需求预测能力，打造主动式、多层次创新服务场景。聚焦公共卫生、社会安全、应急管理等领域，深化数字技术应用，实现重大突发公共事件的快速响应和联动处置。

（二）提升社会服务数字化普惠水平。加快推动文化教育、医疗健康、会展旅游、体育健身等领域公共服务资源数字化供给和网络化服务，促进优质资源共享复用。充分运用新型数字技术，强化就业、养老、儿童福利、托育、家政等民生领域供需对接，进一步优化资源配置。发展智慧广电网络，加快推进全国有线电视网络整合和升级改造。深入开展电信普遍服务试点，提升农村及偏远地区网络覆盖水平。加强面向革命老区、民族地区、边疆地区、脱贫地区的远程服务，拓展教育、医疗、社保、对口帮扶等服务内容，助力基本公共服务均等化。加强信息无障碍建设，提升面向特殊群体的数字化社会服务能力。促进社会服务和数字平台深度融合，探索多领域跨界合作，推动医养结合、文教结合、体医结合、文旅融合。

专栏8　社会服务数字化提升工程

1. 深入推进智慧教育。推进教育新型基础设施建设，构建高质量教育支撑体系。深入推进智慧教育示范区建设，进一步完善国家数字教育资源公共服务体系，提升在线教育支撑服务能力，推动“互联网+教育”持续健康发展，充分依托互联网、广播电视网络等渠道推进优质教育资源覆盖农村及偏远地区学校。

2. 加快发展数字健康服务。加快完善电子健康档案、电子处方等数据库，推进医疗数据共建共享。推进医疗机构数字化、智能化转型，加快建设智慧医院，推广远程医疗。精准对接和满足群众多层次、多样化、个性化医疗健康服务需求，发展远程化、定制化、智能化数字健康新业态，提升“互联网+医疗健康”服务水平。

3. 以数字化推动文化和旅游融合发展。加快优秀文化和旅游资源的数字化转化和开发，推动景区、博物馆等发展线上数字化体验产品，发展线上演播、云展览、沉浸式体验等新型文旅服务，培育一批具有广泛影响力的数字文化品牌。

4. 加快推进智慧社区建设。充分依托已有资源，推动建设集约化、联网规范化、应用智能化、资源社会化，实现系统集成、数据共享和业务协同，更好提供政务、商超、家政、托育、养老、物业等社区服务资源，扩大感知智能技术应用，推动社区服务智能化，提升城乡社区服务效能。

5. 提升社会保障服务数字化水平。完善社会保障大数据应用，开展跨地区、跨部门、跨层级数据共享应用，加快实现“跨省通办”。健全风险防控分类管理，加强业务

续表

运行监测,构建制度化、常态化数据核查机制。加快推进社保经办数字化转型,为参保单位和个人搭建数字全景图,支持个性服务和精准监管。

（三）推动数字城乡融合发展。统筹推动新型智慧城市和数字乡村建设,协同优化城乡公共服务。深化新型智慧城市建设,推动城市数据整合共享和业务协同,提升城市综合管理服务能力,完善城市信息模型平台和运行管理服务平台,因地制宜构建数字孪生城市。加快城市智能设施向乡村延伸覆盖,完善农村地区信息化服务供给,推进城乡要素双向自由流动,合理配置公共资源,形成以城带乡、共建共享的数字城乡融合发展格局。构建城乡常住人口动态统计发布机制,利用数字化手段助力提升城乡基本公共服务水平。

专栏9　新型智慧城市和数字乡村建设工程

1. 分级分类推进新型智慧城市建设。结合新型智慧城市评价结果和实践成效,遴选有条件的地区建设一批新型智慧城市示范工程,围绕惠民服务、精准治理、产业发展、生态宜居、应急管理等领域打造高水平新型智慧城市样板,着力突破数据融合难、业务协同难、应急联动难等痛点问题。

2. 强化新型智慧城市统筹规划和建设运营。加强新型智慧城市总体规划与顶层设计,创新智慧城市建设、应用、运营等模式,建立完善智慧城市的绩效管理、发展评价、标准规范体系,推进智慧城市规划、设计、建设、运营的一体化、协同化,建立智慧城市长效发展的运营机制。

3. 提升信息惠农服务水平。构建乡村综合信息服务体系,丰富市场、科技、金融、就业培训等涉农信息服务内容,推进乡村教育信息化应用,推进农业生产、市场交易、信贷保险、农村生活等数字化应用。

4. 推进乡村治理数字化。推动基本公共服务更好向乡村延伸,推进涉农服务事项线上线下一体化办理。推动农业农村大数据应用,强化市场预警、政策评估、监管执法、资源管理、舆情分析、应急管理等领域的决策支持服务。

（四）打造智慧共享的新型数字生活。加快既有住宅和社区设施数字化改造,鼓励新建小区同步规划建设智能系统,打造智能楼宇、智能停车场、智能充电桩、智能垃圾箱等公共设施。引导智能家居产品互联互通,促进家居产品与家居环境智能互动,丰富“一键控制”、“一声响应”的数字家庭生活应用。加强超高清电视普及应用,发展互动视频、沉浸式视频、云游戏等新业态。创新发展“云生活”服务,深化人工智能、虚拟现实、8K 高清视频等技术的融合,拓展社交、购物、娱乐、展览等领域的应用,促进生活消费品质升级。鼓励建设智慧社区和智慧服务生活圈,推动公共服务资源整合,提升专业化、市场化服务水平。支持实体消费场所建设数字化消费新场景,推广智慧导览、智能导流、虚实交互体验、非接触式服务等应用,提升场景消费体验。培育一批新型消费示范城市和领先企业,打造数字产品服务展示交流和技能培训中心,培养全民数字消费意识和习惯。

八、健全完善数字经济治理体系

(一)强化协同治理和监管机制。规范数字经济发展,坚持发展和监管两手抓。探索建立与数字经济持续健康发展相适应的治理方式,制定更加灵活有效的政策措施,创新协同治理模式。明晰主管部门、监管机构职责,强化跨部门、跨层级、跨区域协同监管,明确监管范围和统一规则,加强分工合作与协调配合。深化"放管服"改革,优化营商环境,分类清理规范不适应数字经济发展需要的行政许可、资质资格等事项,进一步释放市场主体创新活力和内生动力。鼓励和督促企业诚信经营,强化以信用为基础的数字经济市场监管,建立完善信用档案,推进政企联动、行业联动的信用共享共治。加强征信建设,提升征信服务供给能力。加快建立全方位、多层次、立体化监管体系,实现事前事中事后全链条全领域监管,完善协同会商机制,有效打击数字经济领域违法犯罪行为。加强跨部门、跨区域分工协作,推动监管数据采集和共享利用,提升监管的开放、透明、法治水平。探索开展跨场景跨业务跨部门联合监管试点,创新基于新技术手段的监管模式,建立健全触发式监管机制。加强税收监管和税务稽查。

(二)增强政府数字化治理能力。加大政务信息化建设统筹力度,强化政府数字化治理和服务能力建设,有效发挥对规范市场、鼓励创新、保护消费者权益的支撑作用。建立完善基于大数据、人工智能、区块链等新技术的统计监测和决策分析体系,提升数字经济治理的精准性、协调性和有效性。推进完善风险应急响应处置流程和机制,强化重大问题研判和风险预警,提升系统性风险防范水平。探索建立适应平台经济特点的监管机制,推动线上线下监管有效衔接,强化对平台经营者及其行为的监管。

专栏 10　数字经济治理能力提升工程

1. 加强数字经济统计监测。基于数字经济及其核心产业统计分类,界定数字经济统计范围,建立数字经济统计监测制度,组织实施数字经济统计监测。定期开展数字经济核心产业核算,准确反映数字经济核心产业发展规模、速度、结构等情况。探索开展产业数字化发展状况评估。

2. 加强重大问题研判和风险预警。整合各相关部门和地方风险监测预警能力,健全完善风险发现、研判会商、协同处置等工作机制,发挥平台企业和专业研究机构等力量的作用,有效监测和防范大数据、人工智能等技术滥用可能引发的经济、社会

续表

和道德风险。 3. 构建数字服务监管体系。加强对平台治理、人工智能伦理等问题的研究,及时跟踪研判数字技术创新应用发展趋势,推动完善数字中介服务、工业 APP、云计算等数字技术和服务监管规则。探索大数据、人工智能、区块链等数字技术在监管领域的应用。强化产权和知识产权保护,严厉打击网络侵权和盗版行为,营造有利于创新的发展环境。

(三)完善多元共治新格局。建立完善政府、平台、企业、行业组织和社会公众多元参与、有效协同的数字经济治理新格局,形成治理合力,鼓励良性竞争,维护公平有效市场。加快健全市场准入制度、公平竞争审查机制,完善数字经济公平竞争监管制度,预防和制止滥用行政权力排除限制竞争。进一步明确平台企业主体责任和义务,推进行业服务标准建设和行业自律,保护平台从业人员和消费者合法权益。开展社会监督、媒体监督、公众监督,培育多元治理、协调发展新生态。鼓励建立争议在线解决机制和渠道,制定并公示争议解决规则。引导社会各界积极参与推动数字经济治理,加强和改进反垄断执法,畅通多元主体诉求表达、权益保障渠道,及时化解矛盾纠纷,维护公众利益和社会稳定。

专栏 11　多元协同治理能力提升工程
1. 强化平台治理。科学界定平台责任与义务,引导平台经营者加强内部管理和安全保障,强化平台在数据安全和隐私保护、商品质量保障、食品安全保障、劳动保护等方面的责任,研究制定相关措施,有效防范潜在的技术、经济和社会风险。 2. 引导行业自律。积极支持和引导行业协会等社会组织参与数字经济治理,鼓励出台行业标准规范、自律公约,并依法依规参与纠纷处理,规范行业企业经营行为。 3. 保护市场主体权益。保护数字经济领域各类市场主体尤其是中小微企业和平台从业人员的合法权益、发展机会和创新活力,规范网络广告、价格标示、宣传促销等行为。 4. 完善社会参与机制。拓宽消费者和群众参与渠道,完善社会举报监督机制,推动主管部门、平台经营者等及时回应社会关切,合理引导预期。

九、着力强化数字经济安全体系

(一)增强网络安全防护能力。强化落实网络安全技术措施同步规划、同步建设、同步使用的要求,确保重要系统和设施安全有序运行。加强网络安全基础设施建设,强化跨领域网络安全信息共享和工作协同,健全完善网络安全应急事件预警通报机制,提升网络安全态势感知、威胁发现、应急指挥、协同处置和攻击溯源能力。提升网络安全应急处置能力，加强电信、金融、能源、交通运输、水利等重要行业领域关键信息基础设施网络安全防护能力，支持开展常态化安全风险评估，加强网络安全等级保护和密码应用安全性评估。支持网络安全保护技术和产品研发应用，推广使用安全可靠的信息产品、服务和解决方案。强化针对新技术、新应用的安全研究管理，为新产业新业态新模式健康发展提供保障。加快发展网络安全产业体系，促进拟态防御、数据加密等网络安全技术应用。加强网络安全宣传教育和人才培养，支持发展社会化网络安全服务。

（二）提升数据安全保障水平。建立健全数据安全治理体系，研究完善行业数据安全管理政策。建立数据分类分级保护制度，研究推进数据安全标准体系建设，规范数据采集、传输、存储、处理、共享、销毁全生命周期管理，推动数据使用者落实数据安全保护责任。依法依规加强政务数据安全保护，做好政务数据开放和社会化利用的安全管理。依法依规做好网络安全审查、云计算服务安全评估等，有效防范国家安全风险。健全完善数据跨境流动安全管理相关制度规范。推动提升重要设施设备的安全可靠水平，增强重点行业数据安全保障能力。进一步强化个人信息保护，规范身份信息、隐私信息、生物特征信息的采集、传输和使用，加强对收集使用个人信息的安全监管能力。

（三）切实有效防范各类风险。强化数字经济安全风险综合研判，防范各类风险叠加可能引发的经济风险、技术风险和社会稳定问题。引导社会资本投向原创性、引领性创新领域，避免低水平重复、同质化竞争、盲目跟风炒作等，支持可持续发展的业态和模式创新。坚持金融活动全部纳入金融监管，加强动态监测，规范数字金融有序创新，严防衍生业务风险。推动关键产品多元化供给，着力提高产业链供应链韧性，增强产业体系抗冲击能力。引导企业在法律合规、数据管理、新技术应用等领域完善自律机制，防范数字技术应用风险。健全失业保险、社会救助制度，完善灵活就业的工伤保险制度。健全灵活就业人员参加社会保险制度和劳动者权益保障制度，推进灵活就业人员参加住房公积金制度试点。探索建立新业态企业劳动保障信用评价、守信激励和失信惩戒等制度。着力推动数字经济普惠共享发展，健全完善针对未成年人、老年人等各类特殊群体的网络保护机制。

十、有效拓展数字经济国际合作

（一）加快贸易数字化发展。以数字化驱动贸易主体转型和贸易方式变革，营造贸易数字化良好环境。完善数字贸易促进政策，加强制度供给和法律保障。加大服务业开放力度，探索放宽数字经济新业态准入，引进全球服务业跨国公司在华设立运营总部、研发设计中心、采购物流中心、结算中心，积极引进优质外资企业和创业团队,加强国际创新资源“引进来”。依托自由贸易试验区、数字服务出口基地和海南自由贸易港,针对跨境寄递物流、跨境支付和供应链管理等典型场景,构建安全便利的国际互联网数据专用通道和国际化数据信息专用通道。大力发展跨境电商,扎实推进跨境电商综合试验区建设,积极鼓励各业务环节探索创新,培育壮大一批跨境电商龙头企业、海外仓领军企业和优秀产业园区,打造跨境电商产业链和生态圈。

（二）推动“数字丝绸之路”深入发展。加强统筹谋划,高质量推动中国—东盟智慧城市合作、中国—中东欧数字经济合作。围绕多双边经贸合作协定,构建贸易投资开放新格局,拓展与东盟、欧盟的数字经济合作伙伴关系,与非盟和非洲国家研究开展数字经济领域合作。统筹开展境外数字基础设施合作,结合当地需求和条件,与共建“一带一路”国家开展跨境光缆建设合作,保障网络基础设施互联互通。构建基于区块链的可信服务网络和应用支撑平台,为广泛开展数字经济合作提供基础保障。推动数据存储、智能计算等新兴服务能力全球化发展。加大金融、物流、电子商务等领域的合作模式创新,支持我国数字经济企业“走出去”,积极参与国际合作。

（三）积极构建良好国际合作环境。倡导构建和平、安全、开放、合作、有序的网络空间命运共同体,积极维护网络空间主权,加强网络空间国际合作。加快研究制定符合我国国情的数字经济相关标准和治理规则。依托双边和多边合作机制,开展数字经济标准国际协调和数字经济治理合作。积极借鉴国际规则和经验,围绕数据跨境流动、市场准入、反垄断、数字人民币、数据隐私保护等重大问题探索建立治理规则。深化政府间数字经济政策交流对话,建立多边数字经济合作伙伴关系,主动参与国际组织数字经济议题谈判,拓展前沿领域合作。构建商事协调、法律顾问、知识产权等专业化中介服务机制和公共服务平台,防范各类涉外经贸法律风险,为出海企业保驾护航。

十一、保障措施

（一）加强统筹协调和组织实施。建立数字经济发展部际协调机制,加强形势研判,协调解决重大问题,务实推进规划的贯彻实施。各地方要立足本地区实际,健全工作推进协调机制,增强发展数字经济本领,推动数字经济更好服务和融入新发展格局。进一步加强对数字经济发展政策的解读与宣传,深化数字经济理论和实践研究,完善统计测度和评价体系。各部门要充分整合现有资源,加强跨部门协调沟通,有效调动各方面的积极性。

（二）加大资金支持力度。加大对数字经济薄弱环节的投入,突破制约数字经济发展的短板与瓶颈,建立推动数字经济发展的长效机制。拓展多元投融资渠道,鼓励企业开展技术创新。鼓励引导社会资本设立市场化运作的数字经济细分领域基金,支持符合条件的数字经济企业进入多层次资本市场进行融资,鼓励银行业金融机构创新产品和服务,加大对数字经济核心产业的支持力度。加强对各类资金的统筹引导,提升投资质量和效益。

(三)提升全民数字素养和技能。实施全民数字素养与技能提升计划,扩大优质数字资源供给,鼓励公共数字资源更大范围向社会开放。推进中小学信息技术课程建设,加强职业院校(含技工院校)数字技术技能类人才培养,深化数字经济领域新工科、新文科建设,支持企业与院校共建一批现代产业学院、联合实验室、实习基地等,发展订单制、现代学徒制等多元化人才培养模式。制定实施数字技能提升专项培训计划,提高老年人、残障人士等运用数字技术的能力,切实解决老年人、残障人士面临的困难。提高公民网络文明素养,强化数字社会道德规范。鼓励将数字经济领域人才纳入各类人才计划支持范围,积极探索高效灵活的人才引进、培养、评价及激励政策。

(四)实施试点示范。统筹推动数字经济试点示范,完善创新资源高效配置机制,构建引领性数字经济产业集聚高地。鼓励各地区、各部门积极探索适应数字经济发展趋势的改革举措,采取有效方式和管用措施,形成一批可复制推广的经验做法和制度性成果。支持各地区结合本地区实际情况,综合采取产业、财政、科研、人才等政策手段,不断完善与数字经济发展相适应的政策法规体系、公共服务体系、产业生态体系和技术创新体系。鼓励跨区域交流合作,适时总结推广各类示范区经验,加强标杆示范引领,形成以点带面的良好局面。

(五)强化监测评估。各地区、各部门要结合本地区、本行业实际,抓紧制定出台相关配套政策并推动落地。要加强对规划落实情况的跟踪监测和成效分析,抓好重大任务推进实施,及时总结工作进展。国家发展改革委、中央网信办、工业和信息化部要会同有关部门加强调查研究和督促指导,适时组织开展评估,推动各项任务落实到位,重大事项及时向国务院报告。

国务院办公厅关于新形势下进一步加强督查激励的通知

(2021年12月13日　国办发〔2021〕49号)

按照国务院部署,国务院办公厅自2016年起探索组织开展督查激励工作,持续对真抓实干、成效明显的地方予以表扬激励,充分调动和激发了各地大胆探索、改革创新的积极性、主动性和创造性，有力推动了党中央、国务院重大决策部署贯彻落实。为适应“十四五”时期的新形势新任务新要求，以更大力度激励地方立足新发展阶段、贯彻新发展理念、构建新发展格局、推动高质量发展，经国务院同意，进一步调整完善督查激励措施，对落实有关重大政策措施真抓实干、取得明显成效的地方加强激励支持。现将调整后的督查激励措施及组织实施等事项通知如下：

一、对实施创新驱动发展战略、营造良好创新生态、提升自主创新能力、强化企业创新主体地位、加速推进科技成果转化应用等方面成效明显的省（自治区、直辖市），在分配中央引导地方科技发展资金时给予一定奖励，优先支持其行政区域内1家符合条件且发展基础较好的省级高新技术产业开发区升级为国家高新技术产业开发区。（科技部、财政部负责）

二、对推动“双创”政策落地、促进创业带动就业、加强融通创新、扶持“双创”支撑平台、构建“双创”发展生态、打造“双创”升级版等方面成效明显的区域“双创”示范基地，优先支持创新创业支撑平台建设，在中央预算内投资安排等方面予以重点倾斜；对区域内符合条件的创新创业项目，优先推介与国家新兴产业创业投资引导基金、国家级战略性新兴产业发展基金、国家中小企业发展基金等对接。（国家发展改革委负责）

三、对知识产权创造、运用、保护、管理和服务工作成效突出的省（自治区、直辖市），优先支持开展地理标志专用标志使用核准改革试点，优先支持建设知识产权保护中心、知识产权快速维权中心、知识产权专题数据库，在专利转化专项计划实施中予以倾斜支持。（国家知识产权局负责）

四、对促进工业稳增长、推动先进制造业集群发展、实施产业基础再造工程、保持制造业比重基本稳定等方面成效明显的市（地、州、盟），在传统产业改造提升、智能制造示范工厂等试点示范工作中给予优先支持。（工业和信息化部负责）

五、对推进质量强国建设工作成效突出的市（地、州、盟）、县（市、区、旗），在质量工作改革创新试点示范、国家质量基础设施布局建设、质量提升行动重点帮扶、参与国际标准和国家标准制定等方面给予倾斜支持。（市场监管总局负责）

六、对大力培育发展战略性新兴产业、产业特色优势明显、技术创新能力强的市（地、州、盟），优先支持将产业集群内重点项目纳入重大建设项目库，在国家认定企业技术中心等创新平台申报中给予名额倾斜。对其中通用航空发展成效显著并符合相关条件的产业集群所在地方，在运输机场建设等方面予以优先支持。（国家发展改革委、中国民航局负责）

七、对建设信息基础设施、推进产业数字化、加快工业互联网创新发展、促进网络与数据安全能力建设等工作成效明显的市(地、州、盟),在创建国家产融合作试点城市、国家新型工业化产业示范基地等方面给予优先支持。(工业和信息化部负责)

八、对公路水路交通建设年度投资保持稳定增长、通过车辆购置税收入补助地方资金投资项目完成情况好的省(自治区、直辖市),在安排车辆购置税收入补助地方资金时给予适当奖励。(交通运输部、财政部负责)

九、对地方水利建设投资落实情况好、中央水利建设投资计划完成率高的省(自治区、直辖市),适当增加安排部分中央预算内投资,相应减少所安排项目的地方建设投资。(水利部、国家发展改革委负责)

十、对推动外贸稳定和创新发展成效明显的市(地、州、盟),在安排年度中央外经贸发展专项资金、推动地方外贸创新发展先行先试、外贸领域相关平台建设、中国进出口商品交易会等重要展会开展宣传推介等方面给予倾斜支持。(商务部负责)

十一、对年度固定资产投资保持稳定增长,中央预算内投资项目开工、投资完成等情况好的省(自治区、直辖市),在中央预算内投资既有专项中统筹安排部分投资,用于奖励支持其符合条件的项目。(国家发展改革委负责)

十二、对直达资金下达使用、落实财政支出责任、国库库款管理、预决算公开等财政工作绩效突出的省(自治区、直辖市),中央财政通过年度预算安排资金予以奖励,由省级财政统筹使用。(财政部负责)

十三、对金融服务实体经济、防范化解金融风险、维护良好金融秩序成效好的省(自治区、直辖市),支持开展金融改革创新先行先试,在同等条件下对其申报金融改革试验区等方面给予重点考虑和支持,鼓励符合条件的全国性股份制银行、保险公司在上述地区开设分支机构,支持符合条件的企业发行"双创"、绿色公司信用类债券等金融创新产品。(人民银行、银保监会、证监会负责)

十四、对推进企业登记注册便利化、深化"双随机、一公开"监管和信用监管、落实公平竞争审查制度等深化商事制度改革成效明显的市(地、州、盟)、县(市、区、旗),优先选择为企业登记注册便利化改革、企业年度报告制度改革、企业信用监管、智慧监管、重点领域监管等试点地区,优先授予外商投资企业登记注册权限。(市场监管总局负责)

十五、对耕地保护工作突出、土地节约集约利用成效好、闲置土地比例低且用地需求量大的市(地、州、盟)、县(市、区、旗),在全国新增建设用地计划中安排一定指标予以奖励。(自然资源部负责)

十六、对高标准农田建设投入力度大、任务完成质量高、建后管护效果好的省(自治区、直辖市),在分配年度中央财政资金时予以激励支持。(农业农村部、财政部负责)

十七、对促进乡村产业振兴、改善农村人居环境等乡村振兴重点工作成效明显的市(地、州、盟)、县(市、区、旗),在分配中央财政相关资金时给予一定激励支持。(农业农村部、国家乡村振兴局、财政部负责)

十八、对易地扶贫搬迁后续扶持工作成效明显的市(地、州、盟),进一步加大后续扶持政策支持力度,在安排以工代赈资金时予以倾斜支持。(国家发展改革委负责)

十九、对城镇老旧小区改造、棚户区改造、发展保障性租赁住房成效明显的市(地、州、盟),在安排保障性安居工程中央预算内投资、中央财政城镇保障性安居工程补助资金时予以奖励支持。(住房城乡建设部、国家发展改革委、财政部负责)

二十、对老工业基地调整改造力度大,支持传统产业改造、推进产业转型升级等工作成效突出的市(地、州、盟),安排中央预算内投资给予奖励,优先支持建设国家创新型产业集群,优先推介签署开发性金融合作协议,在推进产业转型升级示范区建设和资源枯竭城市转型中给予倾斜支持。(国家发展改革委负责)

二十一、对文化产业和旅游产业发展势头良好、文化和旅游企业服务体系建设完善、消费质量水平高的市(地、州、盟),在建设国家文化与金融合作示范区、国家文化和旅游消费示范城市、国家级文化产业示范园区(基地)、国家级夜间文化和旅游消费集聚区等方面予以优先支持。(文化和旅游部负责)

二十二、对生态文明体制改革、制度创新、模式探索等方面成效显著的市(地、州、盟),在国家层面宣传推广改革经验做法;对其在既有资金渠道范围内的相关项目,中央预算内投资予以适当支持。(国家发展改革委负责)

二十三、对环境治理工程项目推进快,重点区域大气、重点流域水环境质量改善明显的市(地、州、盟),在安排中央财政大气、水污染防治资金时予以适当奖励。(生态环境部、财政部负责)

二十四、对河长制湖长制工作推进力度大、成效明显的市(地、州、盟)、县(市、区、旗),在安排中央财政水利发展资金时予以适当奖励。对全面推行林长制工作成效明显的市(地、州、盟)、县(市、区、旗),在安排中央财政林业改革发展资金时予以适当奖励。(水利部、财政部、国家林草局负责)

二十五、对改善职业教育办学条件、创新校企合作办学机制、推进职业教育改革等方面成效明显的省(自治区、直辖市),在职业教育改革试点、中国特

色高水平高职学校和专业建设、现代职业教育质量提升计划资金等方面予以倾斜支持。（教育部负责）

二十六、对深化医药卫生体制改革成效明显的市（地、州、盟），在安排中央财政医疗服务与保障能力提升补助资金时给予奖励支持。（国家卫生健康委、财政部负责）

二十七、对优化医保领域便民服务、推进医保经办管理服务体系建设、提升医保规范化管理水平等方面成效明显的省（自治区、直辖市），在安排中央财政医疗服务与保障能力提升补助资金时给予奖励支持。（国家医保局、财政部负责）

二十八、对养老兜底保障、发展普惠型养老服务、完善社区居家养老服务网络等工作成效明显的市（地、州、盟），在安排年度养老服务体系建设中央预算内投资计划和中央财政相关资金时给予奖励支持。（国家发展改革委、财政部、民政部负责）

二十九、对落实就业优先政策、推动就业扩容提质、促进重点群体就业创业等任务完成好的省（自治区、直辖市），在分配中央财政就业补助资金时予以适当奖励。（财政部、人力资源社会保障部负责）

三十、对高度重视重大决策部署督查落实工作，在创新优化督查落实方式方法、推动地区经济社会发展等方面成效明显的市（地、州、盟）、县（市、区、旗），在下一年度国务院组织的有关实地督查中实行"免督查"。（国务院办公厅负责）

各有关部门要充分认识做好新形势下督查激励工作的重要意义，将强化正向激励促进实干担当作为狠抓党中央、国务院重大决策部署贯彻落实的有效手段，压实工作责任，精心组织实施，确保取得实效。要及时制定或调整完善实施办法，科学设置标准，全面规范程序，公平公正公开、科学精准客观评价地方工作，充分发挥激励导向作用；严格落实党中央关于整治形式主义为基层减负要求，加强统筹整合，优化工作方式，简化操作流程，避免给地方增加负担；认真落实全面从严治党要求，坚决防范廉政风险。要抓好典型引路和政策解读，加大地方经验做法推广力度，指导和帮助用好用足激励政策，进一步营造互学互鉴、比学赶超的良好氛围。各省（自治区、直辖市）政府要健全工作机制、明确职责分工，统筹做好本地区督查激励措施组织实施工作。国务院办公厅加强统筹指导和督促检查，适时对激励措施实施效果组织评估。

各有关部门制定或调整完善后的激励措施实施办法，于2022年1月15日前报送国务院办公厅。从2022年起，各有关部门于每年2月底前，根据上一年度工作成效，结合国务院大督查、有关专项督查情况，研究提出拟予督查激励的地方名单，报送国务院办公厅。国务院办公厅将会同有关方面统筹组织开展相关督查激励工作。

自本通知印发之日起，《国务院办公厅关于对真抓实干成效明显地方进一步加大激励支持力度的通知》（国办发〔2018〕117 号）停止执行。

国务院办公厅关于印发国家残疾预防行动计划（2021—2025 年）的通知

（2021 年 12 月 14 日　国办发〔2021〕50 号）

《国家残疾预防行动计划（2021—2025 年）》已经国务院同意，现印发给你们，请认真贯彻执行。

国家残疾预防行动计划（2021—2025 年）

残疾严重损害个人健康、家庭幸福，影响经济社会健康发展，做好残疾预防对于保障人民群众生命安全和身体健康、提高全民族健康素质、促进经济社会高质量发展具有重大意义。“十三五”期间，通过制定实施《国家残疾预防行动计划（2016—2020 年）》，残疾预防工作取得显著成效。政府主导、多部门协调联动、社会共同参与的残疾预防工作格局初步形成，残疾预防法规政策更加完善，遗传和发育、疾病、伤害致残防控及残疾康复服务各项任务有效落实、工作目标如期实现。

当前，我国发展已进入新阶段，为贯彻落实党中央、国务院关于健康中国建设和新时代残疾人工作的决策部署，进一步加强残疾预防，有效减少和控制残疾发生、发展，依据《残疾预防和残疾人康复条例》等法规、政策，制定本行动计划。

一、总体要求

（一）指导思想。

以习近平新时代中国特色社会主义思想为指导，全面贯彻党的十九大和十九届历次全会精神，认真落实党中央、国务院决策部署，坚持以人民为中心的发展思想，贯彻预防为主的方针，以基层为重点，以改革创新为动力，将残疾预防融入经济社会发展各领域，全民动员、科学施策、依法推进，提高全社会残疾风险综合防控能力，有力保障人民群众生命安全和身体健康。

（二）基本原则。

政府主导，联防联控。进一步完善政府主导、多部门协调联动、社会共同参与的残疾预防工作格局。强化政府责任，加强跨部门协作，完善防治策略、制度安排和保障政策。落实单位、个人责任，调动全社会积极性，形成政府、社会、个人协同推进残疾预防的合力。

人人尽责，共建共享。倡导每个人是自己健康第一责任人的理念，把增强公民个人残疾预防意识和能力作为残疾预防的基础工程抓紧、抓实，广泛开展残疾预防宣传教育，让残疾预防知识、行为和技能成为全民普遍具备的素养和能力。

系统推进，早期干预。全面实施覆盖全人群全生命周期的残疾预防三级防控策略，着力推进关口前移、早期干预。针对各阶段主要致残因素采取综合干预措施，推进健康教育、健康促进，提供系统连续的筛查、诊断、治疗、康复一体化服务。

（三）工作目标。

到 2025 年，覆盖经济社会发展各领域的残疾预防政策体系进一步完善，全人群全生命周期残疾预防服务网络更加健全，全民残疾预防素养明显提升，遗传和发育、疾病、伤害等主要致残因素得到有效防控，残疾康复服务状况持续改善，残疾预防主要指标处于中高收入国家前列。

（四）主要指标。

领域	指标		2020 年	2025 年
残疾预防知识普及行动	1	重点人群残疾预防知识普及率	—	>80%
出生缺陷和发育障碍致残防控行动	2	婚前医学检查率	68.5%	>70%
	3	孕前优生健康检查目标人群覆盖率	>80%	>80%
	4	孕产妇系统管理率	>90%	>90%
	5	产前筛查率	>60%	>75%
	6	新生儿遗传代谢性疾病筛查率	≥98%	≥98%
	7	新生儿听力筛查率	86.5%	≥90%
	8	3 岁以下儿童系统管理率	≥80%	≥85%

续表

领域	指标		2020 年	2025 年
疾病致残防控行动	9	高血压患者基层规范管理服务率	>60%	≥65%
	10	2 型糖尿病患者基层规范管理服务率	>60%	≥65%
	11	百万人口白内障复明手术率	>2000	>3000
	12	以社区为单位心理咨询室或社会工作室建成率	—	>80%
	13	登记在册的严重精神障碍患者规范管理率	>80%	>83%
	14	适龄儿童免疫规划疫苗接种率	>90%	>90%
	15	控制和消除重大地方病的县(市、区、旗)	>95%	>95%
	16	接触职业病危害的劳动者在岗期间职业健康检查率	≥90%	≥90%
伤害致残防控行动	17	生产安全事故发生起数	比 2016 年下降 10%以上	比 2020 年下降 10%以上
	18	声环境功能区夜间达标率	80.1%	达到 85%
康复服务促进行动	19	每 10 万人口康复医师人数	—	力争达到 8 人
	20	65 岁以上失能老年人健康服务率	>80%	>80%
	21	开展精神障碍社区康复服务的县(市、区、旗)	—	>80%
	22	开展精神障碍社区康复服务的县(市、区、旗)的居家患者接受社区康复服务比率	—	>60%
	23	残疾人基本康复服务覆盖率	>80%	>85%
	24	残疾人辅助器具适配率	>80%	>85%
	25	公共建筑无障碍设施建设率	—	100%

注:“十三五”期间未开展数据统计工作的指标 2020 年数据标为“—”

二、主要行动

(一)残疾预防知识普及行动。

建立完善残疾预防科普知识资源库。出版、遴选、推介一批残疾预防科普读物,针对重点人群、主要致残因素定期更新、发布残疾预防核心知识。推动将残疾预防和出生缺陷防治核心知识纳入全科医生、专科医生、妇幼保健人员、社会工作人员、残疾人工作者等职业培训课程和教材内容，形成残疾预防知识科普骨干队伍，确保残疾预防知识规范、有效传播。（中国残联、国家卫生健康委牵头，中央宣传部、中央网信办、教育部、司法部、生态环境部、交通运输部、应急部、广电总局、国家疾控局、全国总工会、共青团中央按职责分工负责）

加强重点人群残疾预防知识普及。面向儿童、青少年、新婚夫妇、孕产妇、婴幼儿家长、老年人、高危职业从业者等重点人群开展针对性宣传教育，主动提供残疾预防和出生缺陷防治科普知识，普及遗传和发育、疾病、伤害等致残防控的科学知识、方法；面向伤病者、残疾人，加强康复知识宣传普及，着力提升康复意识、能力。（中国残联、国家卫生健康委牵头，教育部、民政部、司法部、生态环境部、交通运输部、应急部、国家疾控局、全国总工会、共青团中央、全国妇联按职责分工负责）

组织实施重点宣传教育行动。持续开展残疾预防日宣传教育活动，同时利用爱耳日、爱眼日、世界噪音日、防治碘缺乏病日、预防出生缺陷日、精神卫生日、防灾减灾日、全国消防日、全国交通安全日等宣传节点，加强残疾预防知识专题宣传，充分利用群众喜闻乐见的活动形式、传播方式，提升各类宣传教育活动的影响力、实效性。（中国残联、国家卫生健康委、中央宣传部牵头，中央网信办、教育部、工业和信息化部、公安部、民政部、司法部、人力资源社会保障部、生态环境部、交通运输部、应急部、广电总局、国家疾控局、全国总工会、共青团中央、全国妇联按职责分工负责）

（二）出生缺陷和发育障碍致残防控行动。

加强婚前、孕前保健。推进婚前保健，加强对遗传性疾病、指定传染病、严重精神障碍的检查并提出医学意见，指导婚前医学检查服务机构科学优化婚前医学检查场所布局及服务流程，加强婚姻登记场所婚姻家庭健康咨询室建设，加大健康婚育指导力度。深入实施孕前优生健康检查、增补叶酸等基本公共卫生服务，指导科学备孕，为计划怀孕夫妇提供健康教育、咨询指导、筛查评估、综合干预等孕前优生服务，推进补服叶酸预防神经管缺陷。（国家卫生健康委牵头，民政部、全国妇联按职责分工负责）

做好产前筛查、诊断。提供生育全程基本医疗保健服务，广泛开展产前筛查，加强对常见胎儿染色体病、严重胎儿结构畸形、单基因遗传病等重大出生缺陷的产前筛查和诊断。推进高龄孕产妇等重点人群的分类管理和服务，落实妊娠风险筛查与评估、高危孕产妇专案管理等制度，强化县、乡、村三级妇幼卫生服务网络建设，完善基层网底和转诊网络。（国家卫生健康委负责）

加强儿童早期筛查和早期干预。全面开展新生儿苯丙酮尿症、先天性甲状腺功能减低症等遗传代谢性疾病和听力筛查，逐步扩大致残性疾病筛查病种范围，推进早筛、早诊、早治。规范婴幼儿早期发展服务，加强对家庭和托幼机构儿童早期发展服务的指导，深入实施中央专项彩票公益金出生缺陷干预救助项目。做实0—6岁儿童健康管理工作，大力推进0—6岁儿童致残性疾病筛查，建立筛查、诊断、康复救助衔接机制，不断提升儿童致残性疾病早发现、早诊断、早干预、早康复能力和效果。（国家卫生健康委、中国残联牵头，教育部、全国妇联按职责分工负责）

（三）疾病致残防控行动。

加强慢性病致残防控。推广健康生活方式，提倡戒烟限酒、合理膳食、均衡营养、科学运动，减少每日食用油、盐、糖摄入量。开展全民健身行动，发挥好体育健身在主动健康干预、慢性病防治、康复中的作用。加强高血压、糖尿病等慢性病患者规范管理，做好并发症筛查和干预。丰富家庭医生签约服务内容，提高服务质量，推进基层慢性病医防融合管理。持续开展脑卒中等高危人群筛查与干预项目。着力做好防盲治盲、防聋治聋工作。（国家卫生健康委、国家疾控局牵头，教育部、体育总局、中国残联按职责分工负责）

加强社会心理服务和精神疾病防治。构建社会心理健康服务体系，强化重点人群心理健康服务、社会工作服务和个体危机干预，加强群体危机管理，将心理援助纳入突发事件应急预案，为遭遇突发公共事件群体提供心理援助服务。加强对精神分裂症、阿尔茨海默症、抑郁症、孤独症等主要致残性精神疾病的筛查识别和治疗。做好严重精神障碍患者规范管理，落实监管责任，加强救治救助。（中央政法委、公安部、民政部、国家卫生健康委、应急部、国家中医药局、国家疾控局、全国妇联、中国残联按职责分工负责）

加强传染病及地方病致残防控。全面实施国家免疫规划，继续将脊髓灰质炎、流行性乙型脑炎等致残性传染病的疫苗接种率维持在高水平。落实《中华人民共和国疫苗管理法》，保证疫苗使用安全。加强传染病防控，做好传染病报告及患者医疗救治。针对地方病流行状况，实行重点地方病监测全覆盖，持续消除碘缺乏病、大骨节病、氟骨症等重大地方病致残。（国家卫生健康委、国家疾控局牵头，各省级人民政府负责）

加强职业病致残防控。加强职业健康监管体系建设，做好重点行业职业健康管理，督促用人单位落实职业病防治主体责任，提升职业健康工作水平。落实防尘、防毒、防噪声、防辐射等重点措施，减少工作场所职业危害因素。加强重点人群劳动保护，避免接触有毒有害因素。加强严重致残职业病患者救治，预防尘肺病、职业中毒、噪声等致残。（国家卫生健康委牵头，国家发展改革委、人力资源社会保障部、应急部、全国总工会按职责分工负责）

（四）伤害致残防控行动。

加强安全生产和消防安全监督管理。加大安全生产监管执法力度，排查治理重点行业领域重大事故隐患，持续改善工矿行业劳动条件。大力推进工伤预防工作，减少因工伤致残。加强消防安全治理，排查治理客运车站、码头、医院、学校、幼儿园、养老院、儿童福利机构、未成年人救助保护机构及劳动密集型企业等人员密集场所的消防安全隐患，完善消防安全设施，提高防范火灾能力。（应急部牵头，教育部、民政部、人力资源社会保障部、住房城乡建设部、交通运输部、国家卫生健康委、全国总工会按职责分工负责）

加强道路交通和运输安全管理。加强交通安全系统治理、依法治理、综合治理、源头治理，深化隐患排查治理，提升道路设施安全保障水平，加大严重交通违法行为查处力度。加强道路运输指挥调度、动态监测、应急处置。加强旅游包车、班线客车、危险货物运输车、货车等重点车辆安全管理，推动落实政府领导责任、行业部门监管责任和企业安全主体责任。加强机动车生产、改装、登记、检验等环节监管。加强道路交通事故伤者救援渠道和救治网络建设，减少交通事故致残。（公安部、交通运输部牵头，工业和信息化部、文化和旅游部、国家卫生健康委、应急部、市场监管总局按职责分工负责）

加强儿童伤害和老年人跌倒致残防控。开展学校、幼儿园、社区、家庭儿童伤害综合干预，推广“四安全”儿童伤害综合干预模式，积极开展针对儿童溺水、道路交通伤害、跌落、烧烫伤、中毒、暴力等风险的安全教育，健全儿童用品强制性国家标准体系，加强对玩具、电子产品的监督和管理。推广使用儿童安全座椅。加强老年友好环境建设，鼓励家居环境适老化改造，改造易致跌倒的危险环境。开展老年人跌倒干预和健康指导，提高老年人及其照料者预防跌倒的意识和能力。提高对儿童伤害和老年人跌倒的救援、救治水平。（教育部、公安部、民政部、国家卫生健康委、市场监管总局、国家疾控局、全国妇联按职责分工负责）

增强防灾减灾能力。加强灾害风险隐患排查及群众性应急演练。做好灾害监测预警、应急准备、应急救援、生活救助、恢复重建等工作，加强社区、学校、幼儿园、医院、车站、工厂等人员密集场所灾害防御，依托现有资源，推动建设全国应急救援医疗平台，提高突发灾害现场应急处置能力和水平。完善应急医疗技能实战训练、救援人员康复治疗技能培训、移动医院和医疗救援装备储备等。（应急部牵头，教育部、民政部、自然资源部、交通运输部、水利部、国家卫生健康委、中国气象局按职责分工负责）

加强农产品和食品药品安全监管。聚焦突出问题，防范化解农产品质量安全风险隐患，推进农产品质量安全治理现代化。完善食品生产安全风险防控体系和分级管理制度，加强食品安全风险动态排查，定期开展风险评估研判,加强生产经营过程监管,加大抽检力度,严惩重处违法行为,压实企业主体责任。严厉打击制售假劣药品、无证医疗器械违法行为,持续加强药品不良反应和医疗器械不良事件监测。(市场监管总局牵头,农业农村部、国家卫生健康委、国家药监局按职责分工负责)

保障饮用水安全和加强空气、噪声污染治理。全面开展城乡饮用水卫生监测,及时掌握全国饮用水水质基本状况,确保达到生活饮用水卫生标准。加强水源保护和水质保障,推动城市供水设施建设改造,保障城市供水安全,推进农村饮水安全向农村供水保障转变。持续开展大气污染防治行动,强化工业企业无组织排放管控,推进工业污染源全面达标排放,加大超标处罚和联合惩戒力度。大力推进企业清洁生产,推动重点行业污染治理升级改造,积极推进钢铁等行业超低排放改造,深入推进柴油货车污染治理,实施清洁取暖等措施,加强环境空气质量监测,做好重污染天气应急响应。加强噪声污染治理,推动地级及以上城市全面实现功能区声环境质量自动监测。强化生态环境与健康管理,减少饮用水、空气、噪声等环境污染致残。(生态环境部牵头,自然资源部、住房城乡建设部、水利部、国家卫生健康委按职责分工负责)

(五)康复服务促进行动。

加强康复医疗服务。贯彻落实国家卫生健康委等八部门印发的《关于加快推进康复医疗工作发展的意见》,提高康复医疗服务能力,完善康复医疗服务指南和技术规范,积极发展中医特色康复服务。加强康复医疗人才教育培养,加快建设康复大学,鼓励有条件的院校设置康复治疗、康复工程等相关学科和专业。积极发展社区和居家康复医疗,鼓励有条件的医疗机构将机构内康复医疗服务延伸至社区和家庭。(国家发展改革委、教育部、民政部、国家卫生健康委、国家中医药局、中国残联按职责分工负责)

保障残疾人基本康复服务。落实政府基本公共服务责任,开展残疾人基本需求与服务状况调查,持续组织实施残疾人精准康复服务行动,为残疾人提供康复医疗、康复训练、康复辅助器具配置等基本康复服务。加强残疾人康复机构规范化建设,着力推进精神障碍、智力残疾等社区康复服务。健全基本康复服务、康复辅助器具适配服务标准规范,持续提升残疾康复服务质量。落实残疾儿童康复救助制度,合理确定救助标准,增加康复服务供给,确保残疾儿童得到及时有效的康复服务。有条件的地方可对城乡困难残疾人、重度残疾人基本型辅助器具适配给予补贴。(中国残联牵头,教育部、民政部、国家卫生健康委按职责分工负责)

加强长期照护服务。完善居家、社区、机构相衔接的专业化长期照护服务体系,改善失能老年人照护服务质量,努力延缓残疾发生、发展。落实经济困难的失能老年人补贴制度，加强与残疾人两项补贴政策衔接。稳步推进长期护理保险制度试点，推动形成符合我国国情的长期护理保险制度。鼓励发展商业性长期护理保险产品，为参保人提供个性化长期照护服务。（民政部、国家卫生健康委、市场监管总局、国家医保局、银保监会按职责分工负责）

提升无障碍设施建设水平。修订完善无障碍环境建设标准，组织创建全国无障碍建设城市，持续推动城市道路、公共交通、居住社区、公共服务设施和残疾人服务设施等加快无障碍建设和改造。实施困难重度残疾人家庭无障碍改造，提高残疾人家庭无障碍改造水平。探索传统无障碍设施设备数字化、智能化升级。加快发展信息无障碍，加快普及互联网网站、移动互联网应用程序和自助公共服务设备无障碍。（住房城乡建设部牵头，中央网信办、工业和信息化部、交通运输部、广电总局、中国残联按职责分工负责）

三、保障措施

（一）加强组织领导。国务院残疾人工作委员会负责组织实施本行动计划，指导各地、各有关部门及单位落实相关工作任务，定期召开会议，听取汇报，通报情况，开展调度，研究解决重大问题。各地要结合实际研究制定本地残疾预防行动计划，健全工作推进机制，保障工作条件，加强统筹调度，确保实现各项任务目标。各有关部门要按照职责分工，将所承担的残疾预防工作任务纳入重点工作安排，逐项抓好落实。（各级残疾人工作委员会及其成员单位、有关单位按职责分工负责）

（二）健全技术支撑体系。完善国家残疾预防专家咨询委员会，建立健全各省（自治区、直辖市）残疾预防专家咨询委员会，承担咨询、评估、宣教等任务，为本行动计划实施提供技术支持。加强残疾预防科技攻关、示范应用，针对残疾预防重点难点，结合中央财政科技计划（专项、基金等）以及地方科技发展专项等给予支持。强化残疾预防信息支撑，推动残疾预防信息跨部门跨区域共享。确定残疾预防重点联系地区，加强监测，探索经验，开展残疾预防新技术示范应用。（教育部、科技部、公安部、民政部、财政部、人力资源社会保障部、生态环境部、住房城乡建设部、交通运输部、国家卫生健康委、应急部、市场监管总局、国家疾控局、中国残联按职责分工负责）

（三）开展监测评估。国务院残疾人工作委员会成员单位和有关单位按职责分工做好相关任务指标年度监测，及时收集、分析反映相关任务落实情况的数据和信息。国务院残疾人工作委员会组织开展中期及终期评估，通过评估了解掌握本行动计划实施进展情况，系统分析评价目标任务完成情况，总结经验做法，找出突出问题，提出对策建议。地方各级残疾人工作委员会负责组织有关单位，做好本地残疾预防行动计划实施情况监测评估。对进度滞后、工作

不力的地区、部门和单位，及时督促整改。（各级残疾人工作委员会及其成员单位、有关单位按职责分工负责）

（四）做好宣传引导。采取多种方式，强化舆论宣传，编写发布解读材料，宣传介绍实施本行动计划的重大意义、目标任务和主要举措，帮助社会各界了解掌握核心内容，鼓励引导社会广泛参与、支持实施。及时宣传报道实施进展、阶段性成效，做好经验交流分享，为推进实施营造良好氛围。（中国残联、国家卫生健康委牵头，中央宣传部、中央网信办、教育部、工业和信息化部、公安部、民政部、司法部、生态环境部、住房城乡建设部、交通运输部、应急部、市场监管总局、广电总局、国家疾控局、全国总工会、共青团中央、全国妇联按职责分工负责）

国务院办公厅关于印发要素市场化配置综合改革试点总体方案的通知

（2021 年 12 月 21 日　国办发〔2021〕51 号）

《要素市场化配置综合改革试点总体方案》已经国务院同意，现印发给你们，请认真组织实施。

要素市场化配置综合改革试点总体方案

为深入贯彻落实《中共中央　国务院关于构建更加完善的要素市场化配置体制机制的意见》，现就积极稳妥开展要素市场化配置综合改革试点工作制定本方案。

一、总体要求

（一）指导思想。以习近平新时代中国特色社会主义思想为指导，全面贯彻落实党的十九大和十九届历次全会精神，弘扬伟大建党精神，坚持稳中求进工作总基调，完整、准确、全面贯彻新发展理念，加快构建新发展格局，充分发挥市场在资源配置中的决定性作用，更好发挥政府作用，着力破除阻碍要素自主有序流动的体制机制障碍，全面提高要素协同配置效率，以综合改革试点为牵引，更好统筹发展和安全，为完善要素市场制度、建设高标准市场体系积极探索新路径，为推动经济社会高质量发展提供强劲动力。

（二）基本原则。

——顶层设计、基层探索。按照党中央、国务院统一部署，在维护全国统一大市场前提下，支持具备条件的地区结合实际大胆改革探索，尊重基层首创精神，注重总结经验，及时规范提升，为全国提供可复制可推广的路径模式。

——系统集成、协同高效。突出改革的系统性、整体性、协同性，推动各领域要素市场化配置改革举措相互配合、相互促进，提高不同要素资源的组合配置效率。

——问题导向、因地制宜。牢牢把握正确的改革方向，聚焦要素市场建设的重点领域、关键环节和市场主体反映最强烈的问题，鼓励地方结合自身特点开展差别化试点探索。

——稳中求进、守住底线。从实际出发，坚持以安全可控为前提，尊重客观规律，科学把握工作时序、节奏和步骤，做到放活与管好有机结合，切实防范风险，稳步有序推进试点。

（三）试点布局。围绕推动国家重大战略实施，根据不同改革任务优先考虑选择改革需求迫切、工作基础较好、发展潜力较大的城市群、都市圈或中心城市等，开展要素市场化配置综合改革试点，严控试点数量和试点范围。党中央、国务院授权实施以及有关方面组织实施的涉及要素市场化配置的改革探索任务，原则上优先在试点地区开展。试点期限为2021—2025年。

（四）工作目标。2021年，启动要素市场化配置综合改革试点工作。2022年上半年，完成试点地区布局、实施方案编制报批工作。到2023年，试点工作取得阶段性成效，力争在土地、劳动力、资本、技术等要素市场化配置关键环节上实现重要突破，在数据要素市场化配置基础制度建设探索上取得积极进展。到2025年，基本完成试点任务，要素市场化配置改革取得标志性成果，为完善全国要素市场制度作出重要示范。

二、进一步提高土地要素配置效率

（五）支持探索土地管理制度改革。合理划分土地管理事权，在严格保护耕地、节约集约用地的前提下，探索赋予试点地区更大土地配置自主权。允许符合条件的地区探索城乡建设用地增减挂钩节余指标跨省域调剂使用机制。探索建立补充耕地质量评价转换机制，在严格实行耕地占补平衡、确保占一补一的前提下，严格管控补充耕地国家统筹规模，严把补充耕地质量验收关，实现占优补优。支持开展全域土地综合整治，优化生产、生活、生态空间布局，加强耕地数量、质量、生态“三位一体”保护和建设。

（六）鼓励优化产业用地供应方式。鼓励采用长期租赁、先租后让、弹性年期供应等方式供应产业用地。优化工业用地出让年期，完善弹性出让年期制度。支持产业用地实行“标准地”出让，提高配置效率。支持不同产业用地类型合理转换，完善土地用途变更、整合、置换等政策。探索增加混合产业用地供给。支持建立工业企业产出效益评价机制，加强土地精细化管理和节约集约利用。

（七）推动以市场化方式盘活存量用地。鼓励试点地区探索通过建设用地节约集约利用状况详细评价等方式，细化完善城镇低效用地认定标准，鼓励通过依法协商收回、协议置换、费用奖惩等措施，推动城镇低效用地腾退出清。推进国有企事业单位存量用地盘活利用，鼓励市场主体通过建设用地整理等方式促进城镇低效用地再开发。规范和完善土地二级市场，完善建设用地使用权转让、出租、抵押制度，支持通过土地预告登记实现建设用地使用权转让。探索地上地下空间综合利用的创新举措。

（八）建立健全城乡统一的建设用地市场。在坚决守住土地公有制性质不改变、耕地红线不突破、农民利益不受损三条底线的前提下，支持试点地区结合新一轮农村宅基地制度改革试点，探索宅基地所有权、资格权、使用权分置实现形式。在依法自愿有偿的前提下，允许将存量集体建设用地依据规划改变用途入市交易。在企业上市合规性审核标准中，对集体经营性建设用地与国有建设用地给予同权对待。支持建立健全农村产权流转市场体系。

（九）推进合理有序用海。探索建立沿海、海域、流域协同一体的海洋生态环境综合治理体系。统筹陆海资源管理，支持完善海域和无居民海岛有偿使用制度，加强海岸线动态监测。在严格落实国土空间用途管制和海洋生态环境保护要求、严管严控围填海活动的前提下，探索推进海域一级市场开发和二级市场流转，探索海域使用权立体分层设权。

三、推动劳动力要素合理畅通有序流动

（十）进一步深化户籍制度改革。支持具备条件的试点地区在城市群或都市圈内开展户籍准入年限同城化累计互认、居住证互通互认，试行以经常居住地登记户口制度，实现基本公共服务常住地提供。支持建立以身份证为标识的人口管理服务制度，扩大身份证信息容量，丰富应用场景。建设人口发展监测分析系统，为重大政策制定、公共资源配置、城市运行管理等提供支撑。建立健全与地区常住人口规模相适应的财政转移支付、住房供应、教师医生编制等保障机制。

（十一）加快畅通劳动力和人才社会性流动渠道。指导用人单位坚持需求导向，采取符合实际的引才措施，在不以人才称号和学术头衔等人才“帽子”引才、不抢挖中西部和东北地区合同期内高层次人才的前提下，促进党政机关、国有企事业单位、社会团体管理人才合理有序流动。完善事业单位编制管理制度,统筹使用编制资源。支持事业单位通过特设岗位引进急需高层次专业化人才。支持探索灵活就业人员权益保障政策。探索建立职业资格证书、职业技能等级证书与学历证书有效衔接机制。加快发展人力资源服务业,把服务就业的规模和质量等作为衡量行业发展成效的首要标准。

(十二)激发人才创新创业活力。支持事业单位科研人员按照国家有关规定离岗创新创业。推进职称评审权下放,赋予具备条件的企事业单位和社会组织中高级职称评审权限。加强创新型、技能型人才培养,壮大高水平工程师和高技能人才队伍。加强技术转移专业人才队伍建设,探索建立健全对科技成果转化人才、知识产权管理运营人员等的评价与激励办法,完善技术转移转化类职称评价标准。

四、推动资本要素服务实体经济发展

(十三)增加有效金融服务供给。依托全国信用信息共享平台,加大公共信用信息共享整合力度。充分发挥征信平台和征信机构作用,建立公共信用信息同金融信息共享整合机制。推广"信易贷"模式,用好供应链票据平台、动产融资统一登记公示系统、应收账款融资服务平台,鼓励金融机构开发与中小微企业需求相匹配的信用产品。探索建立中小企业坏账快速核销制度。探索银行机构与外部股权投资机构深化合作,开发多样化的科技金融产品。支持在零售交易、生活缴费、政务服务等场景试点使用数字人民币。支持完善中小银行和农村信用社治理结构,增强金融普惠性。

(十四)发展多层次股权市场。创新新三板市场股债结合型产品,丰富中小企业投融资工具。选择运行安全规范、风险管理能力较强的区域性股权市场,开展制度和业务创新试点。探索加强区域性股权市场和全国性证券市场板块间合作衔接的机制。

(十五)完善地方金融监管和风险管理体制。支持具备条件的试点地区创新金融监管方式和工具,对各类地方金融组织实施标准化的准入设立审批、事中事后监管。按照属地原则压实省级人民政府的监管职责和风险处置责任。

五、大力促进技术要素向现实生产力转化

(十六)健全职务科技成果产权制度。支持开展赋予科研人员职务科技成果所有权或长期使用权试点,探索将试点经验推广到更多高校、科研院所和科技型企业。支持相关高校和科研院所探索创新职务科技成果转化管理方式。支持将职务科技成果通过许可方式授权中小微企业使用。完善技术要素交易与监管体系,推进科技成果进场交易。完善职务科技成果转移转化容错纠错机制。

(十七)完善科技创新资源配置方式。探索对重大战略项目、重点产业链和创新链实施创新资源协同配置,构建项目、平台、人才、资金等全要素一体化配置的创新服务体系。强化企业创新主体地位,改革科技项目征集、立项、管理和评价机制,支持行业领军企业牵头组建创新联合体,探索实施首席专家负责制。支持行业领军企业通过产品定制化研发等方式,为关键核心技术提供早期应用场景和适用环境。

(十八)推进技术和资本要素融合发展。支持金融机构设立专业化科技金融分支机构,加大对科研成果转化和创新创业人才的金融支持力度。完善创业投资监管体制和发展政策。支持优质科技型企业上市或挂牌融资。完善知识产权融资机制,扩大知识产权质押融资规模。鼓励保险公司积极开展科技保险业务,依法合规开发知识产权保险、产品研发责任保险等产品。

六、探索建立数据要素流通规则

(十九)完善公共数据开放共享机制。建立健全高效的公共数据共享协调机制,支持打造公共数据基础支撑平台,推进公共数据归集整合、有序流通和共享。探索完善公共数据共享、开放、运营服务、安全保障的管理体制。优先推进企业登记监管、卫生健康、交通运输、气象等高价值数据集向社会开放。探索开展政府数据授权运营。

(二十)建立健全数据流通交易规则。探索"原始数据不出域、数据可用不可见"的交易范式,在保护个人隐私和确保数据安全的前提下,分级分类、分步有序推动部分领域数据流通应用。探索建立数据用途和用量控制制度,实现数据使用"可控可计量"。规范培育数据交易市场主体,发展数据资产评估、登记结算、交易撮合、争议仲裁等市场运营体系,稳妥探索开展数据资产化服务。

(二十一)拓展规范化数据开发利用场景。发挥领军企业和行业组织作用,推动人工智能、区块链、车联网、物联网等领域数据采集标准化。深入推进人工智能社会实验,开展区块链创新应用试点。在金融、卫生健康、电力、物流等重点领域,探索以数据为核心的产品和服务创新,支持打造统一的技术标准和开放的创新生态,促进商业数据流通、跨区域数据互联、政企数据融合应用。

(二十二)加强数据安全保护。强化网络安全等级保护要求,推动完善数据分级分类安全保护制度,运用技术手段构建数据安全风险防控体系。探索完善个人信息授权使用制度。探索建立数据安全使用承诺制度,探索制定大数据分析和交易禁止清单,强化事中事后监管。探索数据跨境流动管控方式,完善重要数据出境安全管理制度。

七、加强资源环境市场制度建设

(二十三)支持完善资源市场化交易机制。支持试点地区完善电力市场化交易机制,提高电力中长期交易签约履约质量,开展电力现货交易试点,完善电力辅助服务市场。按照股权多元化原则，加快电力交易机构股份制改造，推动电力交易机构独立规范运行，实现电力交易组织与调度规范化。深化天然气市场化改革，逐步构建储气辅助服务市场机制。完善矿业权竞争出让制度，建立健全严格的勘查区块退出机制，探索储量交易。

（二十四）支持构建绿色要素交易机制。在明确生态保护红线、环境质量底线、资源利用上线等基础上，支持试点地区进一步健全碳排放权、排污权、用能权、用水权等交易机制，探索促进绿色要素交易与能源环境目标指标更好衔接。探索建立碳排放配额、用能权指标有偿取得机制，丰富交易品种和交易方式。探索开展资源环境权益融资。探索建立绿色核算体系、生态产品价值实现机制以及政府、企业和个人绿色责任账户。

八、健全要素市场治理

（二十五）完善要素市场化交易平台。持续推进公共资源交易平台整合共享，拓展公共资源交易平台功能，逐步覆盖适合以市场化方式配置的自然资源、资产股权等公共资源。规范发展大数据交易平台。支持企业参与要素交易平台建设，规范要素交易平台运行。支持要素交易平台与金融机构、中介机构合作，形成涵盖产权界定、价格评估、流转交易、担保、保险等业务的综合服务体系。

（二十六）加强要素交易市场监管。创新要素交易规则和服务，探索加强要素价格管理和监督的有效方式。健全要素交易信息披露制度。深化“放管服”改革，加强要素市场信用体系建设，打造市场化法治化国际化营商环境。强化反垄断和反不正当竞争执法，规范交易行为，将交易主体违法违规行为纳入信用记录管理，对严重失信行为实行追责和惩戒。开展要素市场交易大数据分析，建立健全要素交易风险分析、预警防范和分类处置机制。推进破产制度改革，建立健全自然人破产制度。

九、进一步发挥要素协同配置效应

（二十七）提高全球先进要素集聚能力。支持探索制定外国高端人才认定标准，为境外人才执业出入境、停居留等提供便利。支持符合条件的境内外投资者在试点地区依法依规设立证券、期货、基金、保险等金融机构。探索国际科技创新合作新模式，支持具备条件的试点地区围绕全球性议题在世界范围内吸引具有顶尖创新能力的科学家团队“揭榜挂帅”。支持行业领军企业牵头组建国际性产业与标准组织，积极参与国际规则制定。

（二十八）完善按要素分配机制。提高劳动报酬在初次分配中的比重，强化工资收入分配的技能价值激励导向。构建充分体现知识、技术、管理等创新要素价值的收益分配机制。创新宅基地收益取得和使用方式，探索让农民长期分享土地增值收益的有效途径。合理分配集体经营性建设用地入市增值收益，兼顾国家、农村集体经济组织和农村居民权益。探索增加居民财产性收入，鼓励和引导上市公司现金分红，完善投资者权益保护制度。

十、强化组织实施

（二十九）加强党的全面领导。坚持和加强党对要素市场化配置综合改革试点的领导，增强“四个意识”、坚定“四个自信”、做到“两个维护”，充分发挥党总揽全局、协调各方的领导核心作用，把党的领导始终贯穿试点工作推进全过程。

（三十）落实地方主体责任。各试点地区要把要素市场化配置综合改革试点摆在全局重要位置，增强使命感和责任感，强化组织领导，完善推进落实机制，在风险总体可控前提下，科学把握时序、节奏和步骤，积极稳妥推进改革试点任务实施。试点过程中要加强动态跟踪分析，开展试点效果评估，重要政策和重大改革举措按程序报批。

（三十一）建立组织协调机制。建立由国家发展改革委牵头、有关部门作为成员单位的推进要素市场化配置综合改革试点部际协调机制，负责统筹推进试点工作，确定试点地区，协调解决重大问题，加强督促检查。国家发展改革委要会同有关方面指导试点地区编制实施方案及授权事项清单，按程序报批后组织实施；在地方自评估基础上，定期开展第三方评估。对取得明显成效的试点地区，要予以表扬激励，及时总结推广经验；对动力不足、执行不力、成效不明显的试点地区，要限期整改，整改不到位的按程序调整退出试点。重要情况及时向党中央、国务院报告。

（三十二）强化试点法治保障。建立健全与要素市场化配置综合改革试点相配套的法律法规与政策调整机制，统筹涉及的法律法规事项，做好与相关法律法规立改废释的衔接。试点地区拟实行的各项改革举措和授权事项，凡涉及调整现行法律或行政法规的，经全国人大及其常委会或国务院依法授权后实施；其他涉及调整部门规章和规范性文件规定的，有关方面要按照本方案要求和经批准的授权事项清单，依法依规一次性对相关试点地区给予改革授权。

国务院办公厅关于印发加强信用信息共享应用促进中小微企业融资实施方案的通知

（2021年12月22日　国办发〔2021〕52号）

《加强信用信息共享应用促进中小微企业融资实施方案》已经国务院同意，现印发给你们，请认真组织实施。

各地区、各部门要认真贯彻落实党中央、国务院关于加强社会信用体系建设、促进中小微企业融资的决策部署，围绕保市场主体、应对新的经济下行压力，加快信用信息共享步伐，深化数据开发利用，创新优化融资模式，加强信息安全和市场主体权益保护，助力银行等金融机构提升服务中小微企业能力，不断提高中小微企业贷款可得性，有效降低融资成本，切实防范化解风险，支持中小微企业纾困发展，保持经济平稳运行，为构建新发展格局、推动高质量发展提供有力支撑。

加强信用信息共享应用促进中小微企业融资实施方案

中小微企业是稳增长、促就业、保民生的重要力量。近年来，金融供给侧结构性改革深入推进，社会信用体系不断完善，有效促进了中小微企业融资。但受银企信息不对称等因素制约，中小微企业贷款可得性不高、信用贷款占比偏低等问题仍然存在。为进一步发挥信用信息对中小微企业融资的支持作用，推动建立缓解中小微企业融资难融资贵问题的长效机制，根据《中共中央办公厅　国务院办公厅关于促进中小企业健康发展的指导意见》部署和《政府工作报告》要求，制定本实施方案。

一、总体要求

（一）指导思想。

以习近平新时代中国特色社会主义思想为指导，深入贯彻落实党的十九大和十九届历次全会精神，按照党中央、国务院决策部署，充分发挥各类信用信息平台作用，在切实保障信息安全和市场主体权益的前提下，加强信用信息共享整合，深化大数据应用，支持创新优化融资模式，加强对中小微企业的金融服务，不断提高中小微企业贷款覆盖率、可得性和便利度，助力中小微企业纾困发展，为扎实做好“六稳”工作、全面落实“六保”任务、加快构建新发展格局、推动高质量发展提供有力支撑。

（二）基本原则。

需求导向，充分共享。以支持银行等金融机构提升服务中小微企业能力为出发点，充分发挥各类信用信息平台作用，多种方式归集共享各类涉企信用信息，破解银企信息不对称难题。

创新应用，防控风险。充分运用大数据等技术，完善信用评价体系，创新金融产品和服务，加大信贷资源向中小微企业倾斜力度。建立健全风险识别、监测、分担、处置等机制，提升风险防范能力。

多方参与，协同联动。健全信用信息共享协调机制，发挥政府在组织协调、信息整合等方面的作用，加快构建政府与银行、保险、担保、信用服务等机构协同联动的工作格局，形成工作合力。

依法依规，保护权益。强化信息分级分类管理，规范信息使用权限和程序，加强信息安全保护，防止信息泄露和非法使用。依法查处侵权行为，保护商业秘密和个人隐私，维护市场主体合法权益。

二、加强信用信息共享整合

（三）健全信息共享网络。省级人民政府要在充分利用现有地方信用信息共享平台、征信平台、综合金融服务平台等信息系统的基础上，统筹建立或完善地方融资信用服务平台，鼓励有条件的市县结合实际建立相关融资信用服务平台。依托已建成的全国中小企业融资综合信用服务平台（以下简称全国融资信用服务平台），横向联通国家企业信用信息公示系统和有关行业领域信息系统，纵向对接地方各级融资信用服务平台，构建全国一体化融资信用服务平台网络，与全国一体化政务服务平台等数据共享交换通道做好衔接。（国家发展改革委、人民银行、银保监会牵头，各地区各有关部门和单位按职责分工负责）

（四）扩大信息共享范围。进一步整合市场主体注册登记、行政许可、行政处罚、司法判决及执行、严重失信主体名单、荣誉表彰、政策支持等公共信用信息，不断提高数据准确性、完整性和及时性。以中小微企业、个体工商户融资业务需求为导向，在依法依规、确保信息安全的前提下，逐步将纳税、社会保险费和住房公积金缴纳、进出口、水电气、不动产、知识产权、科技研发等信息纳入共享范围，打破“数据壁垒”和“信息孤岛”。鼓励企业通过“自愿填报+信用承诺”等方式补充完善自身信息,畅通信息共享渠道。(国家发展改革委、人民银行、银保监会牵头,最高人民法院、人力资源社会保障部、自然资源部、生态环境部、住房城乡建设部、农业农村部、海关总署、税务总局、市场监管总局、国家版权局、国家知识产权局等有关部门和单位及各地区按职责分工负责)

(五)优化信息共享方式。立足工作实际,灵活采取物理归集、系统接口调用、数据核验等多种方式共享相关信息。已实现全国集中管理的信息原则上在国家层面共享,由国家有关部门和单位负责与全国融资信用服务平台共享,在完成“总对总”对接前可以根据实际需求先行推进地方层面共享;其他信息在地方层面共享,由地方人民政府负责归集整合,以适当方式与地方融资信用服务平台共享。充分利用现有信息共享机制和渠道,凡已实现共享的信息,不再要求有关部门和单位重复提供。全国融资信用服务平台要根据有关部门和单位工作需要,依法依规同步共享所归集的信用信息,加强信息使用和管理的有效衔接。建立相关工作机制,支持有需求的银行、保险、担保、信用服务等机构(以下统称接入机构)接入融资信用服务平台。(各地区各有关部门和单位按职责分工负责)

(六)优化信用信息服务。各级融资信用服务平台按照公益性原则,依法依规向接入机构提供基础性信息服务,并将相关信息使用情况及时反馈数据提供单位。对依法公开的信息,应当整合形成标准化信用信息报告供接入机构查询,鼓励有条件的融资信用服务平台根据接入机构需求,按照区域、行业等维度批量推送相关信息。对涉及商业秘密等不宜公开的信息,未经信息主体授权不得向接入机构提供原始明细数据,主要通过数据提供单位与融资信用服务平台联合建模等方式供接入机构使用,或经信息主体授权后提供数据查询、核验等服务,实现数据“可用不可见”。在切实加强监管的基础上,稳妥引入企业征信机构依法依规参与平台建设和运营。(国家发展改革委、工业和信息化部、人民银行、银保监会及各地区按职责分工负责)

三、深化信用信息开发利用

(七)完善信用评价体系。各级融资信用服务平台要建立完善中小微企业信用评价指标体系,对中小微企业开展全覆盖信用评价,供银行等接入机构参考使用。鼓励接入机构根据自身业务特点和市场定位,充分利用内外部信息资源,完善信用评价模型,实现对中小微企业的精准“画像”。鼓励接入机构依法依规将相关信息向融资信用服务平台和有关部门开放共享。(国家发展改革委、工业和信息化部、人民银行、银保监会及各地区按职责分工负责)

(八)强化风险监测处置。各级融资信用服务平台要加强对获得贷款企业信用状况的动态监测,分析研判潜在风险并及时推送相关机构参考。依托融资信用服务平台等，探索建立中小微企业贷款“线上公证”、“线上仲裁”机制和金融互联网法庭，高效处置金融纠纷。对依法认定的恶意逃废债等行为，各有关部门和单位要依法依规开展联合惩戒。（国家发展改革委、最高人民法院、司法部、人民银行、银保监会等有关部门和单位及各地区按职责分工负责）

四、保障信息主体合法权益

（九）规范信息管理使用。各数据提供单位要按照相关法律法规和党中央、国务院政策文件要求，明确相关信息的共享公开属性和范围。各级融资信用服务平台要建立信息分级分类管理和使用制度。信息主体有权免费查询其在融资信用服务平台上的所有信息，并可按照有关规定提起异议申诉和申请信用修复。未经脱敏处理或信息主体明确授权，不得对外提供涉及商业秘密或个人隐私的信息。（各地区各有关部门和单位按职责分工负责）

（十）加强信息安全保障。各级融资信用服务平台应当建立完备的信息安全管理制度，强化信息安全技术保障，对接入机构进行信息安全评估，提升信息安全风险监测、预警、处置能力。接入机构要加强内部信息安全管理，严格遵守国家有关规定和融资信用服务平台信息管理要求，获取的信息不得用于为企业提供融资支持以外的活动。严肃查处非法获取、传播、泄露、出售信息等违法违规行为。（各地区各有关部门和单位按职责分工负责）

五、保障措施

（十一）加强组织协调。国家发展改革委、工业和信息化部、人民银行、银保监会要会同有关部门和单位建立健全加强信用信息共享应用促进中小微企业融资工作协调机制，做好与国家政务数据共享协调机制的衔接，设立工作专班负责推动相关信息共享，通报工作成效。人民银行、银保监会要依法依规对涉及的相关金融机构和金融业务进行监督管理。各有关部门和单位要加快实现本领域相关信息系统与融资信用服务平台互联互通，推动信用信息应用服务。地方各级人民政府要加大工作力度，按照本实施方案要求统筹建立或完善地方融资信用服务平台，做好本行政区域内信用信息共享应用相关工作。（国家发展改革委、工业和信息化部、人民银行、银保监会牵头，最高人民法院、司法部、财政部、人力资源社会保障部、自然资源部、生态环境部、住房城乡建设部、农业农村部、海关总署、税务总局、市场监管总局、国家版权局、国家知识产权局等有关部门和单位及各地区按职责分工负责）

（十二）强化政策支持。地方人民政府要对地方融资信用服务平台建设予以合理保障。鼓励有条件的地方建立中小微企业信用贷款市场化风险分担补偿机制，合理分担信用风险。鼓励有条件的地方为符合产业政策导向、信用状况良好的中小微企业提供贷款贴息，对为中小微企业提供有效担保的政府性融资担保机构予以补贴。充分发挥国家融资担保基金引导作用,增强地方政府性融资担保机构增信能力,推动完善政府性融资担保体系。(财政部、银保监会及各地区按职责分工负责)

(十三)做好宣传引导。创建一批加强信用信息共享应用促进中小微企业融资示范地区、示范银行、示范平台,强化正面引导,推广先进经验。组织动员银行、保险、担保、信用服务等机构广泛参与,加强中小微企业融资服务供给,不断提升中小微企业获得感。充分发挥部门、地方、行业组织、新闻媒体等作用,通过召开新闻发布会、制作新媒体产品等多种形式,全面准确解读政策,大力宣传工作成效、典型案例和创新做法,营造良好舆论环境。(国家发展改革委、工业和信息化部、人民银行、银保监会牵头,各地区各有关部门和单位按职责分工负责)

附件:信用信息共享清单

附件

信用信息共享清单

序号	信息种类		共　享　内　容	共享方式	责任单位	完成时间
1	市场主体登记信息	营业执照信息	企业名称、统一社会信用代码、法定代表人、成立日期、住所、登记状态、登记机关	国家层面以物理归集方式共享至全国融资信用服务平台	市场监管总局	已共享
			经营范围、企业类型、注册资本、营业期限自、营业期限至	国家层面接口调用（经企业授权）	市场监管总局	2021 年底
		变更信息	企业名称、统一社会信用代码、变更事项、变更前内容、变更后内容、变更日期	国家层面接口调用（经企业授权）	市场监管总局	2021 年底
		所属行业类型	企业名称、统一社会信用代码、所属行业类型（国民经济行业分类）	国家层面接口调用（经企业授权）	市场监管总局	2021 年底
		股东及出资信息	企业名称、统一社会信用代码、股东名称、股东类型、出资比例、出资额、出资方式、认缴出资额	国家层面接口调用（经企业授权）	市场监管总局	2021 年底
		分支机构信息	企业名称、统一社会信用代码、分支机构名称和统一社会信用代码、分支机构法定代表人/负责人、分支机构成立日期、分支机构住所、分支机构登记状态、分支机构登记机关	国家层面接口调用（经企业授权）	市场监管总局	2021 年底
		股权出质登记信息	企业名称、统一社会信用代码、登记编号、出质人、出质人证照/证件号码、出质股权数额、质权人、质权人证照/证件号码、股权出质设立登记日期、公示日期、状态	国家层面接口调用（经企业授权）	市场监管总局	2021 年底
		企业年报	企业名称、统一社会信用代码、报告年度、资产总额、所有者权益合计、营业总收入、利润总额、净利润、纳税总额、负债总额、是否有对外提供担保信息、从业人数	国家层面接口调用（经企业授权）	市场监管总局	2021 年底

续表

		列入经营异常名录情况	企业名称、统一社会信用代码、是否列入经营异常名录、列入经营异常名录原因类型、列入经营异常名录日期	国家层面接口调用	市场监管总局	2021 年底
		列入严重违法失信企业名单情况	企业名称、统一社会信用代码、列入严重违法失信企业名单原因、列入日期、作出决定机关(列入)、移出严重违法失信企业名单原因、移出日期、作出决定机关(移出)	国家层面接口调用	市场监管总局	2021 年底
		抽查信息	企业名称、统一社会信用代码、近三年抽查不合格次数	国家层面接口调用	市场监管总局	2021 年底
2	司法信息	法院判决信息(已在互联网上公开的裁判文书)	企业名称、统一社会信用代码、案由、案号、原告姓名/名称、原告身份证号码(如有)/统一社会信用代码(如有)、被告姓名/名称、被告身份证号码(如有)/统一社会信用代码(如有)、判决结果、执行法院、所在地、发布日期	国家层面接口调用(共享裁判文书)	最高人民法院	2021 年底
		终结本次执行案件信息	案号、被执行人姓名/名称、身份证号码/统一社会信用代码、执行法院、立案时间、终结本次执行案件日期	国家层面接口调用	最高人民法院	2021 年底
		失信被执行人信息	案号、企业名称、法定代表人或者负责人姓名、身份证号码/统一社会信用代码、失信被执行人的履行情况、失信被执行人行为具体情形、执行法院、所在地、立案时间、发布时间	国家层面以物理归集方式共享至全国融资信用服务平台	最高人民法院	2021 年底
		破产信息	企业名称、统一社会信用代码、破产案件案号、破产类型、企业破产程序受理时间及受理法院、管理人名称/姓名、结案方式及日期	国家层面接口调用	最高人民法院	2021 年底

续表

3	纳税信息	纳税信用等级信息	企业名称、统一社会信用代码、评级年度、纳税信用等级	地方层面接口调用（经企业授权），其中A级纳税人名单信息在国家层面以物理归集方式共享至全国融资信用服务平台	税务总局	已共享
		非正常纳税户信息	企业名称、统一社会信用代码、是否非正常纳税户	地方层面接口调用（经企业授权）	税务总局指导，地方人民政府负责	2022年6月
		欠税信息	企业名称、统一社会信用代码、当前是否欠税、欠税金额、税种	地方层面接口调用（经企业授权）	税务总局指导，地方人民政府负责	2022年6月
		纳税信息	企业名称、统一社会信用代码、近一年增值税应纳税金额、近一年增值税实际缴税金额、近一年企业所得税应纳税金额、近一年企业所得税实际缴税金额、连续正常缴税周期（月）、最近一次正常缴税日期	地方层面接口调用（经企业授权）	税务总局指导，地方人民政府负责	2022年6月
4	住房公积金信息	住房公积金缴纳情况	企业名称、统一社会信用代码、近一年月均缴存人数、近一年住房公积金缴存总额、近一年连续正常缴纳周期（月）、最近一次正常缴费日期	国家层面接口调用（经企业授权）	住房城乡建设部	2022年9月

续表

5	社会保险信息	社会保险费缴纳情况	企业名称、统一社会信用代码、企业职工基本养老保险近一年月均参保人数分档、企业职工基本养老保险近一年月均单位缴费金额分档、企业职工基本养老保险最近一次正常缴纳月份	国家层面数据核验（经企业授权）	人力资源社会保障部	2022 年 6 月
		欠缴信息	企业名称、统一社会信用代码、当前是否欠缴	国家层面接口调用（经企业授权）	人力资源社会保障部	2022 年 6 月
6	生态环境领域信息	环保信用评价情况	企业名称、统一社会信用代码、环保信用评价分值和等级、评价时间	国家或地方层面以物理归集方式共享至全国融资信用服务平台	生态环境部指导，地方人民政府负责	2022 年底
7	进出口信息	海关注册信息	企业中文名称、统一社会信用代码、海关注册编码（企业注册号）、经营类别、海关注销标志	国家层面以物理归集方式共享至全国融资信用服务平台	海关总署	2021 年底
		海关信用等级	企业中文名称、统一社会信用代码、海关注册编码（金业注册号）、信用等级、适用信用等级时间	国家层面以物理归集方式共享至全国融资信用服务平台	海关总署	2021 年底

续表

8	商标和专利信息	企业商标信息	企业名称、统一社会信用代码、商标名称、申请号/注册号、申请人中文姓名/名称、申请日期、国际分类、专用期开始日期、专用期结束日期	国家层面以物理归集方式共享至全国融资信用服务平台	国家知识产权局	2021 年底
		企业专利信息	企业名称、统一社会信用代码、专利名称、专利类型、申请(专利)号、申请(专利权)人、申请(专利权)人地址、申请日期、发明(设计)人、公开(公告)号、公开(公告)日期、法律状态	国家层面接口调用	国家知识产权局	2022 年 6 月
9	软件著作权信息		企业名称、统一社会信用代码、软件著作权人、软件著作全称、首次发表日期、版本号、软件著作分类、行业分类、登记号、登记日期	国家层面以物理归集方式共享至全国融资信用服务平台	国家版权局	2022 年底
10	不动产信息	企业名下不动产登记情况	权利人名称、权利人证件号、不动产权证书号、不动产单元号、用途、坐落、面积、使用期限、登记机构、登记时间	地方层面数据核验(经企业授权)	自然资源部指导，地方人民政府负责	2022 年底
		企业名下房产抵押信息	抵押权人、抵押权人证件号、不动产登记证明号、不动产单元号、权利类型、抵押人、抵押登记时间	地方层面数据核验(经企业授权)	自然资源部指导，地方人民政府负责	2022 年底

续表

11	行政管理信息	行政许可信息	企业名称、统一社会信用代码、行政相对人类别、法定代表人姓名、法定代表人证件类型、法定代表人证件号码、行政许可决定文书名称、行政许可决定文书号、行政许可类别、行政许可证书名称、行政许可编号、行政许可内容（具体共享字段由数据提供单位确定）、行政许可决定日期、行政许可有效期、行政许可状态、行政机关名称、行政机关统一社会信用代码、数据提供单位	国家或地方层面以物理归集方式共享至全国融资信用服务平台（法定代表人证件号码和类型在对外提供时需经企业授权）	国家发展改革委牵头，各地区各部门分工负责	已共享
		行政处罚信息	企业名称、统一社会信用代码、行政相对人类别、法定代表人姓名、法定代表人证件类型、法定代表人证件号码、行政处罚决定文书名称、行政处罚决定文书号、违法行为类型、违法事实、行政处罚依据、行政处罚内容、罚款金额、没收违法所得和没收财物的金额、暂扣或吊销证照名称及编号、行政处罚决定日期、行政处罚有效期、公示截止期、行政机关名称、行政机关统一社会信用代码、数据提供单位	国家或地方层面以物理归集方式共享至全国融资信用服务平台（法定代表人证件号码和类型在对外提供时需经企业授权）	国家发展改革委牵头，各地区各部门分工负责	已共享
		行政强制信息	企业名称、统一社会信用代码、法定代表人姓名、法定代表人证件类型、法定代表人证件号码、行政强制决定文书名称、行政强制文书号、行政强制执行理由、行政强制执行依据、行政强制执行方式、执行时间、行政机关名称、行政机关统一社会信用代码、数据提供单位	国家或地方层面以物理归集方式共享至全国融资信用服务平台（法定代表人证件号码和类型在对外提供时需经企业授权）	国家发展改革委牵头，各地区各部门分工负责	2022 年底

续表

12	水电气费缴纳信息	水费信息	企业名称、统一社会信用代码、水用户信息（户名户号）、缴纳水费明细、近3个月月均用水量、近6个月月均用水量、当前是否欠费	地方层面接口调用（经企业授权）	地方人民政府负责	2022年6月
		电费信息	企业名称、统一社会信用代码、电网户号、开户日期、用电类型、地区地方名（省级）、地区地方名（市级）、价值等级、风险等级、近3个月月均用电金额、近6个月月均用电金额、近一年月均用电金额、当前是否欠费	地方层面接口调用（经企业授权）	地方人民政府负责	2022年6月
		燃气费信息	企业名称、统一社会信用代码、燃气用户信息（户名户号）、缴纳燃气费明细、近3个月月均燃气用量、近6个月月均燃气用量、当前是否欠费	地方层面接口调用（经企业授权）	地方人民政府负责	2022年6月
13	科技研发信息		企业名称、统一社会信用代码、是否属于国家级高新技术企业、获得科研支持信息（实验室建设、政府资金支持、参与标准制定、人才认证等）	地方层面接口调用（经企业授权）	地方人民政府负责	2022年3月
14	新型农业经营主体信息		新型农业经营主体名称、类别、负责人、所在地、经营内容、农村土地经营权信息、农民住房财产权信息	国家或地方层面接口调用（经企业授权）	农业农村部、人民银行、银保监会、市场监管总局指导，地方人民政府负责	2023年底

注：1.“中小微企业”是指按照工业和信息化部等有关部门制定的中小企业划型标准确定的中型、小型、微型企业。个体工商户、农民专业合作社、农村集体经济组织的相关信用信息共享工作参照本实施方案执行。

2.“物理归集”共享方式是指数据提供单位将相关信息传输至平台，由平台进行存储；“接口调用”共享方式是指数据提供单位向平台开放数据接口，由平台根据企业授权调用信息；“数据核验”共享方式是指平台向数据提供单位发送需要核验的信息，由数据提供单位反馈核验结果。

3.“经企业授权”是指在充分告知企业相关风险的前提下，通过企业书面授权或企业实名注册后线上授权等方式进行授权。

国务院办公厅关于印发推进多式联运发展优化调整运输结构工作方案（2021—2025年）的通知

（2021年12月25日　国办发〔2021〕54号）

《推进多式联运发展优化调整运输结构工作方案（2021—2025年）》已经国务院同意，现印发给你们，请结合实际，认真组织实施。

推进多式联运发展优化调整运输结构工作方案（2021—2025年）

为深入贯彻落实党中央、国务院决策部署，大力发展多式联运，推动各种交通运输方式深度融合，进一步优化调整运输结构，提升综合运输效率，降低社会物流成本，促进节能减排降碳，制定本方案。

一、总体要求

（一）指导思想。以习近平新时代中国特色社会主义思想为指导，深入贯彻党的十九大和十九届历次全会精神，立足新发展阶段，完整、准确、全面贯彻新发展理念，以推动高质量发展为主题，以深化供给侧结构性改革为主线，以加快建设交通强国为目标，以发展多式联运为抓手，提升基础设施联通水平，促进运输组织模式创新，推动技术装备升级，营造统一开放市场环境，加快构建安全、便捷、高效、绿色、经济的现代化综合交通体系，更好服务构建新发展格局，为实现碳达峰、碳中和目标作出交通贡献。

（二）工作目标。到2025年，多式联运发展水平明显提升，基本形成大宗货物及集装箱中长距离运输以铁路和水路为主的发展格局，全国铁路和水路货运量比2020年分别增长10%和12%左右，集装箱铁水联运量年均增长15%以上。重点区域运输结构显著优化，京津冀及周边地区、长三角地区、粤港澳大湾区等沿海主要港口利用疏港铁路、水路、封闭式皮带廊道、新能源汽车运输大宗货物的比例力争达到80%；晋陕蒙煤炭主产区大型工矿企业中长距离运输（运距500公里以上）的煤炭和焦炭中，铁路运输比例力争达到90%。

二、提升多式联运承载能力和衔接水平

（三）完善多式联运骨干通道。强化规划统筹引领，提高交通基础设施一体化布局和建设水平，加快建设以“6轴7廊8通道”主骨架为重点的综合立体交通网，提升京沪、陆桥、沪昆、广昆等综合运输通道功能，加快推进西部陆海新通道、长江黄金水道、西江水运通道等建设，补齐出疆入藏和中西部地区、沿江沿海沿边骨干通道基础设施短板，挖掘既有干线铁路运能，加快铁路干线瓶颈路段扩能改造。（交通运输部、国家发展改革委、国家铁路局、中国民航局、中国国家铁路集团有限公司等按职责分工负责，地方各级人民政府落实。以下均需地方各级人民政府落实，不再列出）

（四）加快货运枢纽布局建设。加快港口物流枢纽建设，完善港口多式联运、便捷通关等服务功能，合理布局内陆无水港。完善铁路物流基地布局，优化管理模式，加强与综合货运枢纽衔接，推动铁路场站向重点港口、枢纽机场、产业集聚区、大宗物资主产区延伸。有序推进专业性货运枢纽机场建设，强化枢纽机场货物转运、保税监管、邮政快递、冷链物流等综合服务功能，鼓励发展与重点枢纽机场联通配套的轨道交通。依托国家物流枢纽、综合货运枢纽布局建设国际寄递枢纽和邮政快递集散分拨中心。（交通运输部、国家发展改革委、财政部、中国国家铁路集团有限公司牵头，海关总署、国家铁路局、中国民航局、国家邮政局等配合）

（五）健全港区、园区等集疏运体系。加快推动铁路直通主要港口的规模化港区，各主要港口在编制港口规划或集疏运规划时，原则上要明确联通铁路，确定集疏运目标，同步做好铁路用地规划预留控制；在新建或改扩建集装箱、大宗干散货作业区时，原则上要同步建设进港铁路，配足到发线、装卸线，实现铁路深入码头堆场。加快推进港口集疏运公路扩能改造。新建或迁建煤炭、矿石、焦炭等大宗货物年运量150万吨以上的物流园区、工矿企业及粮食储备库等，原则上要接入铁路专用线或管道。挖掘既有铁路专用线潜能，推动共线共用。（交通运输部、国家发展改革委、生态环境部、国家铁路局、中国国家铁路集团有限公司等按职责分工负责）

三、创新多式联运组织模式

（六）丰富多式联运服务产品。加大35吨敞顶箱使用力度，探索建立以45英尺内陆标准箱为载体的内贸多式联运体系。在符合条件的港口试点推进“船边直提”和“抵港直装”模式。大力发展铁路快运，推动冷链、危化品、国内邮件快件等专业化联运发展。鼓励重点城市群建设绿色货运配送示范区。充分挖掘城市铁路场站和线路资源，创新“外集内配”等生产生活物资公铁联运模式。支持港口城市结合城区老码头改造，发展生活物资水陆联运。（交通运

输部、中国国家铁路集团有限公司牵头，国家发展改革委、商务部、生态环境部、海关总署、国家铁路局、中国民航局、国家邮政局等配合）

（七）培育多式联运市场主体。深入开展多式联运示范工程建设，到2025年示范工程企业运营线路基本覆盖国家综合立体交通网主骨架。鼓励港口航运、铁路货运、航空寄递、货代企业及平台型企业等加快向多式联运经营人转型。（交通运输部、国家发展改革委牵头，国家铁路局、中国民航局、国家邮政局、中国国家铁路集团有限公司等配合）

（八）推进运输服务规则衔接。以铁路与海运衔接为重点，推动建立与多式联运相适应的规则协调和互认机制。研究制定不同运输方式货物品名、危险货物划分等互认目录清单，建立完善货物装载交接、安全管理、支付结算等规则体系。深入推进多式联运"一单制"，探索应用集装箱多式联运运单，推动各类单证电子化。探索推进国际铁路联运运单、多式联运单证物权化，稳步扩大在"一带一路"运输贸易中的应用范围。（交通运输部、中国国家铁路集团有限公司牵头，商务部、司法部、国家铁路局、中国民航局、国家邮政局等配合）

（九）加大信息资源共享力度。加强铁路、港口、船公司、民航等企业信息系统对接和数据共享，开放列车到发时刻、货物装卸、船舶进离港等信息。加快推进北斗系统在营运车船上的应用，到2025年基本实现运输全程可监测、可追溯。（交通运输部、中国国家铁路集团有限公司牵头，国务院国资委、国家铁路局、中国民航局、国家邮政局等配合）

四、促进重点区域运输结构调整

（十）推动大宗物资"公转铁、公转水"。在运输结构调整重点区域，加强港口资源整合，鼓励工矿企业、粮食企业等将货物"散改集"，中长距离运输时主要采用铁路、水路运输，短距离运输时优先采用封闭式皮带廊道或新能源车船。探索推广大宗固体废物公铁水协同联运模式。深入开展公路货运车辆超限超载治理。（交通运输部、中国国家铁路集团有限公司牵头，国家发展改革委、工业和信息化部、公安部、财政部、自然资源部、生态环境部、市场监管总局、国家铁路局等配合）

（十一）推进京津冀及周边地区、晋陕蒙煤炭主产区运输绿色低碳转型。加快区域内疏港铁路、铁路专用线和封闭式皮带廊道建设，提高沿海港口大宗货物绿色集疏运比例。推动浩吉、大秦、唐包、瓦日、朔黄等铁路按最大运输能力保障需求。在煤炭矿区、物流园区和钢铁、火电、煤化工、建材等领域培育一批绿色运输品牌企业，打造一批绿色运输枢纽。（交通运输部、中国国家铁路集团有限公司牵头，国家发展改革委、自然资源部、生态环境部、国家铁路局等配合）

（十二）加快长三角地区、粤港澳大湾区铁水联运、江海联运发展。加快建设小洋山北侧等水水中转码头，推动配套码头、锚地等设施升级改造，大幅降低公路集疏港比例。鼓励港口企业与铁路、航运等企业加强合作，统筹布局集装箱还箱点。因地制宜推进宁波至金华双层高集装箱运输示范通道建设，加快推进沪通铁路二期及外高桥港区装卸线工程、浦东铁路扩能改造工程、北仑支线复线改造工程和梅山港区铁路支线、南沙港区疏港铁路、平盐铁路复线、金甬铁路苏溪集装箱办理站等多式联运项目建设。推动企业充分利用项目资源，加快发展铁水联运、江海直达运输，形成一批江海河联运精品线路。（交通运输部、中国国家铁路集团有限公司牵头，国家发展改革委、国家铁路局等配合）

五、加快技术装备升级

（十三）推广应用标准化运载单元。推动建立跨区域、跨运输方式的集装箱循环共用系统，降低空箱调转比例。探索在大型铁路货场、综合货运枢纽拓展海运箱提还箱等功能，提供等同于港口的箱管服务。积极推动标准化托盘（1200mm×1000mm）在集装箱运输和多式联运中的应用。加快培育集装箱、半挂车、托盘等专业化租赁市场。（交通运输部、中国国家铁路集团有限公司牵头，工业和信息化部、商务部、市场监管总局等配合）

（十四）加强技术装备研发应用。加快铁路快运、空铁（公）联运标准集装器（板）等物流技术装备研发。研究适应内陆集装箱发展的道路自卸卡车、岸桥等设施设备。鼓励研发推广冷链、危化品等专用运输车船。推动新型模块化运载工具、快速转运和智能口岸查验等设备研发和产业化应用。（中国国家铁路集团有限公司、工业和信息化部牵头，交通运输部、海关总署、科技部、国家铁路局、中国民航局、国家邮政局等配合）

（十五）提高技术装备绿色化水平。积极推动新能源和清洁能源车船、航空器应用，推动在高速公路服务区和港站枢纽规划建设充换电、加气等配套设施。在港区、场区短途运输和固定线路运输等场景示范应用新能源重型卡车。加快推进港站枢纽绿色化、智能化改造，协同推进船舶和港口岸电设施匹配改造，深入推进船舶靠港使用岸电。（交通运输部、工业和信息化部、国家发展改革委、住房城乡建设部、生态环境部、国家能源局、中国国家铁路集团有限公司等按职责分工负责）

六、营造统一开放市场环境

（十六）深化重点领域改革。深化“放管服”改革，加快构建以信用为基础的新型监管机制，推动多式联运政务数据安全有序开放。深化铁路市场化改革，促进铁路运输市场主体多元化，研究推进铁路、港口、航运等企业股权划转和交叉持股,规范道路货运平台企业经营,建立统一开放、竞争有序的运输服务市场。(国家发展改革委、交通运输部、市场监管总局、国家铁路局、中国民航局、国家邮政局、中国国家铁路集团有限公司等按职责分工负责)

(十七)规范重点领域和环节收费。完善铁路运价灵活调整机制,鼓励铁路运输企业与大型工矿企业等签订"量价互保"协议。规范地方铁路、专用铁路、铁路专用线收费,明确线路使用、管理维护、运输服务等收费规则,进一步降低使用成本。规范海运口岸的港口装卸、港外堆场、检验检疫、船公司、船代等收费。(国家发展改革委、交通运输部、中国国家铁路集团有限公司等按职责分工负责)

(十八)加快完善法律法规和标准体系。推动加快建立与多式联运相适应的法律法规体系,进一步明确各方法律关系。加快推进多式联运枢纽设施、装备技术等标准制修订工作,补齐国内标准短板,加强与国际规则衔接。积极参与国际多式联运相关标准规则研究制定,更好体现中国理念和主张。研究将多式联运量纳入交通运输统计体系,为科学推进多式联运发展提供参考依据。(交通运输部、司法部、商务部、市场监管总局、国家统计局、国家铁路局、中国民航局、国家邮政局、中国国家铁路集团有限公司等按职责分工负责)

七、完善政策保障体系

(十九)加大资金投入力度。统筹利用车购税资金、中央预算内投资等多种渠道,加大对多式联运发展和运输结构调整的支持力度。鼓励社会资本牵头设立多式联运产业基金,按照市场化方式运作管理。鼓励各地根据实际进一步加大资金投入力度。(财政部、国家发展改革委、交通运输部、国家铁路局、中国民航局、国家邮政局、中国国家铁路集团有限公司等按职责分工负责)

(二十)加强对重点项目的资源保障。加大对国家物流枢纽、综合货运枢纽、中转分拨基地、铁路专用线、封闭式皮带廊道等项目用地的支持力度,优先安排新增建设用地指标,提高用地复合程度,盘活闲置交通用地资源。加大涉海项目协调推进力度,在符合海域管理法律法规、围填海管理和集约节约用海政策、生态环境保护要求的前提下,支持重点港口、集疏港铁路和公路等建设项目用海及岸线需求;对支撑多式联运发展、运输结构调整的规划和重点建设项目,开辟环评绿色通道,依法依规加快环评审查、审批。(自然资源部牵头,生态环境部、住房城乡建设部、交通运输部等配合)

(二十一)完善交通运输绿色发展政策。制定推动多式联运发展和运输结构调整的碳减排政策,鼓励各地出台支持多种运输方式协同、提高综合运输效率、便利新能源和清洁能源车船通行等方面政策。在特殊敏感保护区域,鼓励创新推广绿色低碳运输组织模式,守住自然生态安全边界。(国家发展改革

委、公安部、财政部、生态环境部、住房城乡建设部、交通运输部等按职责分工负责）

（二十二）做好组织实施工作。完善运输结构调整工作协调推进机制，加强综合协调和督促指导，强化动态跟踪和分析评估。各地、各有关部门和单位要将发展多式联运和调整运输结构作为"十四五"交通运输领域的重点事项，督促港口、工矿企业、铁路企业等落实责任，有力有序推进各项工作。在推进过程中，要统筹好发展和安全的关系，切实保障煤炭、天然气等重点物资运输安全，改善道路货运、邮政快递等从业环境，进一步规范交通运输综合行政执法，畅通"12328"热线等交通运输服务监督渠道，做好政策宣传和舆论引导，切实维护经济社会发展稳定大局。（交通运输部、国家发展改革委、中国国家铁路集团有限公司牵头，各有关部门和单位配合）

国务院办公厅关于做好跨周期调节进一步稳外贸的意见

（2021年12月29日　国办发〔2021〕57号）

当前，我国外贸面临的不确定不稳定不平衡因素增多，外贸运行基础并不牢固。为深入贯彻习近平总书记关于保持经济运行在合理区间的重要指示精神，落实党中央、国务院决策部署，进一步扩大开放，做好跨周期调节，助企纾困特别是扶持中小微外贸企业，努力保订单、稳预期，促进外贸平稳发展，经国务院同意，现提出以下意见：

一、挖掘进出口潜力

（一）进一步发挥海外仓带动作用。积极利用服务贸易创新发展引导基金等，按照政策引导、市场运作的方式，促进海外仓高质量发展。鼓励具备跨境金融服务能力的金融机构在依法合规、风险可控前提下，加大对传统外贸企业、跨境电商和物流企业等建设和使用海外仓的金融支持。（各地方人民政府，商务部、发展改革委、财政部、人民银行、银保监会、外汇局、开发银行、进出口银行、中国出口信用保险公司按职责分工负责）

（二）做好大宗商品进口工作。积极保障大宗商品国内供给。统筹保障大宗商品进口各环节稳定运行。（各地方人民政府，商务部、发展改革委、交通运输部、国资委、海关总署、粮食和储备局、能源局按职责分工负责）

（三）挖掘消费品进口潜力。进一步调整优化跨境电商零售进口商品清单、扩大进口类别，更好满足多元化消费需求。适时举办国际消费季促进活动，带动消费品进口。（商务部、发展改革委、财政部、海关总署、税务总局、市场监管总局按职责分工负责）

二、保障外贸产业链供应链稳定畅通

（四）缓解国际物流压力。鼓励外贸企业与航运企业签订长期协议。引导各地方、进出口商协会组织中小微外贸企业与航运企业进行直客对接。支持金融机构在依法合规、风险可控前提下，利用普惠性金融政策，向符合条件的小微外贸企业提供物流方面的普惠性金融支持。（各地方人民政府，交通运输部、商务部、人民银行、银保监会按职责分工负责）持续加强国际海运领域监管，依法打击违法违规收费、哄抬运价等行为。依法依规调查涉嫌垄断行为。在多双边场合呼吁共同畅通国际物流。完善日常监测和应急调度机制，增强港口间协同配合。（市场监管总局、交通运输部、外交部、商务部、海关总署按职责分工负责）

（五）新培育一批外贸创新发展试点。增设一批跨境电子商务综合试验区。（商务部、中央网信办、发展改革委、工业和信息化部、财政部、交通运输部、人民银行、海关总署、税务总局、市场监管总局、银保监会、邮政局、外汇局按职责分工负责）培育一批离岸贸易中心城市（地区），支持创新发展离岸贸易。（商务部、人民银行、外汇局按职责分工负责）

（六）稳定加工贸易发展。加强国家加工贸易产业园培育建设，深化东部与中西部、东北地区合作共建，鼓励支持加工贸易重点项目落地发展。加快培育认定新一批加工贸易梯度转移重点承接地和示范地，加大支持力度，发挥示范引领和辐射带动作用。（各地方人民政府，商务部、人力资源社会保障部、海关总署按职责分工负责）暂免征收加工贸易企业内销税款缓税利息至2022年底，稳定加工贸易发展，减轻企业负担。（财政部、海关总署、税务总局按职责分工负责）

（七）培育贸易双循环企业。培育一批具有国际竞争力的贸易双循环企业，支持贸易双循环企业加强关键技术和商业模式创新。加强对企业的配套服务，推动解决企业在发展内外贸同线同标同质产品、拓展贸易渠道、完善供应链网络等方面遇到的问题。（各地方人民政府，商务部、工业和信息化部、市场监管总局按职责分工负责）

（八）提升贸易自由化便利化水平。将《区域全面经济伙伴关系协定》（RCEP）生效实施作为稳外贸的重要抓手，用足用好市场开放承诺和规则，扩大原产地区域累积规则的综合效应。（商务部会同相关部门负责）各地方要在严格落实疫情防控要求基础上，根据货物种类、来源地等，科学精准实施疫情防控措施。持续优化营商环境,在确保有效监管的基础上,进一步提升跨境贸易便利化水平,降低进出口环节合规成本。继续加快出口退税进度,2022 年税务部门办理正常出口退税的平均时间压缩至 6 个工作日以内。研究适时组织对中资企业海外员工开展新冠病毒疫苗加强免疫接种,助力企业在海外开展经贸活动。(各地方人民政府,外交部、商务部、卫生健康委、国资委、海关总署、税务总局按职责分工负责)

(九)加快推进贸易调整援助。支持各地方结合本地实际建立健全贸易调整援助制度,积极开展贸易调整援助工作,助力稳定产业链供应链。(各地方人民政府,商务部、工业和信息化部、财政部、人力资源社会保障部、农业农村部按职责分工负责)

三、稳市场主体保订单

(十)巩固提升出口信用保险作用。在依法合规、风险可控前提下,进一步优化出口信保承保和理赔条件,强化产品联动,支持内外贸一体化发展,积极拓展产业链承保,扩大对中小微外贸企业承保的覆盖面和规模,加大对中小微外贸企业、出运前订单被取消风险等的保障力度以及对跨境电商、海外仓等新业态的支持力度。(财政部、商务部、银保监会、中国出口信用保险公司按职责分工负责)

(十一)持续培育发展短期险项下的保单融资业务。鼓励引导银行机构结合外贸企业需求创新保单融资等产品,重点缓解中小微外贸企业融资难、融资贵问题。有条件的地方可利用"再贷款+保单融资"等方式向小微外贸企业提供融资支持。(各地方人民政府,财政部、商务部、人民银行、银保监会、中国出口信用保险公司按职责分工负责)

(十二)抓实抓好外贸信贷投放。发挥各类金融机构作用,在依法合规、风险可控前提下,开展产品服务创新,按照市场化原则进一步加大对外贸企业特别是中小微外贸企业的信贷支持力度。(财政部、商务部、人民银行、银保监会、开发银行、进出口银行按职责分工负责)鼓励大型骨干外贸企业向金融机构共享信息,加强合作,推动大型骨干外贸企业为上下游企业增信,在真实交易的背景下,引导金融机构向大型骨干外贸企业的上下游企业提供供应链金融产品。(各地方人民政府,财政部、商务部、人民银行、银保监会、进出口银行、中国出口信用保险公司按职责分工负责)

(十三)提升外贸企业应对汇率风险能力。保持人民币汇率在合理均衡水平上基本稳定。鼓励银行机构在依法合规、风险可控前提下,对符合条件的小微外贸企业根据客户资信情况以授信或保证金等方式开展远期结售汇业务。推动银行机构进一步开展针对中小微外贸企业的远期结售汇业务。加强宣传培训，支持、引导外贸企业树立汇率风险中性意识，提升外贸企业汇率避险意识与能力。（各地方人民政府，财政部、商务部、人民银行、国资委、银保监会、外汇局按职责分工负责）

（十四）积极稳妥推进人民币跨境贸易结算。扩大经常项目人民币跨境使用。进一步完善人民币清算行安排，稳步推进人民币跨境支付系统建设和推广。（人民银行、发展改革委、商务部、国资委按职责分工负责）

（十五）进一步稳定外贸领域就业。对纺织品、服装、家具、鞋靴、塑料制品、箱包、玩具、石材、陶瓷、优势特色农产品等劳动密集型产品出口企业，各地方要落实好各项减负稳岗扩就业政策措施，以符合世贸组织规则的方式加大出口信贷、出口信保等政策支持力度。支持各地方人力资源社会保障、商务主管部门加强协作，研究建立外贸领域用工定点定期监测机制。（各地方人民政府，商务部、人力资源社会保障部、发展改革委、工业和信息化部、财政部、人民银行、税务总局、银保监会、进出口银行、中国出口信用保险公司按职责分工负责）

四、加强组织实施

各地区、各有关部门要以习近平新时代中国特色社会主义思想为指导，认真贯彻党中央、国务院决策部署，高度重视做好跨周期调节，特别是要稳定中小微外贸企业预期，切实支持中小微外贸企业降成本，将减税降费等措施落实到位，继续整治乱收费、乱罚款等问题，多措并举稳定外贸。各地区要结合实际，出台针对性支持举措，认真组织实施，推动各项政策措施在本地区落地见效。商务部要会同各有关部门加强政策指导，组织引导有条件的地方建立完善外贸监测预警体系，密切跟踪分析形势变化，研究解决新问题。各有关部门要按照职责分工，加强协同、形成合力，确保各项政策措施落实到位。

国务院部门规章

中国银行保险监督管理委员会派出机构监管职责规定

（2021年7月30日中国银行保险监督管理委员会令2021年第9号公布　自2021年10月1日起施行　国司备字[2021005152]）

第一条　为明确中国银行保险监督管理委员会（以下简称银保监会）派出机构监管职责，根据《中华人民共和国银行业监督管理法》《中华人民共和国商业银行法》《中华人民共和国保险法》等法律、行政法规，制定本规定。

第二条　本规定所称派出机构，是指银保监会派驻各省（自治区、直辖市）和计划单列市的监管局（以下简称银保监局）、派驻地市（州、盟）的监管分局（以下简称银保监分局）以及设在县（市、区、旗）的监管组。

本规定所称银行保险机构，是指依法由银行保险监督管理机构监管的商业银行、政策性银行、开发性银行、农村合作银行、村镇银行、外国银行分行、外国银行代表处、农村信用社、农村资金互助社、贷款公司、保险集团（控股）公司、保险公司、外国保险机构驻华代表机构、保险资产管理公司、保险代理机构、保险经纪机构、保险公估机构、信托公司、金融资产管理公司、金融资产投资公司、金融租赁公司、企业集团财务公司、消费金融公司、汽车金融公司、银行理财公司、货币经纪公司等机构。

第三条　银保监会对派出机构实行垂直领导。

派出机构监管职责的确立，遵循职权法定、属地监管、分级负责、权责统一的原则。

银保监局在银保监会的领导下，履行所在省（自治区、直辖市）和计划单列市银行业和保险业监督管理职能。银保监局根据银保监会的授权和统一领导，依法依规独立对辖内银行业和保险业实行统一监督管理。

银保监分局在银保监局的领导下，履行所在地市银行业和保险业监督管理职能。银保监分局根据银保监会和省（自治区、直辖市）银保监局的授权和统一领导，依法依规独立对辖内银行业和保险业实行统一监督管理。

县(市、区、旗)监管组在银保监局或银保监分局的授权和统一领导下,依法依规负责所在县市银行保险机构及其业务活动的监管工作,收集所在县市有关金融风险的信息并向上级机构报告,承担交办的其他工作。

第四条 派出机构在履行职责过程中坚持和加强党对银行业和保险业监管工作的集中统一领导,确保党中央关于银行业和保险业监管工作的方针政策和决策部署得到贯彻落实。

第五条 派出机构依法、公开、公正履行对辖内银行业和保险业的监管职责,维护银行业和保险业金融活动当事人的合法权益,促进辖内银行业和保险业合法、稳健运行,防范和化解金融风险等。

第六条 派出机构根据有关规定统计辖内银行保险机构有关数据和信息,跟踪、监测、研判辖内银行业和保险业运行情况,报送辖内银行业和保险业运行情况和风险情况,及时向上级监管机构报告有可能影响当地银行业和保险业稳健运行的重大事项。

第七条 银保监会依照法律法规统一监督管理全国银行业和保险业。银保监会可以根据实际需要,明确银保监会直接监管的机构,并在官方网站公布各银行保险机构法人的监管责任单位。

银保监局、银保监分局根据法律、行政法规及银保监会的规定,负责辖内银行保险机构的直接监管,具体名单由银保监局、银保监分局公布。

第八条 银保监局、银保监分局依照法定权限和程序制定涉及辖内银行业和保险业监管的规范性文件,并负责监督相关法律、行政法规及规章制度在辖内的贯彻实施。

第九条 银保监局、银保监分局根据法律、行政法规和银保监会的规定,依法对辖内银行保险机构及其有关人员实施行政许可。

第十条 银保监局、银保监分局依法对辖内银行保险机构的公司治理、风险管理、内部控制、资本充足、偿付能力、资产质量、业务活动、信息披露、信息科技、第三方合作等实施监督管理,具体监管事项依照法律、行政法规和银保监会的相关规定确定。

第十一条 银保监局、银保监分局依法对辖内银行保险机构实施现场检查、调查和非现场监管,参与防范和处置辖内银行保险机构有关风险。

第十二条 银保监局、银保监分局负责辖内银行业和保险业消费者权益保护工作,督促辖内银行保险机构健全消费者权益保护体制机制,规范经营行为,强化落实消费投诉处理主体责任,做好金融消费者教育宣传等工作。

第十三条 银保监局、银保监分局根据法律、行政法规和银保监会的规定,负责辖内信访、银行保险违法行为举报处理以及消费投诉督查等工作。

第十四条 银保监局、银保监分局依法负责本机构政府信息公开工作。

第十五条 银保监局、银保监分局根据法律、行政法规及银保监会的规定,负责辖内银行业和保险业重大风险事件处置、涉刑案件管理、反保险欺诈、反洗钱和反恐怖融资监督管理,督导银行保险机构做好安全保卫相关工作。

第十六条 银保监局、银保监分局依法督导银行保险机构做好非法集资可疑资金的监测工作,建立健全与非法集资之间的防火墙。

第十七条 银保监局、银保监分局依法查处辖内非法设立银行保险机构、非法以银行业金融机构名义从事业务以及非法经营保险业务的行为。

第十八条 银保监局、银保监分局负责辖内应急管理工作,督促银行保险机构落实突发事件信息报送首报责任,按规定组织开展应急演练,制定应急预案并向上级单位报备。

第十九条 银保监局、银保监分局负责统筹开展辖内新闻宣传工作,指导辖内银行保险机构新闻宣传工作。

银保监局、银保监分局负责督促辖内银行保险机构做好声誉风险管理工作,及时、妥善处置声誉风险事件。

第二十条 银保监局、银保监分局按照银保监会统一部署,推动辖内银行业和保险业信用体系建设工作。

第二十一条 银保监局、银保监分局对违反法律、行政法规、银行保险监管规定的机构和人员,依法实施行政处罚或者监管措施。

第二十二条 上级监管机构发现下级监管机构负责监管的银行保险机构出现下列情形时,应当督促下级监管机构加强监管,情节严重的,可以上收监管权限:

(一)风险状况急剧恶化;

(二)存在重大违法违规问题;

(三)上级监管机构认为需要上收监管权限的其他情况。

第二十三条 上级监管机构可以依法委托下级监管机构实施监管行为,并负责监督委托实施的行为,对委托实施行为的后果承担法律责任。

第二十四条 设有银保监分局的银保监局负责审理以辖内银保监分局为被申请人的行政复议案件。

第二十五条 银保监局、银保监分局负责涉及本机构的各类诉讼的应诉工作。

第二十六条 银保监局、银保监分局在监管职责范围内与辖区司法机关建立协助机制,依法处理司法机关来访、来函等事项。

银保监局、银保监分局负责建立和完善与辖区公安机关、纪检监察机关的协作配合机制，按照规定向公安机关、纪检监察机关通报和移送银行保险机构违法犯罪案件线索，配合公安机关、纪检监察机关开展调查工作。

第二十七条 银保监局、银保监分局按照银保监会的统一部署，支持辖内相关自律组织等发挥金融纠纷调解作用，监督辖区银行业和保险业调解机构规范运行，加强与辖区司法机关、司法行政机关、仲裁机构的联系，推动建立完善多元化金融纠纷解决机制。

第二十八条 银保监局、银保监分局依法依规协同配合做好辖内银行业和保险业风险防范和化解工作，切实承担监管责任，推动落实地方党委党的领导责任、地方国有金融资本股东责任和属地金融风险处置责任。

第二十九条 银保监局、银保监分局指导和监督地方金融监管部门相关业务工作，并有权纠正不符合相关监管规则的行为。

第三十条 银保监局、银保监分局负责与辖区地方人民政府相关部门、其他金融管理机构协同推动当地普惠金融发展，指导辖内银行保险机构推进小微企业、"三农"等普惠金融重点领域工作。

第三十一条 银保监局、银保监分局依照法律、行政法规和银保监会的规定对辖内银行业保险业社团组织进行指导和监督。

第三十二条 银保监会对各级派出机构的监管职责另有规定的，从其规定。

第三十三条 本规定由银保监会负责解释。

第三十四条 本规定自2021年10月1日起施行。《中国银行业监督管理委员会关于印发〈中国银行业监督管理委员会监管职责分工和工作程序的暂行规定〉的通知》（银监发〔2004〕28号）同时废止。

财产保险公司保险条款和保险费率管理办法

（2021年8月16日中国银行保险监督管理委员会令2021年第10号公布 自2021年10月1日起施行 国司备字[2021005153]）

第一章 总 则

第一条 为了加强和改进对财产保险公司保险条款和保险费率的监督管理，保护投保人、被保险人和受益人的合法权益，维护保险市场秩序，鼓励财产保险公司创新，根据《中华人民共和国保险法》，制定本办法。

第二条 中国银行保险监督管理委员会（以下简称银保监会）及其派出机构依法对财产保险公司及其分支机构的保险条款和保险费率实施监督管理，遵循保护社会公众利益、防止不正当竞争、与市场行为监管协调配合原则。

第三条 财产保险公司保险条款和保险费率实施分类监管、属地监管，具体由银保监会另行规定。

第四条 财产保险公司应当依据法律、行政法规和银保监会的有关规定制订保险条款和保险费率，并对保险条款和保险费率承担相应的责任。

第五条 财产保险公司应当依据本办法的规定向银保监会或其省一级派出机构申报保险条款和保险费率审批或者备案。财产保险公司分支机构不得申报保险条款和保险费率审批或者备案。

第六条 中国保险行业协会应当切实履行保险条款和保险费率行业自律管理职责，推进保险条款和保险费率的通俗化、标准化、规范化工作，研究制订修订主要险种的行业示范条款，建立保险条款费率评估和创新保护机制。中国精算师协会应当研究制订修订主要险种的行业基准纯风险损失率。

第二章 条款开发和费率厘定

第七条 财产保险公司的保险条款和保险费率，应当依法合规，公平合理，不侵害投保人、被保险人和受益人的合法权益，不危及财产保险公司财务稳健和偿付能力；应当符合保险原理，尊重社会公德，不违背公序良俗，不损害社会公共利益，符合《中华人民共和国保险法》等法律、行政法规和银保监会的有关规定。

第八条 财产保险公司的保险条款应当要素完整、结构清晰、文字准确、表述严谨、通俗易懂，名称符合命名规则。

第九条 财产保险公司的保险费率应当按照合理、公平、充足原则科学厘定，不得妨碍市场公平竞争；保险费率可以上下浮动的，应当明确保险费率调整的条件和范围。

第十条 财产保险公司的合规负责人和总精算师分别负责保险条款审查和保险费率审查，并承担相应的责任。

第十一条 财产保险公司应当向合规负责人和总精算师提供其履行工作职责所必需的信息，并充分尊重其专业意见。

财产保险公司应当加强对合规负责人和总精算师的管理，按照银保监会的相关规定，建立健全相应的内部管控及问责机制。

第十二条 财产保险公司应当按照本办法规定提交由合规负责人出具的法律审查声明书。合规负责人应对以下内容进行审查：

（一）保险条款符合《中华人民共和国保险法》等法律、行政法规和银保监会的有关规定；

（二）保险条款公平合理，符合保险原理，不损害社会公共利益，不侵害投保人、被保险人和受益人的合法权益，并已通过消费者权益保护审查；

（三）命名符合规定，要素完备、文字准确、语言通俗、表述严谨。

第十三条 财产保险公司应当按照本办法规定提交由总精算师签署的精算报告和出具的精算审查声明书。总精算师应对以下内容进行审查：

（一）精算报告内容完备；

（二）精算假设和精算方法符合通用精算原理；

（三）保险费率厘定科学准确，满足合理性、公平性和充足性原则，并已通过消费者权益保护审查；

（四）保险费率符合《中华人民共和国保险法》等法律、行政法规和银保监会的有关规定。

第三章 审批和备案

第十四条 财产保险公司应当将关系社会公众利益的保险险种、依法实行强制保险的险种的保险条款和保险费率报银保监会审批。

其他险种的保险条款和保险费率，财产保险公司应当报银保监会或其省一级派出机构备案。

具体应当报送审批或者备案的险种，由银保监会另行规定。

第十五条 对于应当审批的保险条款和保险费率，在银保监会批准前，财产保险公司不得经营使用。

对于应当备案的保险条款和保险费率，财产保险公司应当在经营使用后十个工作日内报银保监会或其省一级派出机构备案。

第十六条 财产保险公司报送审批或者备案保险条款和保险费率，应当提交下列材料：

（一）申请文件；

（二）保险条款和保险费率文本；

（三）可行性报告，包括可行性分析、保险条款和保险费率的主要特点、经营模式、风险分析以及风险控制措施等；

（四）总精算师签署的保险费率精算报告，包括费率结果、基础数据及数据

来源、厘定方法和模型,以及费率厘定的主要假设、参数和精算职业判断等;

(五)法律审查声明书,精算审查声明书;

(六)银保监会规定的其他材料。

第十七条 财产保险公司使用中国保险行业协会示范条款的,无需提交可行性报告。

财产保险公司使用行业基准纯风险损失率的,应当在精算报告中予以说明,无需提供纯风险损失率数据来源。

附加险无需提供可行性报告及精算报告,另有规定的除外。

第十八条 财产保险公司修改经批准或备案的保险条款或者保险费率的,应当依照本办法重新报送审批或备案。财产保险公司报送修改保险条款或者保险费率的,除应当提交本办法第十六条规定的材料外,还应当提交保险条款或保险费率的修改前后对比表和修订说明。

修改后的保险条款和保险费率经批准或者备案后,原保险条款和保险费率自动废止,财产保险公司不得在新订立的保险合同中使用原保险条款和保险费率。

第十九条 财产保险公司因名称发生变更,仅申请变更其保险条款和保险费率中涉及的公司名称的,无需提交本办法第十六条中(三)、(四)项规定的材料。

第二十条 银保监会或其省一级派出机构收到备案材料后,应根据下列情况分别作出处理:

(一)备案材料不完整齐备的,要求财产保险公司补正材料;

(二)备案材料完整齐备的,编号后反馈财产保险公司。

第二十一条 财产保险公司及其分支机构可以对已经审批或者备案的保险条款和保险费率进行组合式经营使用,但应当分别列明各保险条款对应的保险费和保险金额。

财产保险公司及其分支机构经营使用组合式保险条款和保险费率,不得修改已经审批或者备案的保险条款和保险费率。如需修改,应当按照本办法的规定重新报送审批或者备案。

第二十二条 在共保业务中,其他财产保险公司可直接使用首席承保人经审批或者备案的保险条款和保险费率,无需另行申报。

第四章 监督管理

第二十三条 财产保险公司及其分支机构应当严格执行经批准或者备案

的保险条款和保险费率，不得违反本办法规定以任何方式改变保险条款或者保险费率。

第二十四条 财产保险公司及其分支机构使用的保险条款或者保险费率被发现违反法律、行政法规或者本办法第七条、第八条、第九条规定的，由银保监会或其省一级派出机构责令停止使用、限期修改；情节严重的，可以在一定期限内禁止申报新的保险条款和保险费率。

第二十五条 财产保险公司应当制定保险条款和保险费率开发管理制度，建立审议机制，对保险条款和保险费率开发和管理的重大事项进行审议。

第二十六条 财产保险公司应当指定专门部门履行保险条款和保险费率开发管理职能，负责研究开发、报送审批备案、验证修订、清理注销等全流程归口管理。

第二十七条 财产保险公司应当加强对使用中保险条款和保险费率的管理，指定专门部门进行跟踪评估、完善修订，对不再使用的及时清理。

第二十八条 财产保险公司应当于每年3月底前，统计分析前一年保险条款和保险费率的开发情况、修订情况和清理情况，并形成财产保险公司保险条款和保险费率年度分析报告和汇总明细表，经公司产品管理委员会审议通过后同时报银保监会和其省一级派出机构。

第二十九条 财产保险公司履行保险条款和保险费率开发管理职能的部门负责人对本公司保险条款和保险费率开发管理工作负直接责任。合规负责人对保险条款审查负直接责任，总精算师对保险费率审查负直接责任。

第三十条 财产保险公司履行保险条款和保险费率开发管理职能的部门负责人、合规负责人、总精算师违反本办法规定的，由银保监会或其省一级派出机构责令改正、提交书面检查，并可责令公司作出问责处理。

第五章 法律责任

第三十一条 财产保险公司未按照规定申请批准保险条款、保险费率的，由银保监会依法采取监督管理措施或予以行政处罚。

第三十二条 财产保险公司有下列行为之一的，由银保监会或其省一级派出机构依法采取监督管理措施或予以行政处罚：

（一）未按照规定报送保险条款、保险费率备案的；

（二）未按照规定报送或者保管保险条款、保险费率相关的报告、报表、文件、资料的，或者未按照规定提供有关信息、资料的。

第三十三条 财产保险公司报送审批、备案保险条款和保险费率时，编制或者提供虚假的报告、报表、文件、资料的，由银保监会或其省一级派出机构依法采取监督管理措施或予以行政处罚。

第三十四条 财产保险公司及其分支机构有违反本办法第二十三条规定的，由银保监会或其派出机构依法采取监督管理措施或予以行政处罚。

第三十五条 银保监会或其省一级派出机构依照本办法第二十四条的规定，责令财产保险公司及其分支机构停止使用或限期修改保险条款和保险费率，财产保险公司未停止使用或逾期不改正的，依法采取监督管理措施或予以行政处罚。

第三十六条 财产保险公司及其分支机构违反相关规定的，银保监会或其派出机构除依法对该单位给予处罚外，对其直接负责的主管人员和其他直接责任人员依法采取监督管理措施或予以行政处罚。

第六章 附　　则

第三十七条 银保监会对财产保险公司保险条款和保险费率的审批程序，适用《中华人民共和国行政许可法》和银保监会的有关规定。

第三十八条 法律、行政法规和国务院对机动车辆保险、农业保险、出口信用保险另有规定的，适用其规定。

第三十九条 本办法由银保监会负责解释。

第四十条 本办法自2021年10月1日起施行。原中国保险监督管理委员会2010年2月5日发布的《财产保险公司保险条款和保险费率管理办法》(中国保险监督管理委员会令2010年第3号)同时废止。

国有企业资产与产权变动档案处置办法

(2021年8月30日国家档案局令第17号公布　自2021年11月1日起施行　国司备字[2021005291])

第一章 总　　则

第一条 为规范国有企业在资产与产权变动中的档案处置工作，确保档案完整安全，防止国有资产流失，维护企业合法权益和职工切身利益，根据《中华人民共和国档案法》等相关法律、行政法规，制定本办法。

第二条 国有企业合并、分立、终止(包括解散、破产等)、控制权变更、分离办社会职能等资产与产权变动涉及的档案处置工作适用本办法。

第三条 国有企业档案(含照片、胶片、磁带、磁盘、光盘、实物等档案)是国有企业全部活动的真实记录和宝贵财富,是企业资产的依据和凭证,是国家档案资源的重要组成部分,任何单位或个人在资产与产权变动过程中不得擅自处置。

第四条 国有企业资产与产权变动档案处置遵循下列原则:

(一)维护国家安全和国家利益,保守国家秘密和企业商业秘密,防止档案散失。

(二)依法依规,区别情况,分类处置。

(三)保障档案的安全,便于档案的利用。

(四)有利于企业保持经营管理的连续性。

第五条 对在档案处置工作中作出突出贡献的单位或个人,按照国家有关规定给予表彰、奖励。对违反本办法的单位或个人,根据《中华人民共和国档案法》《中华人民共和国档案法实施办法》《档案管理违法违纪行为处分规定》等予以处理。

第二章 档案处置的组织工作

第六条 国有企业资产与产权变动档案处置工作是国有企业资产与产权变动工作的一项重要内容。各有关单位应当将档案处置纳入资产与产权变动工作,同步进行。

第七条 各级档案主管部门应当作为同级政府国有企业资产与产权变动工作机制成员单位。各级档案主管部门会同国有资产监督管理机构或企业主管部门,加强对国有企业资产与产权变动档案处置工作的组织协调、监督和指导。

国有企业或其上级主管部门负责所属企业资产与产权变动档案处置工作的组织协调、监督和指导。

第八条 资产与产权变动国有企业是档案处置工作的责任主体,应当明确分管负责人和相关部门职责,主动及时向相应的档案业务监督指导单位汇报有关情况,确保档案处置工作顺利开展。

国有企业破产的,由破产管理人(清算组)负责档案处置工作。

第九条 资产与产权变动国有企业应当按照本办法及相关各方的约定编制档案处置方案,内容包括企业资产与产权变动的方式、档案处置工作流程、各类档案的数量及归属与流向、档案移交时间、相关经费安排等。

第十条 中央管理企业总部编制的档案处置方案，报国家档案局审核同意后执行。地方国有企业总部编制的档案处置方案，报同级档案主管部门审核同意后执行。国有企业应当按照资产隶属关系指导所属企业编制档案处置方案并进行审核。

负责档案处置方案审核的单位应当对方案实施情况进行跟踪检查，发现问题及时纠正。

第十一条 档案处置工作流程包括：

（一）确定待处置档案范围，清点档案数量。

（二）收集、整理尚未归档的文件材料。

（三）按照有关规定做好档案的鉴定工作。鉴定工作由企业分管档案工作的负责人和档案、财务、法务等部门人员共同负责；国有企业破产的，由破产管理人（清算组）负责。

（四）对拟销毁的档案编制清册，按照档案销毁程序予以销毁。销毁清册随国有企业资产与产权变动中形成的其他文件材料一起归档，永久保存。

（五）对拟留存的档案按照规定调整密级和划分控制使用范围，根据档案处置方案确定的归属与流向编制移交清册，移交档案。

（六）做好资产与产权变动中形成的文件材料的收集、整理、归档和移交工作。

（七）制定资产与产权变动期间的档案利用制度，做好档案利用工作。

第十二条 档案处置工作结束前，档案库房、设备、装具及必要的办公用具等，应当保持原有用途不变。档案库房因各种原因无法继续使用的，应当将档案转移至符合安全保管要求的场所，明确专人管护。

第十三条 国有企业资产与产权变动过程中，档案的整理、鉴定、销毁、保管、移交、数字化、数据迁移等工作所需费用，应当在资产与产权变动经费或破产经费中列支，保障档案处置工作有序开展。

第三章 档案的归属与流向

第十四条 国有企业合并的，合并后原各单位解散或者一方存续其他方解散的，档案由合并后的单位统一保管；合并后原各单位仍存续的，档案仍由原各单位保管。

第十五条 国有企业分立的，原企业档案应当由各方协商确定其中一方保管，其他方可以利用与其业务相关的档案。

第十六条 国有企业终止的，其档案的处置按照以下原则分类进行：

（一）管理类档案依次归属原企业控股方、同级国家综合档案馆。

（二）基建档案、设备仪器档案随其实体归属；其实体已报废、拆除的，随企业管理类档案归属。

（三）需继续经营的产品生产和服务业务档案，归属产品和业务承接方；其他产品生产和服务业务档案由参与资产与产权变动的各方协商确定归属。

（四）科学技术研究档案（含专利、商标、专有技术等档案）按照有关法律、行政法规办理；没有规定的，由参与资产与产权变动的各方协商确定。

（五）已结清的会计档案应当同企业管理类档案归属，未结清的会计档案应当抽出移交给承接业务的单位。法律、行政法规另有规定的，依照法律、行政法规的规定办理。

（六）干部职工档案按照有关规定确定归属。

（七）无法归入以上类别的档案同企业管理类档案归属。

第十七条 国有企业控制权变更为非国有企业的，管理类档案依次归属原企业控股方、同级国家综合档案馆；其他档案由参与资产与产权变动的各方参照本办法确定归属，应当保证国有资产监督管理机构和原国有企业控股方可利用原企业的全部档案。

第十八条 国有企业分离办社会职能的，原承担办社会职能的单位移交地方管理或改制重组的，其档案应当随分离的单位归属；原承担办社会职能的单位终止的，参照本办法第十六条规定确定档案归属。

第十九条 国有企业境外经营单位发生资产与产权变动的，按照本办法结合《企业境外档案管理办法》确定档案归属。

第二十条 国有企业资产与产权变动各方如对档案归属与流向有异议，且协商无法达成一致的，可以申请由同级档案主管部门予以确定。跨地区、跨系统、跨层级的，由共同的上一级档案主管部门予以确定。

第二十一条 国有企业资产与产权变动各方如存在多方档案保存需求，经协商一致，相关方可以保存档案复制件。

第二十二条 涉及国家秘密或者公开后可能危及国家安全、公共安全、经济安全、社会稳定的档案，其处置应当依照有关法律、行政法规的规定。

第四章　资产与产权变动中形成的文件材料的归档

第二十三条 国有企业资产与产权变动中形成的文件材料归档范围：

（一）国有企业关于资产与产权变动的申请、批复、决定、方案、通知、专家意见、可行性研究报告等文件材料。

（二）成立国有企业资产与产权变动工作机构的文件材料。

（三）国有企业资产与产权变动工作机构、负责人形成的决议、方案、报告、通知等文件材料正本、定稿和处理签报。

（四）国有企业召开关于资产与产权变动的工作会议形成的会议记录、纪要、录音、录像、照片及其他文件材料。

（五）国有企业股权变更、机构变动、资产划转等形成的章程、报告、文件、合同、协议、凭证、法律意见书等文件材料。

（六）审计、资产评估、清算等核准财务状况形成的报告、报表、编制说明、意见书等文件材料。

（七）人民法院出具的判决书、裁定书、通知书、公告、复函等文件材料。

（八）国有企业注销登记的股东会决议、清算材料、行政决定书等文件材料。

（九）涉及职工安置方案、职工安置协议、解除劳动关系协议、支付职工经济补偿凭证、企业缴纳职工社会保险费凭证等文件材料。

（十）档案鉴定、移交、销毁等工作形成的合同、协议、目录、说明等文件材料。

（十一）国有企业资产与产权变动过程中形成的具有保存和利用价值的其他文件材料。

第二十四条 国有企业资产与产权变动中形成的文件材料，应当按照本办法确定的归档范围，由专人收集整理后向资产与产权变动企业或原企业控股方档案部门移交。

第五章 档案的交接、保管、利用

第二十五条 各单位应当在不影响利用的前提下，保持资产与产权变动国有企业档案的原有整理成果。

第二十六条 需移交的档案应当在资产与产权变动有关工作结束后1个月内完成移交。

移交档案的单位应当按照有关规定编制档案移交清册，列明待移交档案的名称、年度、件（卷）号、保管期限、密级等内容。交接双方应当按照档案移交清册所列内容逐项查验，并由交接双方的有关负责人监督。交接完毕后，交接双方在档案移交清册上签名、盖章。档案移交清册应当一式两套，分别由交接双方保管。电子档案的移交按照国家有关规定执行。

第二十七条 接收档案的单位应当妥善保管档案，落实管理责任，确保档案实体与信息安全。

第二十八条 接收档案的单位应当建立健全档案利用制度，按照规定为各方及原企业职工提供利用。

第六章 附 则

第二十九条 各省、自治区、直辖市档案主管部门可以根据本办法制定实施细则。

第三十条 科技事业单位可以参照本办法执行。

第三十一条 本办法由国家档案局负责解释，自 2021 年 11 月 1 日起施行。1998 年 3 月印发的《国有企业资产与产权变动档案处置暂行办法》（档发字〔1998〕6 号）同时废止。

乡镇档案工作办法

（2021 年 9 月 22 日国家档案局令第 18 号公布 自 2022 年 1 月 1 日起施行 国司备字[2021005292]）

第一章 总 则

第一条 为加强乡镇档案工作，推进乡镇档案工作法治化、规范化、科学化，根据《中华人民共和国档案法》及有关法律法规，结合乡镇工作实际，制定本办法。

第二条 乡镇档案是指乡镇党委、政府、人大、群团组织（以下简称乡镇机关）及企业事业单位在各项活动中直接形成的具有保存价值的各种文字、图表、声像等不同形式的历史记录。

第三条 乡镇档案工作是乡镇工作的重要组成部分，是一项基础性、支撑性工作，在推进乡镇治理体系和治理能力现代化建设中具有重要作用。

第四条 乡镇应当把档案工作纳入乡镇发展规划、工作计划和考核体系，纳入领导目标管理责任制，纳入乡镇各部门和履行公共服务职能等机构职责范围，切实解决设施设备、人员和经费等实际问题。

第五条 乡镇档案工作在上级档案主管部门监督、指导下，实行统一领导、科学管理的原则，维护档案的完整与安全，便于利用。

第六条 乡镇档案工作所需经费列入乡镇财政预算。

第七条 县级以上地方档案主管部门根据本地区实际，协调有关部门对乡镇档案工作给予政策、资金、项目等方面的支持。

第二章 机构、人员及其职责

第八条 乡镇应当明确分管档案工作领导，建立档案工作协调机制，处理乡镇档案工作重要事项。

第九条 乡镇应当确定档案机构或岗位（以下简称乡镇档案部门），主管本乡镇档案工作，其职责包括：

（一）贯彻执行档案工作的法律法规和方针政策；

（二）建立健全档案工作规章制度；

（三）对乡镇机关文件材料的收集、整理、归档等工作进行指导和监督；

（四）集中管理本乡镇机关档案；

（五）开发档案资源并提供利用；

（六）加强档案信息化建设；

（七）按照规定向县级综合档案馆移交档案；

（八）开展档案宣传、培训，做好档案统计等工作；

（九）对乡镇企业事业单位及村级组织的档案工作进行监督、指导；

（十）掌握本行政区域档案工作情况，维护档案安全。

第十条 乡镇档案人员应当政治可靠、忠于职守，具备做好档案工作所需要的知识与技能，并保持相对稳定。

档案人员调离岗位或退休的，应当在离岗前办好交接手续。

第十一条 乡镇企业事业单位应当指定人员负责档案工作，确保档案完整、安全，便于利用。

第十二条 乡镇应当加强档案室建设，有条件的可设立乡镇档案馆。

第三章 设施设备

第十三条 乡镇应当设置适宜档案安全保护和利用的档案库房、业务和技术用房、办公用房。

档案库房应当根据档案载体类型分别或分区设置，库房面积应当满足档案法定存放年限需要。

第十四条 档案库房应当远离自然灾害易发地段和易燃易爆等场所，不得毗邻可能危及档案安全的用房，不宜设置在地下。

第十五条 档案库房应当按照防火、防盗、防水(潮)、防光、防尘、防磁、防高温、防有害生物等要求,配备保障档案安全所需的设施设备。

第十六条 档案柜架、档案盒等装具应当符合国家规定。使用密集架的库房楼面均布活荷载标准值应当符合相关要求。

第十七条 乡镇档案部门应当加强档案库房管理,定期检查档案设施设备运行状况,发现问题及时采取措施。

第四章 文件材料归档

第十八条 乡镇机关及企业事业单位形成的文件材料应当采用耐久、可靠、满足长期保存要求的记录载体和记录方式。

乡镇机关形成的文件材料由各部门整理完毕后向乡镇档案部门归档,乡镇企业事业单位形成的文件材料由各单位整理归档。

第十九条 乡镇应当根据本办法编制本乡镇文件材料归档范围和档案保管期限表,报县级档案主管部门审核同意后执行。机构或职能发生重大变化时应当及时修订并重新报审。

第二十条 归档的文件材料按照有关规章、标准区分类型,分别整理:

(一)文书类按照《归档文件整理规则》(DA/T 22)、《文书档案案卷格式》(GB/T 9705)进行整理;

(二)科技类按照《科学技术档案案卷构成的一般要求》(GB/T 11822)、《建设项目档案管理规范》(DA/T 28)进行整理;

(三)会计类按照《会计档案管理办法》(财政部 国家档案局令第 79 号)、《会计档案案卷格式》(DA/T 39)进行整理;

(四)声像类按照《照片档案管理规范》(GB/T 11821)、《数码照片归档与管理规范》(DA/T 50)、《录音录像档案管理规范》(DA/T 78)进行整理;

(五)实物类按照实物类别或保管期限,以件为单位进行整理。

乡镇在专项工作中形成的文件材料,按照相关规定要求进行整理。

电子文件按照《党政机关电子公文归档规范》(GB/T 39362)、《政务服务事项电子文件归档范围》(DA/T 85)、《电子文件归档与电子档案管理规范》(GB/T 18894)进行整理。

第二十一条 文件材料应当及时归档。文书类文件材料于次年 6 月底前归档;科技类文件材料在科技活动结束后及时归档;会计类文件材料可由会计部门在会计年度终了后保管 1 年,于次年 3 月底前归档;照片、录音录像等声像类材料在活动结束或办理完毕后随时归档;采用办公自动化或其他业务系统的，应当随办随归。

归档时间有特殊规定的，从其规定。

第二十二条 归档的文件材料应当为原件，且真实、准确、齐全、完整。文件材料归档时，交接双方应当根据归档目录清点核对，并履行交接手续。

应当归档的文件材料，任何部门和个人不得拒绝归档或据为己有。

第五章 档案保管与利用

第二十三条 乡镇机关档案由乡镇档案部门集中统一管理。

乡镇企业事业单位的档案原则上自行保管；不具备安全保管条件的，可由乡镇档案部门代管。

涉密档案的管理应当符合保密管理规定。

第二十四条 乡镇应当对已达到保管期限的档案进行鉴定，经鉴定确无保存价值的档案应当按照规定予以销毁，鉴定报告与销毁清册永久保存。

鉴定工作由分管档案工作负责人、档案人员和相关部门人员组成鉴定小组进行。

第二十五条 乡镇档案部门应当编制多种形式的检索工具，开展档案资源开发利用工作，规范利用程序，做好利用效果登记。

第二十六条 乡镇档案部门应当定期对档案保管、档案利用、设施设备和人员等情况进行统计。

第二十七条 乡镇档案部门应当按照规定向县级综合档案馆移交乡镇机关档案，并同时移交检索工具、编研成果。电子档案移交按照国家有关规定执行。

第二十八条 乡镇应当建立健全档案安全工作机制，明确档案安全责任，开展经常性档案安全风险隐患排查整治，制定档案管理应急预案并定期组织演练，确保档案安全。

第六章 档案信息化

第二十九条 乡镇应当加强档案信息化工作，推动档案信息化与各项信息化工作协调发展，将档案查阅服务纳入乡镇公共服务事项。

乡镇政务信息系统开发与实施应当考虑档案管理需求。

第三十条 乡镇档案部门和企业事业单位应当配置必要的档案信息化设施设备，使用电子档案管理信息系统，有序开展传统载体档案数字化、电子文件归档与电子档案管理工作，推进乡镇数字档案室、数字档案馆建设。

第三十一条 乡镇应当加强电子档案和档案数字化成果管理，委托其他机构进行档案数字化、信息化服务的，应当对受托方进行监督。

第三十二条 县级档案主管部门应当根据本地区信息化发展水平统筹规划乡镇档案信息化工作，协调相关部门为乡镇搭建网络利用平台、加强档案数字资源建设、实现跨区域跨部门利用等提供条件保障。

鼓励有条件的地区统一部署区域性的电子档案管理信息系统。

第三十三条 县级综合档案馆应当为乡镇档案信息化提供支持，为乡镇档案数字资源备份提供便利，保障档案信息安全。

第七章　附　　则

第三十四条 本办法由国家档案局负责解释。

第三十五条 各省、自治区、直辖市档案主管部门，可结合本地区实际制定实施细则。街道档案工作可参照执行。

第三十六条 本办法自 2022 年 1 月 1 日起施行。国家档案局 1998 年印发的《乡镇档案工作试行办法》（档发字〔1998〕1 号）同时废止。

附件：乡镇文件材料归档范围和档案保管期限表

乡镇文件材料归档范围和档案保管期限表

序号	归档范围	保管期限
一	文书类	
1	党群工作	
1.1	本乡镇党委会、党委扩大会记录、纪要等文件材料	永久
1.2	本级党的代表大会、人民代表大会，工会、共青团、妇女代表大会的文件材料	
1.2.1	请示、批复、通知、名单、日程、报告、领导讲话、总结、决议、决定、纪要、选举结果、讨论通过的文件材料等	永久
1.2.2	大会发言，人大代表建议和意见、人大议案及答复	永久
1.2.3	筹备工作、选举过程中形成的文件，小组会议记录，讨论未通过的文件材料等	10 年
1.3	本乡镇人大在监督履责、办理议案过程中形成的文件材料	永久

续表

1.4	本乡镇档案、机要、保密等工作形成的文件材料	永久
1.5	本乡镇党委有关党的基层组织发展,党员管理、考核、教育培训,党费收缴的规定、办法、通知等文件材料	
1.5.1	重要的	永久
1.5.2	一般的	30年
1.6	本乡镇党委有关党员干部任免、考核、奖惩的决定,党员组织关系转移的介绍信存根,党员统计的报表、名册等文件材料	永久
1.7	本乡镇党委有关纪检监察、党风廉政建设的通报、报告等相关文件材料	
1.7.1	重要的	永久
1.7.2	一般的	30年
1.8	本乡镇纪检监察案件材料	永久
1.9	本乡镇党委有关政治思想、精神文明、宣传教育等工作形成的文件材料	
1.9.1	重要的	永久
1.9.2	一般的	30年
1.10	本乡镇统战、民族、宗教、侨务等工作形成的文件材料	
1.10.1	重要的	永久
1.10.2	一般的	30年
1.11	本乡镇工会、共青团、妇联工作形成的文件材料	
1.11.1	重要的	永久
1.11.2	一般的	10年
1.12	本乡镇学会、协会等组织在工作中形成的文件材料	30年
1.13	上级机关、上级领导检查、视察本地区、本机关工作形成的文件材料;上级机关下发的需要本乡镇贯彻执行的决定、纪要等文件材料	
1.13.1	重要的	永久
1.13.2	一般的	30年
1.14	下级党组织报送的年度计划、总结、报表、典型材料等	10年

续表

2	行政综合	
2.1	本乡镇乡镇长办公会、联席会、专题会等会议记录、纪要、决议等文件材料	永久
2.2	本乡镇制定的中长期规划，年度计划、总结等文件材料	永久
2.3	本乡镇区划调整、机构调整、人员编制、隶属关系改变等文件材料	永久
2.4	本乡镇编纂大事记、历史沿革、乡镇志、年鉴等过程中形成的文件材料	永久
2.5	本乡镇举办重大活动、应对突发事件过程中形成的文件材料	永久
2.6	本乡镇各项普查、统计调查工作形成的文件材料	
2.6.1	重要的	永久
2.6.2	一般的	10年
2.7	本乡镇信访工作形成的文件材料	
2.7.1	重要的	永久
2.7.2	一般的	10年
2.8	本乡镇行政执法案卷材料	永久
2.9	本乡镇有关人事、劳资、评聘、离退休、抚恤等工作形成的文件材料	永久
2.10	与本乡镇有关的奖惩文件材料	
2.10.1	本乡镇或本乡镇干部职工获得县级（含）以上表彰奖励和受到警告（不含）以上处分的决定、通知、通报等	永久
2.10.2	本乡镇或本乡镇干部职工获得县级以下表彰奖励和受到警告处分的决定、通知、通报等	30年
2.11	本乡镇有关劳动就业、劳务输出的通知、规定、名册等文件材料	永久
2.12	本乡镇机关房产、土地所有权和使用权的文件材料	永久
2.13	本乡镇与有关单位签订的合同、协议，物资和服务的采购计划、审批手续、招标投标等文件材料	
2.13.1	重要的	永久
2.13.2	一般的	30年

续表

2.14	本乡镇政府政务工作形成的其他文件材料	
2.14.1	重要的	永久
2.14.2	一般的	30年
2.15	本乡镇所属单位和村级组织报送的有关人员调整、组织换届、机构撤并等文件材料	永久
3	司法综治民政	
3.1	本乡镇有关司法、综治工作形成的文件材料	
3.1.1	依法行政、综合治理、维稳保障等工作的规定、办法、意见、建议、报告、总结等	永久
3.1.2	维护国家安全、扫黑除恶、反邪教工作等的巡视巡查、督查检查计划、记录等	30年
3.1.3	法律援助、人民调解、社区矫正、法治宣传等工作的规定、办法、报告、总结等	永久
3.2	本乡镇有关国防教育、民兵、征兵、预备役等工作的计划、总结、报告等文件材料	永久
3.3	本乡镇有关现役退役军人事务管理、安置、优待、双拥等工作的通知、报告、请示、批复等文件材料	永久
3.4	本乡镇有关基层政权建设的请示、批复、通知、报告、总结等文件材料	永久
3.5	本乡镇区域内地名管理工作征求意见会会议名单、投票结果，上报征求意见函等文件材料	永久
3.6	本乡镇有关安全监管、社会救助、防灾减灾、移民安置、慈善社会捐赠等文件材料	
3.6.1	重要的	永久
3.6.2	一般的	30年
3.7	本乡镇有关移风易俗、婚丧嫁娶等文件材料	30年
3.8	本乡镇有关老年人、儿童、残疾人等社会保障，失业和离退休人员社会化管理，调解劳务纠纷等各项惠民服务工作形成的文件材料	
3.8.1	重要的	永久

续表

3.8.2	一般的	30年
3.9	本乡镇有关司法、综治、人武、民政、社会治安等工作形成的其他文件材料	
3.9.1	重要的	永久
3.9.2	一般的	10年
4	城乡建设　自然资源　交通	
4.1	本乡镇有关城乡建设、环境保护的规划、说明、方案等文件材料	永久
4.2	本乡镇有关土地或房产的管理、承包、保护、改造、补偿等工作形成的文件材料	永久
4.3	本乡镇有关处理违章建筑、土地纠纷工作形成的文件材料	永久
4.4	本乡镇有关地籍、宅基地确权登记等文件材料	永久
4.5	本乡镇有关土地、水、动植物、矿产等资源开发、保护、利用工作形成的文件材料	永久
4.6	本乡镇有关植树造林、林草承包、林草保护等工作形成的文件材料	永久
4.7	本乡镇有关基础设施建设工作形成的文件材料	
4.7.1	重要的	永久
4.7.2	一般的	30年
4.8	本乡镇有关农村道路建设、养护、管理等工作形成的文件材料	30年
4.9	本乡镇有关城乡建设、自然资源、交通等工作形成的其他文件材料	
4.9.1	重要的	永久
4.9.2	一般的	10年
5	财政经济农业	
5.1	本乡镇有关财政和财务管理工作的规定、办法、制度、计划、请示、批复、报告等文件材料	
5.1.1	重要的	永久
5.1.2	一般的	30年
5.2	本乡镇有关财务预算等文件材料	30年

续表

5.3	本乡镇有关税收工作的计划、规定、报表等文件材料	永久
5.4	本乡镇所属企业设立、合并、转制等文件材料	永久
5.5	本乡镇关于企业发展的计划、报告、合同、协议等文件材料	
5.5.1	重要的	永久
5.5.2	一般的	30年
5.6	本乡镇有关招商引资、对外经济贸易、农贸市场管理、外事往来、旅游等方面的规定、协定、合同、报表等文件材料	30年
5.7	本乡镇有关农村经济体制改革、家庭农场等新型农业经营主体、农业生产、粮食生产、农产品质量安全、收益分配、“菜篮子工程”、农业技术、科学种田、农业机械化等工作形成的文件材料	
5.7.1	重要的	永久
5.7.2	一般的	30年
5.8	本乡镇有关家庭承包经营的合同、村(组)延包方案的审核意见、会议纪要、土地经营权流转合同,土地承包问题信访、纠纷调解形成的文件材料	永久
5.9	本乡镇有关农田水利、水电建设的规划、设计等文件材料	永久
5.10	本乡镇有关畜牧生产、水产养殖、动物防疫工作的请示、批复、报告、通知、总结等文件材料	30年
5.11	本乡镇有关农产品生产、质量认证、加工等相关工作的计划、通知、请示、批复等文件材料	30年
5.12	本乡镇有关财政、经济、农业等工作形成的其他文件材料	
5.12.1	重要的	永久
5.12.2	一般的	10年
6	科教文卫	
6.1	本乡镇有关科学、教育事业发展,学校管理、校舍建设的计划、报告、报表等文件材料	永久
6.2	本乡镇有关文化、旅游、体育、广播电视事业发展、管理的计划、请示、报告、总结、合同、协议等文件材料	永久
6.3	本乡镇有关文物保护、民族民间文化艺术遗产传承、民间文艺创作工作形成的文件材料	

续表

6.3.1	重要的	永久
6.3.2	一般的	30年
6.4	本乡镇有关卫生防疫、妇幼保健、合作医疗等工作的计划、请示、报告等文件材料	
6.4.1	重要的	永久
6.4.2	一般的	30年
6.5	本乡镇有关科技、教育、文化、卫生等工作形成的其他文件材料	
6.5.1	重要的	永久
6.5.2	一般的	10年
二	**科技类**	
1	基建	
1.1	项目建议书、可行性研究报告、初步设计文件及项目申报和审批材料,中标的投标书、中标通知书,合同、协议等,相关的土地、资源、安全等专项报审、批复材料,征地拆迁材料等	永久
1.2	招标计划及审批、招标、评标等文件材料	30年
1.3	勘察、设计及审批等文件材料	永久
1.4	项目管理重要会议记录、纪要,项目管理制度、规范等文件材料	永久
1.5	建筑施工、设备及管线安装施工、电气仪表安装施工等文件材料	
1.5.1	重要的	永久
1.5.2	一般的	30年
1.6	竣工文件	永久
1.7	竣工验收相关文件材料	永久
2	科研	
2.1	科研项目立项、批准文件,科研项目合同、协议书,研究方案、开题报告等文件材料	永久
2.2	试验方案、设计标准,实验过程记录、图表、数据,实验计算、分析报告等文件材料	永久
2.3	样品试制、工艺流程、质量控制、分析报告、实验总结等文件材料	永久

续表

2.4	技术评审、研究报告、结题验收报告，成果申报、鉴定、获奖及推广应用材料，专利、认证证书等文件材料	永久
3	设备仪器	
3.1	招投标、采购合同、协议等文件材料	永久
3.2	开箱记录、说明书、操作手册、合格证、装箱清单等文件材料	30年
3.3	安装调试记录、验收报告、操作保养规定等文件材料	30年
3.4	设备仪器运行、检修、保养、事故处理等记录材料	30年
3.5	报废申请、批复、证明等文件材料	永久
三	**会计类**	
1	各类会计原始凭证、记账凭证、汇总凭证	30年
2	银行日记账、现金日记账、总账、明细账、辅助账簿	30年
3	财务报告	
3.1	年度财务报表、年度财务决算表	永久
3.2	月、季度财务报表	10年
4	会计档案移交清册、保管清册、销毁清册	永久
四	**声像类**	
1	本乡镇主办或承办的重点工作、重大活动、重要会议的声像材料	永久
2	本乡镇基建项目、科研项目的声像材料	
2.1	重点项目	永久
2.2	一般项目	30年
3	上级领导和社会知名人士参加与本乡镇有关的重大公务活动的声像材料	永久
4	本乡镇劳动模范、先进人物及其典型活动的声像材料	
4.1	县级(含)以上	永久
4.2	县级以下	30年
5	本乡镇历届领导班子成员的证件照片	永久
6	记录本乡镇区域内重大事件、重大事故、重大自然灾害及其他异常情况和现象的声像材料	永久

续表

7	记录本乡镇区域内地理概貌、城乡建设、重点工程、名胜古迹、自然风光及民间风俗和著名人物的声像材料	永久
8	其他具有重要保存价值的声像材料	永久
五	实物类	
1	本乡镇获得的奖牌、奖章、奖状、奖杯、锦旗、证书等	
1.1	县级(含)以上	永久
1.2	县级以下	10年
2	本乡镇在公务活动中收到的字画作品、礼品、纪念品等	
2.1	重要的	永久
2.2	一般的	10年
3	反映本乡镇特色文化、产业的服饰、手工艺品、产品样本等	永久
4	本乡镇行政区划调整、机构变动中停止使用的印章、牌匾(衔牌)等	永久
5	其他具有重要保存价值的实物	永久

国家广播电视总局关于第三批修改的部门规章的决定

(2021年10月8日国家广播电视总局令第9号公布 自公布之日起施行 国司备字[2021005143])

、修改《广播电视设备器材入网认定管理办法》(国家广播电视总局令第1号)

删去第十七条。

二、修改《广播电视节目传送业务管理办法》(国家广播电影电视总局令第33号)

(一)将第七条修改为:“禁止外商投资的机构从事广播电视节目传送业务。”

(二)将第二十二条修改为:“违反本办法规定,擅自从事广播电视节目传送业务的,由县级以上广播电视行政部门没收其从事违法活动的设备,并处投资总额1倍以上2倍以下的罚款;构成犯罪的,依法追究刑事责任。”

(三)将第三条中的“国家广播电影电视总局”修改为“国家广播电视总局”。

(四)将第三条、第十条、第二十二条、第二十三条、第二十四条中的“广播电视行政部门”修改为“人民政府广播电视行政部门”。

三、修改《广播电视视频点播业务管理办法》(国家广播电影电视总局令第35号)

(一)将第四条第二款修改为:“禁止外商投资的机构申请开办视频点播业务,但符合本办法第八条第一款的除外。”

(二)第七条增加一项,作为第三项:“(三)有线广播电视网络运营服务机构。”

(三)将第十条第二款修改为:“由宾馆饭店以外的机构申请《广播电视视频点播业务许可证(乙种)》的,还应当提交公司章程以及宾馆饭店同意在其宾馆饭店从事视频点播业务的书面文件。”

(四)将第十一条修改为:“申请《广播电视视频点播业务许可证(甲种)》的,应当向广电总局提出申请,并提交符合第十条规定的申报材料。

广电总局对申报材料进行审核,审核合格的,组织有关专家进行论证,论证期限为二十个工作日。广电总局根据论证结论作出决定,符合条件的,颁发《广播电视视频点播业务许可证(甲种)》;不符合条件的,书面通知申办机构并说明理由。”

(五)将第十三条修改为:“负责受理的广播电视行政部门应当按照行政许可法规定的期限和权限,履行受理、审核职责。其中,《广播电视视频点播业务许可证(乙种)》的审批时限为十五个工作日。”

(六)删去第三十一条中的“相关责任人三年内不得担任视频点播开办机构的节目总编或节目审查员。”

(七)将第三条中的“国家广播电影电视总局”修改为“国家广播电视总局”。

(八)将第三条、第十二条、第二十条、第二十五条、第二十八条、第二十九条、第三十二条中的“广播电视行政部门”修改为“人民政府广播电视行政部门”。

四、修改《未成年人节目管理规定》(国家广播电视总局令第3号)

(一)删去第三十条。

(二)删去第三十一条。

此外,对上述规章的条文顺序和个别文字作相应修改。

本决定自公布之日起施行。

《广播电视设备器材入网认定管理办法》《未成年人节目管理规定》《广播电视节目传送业务管理办法》《广播电视视频点播业务管理办法》根据本决定作相应修改，重新公布。

广播电视设备器材入网认定管理办法

（2018年7月16日国家广播电视总局令第1号公布　根据2021年10月8日《国家广播电视总局关于第三批修改的部门规章的决定》修正）

第一章　总　　则

第一条　为了保障广播电视播出与网络安全，维护广播电视用户合法权益，规范广播电视设备器材入网认定管理，根据国务院有关规定，制定本办法。

第二条　国务院广播电视主管部门负责全国广播电视设备器材入网认定（以下简称入网认定）管理工作。

县级以上地方人民政府广播电视主管部门依照本办法负责本行政区域内的入网认定管理工作。

第三条　国家对拟进入广播电视播出机构、广播电视传输覆盖网和监测监管网的有关设备器材实行入网认定，由国务院广播电视主管部门颁发广播电视设备器材入网认定证书（以下简称入网认定证书）。未获得入网认定证书的，不得在广播电视播出机构、广播电视传输覆盖网和监测监管网使用。

第二章　申请和认定

第四条　下列广播电视设备器材应当进行入网认定：

（一）广播电视网络安全设备器材；

（二）广播电视中心节目制作与播出设备器材；

（三）有线广播电视系统前端设备器材；

（四）有线广播电视传输与接入设备器材；

（五）无线广播电视发射与传输设备器材；

（六）卫星广播电视设备器材；

（七）广播电视信号条件接收、用户管理等业务集成与支撑设备器材；

（八）广播电视监测监管设备器材；

（九）广播电视系统专用电源等设备器材；

（十）其他应当进行入网认定的设备器材。

实行入网认定的广播电视设备器材目录由国务院广播电视主管部门制定和公布。

第五条 生产企业申请入网认定，应当向国务院广播电视主管部门提交下列材料：

（一）入网认定申请书；

（二）质量管理体系相关材料；

（三）产品的技术资料，包括产品使用说明书、功能介绍、性能指标、原理框图及设备外观照片、产品的企业标准以及企业标准和相关国家标准或者行业标准区别的说明等；

（四）实行生产许可证管理的产品，生产企业应当出示生产许可证复印件；

（五）实行安全认证和安全检测的产品，生产企业应当出示安全认证证书或者安全检测报告；

（六）商标注册证书等有关材料复印件。

对尚未公布国家标准、行业标准的广播电视设备器材新产品入网认定时，除提交上述申请材料外，还应当提供相应的技术方案。

提交的入网认定申请书一律用中文填写。外文的文件资料，应当具有中文对照文字。

第六条 申请材料不齐全或者不符合法定形式的，国务院广播电视主管部门应当在收到申请材料之日起5个工作日内一次告知申请人需要补正的全部材料。

国务院广播电视主管部门应当逐步完善广播电视设备器材入网认定电子政务服务平台。

第七条 国务院广播电视主管部门委托检测机构依据相关国家标准、行业标准或者相关入网技术规范对抽样产品进行检测，1个月内出具入网抽样检测报告，按检测标准要求测试时间需超过1个月的除外。

第八条 国务院广播电视主管部门应当对申请材料和入网抽样检测报告等进行全面审查，根据行政许可法的规定作出决定。

对符合条件的，颁发入网认定证书；对不符合条件的，作出不予认定决定，说明理由并书面通知申请企业。自作出不予认定决定之日起3个月后，申请企业方可重新提出入网认定申请。

第九条 入网认定证书由国务院广播电视主管部门统一印制，有效期为3

年。入网认定证书不得伪造、涂改、出租、出借、倒卖和转让。

有效期届满需继续获得入网认定的，应当在有效期届满前 3 个月，按本办法的规定重新办理。

第十条 已获入网认定证书的生产企业，其产品的技术、名称、型号或者质量管理体系发生改变的，应当按本办法的规定重新办理入网认定申请；企业名称发生改变的，应当凭原入网认定证书并持企业名称变更有关材料向国务院广播电视主管部门申请办理变更手续。

第十一条 国务院广播电视主管部门应当向社会公布获得入网认定证书的广播电视设备器材产品和生产企业。

第三章 监督管理

第十二条 生产企业可以在获得入网认定证书的广播电视设备器材外包装上标注入网认定证书编号和有效期，以及产品名称、型号、产地等符合国家有关规定的中文标识的质量标志。

第十三条 生产企业应当健全完善质量管理和售后服务体系，保证广播电视设备器材产品的质量稳定、可靠，不得降低产品质量和性能。

第十四条 国务院广播电视主管部门应当委托检测资质、检测能力和检测范围与入网认定检测业务相符的检测机构。受委托检测机构的检测资质、检测能力不再适合进行入网认定检测的，国务院广播电视主管部门应当取消、变更检测委托。

第十五条 受委托检测机构应当严格按照标准进行检测，对检测结果负责，保证检测报告、检测数据的真实准确。受委托检测机构应当依法保守秘密。

受委托检测机构对申请入网设备器材进行检测的，不得向申请入网认定生产企业收取检测费用，检测样品一律返回申请生产企业。

第十六条 省级地方人民政府广播电视主管部门应当对本行政区域内获得入网认定证书的广播电视设备器材生产企业和产品进行监督检查和抽查，向社会公布抽查结果并汇总报送国务院广播电视主管部门。

第十七条 任何单位和个人有权向广播电视主管部门投诉、举报违反本办法的行为。

第四章 法律责任

第十八条 广播电视播出机构、广播电视传输覆盖网和监测监管网运营单位违反本办法，擅自使用未获得入网认定证书的设备器材的，由县级以上人民政府广播电视主管部门予以警告，责令改正；对造成安全播出事故的，由广播电视主管部门或者其他有权机构对负有责任的主管人员和直接责任人员依法给予处分、处理；构成犯罪的，依法追究刑事责任。

第十九条 已获得入网认定证书的生产企业有下列情况之一的，由县级以上人民政府广播电视主管部门予以警告，并由国务院广播电视主管部门向社会公告。

（一）未按照入网认定标准生产产品，产品质量或者性能明显下降的；

（二）质量管理体系及管理水平不能达到认定时水平的；

（三）不落实售后服务的。

第二十条 已获得入网认定证书的生产企业有下列情况之一的，由县级以上人民政府广播电视主管部门予以警告，可处 1 万元以上 3 万元以下罚款，并由国务院广播电视主管部门向社会公告；构成犯罪的，依法追究刑事责任。

（一）产品质量或者性能严重下降，发生严重质量事故或者造成严重后果的；

（二）产品技术、名称、型号或者质量管理体系发生改变，未按本办法的规定重新办理入网认定申请，仍使用原入网认定证书的；

（三）涂改、出租、出借、倒卖或者转让入网认定证书的；

（四）伪造或者盗用入网认定证书的。

第二十一条 生产企业采用欺骗、贿赂等不正当手段取得入网认定证书的，由国务院广播电视主管部门撤销入网认定证书。自撤销证书之日起，3 年内不受理其入网认定申请。

第二十二条 检测机构出具虚假检测报告、虚假证明材料、错误数据或者不按标准进行检测造成严重影响或者损失的，由国务院广播电视主管部门予以警告，并取消对其检测任务的委托；构成犯罪的，依法追究刑事责任。对负有责任的主管人员和直接责任人员，由广播电视主管部门或者其他有权机构依法给予处分、处理。

第二十三条 广播电视主管部门工作人员在入网认定中未按本办法履行职责，滥用职权、玩忽职守、徇私舞弊的，由县级以上人民政府广播电视主管部门对负有责任的主管人员和直接责任人员依法给予处分、处理；构成犯罪的，依法追究刑事责任。

第五章　附　　则

第二十四条 本办法自 2018 年 8 月 20 日起施行。国家广播电影电视总局 2004 年 6 月 18 日颁布的《广播电视设备器材入网认定管理办法》同时废止。

广播电视节目传送业务管理办法

（2004年7月6日国家广播电影电视总局令第33号公布　根据2021年10月8日《国家广播电视总局关于第三批修改的部门规章的决定》修正）

第一章　总　　则

第一条　为了加强广播电视节目传送业务管理，规范广播电视节目传送秩序，制定本办法。

第二条　本办法所称广播电视节目传送业务，是指利用有线方式从事广播电视节目传输和接入服务的活动。

第三条　国家广播电视总局（以下简称广电总局）负责全国广播电视节目传送业务的管理。县级以上人民政府广播电视行政部门负责本行政区域内广播电视节目传送业务的管理。

第四条　国家对广播电视节目传送业务实行许可制度。

第二章　业务许可

第五条　利用有线方式从事广播电视节目传送业务，应当按本办法规定领取《广播电视节目传送业务经营许可证》。

利用无线、微波、卫星等其他方式从事广播电视节目传送业务，应当按照国家有关规定办理相关审批手续。

第六条　下列机构可以申请《广播电视节目传送业务经营许可证》：

（一）经广电总局批准设立的广播电视播出机构；

（二）经广电总局批准设立的广播影视集团（总台）及所属机构；

（三）拥有有线广播电视网络经营权的国有或者国有控股机构。

第七条　禁止外商投资的机构从事广播电视节目传送业务。

第八条　申请《广播电视节目传送业务经营许可证》，应当具备下列条件：

（一）符合国家广播电视节目传送业务总体规划和业务要求；

（二）具有确保广播电视节目安全传送所需的设备、技术、人员及相关管理制度；

（三）资费标准符合国家有关规定；

（四）有从事经营活动的场所及相应网络资源；

（五）有长期提供传送服务的信誉和能力；

（六）有合法的广播电视节目信号来源；

（七）其他法律、行政法规规定的条件。

第九条 申请《广播电视节目传送业务经营许可证》，应当提交下列材料：

（一）有线电视网络建设及覆盖情况、传送内容（应当写明具体频道、节目名称）、传送范围、技术手段（数字传输或者模拟传输）、传送方式（节目传输或者接入服务）等内容的说明；

（二）申办机构基本情况。申办机构为企业单位的，应当提供企业章程、股东背景情况的说明；

（三）《广播电视节目传送业务经营许可证》申请表；

（四）从事广播电视节目传送业务的技术方案、运营方案、管理制度；

（五）人员、场所的证明资料（包括法定代表人或者主要负责人及主要业务管理人员、专业技术人员的资格证明和身份证明文件、工作场所使用权证明文件）；

（六）广播电视节目安全传送方案；

（七）广播电视节目信号来源证明。

第十条 申请利用有线方式在省级行政区域内或者跨省（市）从事广播电视节目传送业务的，应当向地（市）级以上人民政府广播电视行政部门提出申请，并提交符合本办法第九条规定的申报材料，经逐级审核，报广电总局审批。符合条件的，广电总局予以颁发《广播电视节目传送业务经营许可证》。

申请利用有线方式在同一地（市）行政区域内从事广播电视节目传送业务的，应当向县级以上人民政府广播电视行政部门提出申请，经逐级审核，报省级人民政府广播电视行政部门审批。符合条件的，省级人民政府广播电视行政部门予以颁发《广播电视节目传送业务经营许可证》。

在同一省（市）内两个以上地（市）级行政区域经营广播电视节目传送业务的，视为在省级行政区域内经营广播电视节目传送业务，依照本条第一款规定报广电总局审批。

第十一条 负责受理的广播电视行政部门应当按照行政许可法规定的期限和权限，履行受理、审核职责。申请人的申请符合法定标准的，有权作出决定的广播电视行政部门应当作出准予行政许可的书面决定；依法作出不予行政许可决定的，应当书面通知申请人并说明理由。

第十二条 《广播电视节目传送业务经营许可证》包含传送内容、传送范围、技术手段、传送方式等事项。

持证机构应当按照许可证载明的事项从事广播电视节目传送业务。

第十三条　持证机构变更许可证事项、股东、持股比例及停止从事广播电视节目传送业务，应当提前六十日报原发证机关批准。国家对停止从事传送业务有其他规定的，还应当按照有关规定执行。

持证机构营业场所、法定代表人等重要事项发生变更的，应当在三十日内书面告知原发证机关。

持证机构为广播电视播出机构、广播电视节目制作经营机构传送节目素材的，不须另行申请变更许可证事项。

第三章　传送管理

第十四条　从事广播电视节目传送业务的机构应当在《广播电视频道播出许可证》规定的传输覆盖范围内传送频道节目。

第十五条　广播电视播出机构不得通过未获得广播电视节目传送业务许可的机构传送其节目信号。

第十六条　从事广播电视节目传送业务的机构不得利用所拥有的网络或者频率资源擅自开办广播电视节目，不得为非法开办的节目以及来源非法的广播电视节目信号提供传送服务，不得擅自传送境外卫星电视节目。

第十七条　禁止传送含有下列内容的广播电视节目信号：

（一）反对宪法确定的基本原则的；

（二）危害国家统一、主权和领土完整的；

（三）泄漏国家秘密、危害国家安全或者损害国家荣誉和利益的；

（四）煽动民族仇恨、民族歧视，破坏民族团结，或者侵害民族风俗、习惯的；

（五）宣扬邪教、迷信的；

（六）扰乱社会秩序，破坏社会稳定的；

（七）宣传淫秽、赌博、暴力或者教唆犯罪的；

（八）侮辱或者诽谤他人，侵害他人合法权益的；

（九）危害社会公德或者民族优秀文化传统的；

（十）有法律、行政法规和国家规定禁止的其他内容的。

第十八条　从事广播电视节目传送业务的机构不得在所传送的节目中插播其他节目、资料、图像、文字及其他信息。

第十九条　从事接入服务的持证机构，在有线电视网络停止模拟电视信号播出前，应当在模拟频道中完整传送广电总局规定必须传送的广播电视节目。

第二十条 从事接入服务的持证机构应当提供长期、稳定的服务。

第二十一条 从事广播电视节目传送业务的机构应当向广播电视行政部门设立的监测机构提供所传送节目的完整信号,不得干扰、阻碍监测活动。

第四章 罚 则

第二十二条 违反本办法规定,擅自从事广播电视节目传送业务的,由县级以上人民政府广播电视行政部门没收其从事违法活动的设备,并处投资总额1倍以上2倍以下的罚款;构成犯罪的,依法追究刑事责任。

第二十三条 违反本办法规定,有下列行为之一的,由县级以上人民政府广播电视行政部门责令停止违法活动,给予警告,没收违法所得,可以并处二万元以下罚款;构成犯罪的,依法追究刑事责任:

(一)未完整传送广电总局规定必须传送的广播电视节目的;

(二)擅自在所传送的节目中插播节目、资料、图像、文字及其他信息的;

(三)未按照许可证载明事项从事传送业务的;

(四)营业场所、股东及持股比例、法定代表人等重要事项发生变更,未在规定期限内书面通知原发证机关的;

(五)未向广播电视行政部门设立的监测机构提供所传送节目的完整信号,或者干扰、阻碍监测活动的。

第二十四条 违反本办法规定,有下列行为之一的,由县级以上人民政府广播电视行政部门责令停止违法活动,给予警告,没收违法所得,可以并处二万元以下罚款;情节严重的,由原发证机关吊销许可证;构成犯罪的,依法追究刑事责任:

(一)擅自开办广播电视节目的;

(二)为非法开办的节目以及非法来源的广播电视节目信号提供传送服务;

(三)擅自传送境外卫星电视节目的。

第五章 附 则

第二十五条 本办法自2004年8月10日起施行。广电总局《经营广播电视节目传送业务审批管理暂行办法》(广发社字〔1997〕714号)和《关于广播电视节目传输管理的实施细则(试行)》(广发办字〔2001〕1497号)同时废止。

广播电视视频点播业务管理办法

（2004 年 7 月 6 日国家广播电影电视总局令第 35 号公布　根据 2021 年 10 月 8 日《国家广播电视总局关于第三批修改的部门规章的决定》修正）

第一章　总　　则

第一条　为了促进广播电视视频点播业务健康发展，加强监督管理，促进社会主义精神文明建设，制定本办法。

第二条　本办法所称广播电视视频点播（以下简称视频点播），是指通过广播电视技术系统以实时点播、准视频点播（轮播）、下载播放等点播形式供用户自主选择收看广播电视节目的业务活动。

第三条　国家广播电视总局（以下简称广电总局）负责全国视频点播业务的管理，制定全国视频点播业务总体规划，确定视频点播开办机构的总量、布局。

县级以上地方人民政府广播电视行政部门负责本辖区内视频点播业务的管理。

第四条　国家对视频点播业务实行许可制度。未经许可，任何机构和个人均不得开办视频点播业务。

禁止外商投资的机构申请开办视频点播业务，但符合本办法第八条第一款的除外。

第二章　业 务 许 可

第五条　开办视频点播业务应当取得《广播电视视频点播业务许可证》。

第六条　《广播电视视频点播业务许可证》分为甲、乙两种。

持有《广播电视视频点播业务许可证（甲种）》的机构，可在许可证载明的行政区域内从事视频点播业务。

持有《广播电视视频点播业务许可证（乙种）》的机构，可在许可证载明的宾馆饭店内从事视频点播业务。

第七条　下列机构可以申请《广播电视视频点播业务许可证（甲种）》：

（一）经批准设立的地（市）级以上广播电台、电视台；

（二）经批准设立的广播影视集团（总台）；

（三）有线广播电视网络运营服务机构。

第八条 下列机构可以申请《广播电视视频点播业务许可证（乙种）》：

（一）三星级以上或者相当于三星级以上的宾馆饭店；

（二）具有同时为10家以上三星级或者相当于三星级以上的宾馆饭店提供视频点播业务能力的机构。

第九条 申请《广播电视视频点播业务许可证》应当具备下列条件：

（一）符合国家视频点播业务总体规划；

（二）有符合本办法规定的节目资源；

（三）具备与视频点播业务开办规模相适应的场所、技术、人员等条件；

（四）所使用的系统和设备符合国家和行业技术标准；

（五）有健全的节目内容审查制度、播出管理制度；

（六）有确定的传播范围；

（七）具备与开办视频点播业务相适应的信誉和服务能力；

（八）有与广播电视行政部门监控系统实现联网的方案；

（九）其他法律、行政法规规定的条件。

第十条 申请《广播电视视频点播业务许可证》的，应当提交下列材料：

（一）申请报告，内容应当包括：申请许可证类别（甲种、乙种）、传播方式（实时点播、准视频点播、下载播放）、播放范围等；

（二）《广播电视视频点播业务许可证》申请表；

（三）从事广播电视视频点播业务的节目开办方案、技术方案、运营方案、管理制度；

（四）向政府监管部门提供监控信号的监控方案；

（五）主管人员简要情况介绍和设备、场所的证明资料。

由宾馆饭店以外的机构申请《广播电视视频点播业务许可证（乙种）》的，还应当提交公司章程以及宾馆饭店同意在其宾馆饭店从事视频点播业务的书面文件。

第十一条 申请《广播电视视频点播业务许可证（甲种）》的，应当向广电总局提出申请，并提交符合第十条规定的申报材料。

广电总局对申报材料进行审核，审核合格的，组织有关专家进行论证，论证期限为二十个工作日。广电总局根据论证结论做出决定，符合条件的，颁发《广播电视视频点播业务许可证（甲种）》；不符合条件的，书面通知申办机构并说明理由。

第十二条 申请《广播电视视频点播业务许可证（乙种）》，应当向当地县级以上人民政府广播电视行政部门提出申请，并提交符合第十条规定的申报材料。经逐级审核后，报省级人民政府广播电视行政部门审批。

省级人民政府广播电视行政部门对申报材料进行审核，审核合格的，申办机构可以安装视频点播设备。设备安装完毕，省级人民政府广播电视行政部门组织验收，根据验收结论作出决定，符合条件的，颁发《广播电视视频点播业务许可证（乙种）》，并在九十日内报广电总局备案；不符合条件的，书面通知申办机构并说明理由。

第十三条 负责受理的广播电视行政部门应当按照行政许可法规定的期限和权限，履行受理、审核职责。其中，《广播电视视频点播业务许可证（乙种）》的审批时限为十五个工作日。

第十四条 《广播电视视频点播业务许可证》有效期为三年，自颁发之日起计算。有效期届满，需继续经营视频点播业务的，应当于期满前六个月按本办法规定的审批程序办理续办手续。

第十五条 开办机构应当在领取《广播电视视频点播业务许可证》之后九十日内开播。如因特殊理由不能如期开播，应当经发证机关同意，否则按终止业务处理。

第十六条 持有《广播电视视频点播业务许可证》的机构需终止业务的，应当提前六十日向原发证机关申报，其《广播电视视频点播业务许可证》由原发证机关予以公告注销。

第十七条 《广播电视视频点播业务许可证》包含开办主体、开办范围、节目类别、传送方式等项目。

开办机构应当按照许可证载明的事项从事视频点播业务。

第十八条 开办机构变更许可证登记项目、股东及持股比例的，应当提前六十日报原发证机关批准。

第十九条 开办机构的营业场所、法定代表人、节目总编等重要事项发生变更，应当在三十日内书面告知原发证机关。

第二十条 宾馆饭店不得允许未获得《广播电视视频点播业务许可证》的机构在其宾馆饭店内从事视频点播业务。

宾馆饭店同意其他机构作为开办主体在本宾馆饭店内从事视频点播业务的，应当对其经营活动进行必要的监督。如发现有违反本办法规定行为的，应当予以制止并立即报告当地人民政府广播电视行政部门。

第三章 节目管理

第二十一条 视频点播节目不得载有下列内容：

（一）反对宪法确定的基本原则的；

（二）危害国家统一、主权和领土完整的；

（三）泄露国家秘密、危害国家安全或者损害国家荣誉和利益的；

（四）煽动民族仇恨、民族歧视，破坏民族团结，或者侵害民族风俗、习惯的；

（五）宣扬邪教、迷信的；

（六）扰乱社会秩序，破坏社会稳定的；

（七）宣扬淫秽、赌博、暴力或者教唆犯罪的；

（八）侮辱或者诽谤他人，侵害他人合法权益的；

（九）危害社会公德或者民族优秀文化传统的；

（十）有法律、行政法规和国家规定禁止的其他内容的。

第二十二条　用于视频点播业务的节目，应当符合《著作权法》的规定。

第二十三条　用于视频点播业务的节目，应当以国产节目为主。

第二十四条　引进用于视频点播的境外影视剧，应当按有关规定报广电总局审查。

第二十五条　用于视频点播的节目限于下列五类：

（一）取得《电视剧发行许可证》、《电影片公映许可证》的影视剧；

（二）依法设立的广播电视播出机构制作、播出的节目；

（三）依法设立的广播电视节目制作经营机构制作的节目；

（四）经省级以上人民政府广播电视行政部门审查批准的境外广播电视节目；

（五）从合法途径取得的天气预报、股票行情等信息类节目。

第二十六条　用于视频点播的新闻类或者信息类节目应当真实、公正。

第二十七条　开办机构应当配备节目审查员，健全节目审查制度，实行节目总编负责制，对其播放的节目内容进行审查。节目总编应当具备必要的业务素质和相关的从业经验。

第二十八条　持有《广播电视视频点播业务许可证（甲种）》开办机构的播出前端应当与广电总局视频点播业务监控系统实现联网；持有《广播电视视频点播业务许可证（乙种）》开办机构的播出前端应当与所在地人民政府广播电视行政部门视频点播业务监控系统实现联网。

第四章　罚　　则

第二十九条　违反本办法规定，未经批准，擅自开办视频点播业务的，由县级以上人民政府广播电视行政部门予以取缔,可以并处一万元以上三万元以下的罚款;构成犯罪的,依法追究刑事责任。

第三十条 违反本办法规定,有下列行为之一的,由县级以上人民政府广播电视行政部门责令停止违法活动、给予警告、限期整改,可以并处三万元以下的罚款:

(一)未按《广播电视视频点播业务许可证》载明的事项从事视频点播业务的;

(二)未经批准,擅自变更许可证事项、股东及持股比例或者需终止开办视频点播业务的;

(三)播放不符合本办法规定的广播电视节目的;

(四)未按本办法第二十一条、第二十四条、第二十五条规定播放视频点播节目的;

(五)违反本办法第十八条,第十九条规定,有重要事项发生变更未在规定期限内通知原发证机关的;

(六)违反本办法第二十八条规定,播出前端未按规定与广播电视行政部门监控系统进行联网的。

第三十一条 违反本办法规定,节目总编或者节目审查员未履行应尽职责,出现三次以上违规内容的,广电总局可以对相关责任人予以警告。

第三十二条 违反本办法第二十条规定,宾馆饭店允许未获得《广播电视视频点播业务许可证》的机构在其宾馆饭店内经营视频点播业务的,由县级以上人民政府广播电视行政部门予以警告,可以并处三万元以下罚款。

第五章 附 则

第三十三条 本办法施行前经广播电视行政部门批准开办视频点播业务的机构,应当自本办法实施之日起六个月内,按照本办法规定申换许可证。

第三十四条 本办法自 2004 年 8 月 10 日起施行。广电总局《有线电视视频点播管理暂行办法》(广电总局令第 4 号)和《宾馆饭店视频点播管理暂行办法》(广电总局令第 6 号)同时废止。

未成年人节目管理规定

（2019年3月29日国家广播电视总局令第3号公布　根据2021年10月8日《国家广播电视总局关于第三批修改的部门规章的决定》修正）

第一章　总　　则

第一条　为了规范未成年人节目，保护未成年人身心健康，保障未成年人合法权益，教育引导未成年人，培育和弘扬社会主义核心价值观，根据《中华人民共和国未成年人保护法》《广播电视管理条例》等法律、行政法规，制定本规定。

第二条　从事未成年人节目的制作、传播活动，适用本规定。

本规定所称未成年人节目，包括未成年人作为主要参与者或者以未成年人为主要接收对象的广播电视节目和网络视听节目。

第三条　从事未成年人节目制作、传播活动，应当以培养能够担当民族复兴大任的时代新人为着眼点，以培育和弘扬社会主义核心价值观为根本任务，弘扬中华优秀传统文化、革命文化和社会主义先进文化，坚持创新发展，增强原创能力，自觉保护未成年人合法权益，尊重未成年人发展和成长规律，促进未成年人健康成长。

第四条　未成年人节目管理工作应当坚持正确导向，注重保护尊重未成年人的隐私和人格尊严等合法权益，坚持教育保护并重，实行社会共治，防止未成年人节目出现商业化、成人化和过度娱乐化倾向。

第五条　国务院广播电视主管部门负责全国未成年人节目的监督管理工作。

县级以上地方人民政府广播电视主管部门负责本行政区域内未成年人节目的监督管理工作。

第六条　广播电视和网络视听行业组织应当结合行业特点，依法制定未成年人节目行业自律规范，加强职业道德教育，切实履行社会责任，促进业务交流，维护成员合法权益。

第七条　广播电视主管部门对在培育和弘扬社会主义核心价值观、强化正面教育、贴近现实生活、创新内容形式、产生良好社会效果等方面表现突出的未成年人节目，以及在未成年人节目制作、传播活动中做出突出贡献的组织、个人，按照有关规定予以表彰、奖励。

第二章　节目规范

第八条　国家支持、鼓励含有下列内容的未成年人节目的制作、传播：

（一）培育和弘扬社会主义核心价值观；

（二）弘扬中华优秀传统文化、革命文化和社会主义先进文化；

（三）引导树立正确的世界观、人生观、价值观；

（四）发扬中华民族传统家庭美德，树立优良家风；

（五）符合未成年人身心发展规律和特点；

（六）保护未成年人合法权益和情感，体现人文关怀；

（七）反映未成年人健康生活和积极向上的精神面貌；

（八）普及自然和社会科学知识；

（九）其他符合国家支持、鼓励政策的内容。

第九条　未成年人节目不得含有下列内容：

（一）渲染暴力、血腥、恐怖，教唆犯罪或者传授犯罪方法；

（二）除健康、科学的性教育之外的涉性话题、画面；

（三）肯定、赞许未成年人早恋；

（四）诋毁、歪曲或者以不当方式表现中华优秀传统文化、革命文化、社会主义先进文化；

（五）歪曲民族历史或者民族历史人物，歪曲、丑化、亵渎、否定英雄烈士事迹和精神；

（六）宣扬、美化、崇拜曾经对我国发动侵略战争和实施殖民统治的国家、事件、人物；

（七）宣扬邪教、迷信或者消极颓废的思想观念；

（八）宣扬或者肯定不良的家庭观、婚恋观、利益观；

（九）过分强调或者过度表现财富、家庭背景、社会地位；

（十）介绍或者展示自杀、自残和其他易被未成年人模仿的危险行为及游戏项目等；

（十一）表现吸毒、滥用麻醉药品、精神药品和其他违禁药物；

（十二）表现吸烟、售烟和酗酒；

（十三）表现违反社会公共道德、扰乱社会秩序等不良举止行为；

（十四）渲染帮会、黑社会组织的各类仪式；

（十五）宣传、介绍不利于未成年人身心健康的网络游戏；

（十六）法律、行政法规禁止的其他内容。

以科普、教育、警示为目的，制作、传播的节目中确有必要出现上述内容的，应当根据节目内容采取明显图像或者声音等方式予以提示，在显著位置设置明确提醒，并对相应画面、声音进行技术处理，避免过分展示。

第十条 不得制作、传播利用未成年人或者未成年人角色进行商业宣传的非广告类节目。

制作、传播未成年人参与的歌唱类选拔节目、真人秀节目、访谈脱口秀节目应当符合国务院广播电视主管部门的要求。

第十一条 广播电视播出机构、网络视听节目服务机构、节目制作机构应当根据不同年龄段未成年人身心发展状况，制作、传播相应的未成年人节目，并采取明显图像或者声音等方式予以提示。

第十二条 邀请未成年人参与节目制作，应当事先经其法定监护人同意。不得以恐吓、诱骗或者收买等方式迫使、引诱未成年人参与节目制作。

制作未成年人节目应当保障参与制作的未成年人人身和财产安全，以及充足的学习和休息时间。

第十三条 未成年人节目制作过程中，不得泄露或者质问、引诱未成年人泄露个人及其近亲属的隐私信息，不得要求未成年人表达超过其判断能力的观点。

对确需报道的未成年人违法犯罪案件，不得披露犯罪案件中未成年人当事人的姓名、住所、照片、图像等个人信息，以及可能推断出未成年人当事人身份的资料。对于不可避免含有上述内容的画面和声音，应当采取技术处理，达到不可识别的标准。

第十四条 邀请未成年人参与节目制作，其服饰、表演应当符合未成年人年龄特征和时代特点，不得诱导未成年人谈论名利、情爱等话题。

未成年人节目不得宣扬童星效应或者包装、炒作明星子女。

第十五条 未成年人节目应当严格控制设置竞赛排名，不得设置过高物质奖励，不得诱导未成年人现场拉票或者询问未成年人失败退出的感受。

情感故事类、矛盾调解类等节目应当尊重和保护未成年人情感，不得就家庭矛盾纠纷采访未成年人，不得要求未成年人参与节目录制和现场调解，避免未成年人亲眼目睹家庭矛盾冲突和情感纠纷。

未成年人节目不得以任何方式对未成年人进行品行、道德方面的测试，放大不良现象和非理性情绪。

第十六条 未成年人节目的主持人应当依法取得职业资格，言行妆容不得引起未成年人心理不适，并在节目中切实履行引导把控职责。

未成年人节目设置嘉宾，应当按照国务院广播电视主管部门的规定，将道德品行作为首要标准，严格遴选、加强培训，不得选用因丑闻劣迹、违法犯罪等行为造成不良社会影响的人员，并提高基层群众作为节目嘉宾的比重。

第十七条 国产原创未成年人节目应当积极体现中华文化元素，使用外国的人名、地名、服装、形象、背景等应当符合剧情需要。

未成年人节目中的用语用字应当符合有关通用语言文字的法律规定。

第十八条 未成年人节目前后播出广告或者播出过程中插播广告，应当遵守下列规定：

（一）未成年人专门频率、频道、专区、链接、页面不得播出医疗、药品、保健食品、医疗器械、化妆品、酒类、美容广告、不利于未成年人身心健康的网络游戏广告，以及其他不适宜未成年人观看的广告，其他未成年人节目前后不得播出上述广告；

（二）针对不满十四周岁的未成年人的商品或者服务的广告，不得含有劝诱其要求家长购买广告商品或者服务、可能引发其模仿不安全行为的内容；

（三）不得利用不满十周岁的未成年人作为广告代言人；

（四）未成年人广播电视节目每小时播放广告不得超过 12 分钟；

（五）未成年人网络视听节目播出或者暂停播出过程中，不得插播、展示广告，内容切换过程中的广告时长不得超过 30 秒。

第三章　传播规范

第十九条 未成年人专门频率、频道应当通过自制、外购、节目交流等多种方式，提高制作、播出未成年人节目的能力，提升节目质量和频率、频道专业化水平，满足未成年人收听收看需求。

网络视听节目服务机构应当以显著方式在显著位置对所传播的未成年人节目建立专区，专门播放适宜未成年人收听收看的节目。

未成年人专门频率频道、网络专区不得播出未成年人不宜收听收看的节目。

第二十条 广播电视播出机构、网络视听节目服务机构对所播出的录播或者用户上传的未成年人节目，应当按照有关规定履行播前审查义务；对直播节目，应当采取直播延时、备用节目替换等必要的技术手段，确保所播出的未成年人节目中不得含有本规定第九条第一款禁止内容。

第二十一条 广播电视播出机构、网络视听节目服务机构应当建立未成年人保护专员制度，安排具有未成年人保护工作经验或者教育背景的人员专门负责未成年人节目、广告的播前审查，并对不适合未成年人收听收看的节目、广告提出调整播出时段或者暂缓播出的建议，暂缓播出的建议由有关节目审查部门组织专家论证后实施。

第二十二条 广播电视播出机构、网络视听节目服务机构在未成年人节目播出过程中，应当至少每隔30分钟在显著位置发送易于辨认的休息提示信息。

第二十三条 广播电视播出机构在法定节假日和学校寒暑假每日8:00至23:00，以及法定节假日和学校寒暑假之外时间每日15:00至22:00，播出的节目应当适宜所有人群收听收看。

未成年人专门频率频道全天播出未成年人节目的比例应当符合国务院广播电视主管部门的要求，在每日17:00-22:00之间应当播出国产动画片或者其他未成年人节目，不得播出影视剧以及引进节目，确需在这一时段播出优秀未成年人影视剧的，应当符合国务院广播电视主管部门的要求。

未成年人专门频率频道、网络专区每日播出或者可供点播的国产动画片和引进动画片的比例应当符合国务院广播电视主管部门的规定。

第二十四条 网络用户上传含有未成年人形象、信息的节目且未经未成年人法定监护人同意的，未成年人的法定监护人有权通知网络视听节目服务机构采取删除、屏蔽、断开链接等必要措施。网络视听节目服务机构接到通知并确认其身份后应当及时采取相关措施。

第二十五条 网络视听节目服务机构应当对网络用户上传的未成年人节目建立公众监督举报制度。在接到公众书面举报后经审查发现节目含有本规定第九条第一款禁止内容或者属于第十条第一款禁止节目类型的，网络视听节目服务机构应当及时采取删除、屏蔽、断开链接等必要措施。

第二十六条 广播电视播出机构、网络视听节目服务机构应当建立由未成年人保护专家、家长代表、教师代表等组成的未成年人节目评估委员会，定期对未成年人节目、广告进行播前、播中、播后评估。必要时，可以邀请未成年人参加评估。评估意见应当作为节目继续播出或者调整的重要依据，有关节目审查部门应当对是否采纳评估意见作出书面说明。

第二十七条 广播电视播出机构、网络视听节目服务机构应当建立未成年人节目社会评价制度，并以适当方式及时公布所评价节目的改进情况。

第二十八条 广播电视播出机构、网络视听节目服务机构应当就未成年人保护情况每年度向当地人民政府广播电视主管部门提交书面年度报告。

评估委员会工作情况、未成年人保护专员履职情况和社会评价情况应当作为年度报告的重要内容。

第四章　监督管理

第二十九条　广播电视主管部门应当建立健全未成年人节目监听监看制度，运用日常监听监看、专项检查、实地抽查等方式，加强对未成年人节目的监督管理。

第三十条　广播电视主管部门应当设立未成年人节目违法行为举报制度，公布举报电话、邮箱等联系方式。

任何单位或者个人有权举报违反本规定的未成年人节目。广播电视主管部门接到举报，应当记录并及时依法调查、处理；对不属于本部门职责范围的，应当及时移送有关部门。

第三十一条　全国性广播电视、网络视听行业组织应当依据本规定，制定未成年人节目内容审核具体行业标准，加强从业人员培训，并就培训情况向国务院广播电视主管部门提交书面年度报告。

第五章　法律责任

第三十二条　违反本规定，制作、传播含有本规定第九条第一款禁止内容的未成年人节目的，或者在以科普、教育、警示为目的制作的节目中，包含本规定第九条第一款禁止内容但未设置明确提醒、进行技术处理的，或者制作、传播本规定第十条禁止的未成年人节目类型的，依照《广播电视管理条例》第四十九条的规定予以处罚。

第三十三条　违反本规定，播放、播出广告的时间超过规定或者播出国产动画片和引进动画片的比例不符合国务院广播电视主管部门规定的，依照《广播电视管理条例》第五十条的规定予以处罚。

第三十四条　违反本规定第十一条至第十七条、第十九条至第二十二条、第二十三条第一款和第二款、第二十四条至第二十八条的规定，由县级以上人民政府广播电视主管部门责令限期改正，给予警告，可以并处三万元以下的罚款。

违反第十八条第一项至第三项的规定，由有关部门依法予以处罚。

第三十五条　广播电视节目制作经营机构、广播电视播出机构、网络视听节目服务机构违反本规定，其主管部门或者有权处理单位，应当依法对负有责任的主管人员或者直接责任人员给予处分、处理；造成严重社会影响的，广播电视主管部门可以向被处罚单位的主管部门或者有权处理单位通报情况，提出对负有责任的主管人员或者直接责任人员的处分、处理建议，并可函询后续处分、处理结果。

第三十六条 广播电视主管部门工作人员滥用职权、玩忽职守、徇私舞弊或者未依照本规定履行职责的，对负有责任的主管人员和直接责任人员依法给予处分。

第六章 附 则

第三十七条 本规定所称网络视听节目服务机构，是指互联网视听节目服务机构和专网及定向传播视听节目服务机构。

本规定所称学校寒暑假是指广播电视播出机构所在地、网络视听节目服务机构注册地教育行政部门规定的时间段。

第三十八条 未构成本规定所称未成年人节目，但节目中含有未成年人形象、信息等内容，有关内容规范和法律责任参照本规定执行。

第三十九条 本规定自2019年4月30日起施行。

国家广播电视总局关于第四批修改的部门规章的决定

（2021年10月9日国家广播电视总局令第10号公布　自公布之日起施行　国司备字［2021005144］）

一、修改《〈卫星电视广播地面接收设施管理规定〉实施细则》（广播电影电视部令第11号）

（一）将第二条第三款修改为："广播电视行政部门的职责是对卫星地面接收设施实行归口管理，审批卫星地面接收设施的设置，组织对卫星地面接收设施的生产、销售、使用情况进行检查；公安机关的职责是查处抗拒、阻碍管理部门依法执行公务的违法行为，协助管理部门对卫星地面接收设施进行技术检查；国家安全机关的职责是根据工作需要，依法对单位、个人安装使用的卫星地面接收设施开展电子查验，防范、发现和打击利用卫星地面接收设施从事危害国家安全的活动。"

（二）将第四条第二款修改为："下列单位和场所可申请设置、使用卫星地面接收设施接收卫星传送的境外电视节目：

“（一）级别较高、规模较大的教育、科研、新闻、金融、经贸和党政机关等确因业务工作需要的单位；

“（二）确有境外电视节目接收需求，且具备接收条件的规模较大、级别较高的宾馆酒店；

“（三）专供外国人和港、澳、台人士办公或者居住的写字楼、公寓等；

“（四）其他确有需要设置卫星地面接收设施接收卫星传送的境外电视节目的情形。”

增加一款，作为第三款：“经国家广播电视总局批准，通过有线电视网等其他传输方式开展境外卫星电视节目传输业务的地区，不再受理设置卫星地面接收设施接收境外电视节目的申请。”

（三）将第五条第一款修改为：“凡需设置卫星地面接收设施接收境内电视节目的单位，应当向当地县级以上人民政府广播电视行政部门提出申请，报地、市级人民政府广播电视行政部门审批。省、自治区、直辖市的直属单位可直接报省、自治区、直辖市人民政府广播电视行政部门审批。经审查批准的单位，凭审批机关的批准文件或者审批机关开具的证明购买卫星地面接收设施。卫星地面接收设施安装完毕，经审批机关检验合格后由其发给《接收卫星传送的境内电视节目许可证》（以下简称《许可证》），并报省、自治区、直辖市人民政府广播电视行政部门备案。此种《许可证》格式由国家广播电视总局统一制定，各省、自治区、直辖市自行印制。”

第三款修改为：“凡需设置卫星地面接收设施接收境外电视节目的单位，应当向当地县级以上人民政府广播电视行政部门提出申请，经地、市级人民政府广播电视行政部门签署意见后，报所在省、自治区、直辖市人民政府广播电视行政部门审批。经审查批准的单位，凭审批机关的批准文件或者审批机关开具的证明购买卫星地面接收设施。卫星地面接收设施安装完毕，经省、自治区、直辖市人民政府广播电视行政部门检验合格后，由其发给《接收卫星传送的境外电视节目许可证》（以下简称《许可证》），并报国家广播电视总局备案。省、自治区、直辖市人民政府广播电视行政部门应当定期向当地国家安全机关通报《接收卫星传送的境外电视节目许可证》办理发放情况信息。此种《许可证》由国家广播电视总局统一印制。”

（四）将第六条修改为：“国家广播电视总局设置直播卫星提供广播电视公共服务。

“在直播卫星公共服务覆盖区域内，个人因自用需要安装、使用直播卫星地面接收设施接收境内电视节目的，应当符合国家广播电视总局的要求。”

（五）删去第八条。

（六）将第九条改为第八条，修改为："禁止未持有《许可证》的单位和不符合第六条规定的个人设置、使用卫星地面接收设施接收卫星传送的电视节目。"

（七）将第十条改为第九条，修改为："安装、维修卫星地面接收设施的施工单位，应当符合国家广播电视总局规定的条件。

"单位设置卫星地面接收设施，应当由持有《卫星地面接收设施安装服务许可证》的机构提供安装和维修等相关服务。"

（八）将第十一条改为第十条，第一款修改为："持有《许可证》的单位，应当按照《许可证》载明的接收目的、接收内容、接收方式和收视对象范围等要求，接收卫星传送的电视节目。"

第二款修改为："依本细则取得许可的宾馆酒店，可以通过其内部闭路电视系统向客房传送所接收的境外电视节目。"

第三款修改为："依本细则取得许可的其他单位，应当根据工作需要限定收视人员范围，不得将接收设施的终端安置到其规定接收范围外的场所。禁止在本单位的内部闭路电视系统中传送所接收的境外电视节目。"

（九）将第十二条改为第十一条，修改为："转播卫星传送的境外电视节目，应当遵守国家广播电视总局的有关规定。"

（十）将第十三条改为第十二条，修改为："《许可证》不得涂改或者转让。需要改变《许可证》规定的内容或者不再接收卫星传送的电视节目的单位，应当按照本细则规定的程序，及时报请审批机关换发或者注销《许可证》。

"《许可证》有效期为两年。有效期届满需继续设置、使用卫星地面接收设施的，应当在有效期届满前一个月，按照本细则的规定申领《许可证》。"

（十一）将第十四条改为第十三条，修改为："卫星地面接收设施的宣传、广告，不得违反国家广播电视总局的有关规定。"

（十二）将第十五条改为第十四条，修改为："卫星地面接收设施的生产，应当符合国务院有关行政部门的规定。

"直播卫星地面接收设施的生产，还应当按照国家广播电视总局的有关要求，履行生产备案、设备信息上传等程序。"

（十三）将第十六条改为第十五条，修改为："卫星地面接收设施生产企业，应当将卫星地面接收设施定向销售给依法设立的卫星地面接收设施安装服务机构。

"卫星地面接收设施安装服务机构，应当向持有有关批准文件或者购买证明的单位和符合第六条规定的个人供应卫星地面接收设施。"

（十四）删去第十七条、第十八条。

（十五）将第十九条改为第十六条，修改为：“对违反本细则下列规定的单位和个人，由县级以上人民政府广播电视行政部门予以处罚：

“（一）对违反本细则第八条规定的，可给予警告、通报批评，没收其使用的卫星地面接收设施，对个人可以并处一千元至五千元罚款，对单位可以并处一万元至五万元罚款；

“（二）对违反本细则第十条至第十二条规定的单位，可给予警告、通报批评、一万元至三万元罚款；

“（三）对违反本细则第十三条规定的，可给予警告、通报批评、五千元至三万元罚款；

“（四）对违反本细则第十四条第二款的，可给予警告、通报批评、一万元至三万元罚款。”

（十六）将第二十条、第二十一条、第二十二条合并，作为第十七条，修改为：“对违反本细则第十四条第一款、第十五条规定的，由县级以上人民政府有关行政部门依法予以处罚。”

（十七）将第二十三条改为第十八条，修改为：“抗拒、阻碍管理部门依法对卫星地面接收设施的生产、销售、设置、安装和使用进行管理的，由公安机关依法予以处罚；构成犯罪的，依法追究刑事责任。”

（十八）将第二十四条改为第十九条，修改为：“利用卫星地面接收设施从事危害国家安全活动的，由国家安全机关、公安机关依法处理。”

（十九）删去第二十五条、第二十六条。

（二十）将第三十一条改为第二十四条，修改为：“本细则自发布之日起施行。”

（二十一）将《〈卫星电视广播地面接收设施管理规定〉实施细则》中的“广播电影电视部”修改为“国家广播电视总局”。

二、修改《卫星电视广播地面接收设施安装服务暂行办法》（国家广播电影电视总局令第 60 号）

（一）将第四条第三款修改为：“卫星地面接收设施安装服务机构，应当向持有审批机关批准文件或者审批机关开具购买证明的单位或者使用直播卫星地面接收设施的个人，提供卫星地面接收设施安装服务。所安装的卫星地面接收设施，应当由省、自治区、直辖市以上人民政府广播电视行政部门核准的卫星地面接收设施安装服务机构，从合法的卫星地面接收设施生产企业定向进货；进货时，应当核验该企业所持相关生产资质等文件。卫星地面接收设施不得进入社会市场流通领域。”

（二）删去第五条第一款第一项。

增加一款，作为第二款：“拟申请设立的卫星地面接收设施安装服务机构，应当凭《卫星地面接收设施安装服务许可证》及时到登记管理机关办理登记注册，取得法人资格。”

增加一款，作为第四款：“外商投资企业不得从事卫星地面接收设施安装服务活动。”

（三）将第六条第三项修改为：“（三）主要工程技术人员名单和资质材料；”

第四项修改为：“（四）法定代表人、主要经营者的简历和任职文件。”

删去第五项。

（四）增加一款，作为第八条第四款：“《卫星地面接收设施安装服务许可证》有效期为两年。有效期届满需继续从事卫星地面接收设施安装服务的，应当在有效期届满前一个月，按照本办法办理申领手续。”

（五）增加一条，作为第九条：“专门从事直播卫星地面接收设施安装服务活动的，按照国家广播电视总局有关规定执行。”

（六）将第十一条改为第十二条，第四项修改为：“（四）单位卫星地面接收设施安装完毕后，应当先报请审批机关或者其授权的机构实施检验并加贴合格标志，方可为其开通使用；”

增加一项，作为第五项：“（五）个人安装直播卫星地面接收设施，应当按照国家广播电视总局的有关规定上传个人信息，经核验成功后方可开通使用；”

第六项改为第七项，修改为：“建立用户业务档案和信息管理系统，妥善保存用户安装、维护等资料，确保信息资料真实、合法、准确，主动接受管理部门监督检查。”

（七）将第十四条改为第十五条，第一款修改为：“违反本办法规定，擅自提供卫星地面接收设施安装服务的，由县级以上人民政府广播电视行政部门给予警告、通报批评，没收其安装的卫星地面接收设施，对个人可以并处五千元以下的罚款，对单位可以并处五万元以下的罚款。”

第二款修改为：“卫星地面接收设施安装服务机构和卫星地面接收设施生产企业之间，存在违反本办法规定的利益关联的，由县级以上人民政府广播电视行政部门给予警告、通报批评，可以并处三万元以下的罚款。”

第四款修改为：“存在无证无照经营情形的，依据《无证无照经营查处办法》等有关规定处理。”

（八）将第十五条改为第十六条，修改为：“本办法所称用户，是指符合国家规定的设置使用卫星地面接收设施的条件，并持有或者提出申请《接收卫星传送的电视节目许可证》的单位或者使用直播卫星地面接收设施的个人。

“本办法所称审批机关，是指依据《卫星电视广播地面接收设施管理规定》《〈卫星电视广播地面接收设施管理规定〉实施细则》规定，负责审批设置使用卫星地面接收设施的国务院、省和地（市）三级广播电视行政部门。”

（九）将第十七条改为第十八条，删去第二款、第三款。

（十）将《卫星电视广播地面接收设施安装服务暂行办法》中的“国务院广播影视行政部门”修改为“国家广播电视总局”，“广播影视行政部门”修改为“广播电视行政部门”。

此外，对上述规章的条文顺序和个别文字作相应修改。

本决定自公布之日起施行。

《〈卫星电视广播地面接收设施管理规定〉实施细则》《卫星电视广播地面接收设施安装服务暂行办法》根据本决定作相应修改，重新公布。

《卫星电视广播地面接收设施管理规定》实施细则

（1994 年 2 月 3 日广播电影电视部令第 11 号公布　根据 2021 年 10 月 9 日《国家广播电视总局关于第四批修改的部门规章的决定》修正）

第一章　总　　则

第一条　根据国务院颁布的《卫星电视广播地面接收设施管理规定》（以下简称《管理规定》）第十二条规定，制定本细则。

第二条　国家广播电视总局是卫星电视广播地面接收设施（以下简称卫星地面接收设施）的归口管理部门，会同公安部、国家安全部负责全国卫星地面接收设施管理工作。

地方各级人民政府广播电视行政部门是当地的卫星地面接收设施的归口管理部门，会同地方各级公安机关和国家安全机关负责本辖区内的卫星地面接收设施的管理工作。

广播电视行政部门的职责是对卫星地面接收设施实行归口管理，审批卫星地面接收设施的设置，组织对卫星地面接收设施的生产、销售、使用情况进行检查；公安机关的职责是查处抗拒、阻碍管理部门依法执行公务的违法行为，协助管理部门对卫星地面接收设施进行技术检查；国家安全机关的职责是根据工作需要,依法对单位、个人安装使用的卫星地面接收设施开展电子查验,防范、发现和打击利用卫星地面接收设施从事危害国家安全的活动。

第二章　卫星地面接收设施的设置

第三条　申请设置卫星地面接收设施接收卫星传送的电视节目的单位,应当具备下列条件:

(一)有确定的接收方位、接收内容和收视对象范围;

(二)有符合国家标准的接收设备;

(三)有合格的专职管理人员;

(四)有健全的管理制度。

第四条　任何单位均可申请设置卫星地面接收设施接收卫星传送的境内电视节目。

下列单位和场所可申请设置、使用卫星地面接收设施接收卫星传送的境外电视节目:

(一)级别较高、规模较大的教育、科研、新闻、金融、经贸和党政机关等确因业务工作需要的单位;

(二)确有境外电视节目接收需求,且具备接收条件的规模较大、级别较高的宾馆酒店;

(三)专供外国人和港、澳、台人士办公或者居住的写字楼、公寓等;

(四)其他确有需要设置卫星地面接收设施接收卫星传送的境外电视节目的情形。

经国家广播电视总局批准,通过有线电视网等其他传输方式开展境外卫星电视节目传输业务的地区,不再受理设置卫星地面接收设施接收境外电视节目的申请。

第五条　凡需设置卫星地面接收设施接收境内电视节目的单位,应当向当地县级以上人民政府广播电视行政部门提出申请,报地、市级人民政府广播电视行政部门审批。省、自治区、直辖市的直属单位可直接报省、自治区、直辖市人民政府广播电视行政部门审批。经审查批准的单位,凭审批机关的批准文件或者审批机关开具的证明购买卫星地面接收设施。卫星地面接收设施安装完毕,经审批机关检验合格后由其发给《接收卫星传送的境内电视节目许可证》(以下简称《许可证》),并报省、自治区、直辖市人民政府广播电视行政部门备案。此种《许可证》格式由国家广播电视总局统一制定,各省、自治区、直辖市自行印制。

设置卫星地面接收设施专门接收卫星传送的境内教育电视节目的各类学校和教育、教学单位，亦按上述程序办理审批手续。经审查批准的，可由当地教育行政部门负责管理，同时接受广播电视行政部门和公安机关、国家安全机关的检查和管理。

凡需设置卫星地面接收设施接收境外电视节目的单位，应当向当地县级以上人民政府广播电视行政部门提出申请，经地、市级人民政府广播电视行政部门签署意见后，报所在省、自治区、直辖市人民政府广播电视行政部门审批。经审查批准的单位，凭审批机关的批准文件或者审批机关开具的证明购买卫星地面接收设施。卫星地面接收设施安装完毕，经省、自治区、直辖市人民政府广播电视行政部门检验合格后，由其发给《接收卫星传送的境外电视节目许可证》（以下简称《许可证》），并报国家广播电视总局备案。省、自治区、直辖市人民政府广播电视行政部门应当定期向当地国家安全机关通报《接收卫星传送的境外电视节目许可证》办理发放情况信息。此种《许可证》由国家广播电视总局统一印制。

第六条 国家广播电视总局设置直播卫星提供广播电视公共服务。

在直播卫星公共服务覆盖区域内，个人因自用需要安装、使用直播卫星地面接收设施接收境内电视节目的，应当符合国家广播电视总局的要求。

第七条 必要时国家广播电视总局可以直接批准设置卫星地面接收设施，并发给相应的《许可证》。

第八条 禁止未持有《许可证》的单位和不符合第六条规定的个人设置、使用卫星地面接收设施接收卫星传送的电视节目。

第九条 安装、维修卫星地面接收设施的施工单位，应当符合国家广播电视总局规定的条件。

单位设置卫星地面接收设施，应当由持有《卫星地面接收设施安装服务许可证》的机构提供安装和维修等相关服务。

第三章 卫星电视节目的接收和使用

第十条 持有《许可证》的单位，应当按照《许可证》载明的接收目的、接收内容、接收方式和收视对象范围等要求，接收卫星传送的电视节目。

依本细则取得许可的宾馆酒店，可以通过其内部闭路电视系统向客房传送所接收的境外电视节目。

依本细则取得许可的其他单位，应当根据工作需要限定收视人员范围，不得将接收设施的终端安置到其规定接收范围外的场所。禁止在本单位的内部闭路电视系统中传送所接收的境外电视节目。

禁止在车站、码头、机场、商店和影视厅、歌舞厅等公共场所播放或者以其他方式传播卫星传送的境外电视节目。

禁止利用卫星地面接收设施接收、传播反动淫秽的卫星电视节目。

第十一条 转播卫星传送的境外电视节目,应当遵守国家广播电视总局的有关规定。

第十二条 《许可证》不得涂改或者转让。需要改变《许可证》规定的内容或者不再接收卫星传送的电视节目的单位,应当按照本细则规定的程序,及时报请审批机关换发或者注销《许可证》。

《许可证》有效期为两年。有效期届满需继续设置、使用卫星地面接收设施的,应当在有效期届满前一个月,按照本细则的规定申领《许可证》。

第十三条 卫星地面接收设施的宣传、广告,不得违反国家广播电视总局的有关规定。

第四章 卫星地面接收设施的生产、销售和进口

第十四条 卫星地面接收设施的生产,应当符合国务院有关行政部门的规定。

直播卫星地面接收设施的生产,还应当按照国家广播电视总局的有关要求,履行生产备案、设备信息上传等程序。

第十五条 卫星地面接收设施生产企业,应当将卫星地面接收设施定向销售给依法设立的卫星地面接收设施安装服务机构。

卫星地面接收设施安装服务机构,应当向持有有关批准文件或者购买证明的单位和符合第六条规定的个人供应卫星地面接收设施。

第五章 法律责任

第十六条 对违反本细则下列规定的单位和个人,由县级以上人民政府广播电视行政部门予以处罚:

(一)对违反本细则第八条规定的,可给予警告、通报批评,没收其使用的卫星地面接收设施,对个人可以并处一千元至五千元罚款,对单位可以并处一万元至五万元罚款;

(二)对违反本细则第十条至第十二条规定的单位,可给予警告、通报批评、一万元至三万元罚款;

（三）对违反本细则第十三条规定的，可给予警告、通报批评、五千元至三万元罚款；

（四）对违反本细则第十四条第二款的，可给予警告、通报批评、一万元至三万元罚款。

第十七条 对违反本细则第十四条第一款、第十五条规定的，由县级以上人民政府有关行政部门依法予以处罚。

第十八条 抗拒、阻碍管理部门依法对卫星地面接收设施的生产、销售、设置、安装和使用进行管理的，由公安机关依法予以处罚；构成犯罪的，依法追究刑事责任。

第十九条 利用卫星地面接收设施从事危害国家安全活动的，由国家安全机关、公安机关依法处理。

第六章 附 则

第二十条 军队以及公安机关、国家安全机关设置用于军事、公安、国家安全业务的卫星地面接收设施，由中国人民解放军有关部门、公安部和国家安全部各自另行制定管理规定实施管理，并将管理规定送国家广播电视总局备案。但其宿舍区、宾馆等用于非军事、公安、国家安全业务的卫星地面接收设施的设置、安装和使用，应当依照《管理规定》和本细则接受管理。

外国驻华使（领）馆，以及其他享有外交特权与豁免的机构设置卫星地面接收设施，通过外交途径办理。

第二十一条 持有《许可证》的单位接收、使用卫星传送的电视节目，应当尊重该节目著作权人的权利。

第二十二条 卫星地面接收设施管理费的征收和使用办法，由国家广播电视总局商有关部门或者由省、自治区、直辖市人民政府广播电视行政部门商有关部门制定。

第二十三条 各省、自治区、直辖市人民政府广播电视行政部门可依据《管理规定》和本细则，结合各地实际情况，商有关部门制定卫星地面接收设施的具体管理办法。

第二十四条 本细则自发布之日起施行。

卫星电视广播地面接收设施安装服务暂行办法

（2009年8月6日国家广播电影电视总局令第60号公布　根据2015年8月28日《国家新闻出版广电总局关于修订部分规章和规范性文件的决定》第一次修正　根据2021年10月9日《国家广播电视总局关于第四批修改的部门规章的决定》第二次修正）

第一条　为了规范卫星电视广播地面接收设施（以下简称卫星地面接收设施）安装服务活动，维护相关各方合法权益，根据《卫星电视广播地面接收设施管理规定》《广播电视管理条例》等有关规定，制定本办法。

第二条　本办法适用于卫星地面接收设施的安装施工及其配套供应、售后服务维修和卫星节目落地代理、收视授权等相关服务活动。

第三条　县级以上人民政府广播电视行政部门会同其他有关部门，依据各自职责，负责对本行政区域内的卫星地面接收设施安装服务活动实施监督管理，指导从事卫星地面接收设施安装服务活动的机构（以下简称卫星地面接收设施安装服务机构）分层次、分区域建立健全卫星地面接收设施安装专营服务体系及网点，向用户提供及时便捷服务，维护用户基本公共文化权益；并依法维护广播电视事业建设和节目传播的正常秩序，打击非法生产、销售、安装卫星地面接收设施行为。

上级人民政府广播电视行政部门及其他有关部门，应当加强对下级人民政府广播电视行政部门及其他有关部门相关管理工作的监督检查。

第四条　国家对卫星地面接收设施安装服务实行许可制度。

设立卫星地面接收设施安装服务机构，应当取得《卫星地面接收设施安装服务许可证》。未持有《卫星地面接收设施安装服务许可证》的单位，不得从事卫星地面接收设施的安装施工及其配套供应、售后服务维修和卫星节目落地代理、收视授权等相关服务活动。

卫星地面接收设施安装服务机构，应当向持有审批机关批准文件或者审批机关开具购买证明的单位或者使用直播卫星地面接收设施的个人，提供卫星地面接收设施安装服务。所安装的卫星地面接收设施，应当由省、自治区、直辖市以上人民政府广播电视行政部门核准的卫星地面接收设施安装服务机构，从合法的卫星地面接收设施生产企业定向进货；进货时，应当核验该企业所持相关生产资质等文件。卫星地面接收设施不得进入社会市场流通领域。

卫星地面接收设施安装服务机构,应当接受卫星节目运营机构的委托,实施卫星节目落地代理、收视授权活动。卫星节目运营机构不得向未取得《卫星地面接收设施安装服务许可证》的单位委托卫星节目落地代理、收视授权。

第五条 申请设立的卫星地面接收设施安装服务机构,应当具备下列条件:

(一)有符合国家法律、法规规定的机构名称、组织机构和章程,有健全的管理制度和安全保障措施;

(二)有与其业务活动相适应的专业人员、设备和营业场所;

(三)有明确的服务区,有可行的服务方案及必要的服务资源;

(四)法定代表人、主要出资者和经营者在申请之日前三年内,未因违反国家卫星地面接收设施管理的规定而被有关主管部门给予两次以上行政处罚的;

(五)符合法律、行政法规和国家有关规定规定的其他条件。

拟申请设立的卫星地面接收设施安装服务机构,应当凭《卫星地面接收设施安装服务许可证》及时到登记管理机关办理登记注册,取得法人资格。

广播电视行政部门在审核上述条件时,还应当统筹考虑当地广播电视覆盖的规划及建设安排。

外商投资企业不得从事卫星地面接收设施安装服务活动。

第六条 申请设立卫星地面接收设施安装服务机构,应当提交下列材料:

(一)申请报告和申请表;

(二)拟申请服务区的范围图;

(三)主要工程技术人员名单和资质材料;

(四)法定代表人、主要经营者的简历和任职文件。

第七条 设立卫星地面接收设施安装服务机构,应当根据拟申请服务区的范围,向所在地县级以上人民政府广播电视行政部门提出申请,经逐级审核后,报省、自治区、直辖市以上人民政府广播电视行政部门审批。

省、自治区、直辖市以上人民政府广播电视行政部门应当自收到申请或者初审意见二十日内,作出准予许可或者不予许可的决定。准予许可的,发给许可证;不予许可的,应当书面通知申请人并说明理由。

《卫星地面接收设施安装服务许可证》由国家广播电视总局统一印制。

第八条 卫星地面接收设施安装服务机构应当按照《卫星地面接收设施安装服务许可证》载明的业务类别、服务区等事项从事卫星地面接收设施安装服务活动。

卫星地面接收设施安装服务机构拟变更机构名称、法定代表人、主要出资者、主要经营者、业务类别、服务区等重要事项的，应当在变更前三十日向原发证机关申请换发《卫星地面接收设施安装服务许可证》。

卫星地面接收设施安装服务机构拟终止服务，应当在终止前六十日向原发证机关提交终止服务申请及善后方案，经原发证机关批准后方可终止。善后服务方案由所在地县级人民政府广播电视行政部门监督执行。

《卫星地面接收设施安装服务许可证》有效期为两年。有效期届满需继续从事卫星地面接收设施安装服务的，应当在有效期届满前一个月，按照本办法办理申领手续。

第九条 专门从事直播卫星地面接收设施安装服务活动的，按照国家广播电视总局有关规定执行。

第十条 卫星地面接收设施安装服务机构和卫星地面接收设施生产企业之间，除依法形成的供货关系外，不得存在其他利益关联。相关供货产品的维修网点，双方可以通过委托、代理、合作方式设立，卫星地面接收设施生产企业不得自行建立或者参股。设立维修网点应当具备必要的维修管理条件，经所在地县级人民政府广播电视行政部门审核，报省、自治区、直辖市人民政府广播电视行政部门批准，凭批准文件到登记管理机关变更或者注册营业执照后，方可营业。

第十一条 卫星地面接收设施安装服务机构不得为传播下列内容的卫星节目信号提供卫星地面接收设施安装服务：

（一）反对宪法确定的基本原则的；

（二）危害国家统一、主权和领土完整的；

（三）泄露国家秘密、危害国家安全或者损害国家荣誉、利益的；

（四）煽动民族仇恨、民族歧视，破坏民族团结或者侵害民族风俗、习惯的；

（五）宣扬邪教、迷信的；

（六）扰乱社会秩序，破坏社会稳定的；

（七）宣扬淫秽、赌博、暴力或者教唆犯罪的；

（八）侮辱或者诽谤他人，侵害他人合法权益的；

（九）危害社会公德或者民族优秀文化传统的；

（十）未经国家广播电视总局批准或者在国家广播电视总局规定的范围及其他特定地区以外落地的境内外电视节目；

（十一）法律、行政法规和国家有关规定禁止的其他内容。

第十二条 卫星地面接收设施安装服务机构应当遵守以下规范：

（一）确保卫星地面接收设施安装施工质量，遵循牢固稳定、安全可靠、经济适用、便于维护的原则；

（二）确保卫星地面接收设施及配件产品来源合法、质量合格。安装施工及维修所涉及产品，应当取得国家广播电视总局颁发的广播电视设备器材入网认定证书，列入国家公布的卫星地面接收设施生产企业及认证产品名录，并通过国家卫星地面接收设施技术性能安全检验审核；

（三）应当按照卫星节目运营机构的委托，向用户完整提供可供其选择申请接收的卫星节目名单，所代理、授权用户收视的卫星节目来源和内容应当合法，确保用户收视节目质量，维护卫星节目方和收视方的合法权益；

（四）单位卫星地面接收设施安装完毕后，应当先报请审批机关或者其授权的机构实施检验并加贴合格标志，方可为其开通使用；

（五）个人安装直播卫星地面接收设施，应当按照国家广播电视总局的有关规定上传个人信息，经核验成功后方可开通使用；

（六）开通维修服务电话，制定服务标准和流程，及时向用户提供全面的咨询和便捷的服务；

（七）建立用户业务档案和信息管理系统，妥善保存用户安装、维护等资料，确保信息资料真实、合法、准确，主动接受管理部门监督检查。

第十三条　省、自治区、直辖市人民政府广播电视行政部门应当根据本办法规定，制定本行政区域内的卫星地面接收设施安装服务管理细则，接受社会监督。

第十四条　省、自治区、直辖市人民政府广播电视行政部门应当对本行政区域内的卫星地面接收设施安装服务机构的服务情况依法监督检查。

第十五条　违反本办法规定，擅自提供卫星地面接收设施安装服务的，由县级以上人民政府广播电视行政部门给予警告、通报批评，没收其安装的卫星地面接收设施，对个人可以并处五千元以下的罚款，对单位可以并处五万元以下的罚款。

卫星地面接收设施安装服务机构和卫星地面接收设施生产企业之间，存在违反本办法规定的利益关联的，由县级以上人民政府广播电视行政部门给予警告、通报批评，可以并处三万元以下的罚款。

违反本办法其他规定的，由县级以上人民政府广播电视行政部门依据《卫星电视广播地面接收设施管理规定》《广播电视管理条例》及国家有关规定予以处罚；构成犯罪的，依法追究刑事责任。

存在无证无照经营情形的，依据《无证无照经营查处办法》等有关规定处理。

第十六条　本办法所称用户，是指符合国家规定的设置使用卫星地面接收设施的条件，并持有或者提出申请《接收卫星传送的电视节目许可证》的单位或者使用直播卫星地面接收设施的个人。

本办法所称审批机关，是指依据《卫星电视广播地面接收设施管理规定》《〈卫星电视广播地面接收设施管理规定〉实施细则》规定，负责审批设置使用卫星地面接收设施的国务院、省和地（市）三级广播电视行政部门。

第十七条 境外节目接收用户、数字电影院线等特定用户的卫星地面接收设施安装服务，由国家广播电视总局指定的机构提供，按照国家有关规定实施管理。

第十八条 本办法自2010年1月1日起施行。

保险公司非寿险业务准备金管理办法

（2021年10月14日中国银行保险监督管理委员会令2021年第11号公布 自2021年12月1日起施行 国司备字[2021005154]）

第一章 总 则

第一条 为了加强对保险公司非寿险业务准备金的监督管理，促进保险公司稳健经营，夯实偿付能力计量基础，保护被保险人利益，根据《中华人民共和国保险法》（以下简称《保险法》）等法律、行政法规，制定本办法。

第二条 本办法所称非寿险业务，是指除人寿保险业务以外的保险业务，包括财产损失保险、责任保险、信用保险、保证保险、短期健康保险和意外伤害保险业务以及上述业务的再保险业务。

第三条 本办法所称保险公司，是指在中华人民共和国境内依法设立的经营上述非寿险业务的保险公司，包括财产保险公司、人身保险公司及再保险公司。

第四条 保险公司应建立并完善准备金管理的内控制度，明确职责分工和工作流程。保险公司评估各项准备金，应按照银保监会的规定，遵循非寿险精算的原理和方法，保持客观、谨慎，并充足、合理地提取和结转各项准备金。

第五条 银保监会及其派出机构依法对保险公司非寿险业务准备金进行监管。

第二章　准备金的种类及评估方法

第六条　保险公司非寿险业务准备金包括未到期责任准备金及未决赔款准备金。

第七条　未到期责任准备金是指在准备金评估日为尚未终止的保险责任而提取的准备金，包括未赚保费准备金及保费不足准备金。

第八条　未赚保费准备金是指以未满期部分保费收入为基础所计提的准备金，并应减除与获取保费收入相关联的保单获取成本的未到期部分。

第九条　对未赚保费准备金，应当采用以下方法确定：

（一）三百六十五分之一法；

（二）风险分布法；

（三）银保监会认可的其他方法。

第十条　保险公司应在未到期责任准备金评估过程中进行保费充足性测试，并根据测试结果提取保费不足准备金，作为未到期责任准备金的一部分。

第十一条　未决赔款准备金是指保险公司为保险事故已经发生但尚未最终结案的损失提取的准备金，包括已发生已报案未决赔款准备金、已发生未报案未决赔款准备金和理赔费用准备金。

第十二条　已发生已报案未决赔款准备金是指为保险事故已经发生并已向保险公司提出索赔，保险公司尚未结案的损失而提取的准备金。

第十三条　对已发生已报案未决赔款准备金，应当采用以下方法确定：

（一）逐案估计法；

（二）案均赋值法；

（三）银保监会认可的其它方法。

第十四条　已发生未报案未决赔款准备金是为下列情况所提取的赔款准备金：

（一）保险事故已经发生但尚未向保险公司提出索赔的；

（二）已经提出索赔但保险公司尚未立案的；

（三）保险公司已立案但对事故损失估计不足，预计最终赔付将超过原估损值的；

（四）保险事故已经赔付但有可能再次提出索赔的。

第十五条　对已发生未报案未决赔款准备金，应当根据险种的风险性质、分布特征、经验数据等因素采用以下方法确定：

（一）链梯法；

（二）案均赔款法；
（三）准备金进展法；
（四）B-F 法；
（五）赔付率法；
（六）银保监会认可的其他方法。

第十六条 理赔费用准备金是指为尚未结案的损失可能发生的费用而提取的准备金，包括为直接发生于具体赔案的专家费、律师费、损失检验费等提取的直接理赔费用准备金，以及为非直接发生于具体赔案的费用而提取的间接理赔费用准备金。

第十七条 对已发生已报案案件的直接理赔费用准备金，应采用第十三条中规定的方法确定；对已发生未报案案件的直接理赔费用准备金，应采用第十五条中规定的方法确定；对间接理赔费用准备金，应采用合理的比率分摊法提取。

第十八条 保险公司提取的各项非寿险业务准备金应包含风险边际并考虑货币时间价值。

第三章 内控管理

第十九条 保险公司的董事会、管理层、精算及相关职能部门、分支机构在准备金管理中应分级授权，权责分明，分工合作，相互制约。

第二十条 准备金评估方法、假设的调整对保险公司产生显著影响的，应经总精算师同意后，提交公司董事会决议，或由董事会正式授权公司经营管理层决策机构审议。

第二十一条 保险公司应加强准备金评估所需数据的质量管理，以保证所需数据真实、准确、完整、一致、有效。

第二十二条 保险公司应建立并完善准备金评估信息系统，以保证准备金的评估流程被完整地记录、保存。

第二十三条 保险公司应建立分支机构的准备金评估或分摊机制，不得违规调整分支机构的准备金。

第二十四条 保险公司总公司不直接经营业务的，不得在总公司本级留存准备金。

第二十五条 保险公司应建立准备金工作底稿制度。

第二十六条 保险公司应按照规定披露准备金信息。

第四章 监督管理

第二十七条 银保监会及其派出机构对保险公司准备金的监督管理,采取现场监管与非现场监管结合的方式。

第二十八条 保险公司总精算师负责准备金评估工作,公正、客观地履行精算职责,向银保监会或其派出机构提供精算意见,并应当向银保监会或其派出机构及时报告保险公司准备金的重大风险隐患。

第二十九条 保险公司应按规定向银保监会或其派出机构报送准备金评估报告、准备金回溯分析报告和银保监会或其派出机构要求的其他报告。银保监会或其派出机构依法对保险公司报送的上述报告进行抽查审核。

第三十条 银保监会或其派出机构可以根据审慎监管需要,调整所有公司或部分公司的准备金相关报告的报送内容、报送频率,要求保险公司聘请第三方对准备金评估报告进行独立审核。

第三十一条 保险公司应定期对准备金评估结果进行回溯分析,银保监会或其派出机构根据回溯分析结果对保险公司采取相应监管措施。

第三十二条 银保监会或其派出机构依法对保险公司准备金计提的违法违规行为进行查处。

第五章 法律责任

第三十三条 保险公司编制或者提供虚假的准备金评估报告、准备金回溯分析报告以及相关报表、文件、资料的,由银保监会或其派出机构依照《保险法》相关规定责令改正,并处十万元以上五十万元以下的罚款;情节严重的,可以限制其业务范围、责令停止接受新业务或者吊销业务许可证。对直接负责主管人员和其他直接责任人员,由银保监会或其派出机构依照《保险法》相关规定给予警告,并处一万元以上十万元以下的罚款;情节严重的,撤销任职资格。

第三十四条 保险公司未按照规定提取或者结转各项责任准备金,存在以下行为之一的,由银保监会或其派出机构依照《保险法》相关规定处五万元以上三十万元以下的罚款;情节严重的,可以限制其业务范围、责令停止接受新业务或者吊销业务许可证。对直接负责主管人员和其他直接责任人员,由银保监会或其派出机构依照《保险法》相关规定给予警告,并处一万元以上十万元以下的罚款;情节严重的,撤销任职资格:

（一）未按照本办法第九条、第十条的规定提取未到期责任准备金的；

（二）未按照本办法第十三条的规定提取已发生已报案未决赔款准备金的；

（三）未按照本办法第十五条的规定提取已发生未报案未决赔款准备金的；

（四）未按照本办法第十七条的规定提取理赔费用准备金的；

（五）未按照本办法第十八条的规定考虑风险边际及货币时间价值的；

（六）违反本办法第二十三条、第二十四条规定的。

第三十五条 保险公司有下列行为之一的，由银保监会或其派出机构依照《保险法》相关规定责令限期改正，逾期不改正的，处一万元以上十万元以下的罚款：

（一）未按照本办法第二十五条的规定保管准备金工作底稿的；

（二）未按照本办法第二十六条的规定披露准备金信息的；

（三）未按照本办法第二十九条的规定报送准备金评估报告、准备金回溯分析报告或未按照规定提供准备金有关信息、资料的。

第三十六条 保险公司违反本办法第十九条、第二十条、第二十一条、第二十二条规定的，由银保监会或其派出机构给予该保险公司警告，并处一万元以上三万元以下的罚款；对其直接负责的主管人员和其他直接责任人员给予警告，并处一万元以上三万元以下的罚款。

第六章 附 则

第三十七条 银保监会制定并发布实施《保险公司非寿险业务准备金管理办法实施细则》。

第三十八条 中国精算师协会制定并发布非寿险业务准备金评估实务指南和行业参考标准。

第三十九条 政策性保险公司、相互制保险公司、自保公司等适用本办法，法律法规另有规定的除外。

第四十条 本办法由银保监会负责解释。

第四十一条 本办法自 2021 年 12 月 1 日起施行。原中国保险监督管理委员会发布的《保险公司非寿险业务准备金管理办法（试行）》（中国保险监督管理委员会令 2004 年第 13 号）同时废止。

第四十二条 原中国保险监督管理委员会发布的关于非寿险业务准备金的相关规定与本办法及实施细则不一致的，以本办法及实施细则为准，实施细则另行发布。

全球系统重要性银行总损失吸收能力管理办法

（2021年10月27日中国人民银行、中国银行保险监督管理委员会、财政部令〔2021〕第6号公布　自2021年12月1日起施行　国司备字[2021005168]）

第一章　总　　则

第一条　为确保全球系统重要性银行进入处置阶段时具备充足的损失吸收和资本重组能力，维持关键业务和服务功能的连续性，防范化解系统性金融风险，维护金融稳定，根据《中华人民共和国中国人民银行法》《中华人民共和国银行业监督管理法》《中华人民共和国商业银行法》《存款保险条例》等法律法规，制定本办法。

第二条　本办法适用于在中华人民共和国境内设立的、被金融稳定理事会认定为全球系统重要性银行的商业银行。

第三条　本办法所称总损失吸收能力，是指全球系统重要性银行进入处置阶段时，可以通过减记或转为普通股等方式吸收损失的资本和债务工具的总和。外部总损失吸收能力是指全球系统重要性银行的处置实体应当持有的损失吸收能力，内部总损失吸收能力是指全球系统重要性银行的处置实体向其重要附属公司承诺和分配的损失吸收能力。

处置实体是指根据全球系统重要性银行的处置计划，作为处置工具实施对象的法人实体。处置实体及其附属公司构成处置集团。附属公司是指符合银保监会资本监管规定的由处置实体直接或间接投资的金融机构。

第四条　全球系统重要性银行应当按照本办法规定计算外部总损失吸收能力比率。

第五条　全球系统重要性银行应当同时符合本办法规定的外部总损失吸收能力监管要求和相关资本监管要求。

第六条　全球系统重要性银行应当按照本办法规定披露外部总损失吸收能力的相关信息。

第七条　人民银行、银保监会和财政部依法对全球系统重要性银行总损失吸收能力状况进行监督检查，并按照法律法规规定和职责分工对总损失吸收能力非资本债务工具的发行进行管理。

第二章　外部总损失吸收能力比率要求

第八条　外部总损失吸收能力比率要求适用于并表的全球系统重要性银行处置集团。

第九条　外部总损失吸收能力比率包括外部总损失吸收能力风险加权比率和外部总损失吸收能力杠杆比率。

第十条　全球系统重要性银行应当按照以下公式计算外部总损失吸收能力比率：

外部总损失吸收能力风险加权比率=（外部总损失吸收能力-扣除项）÷风险加权资产×100%

外部总损失吸收能力杠杆比率=（外部总损失吸收能力-扣除项）÷调整后的表内外资产余额×100%

第十一条　全球系统重要性银行应当按照本办法第三章和第四章规定计算本办法第十条规定的外部总损失吸收能力及扣除项。

第十二条　全球系统重要性银行应当分别按照银保监会资本监管规定和杠杆率监管规定计算本办法第十条规定的风险加权资产和调整后的表内外资产余额。

第十三条　全球系统重要性银行应当同时满足外部总损失吸收能力比率要求和缓冲资本（储备资本、逆周期资本和系统重要性银行附加资本）监管要求。计算外部总损失吸收能力风险加权比率时，为满足缓冲资本要求计提的核心一级资本工具不能计入外部总损失吸收能力。

第十四条　全球系统重要性银行外部总损失吸收能力比率应当满足以下要求：

（一）外部总损失吸收能力风险加权比率自 2025 年 1 月 1 日起不得低于 16%，自 2028 年 1 月 1 日起不得低于 18%。

（二）外部总损失吸收能力杠杆比率自 2025 年 1 月 1 日起不得低于 6%，自 2028 年 1 月 1 日起不得低于 6.75%。

第十五条　除本办法第十四条规定的外部总损失吸收能力比率要求以外，在确有必要的情形下，人民银行、银保监会有权针对单家银行提出更审慎的要求，确保其具备充足的损失吸收能力。

第三章　外部总损失吸收能力构成

第十六条　下列负债不可计入外部总损失吸收能力(以下统称除外负债):

(一)受保存款。

(二)活期存款和原始期限一年以内的短期存款。

(三)衍生品负债。

(四)具有衍生品性质的债务工具,如结构性票据等。

(五)非合同产生的负债,如应付税金等。

(六)根据《中华人民共和国企业破产法》等相关法律法规规定,优先于普通债权受偿的负债。

(七)根据法律法规规定,难以核销、减记或转为普通股的负债。

第十七条　符合银保监会资本监管规定的监管资本,在满足剩余期限一年以上(或无到期日)的情况下,可全额计入外部总损失吸收能力。

第十八条　满足下列合格标准的全球系统重要性银行外部总损失吸收能力非资本债务工具可全额计入外部总损失吸收能力:

(一)实缴。

(二)无担保。

(三)不适用破产抵销或净额结算等影响损失吸收能力的机制安排。

(四)剩余期限一年以上(或无到期日)。

(五)工具到期前,投资者无权要求提前赎回。

(六)由全球系统重要性银行处置实体直接发行。

(七)工具到期前,如果发行银行赎回将导致其不满足外部总损失吸收能力要求,则未经人民银行批准,发行银行不得赎回该工具。

(八)发行银行及受其控制或有重要影响的关联方不得购买该工具,且发行银行不得直接或间接为其他主体购买该工具提供融资。

(九)外部总损失吸收能力非资本债务工具应当符合以下任意一项要求,以确保其受偿顺序排在本办法第十六条所列的除外负债之后:

1. 外部总损失吸收能力非资本债务工具的发行合同中明确其受偿顺序排在处置实体资产负债表的除外负债之后。

2. 相关法律法规规定外部总损失吸收能力非资本债务工具的受偿顺序排在处置实体资产负债表的除外负债之后。

3. 由满足以下条件的处置实体发行的外部总损失吸收能力非资本债务工

具:全球系统重要性银行的控股公司作为处置实体,且该控股公司的资产负债表中不存在受偿顺序等于或劣后于外部总损失吸收能力工具的除外负债。

(十)发行合同中必须含有减记或者转为普通股的条款,当全球系统重要性银行进入处置阶段时,人民银行、银保监会可以强制要求对外部总损失吸收能力非资本债务工具进行减记或者转为普通股。当二级资本工具全部减记或者转为普通股后,再启动对外部总损失吸收能力非资本债务工具的减记或者转为普通股。

第十九条 由存款保险基金管理机构管理的存款保险基金,可以计入全球系统重要性银行的外部总损失吸收能力。当外部总损失吸收能力风险加权比率最低要求为16%时,存款保险基金可计入的规模上限为银行风险加权资产的2.5%;当外部总损失吸收能力风险加权比率最低要求为18%时,存款保险基金可计入的规模上限为银行风险加权资产的3.5%。

第四章 外部总损失吸收能力扣除项

第二十条 全球系统重要性银行可计入外部总损失吸收能力的资本工具的扣除适用银保监会资本监管的扣除规定。

第二十一条 全球系统重要性银行直接或间接持有本银行发行的外部总损失吸收能力非资本债务工具,或人民银行认定为虚增外部总损失吸收能力非资本债务工具的投资,应从自身外部总损失吸收能力中扣除。

第二十二条 全球系统重要性银行之间通过协议相互持有的外部总损失吸收能力非资本债务工具,应从各自二级资本中全额扣除。二级资本小于扣除数额的,缺口部分应依次从更高一级的资本中扣除。

第二十三条 全球系统重要性银行持有其他全球系统重要性银行外部总损失吸收能力非资本债务工具,应当区分小额投资和大额投资两种情形进行扣除:

(一)小额投资,指全球系统重要性银行对其他全球系统重要性银行的各级资本和外部总损失吸收能力非资本债务工具投资(包括直接投资和间接投资)之和占该被投资银行普通股(含溢价)10%(不含)以下的投资。

1. 小额投资中满足以下条件的投资无需从资本中扣除:在交易账簿中持有,持有期限不超过30个交易日,且持有规模在自身核心一级资本净额的5%(不含)以下。

2. 小额投资扣除上述第1目中的部分后,仍超出自身核心一级资本净额10%的部分应从各级监管资本中对应扣除。其中,外部总损失吸收能力非资本债务工具投资从二级资本中对应扣除。全球系统重要性银行某级资本小于应扣除数额的，缺口部分应依次从更高一级的资本中扣除。

3. 不进行资本扣除的投资，应当按照银保监会资本监管的相关规定计算风险加权资产。划入交易账簿的，按市场风险加权资产计量规则计量；划入银行账簿的，按信用风险加权资产计量规则计量，其中按权重法计量的，投资外部总损失吸收能力非资本债务工具的风险权重比照投资二级资本债的风险权重计量。银保监会另有规定的，从其规定。

（二）大额投资，指全球系统重要性银行对其他全球系统重要性银行的各级资本和外部总损失吸收能力非资本债务工具投资（包括直接投资和间接投资）之和占该被投资银行普通股（含溢价）10%（含）以上的投资。

大额投资中，资本工具投资应当按照银保监会资本监管的相关规定扣除，外部总损失吸收能力非资本债务工具投资应从二级资本中全额扣除。全球系统重要性银行某级资本小于应扣除数额的，缺口部分应依次从更高一级的资本中扣除。

第二十四条 全球系统重要性银行以外的其他商业银行对全球系统重要性银行外部总损失吸收能力非资本债务工具的投资，应当按照银保监会资本监管相关规定计算风险加权资产。划入交易账簿的，按市场风险加权资产计量规则计量；划入银行账簿的，按信用风险加权资产计量规则计量，其中按权重法计量的，投资外部总损失吸收能力非资本债务工具的风险权重比照投资二级资本债的风险权重计量。银保监会另有规定的，从其规定。

第五章 监督检查

第二十五条 人民银行、银保监会和财政部依法对全球系统重要性银行实施本办法的情况进行监督检查，确保全球系统重要性银行具备充足的损失吸收能力，能够在处置阶段维持关键业务和服务功能的连续性，不引发系统性金融风险。

第二十六条 人民银行、银保监会和财政部通过非现场监管和现场检查的方式对全球系统重要性银行进行监督检查，包括但不限于以下内容：

（一）评估全球系统重要性银行外部总损失吸收能力管理框架，包括公司治理、内部控制、总损失吸收能力规划等。

（二）审查全球系统重要性银行对外部总损失吸收能力工具的认定，以及外部总损失吸收能力比率的计量方法，评估计量结果的合理性和准确性。

（三）定期组织召开全球系统重要性银行跨境危机管理工作组会议，审查全球系统重要性银行的恢复处置计划，对全球系统重要性银行开展可处置性评估，评估外部总损失吸收能力工具的可执行性。

第二十七条 全球系统重要性银行应当按季度向人民银行、银保监会和财政部报告外部总损失吸收能力比率，如遇影响外部总损失吸收能力比率的重大事项，应当及时向人民银行、银保监会和财政部报告。

第二十八条 全球系统重要性银行应在年度结束后4个月内向人民银行、银保监会和财政部提交上一年度对外部总损失吸收能力监管要求的执行情况。

第六章 信息披露

第二十九条 全球系统重要性银行应当通过公开渠道，向投资者和公众披露相关信息，确保信息披露的集中性、公开性和可访问性，并保证披露信息的真实性、准确性和完整性。

第三十条 全球系统重要性银行应当分别按照以下要求披露相关内容：

（一）外部总损失吸收能力比率应按季度披露。

（二）外部总损失吸收能力规模、构成、期限等信息应每半年披露一次。

（三）人民银行和银保监会规定的其他披露事项按照要求定期披露。

第三十一条 本办法第三十条规定的披露内容是外部总损失吸收能力信息披露的最低要求，全球系统重要性银行应当遵循充分披露的原则，并根据人民银行和银保监会的要求及时调整披露事项。

第三十二条 全球系统重要性银行外部总损失吸收能力信息披露频率分为临时、季度、半年度及年度披露。其中，临时信息应及时披露，季度、半年度信息披露时间为每期期末后30个工作日内，年度信息披露时间为会计年度终了后4个月内。因特殊原因不能按时披露的，应至少提前15个工作日向人民银行、银保监会申请延迟披露。

第三十三条 全球系统重要性银行应当自2025年1月1日起按照本办法和银保监会有关规定披露外部总损失吸收能力相关信息。

第七章 附则

第三十四条 本办法第二十一条、第二十二条和第二十四条规定自2025年1月1日起实施。第二十三条规定自2030年1月1日起实施，2025年1月1日至2029年12月31日，全球系统重要性银行对其他全球系统重要性银行外部总损失吸收能力非资本债务工具的投资，不进行资本扣除，应当按照本办法第二十四条规定计算风险加权资产。

第三十五条 2022年1月1日之前被认定为全球系统重要性银行的商业银行，应当在本办法规定期限内满足外部总损失吸收能力要求。2022年1月1日之后被认定为全球系统重要性银行的商业银行，应当自被认定之日起三年内满足本办法规定的外部总损失吸收能力要求。

第三十六条 在中华人民共和国境外设立，被金融稳定理事会认定为全球系统重要性银行的商业银行，其在中华人民共和国境内的附属公司若被认定为处置实体，对该附属公司的管理参照本办法执行。

第三十七条 进入处置阶段的全球系统重要性银行，若仍被金融稳定理事会认定为全球系统重要性银行，应自处置结束之日起两年内重新满足本办法规定的外部总损失吸收能力要求。

第三十八条 若全球系统重要性银行在采取恢复措施时，与债权人达成协议将债权转为股权，从而在不进入处置阶段的情况下完成资本重组，但仍被金融稳定理事会认定为全球系统重要性银行，应自与债权人签订协议之日起两年内重新满足本办法规定的外部总损失吸收能力要求。

第三十九条 全球系统重要性银行内部总损失吸收能力要求和重要附属公司的认定标准另行规定。

第四十条 本办法由人民银行、银保监会和财政部负责解释。

第四十一条 本办法自2021年12月1日起施行。

公安机关人民警察内务条令

（2021年10月28日公安部令第161号公布　自公布之日起施行　国司备字[2021005433]）

第一章　总　　则

第一条 为了规范公安机关人民警察内务建设，推进新时代公安工作现代化和公安队伍革命化正规化专业化职业化建设，根据《中华人民共和国人民警察法》等法律法规，制定本条令。

第二条 本条令是公安机关内务建设的基本依据，适用于各级公安机关及所属人民警察（以下简称公安民警）。

第三条 内务建设是公安机关进行各项建设的基础，是巩固和提高公安队伍战斗力的重要保证。基本任务是，严格规范工作、学习、生活秩序，铸牢忠诚警魂、培育优良警风、严明纪律规矩、提高职业素养、树立良好形象，着力锻造具有铁一般的理想信念、铁一般的责任担当、铁一般的过硬本领、铁一般的纪律作风的高素质专业化过硬公安队伍，为忠实履行党和人民赋予的新时代使命任务奠定坚实基础。

第四条 公安机关是人民民主专政的重要工具，人民警察是武装性质的国家治安行政力量和刑事司法力量。公安机关必须坚持用习近平新时代中国特色社会主义思想武装头脑、指导实践，确保公安工作沿着正确道路前进；必须坚持党对公安工作的绝对领导，确保公安工作坚定正确政治方向；必须坚持总体国家安全观，把维护以政权安全、制度安全为核心的国家政治安全作为公安工作的根本着眼点和着力点，坚决捍卫中国共产党长期执政地位和中国特色社会主义制度；必须坚持以人民为中心，忠实践行人民公安为人民的初心和使命，不断增强人民群众获得感、幸福感、安全感；必须坚持专项治理和系统治理、依法治理、综合治理、源头治理相结合，创新完善社会治安治理的方式方法，推进社会治理现代化；必须坚持严格规范公正文明执法，提高公安工作法治化水平和执法公信力；必须坚持改革创新，坚定不移走中国特色社会主义强警之路；必须坚持全面从严管党治警，按照对党忠诚、服务人民、执法公正、纪律严明的总要求，锻造一支让党中央放心、人民群众满意的高素质过硬公安队伍。公安机关肩负的新时代使命任务是，坚决捍卫政治安全、全力维护社会安定、切实保障人民安宁，为全面建设社会主义现代化国家，实现中华民族伟大复兴的中国梦创造安全稳定的政治社会环境。

第五条 公安机关内务建设必须坚持政治建警。必须坚决听从党中央命令、服从党中央指挥，贯彻党对公安工作的全方位领导。必须增强“四个意识”、坚定“四个自信”、做到“两个维护”，以党的旗帜为旗帜、以党的方向为方向、以党的意志为意志，始终在思想上政治上行动上同党中央保持高度一致，确保绝对忠诚、绝对纯洁、绝对可靠。

第六条 公安机关内务建设必须坚持改革强警。坚持向改革要动力、要活力，全面深化公安工作和公安队伍管理改革。坚持把抓改革任务落实落地作为重大政治责任，坚决维护党中央改革决策部署的权威性和严肃性。

第七条 公安机关内务建设必须坚持科技兴警。坚持向科技要警力、要战斗力，深化公安大数据智能化建设应用，建设智慧公安。

第八条 公安机关内务建设必须坚持从严治警。落实全面从严管党治警“两个责任”和领导干部“一岗双责”，严明警规警令，严肃警风警纪，严格行为规范。

第九条 公安机关内务建设必须坚持从优待警。坚持严管厚爱结合、激励约束并重,建立人民警察荣誉制度,完善职业保障体系,健全依法履职保护机制。

第十条 公安机关内务建设必须坚持战斗力标准,加强专业化建设,突出实战实用实效,提升公安民警职业素质能力。

第十一条 各级公安机关党委(党组)对本条令的贯彻落实负有主体责任,党委(党组)主要负责同志负有第一责任,各部门、警种和基层所队担负直接责任,政工、纪检监察、督察部门担负监督责任,应当分级负责、各司其职,加强监督检查,认真贯彻落实。

第二章 仪 式

第一节 荣誉仪式

第十二条 县级以上公安机关按照干部管理权限,在公安民警入警、评授警衔、表彰奖励、从警特定年限、退休等职业生涯重要节点,举行相应的荣誉仪式,增强公安民警的职业荣誉感、自豪感和归属感。

第十三条 举行荣誉仪式应当在县级以上公安机关党委(党组)统一领导下,由相关部门具体组织实施。

第十四条 举行荣誉仪式,应当充分体现人民警察职业特点,根据工作需要,做到隆重、庄严、简朴。

第二节 宪法宣誓

第十五条 公安机关下列人员应当进行宪法宣誓:

(一)公安机关新任命的领导干部;

(二)新入职的公安民警。

各级人民代表大会及县级以上各级人民代表大会常务委员会,以及各级人民政府对公安机关国家工作人员宪法宣誓另有规定的,从其规定。

第十六条 宪法宣誓仪式的基本要求:

(一)宪法宣誓仪式由任命机关组织;

(二)举行宪法宣誓仪式,应当根据干部管理权限确定监誓人、主持人;

(三)宣誓场所应当庄重、严肃,悬挂中华人民共和国国旗或者国徽;

(四)监誓人、领誓人、宣誓人和参加宣誓仪式的公安民警,穿着统一制式的人民警察服装(以下简称警服),其他人员穿着正装;

(五)举行宪法宣誓仪式,应当奏唱中华人民共和国国歌;

（六）宪法宣誓一般采取集体宣誓形式，根据需要，也可以采取单独宣誓的形式。

集体宣誓时，由一人领誓，领誓人面向国旗或者国徽站立，左手抚按《中华人民共和国宪法》，右手举拳，拳心向前，领诵誓词；其他宣誓人在领誓人身后整齐站立，面向国旗或者国徽，右手举拳，拳心向前，跟诵誓词。领誓人由宣誓仪式组织单位指定。

单独宣誓时，宣誓人面向国旗或者国徽站立，左手抚按《中华人民共和国宪法》，右手举拳，拳心向前，诵读誓词。

第三节 人民警察宣誓

第十七条 人民警察宣誓是公安民警对所肩负的神圣职责和光荣使命的庄严承诺。公安机关人民警察誓词是：

我是中国人民警察，我宣誓：坚决拥护中国共产党的绝对领导，矢志献身崇高的人民公安事业，对党忠诚、服务人民、执法公正、纪律严明，为捍卫政治安全、维护社会安定、保障人民安宁而英勇奋斗！

第十八条 公安民警新入职时应当进行宣誓，举行荣誉仪式、执行重大任务、参加重大纪念、庆典等活动时，可以组织宣誓。

第十九条 人民警察宣誓仪式的基本要求：

（一）宣誓场地应当庄重、严肃，一般应悬挂中华人民共和国国旗和中国人民警察警旗；

（二）参加宣誓仪式的公安民警穿着警服，其他人员穿着正装；

（三）举行人民警察宣誓仪式，应当奏（唱）中华人民共和国国歌和中国人民警察警歌；

（四）宣誓人立正，右手举拳，拳心向前，由预先指定的一名宣誓人担任领誓人，在队列前逐句领诵誓词，其他人跟诵誓词，誓词宣读完毕，宣誓人自报姓名；

（五）宣誓仪式可以结合授衔、授装等活动进行。结合授衔、授装进行的，应当先授衔、授装；

（六）宣誓仪式可以邀请公安民警家属或者群众代表参加。

新入职的公安民警宣誓仪式由县级以上公安机关政工部门或者委托承训公安院校、训练基地组织，一般在入警训练合格后、上岗工作前进行。宣誓前，应当对宣誓人进行公安机关性质、宗旨、任务、纪律、作风等集体教育。

第三章　内部关系

第一节　相互关系

第二十条　公安民警不论职务高低，在政治上一律平等，相互间是同志关系。

第二十一条　公安民警依据领导职务和警衔，构成上级与下级或者同级关系。领导职务高的是上级，领导职务低的是下级，领导职务相当的是同级；在没有领导职务或者难以确定领导职务高低时，警衔高的是上级，警衔低的是下级，警衔相同的是同级。

第二十二条　上下级之间、同级之间应当互相尊重、互相爱护、互相支持，努力构建团结、友爱、和谐、纯洁的内部关系。

第二十三条　上级对下级应当做到：

（一）公道正派，以身作则，率先垂范；

（二）严格教育，严格管理，严格监督；

（三）关心学习、工作和生活，帮助成长进步；

（四）尊重合理意见，维护合法权益，不压制民主，不打击报复；

（五）不打骂体罚和侮辱，不收受财物；

（六）关爱身心健康，帮助解决实际困难，努力消除后顾之忧。

第二十四条　下级对上级应当做到：

（一）服从命令，听从指挥；

（二）履职尽责，主动汇报；

（三）虚心接受批评，坚决改正错误；

（四）尊重上级，维护上级权威；

（五）积极建言献策，坚决完成好交办的各项工作任务。

第二十五条　上级（机关）应当对下级（机关）的各项建设和业务工作加强指导、明确要求，及时通报情况、检查督办和抓好落实。下级（机关）应当按照上级（机关）要求进行各项建设、完成业务工作，及时向上级机关汇报情况、报告工作、提出建议。

第二十六条　公安机关之间以及各警种、部门之间，应当按照职责分工，密切配合，互相支持，协调一致开展工作。

第二节　指挥关系

第二十七条　上级（机关）有权对下级（机关）下达命令。命令通常逐级下达，情况紧急时，也可以越级下达。越级下达命令时，除特殊情况外，下达命令的上级（机关）应当将所下达命令及时通知受令者的直接上级（机关）。

命令下达后，上级（机关）应当及时检查执行情况；如果情况发生变化，应当及时下达补充命令或者新的命令。

第二十八条 下级（机关）必须坚决执行上级（机关）的命令，并将执行情况及时报告。下级（机关）认为命令有错误的，可以提出意见，上级（机关）应当及时给予答复。在没有明确答复之前，下级（机关）不得中止或者改变命令的执行；提出的意见不被采纳时，必须服从命令。执行命令的后果由作出命令的上级（机关）负责。

执行中如果情况发生重大变化，原命令确实无法继续执行而又来不及或者无法请示报告上级（机关）时，下级（机关）应当根据上级（机关）的精神要求，以高度负责的态度，果断临机处置，事后迅速报告。

下级（机关）对超越法律法规规定的职责范围的命令，有权拒绝执行，并同时向下达命令的上级（机关）报告。

第二十九条 下级（机关）接到越级下达的命令，必须坚决执行。除有明确要求外，在执行的同时，应当向直接上级（机关）报告；因故不能及时报告的，应当在不能报告的情形解除后 24 小时内补报。

第三十条 不同建制的公安民警在共同执行任务时，应当服从共同上级所指定负责人的领导和指挥。

公安民警处置突发事件或者遇有紧急情况，在建制不明时，依据领导职务和警衔确定领导指挥关系。

第三十一条 公安民警被临时抽调到其他单位工作时，应当接受抽调单位的领导和管理，除有特殊要求外，须定期向原单位报告。

第四章 警容风纪

第一节 着装规范

第三十二条 公安民警着装，是指公安机关人民警察按规定穿戴警服和警用标志。

公安民警应当配套穿着警服，佩戴警衔、警号等标志，做到着装整洁庄重、警容严整、规范统一。

未经审批，非人民警察身份人员不得穿着警服，不得佩戴警用标志。

第三十三条 公安民警在规定的工作时间应当按要求着装。遇有下列情形之一的，可以不着装：

（一）执行侦查（察）、警卫、外事等特殊工作任务不宜着装的；

（二）工作时间非因公外出的；

（三）女性民警怀孕期间；

（四）其他不宜或者不需要着装的情形。

第三十四条 公安民警因涉嫌违纪违法被留置、停止执行职务、禁闭期间，或者被采取刑事强制措施和其他可能影响人民警察形象声誉的情形，不得着装。

第三十五条 公安民警调离、辞职或者被辞退、开除公职的，应当收回所配发的人民警察证、警服和警衔、警号等警用标志。公安民警退（离）休的，可以保留一套常服和警衔、警号等警用标志作为纪念。

县级以上公安机关负责统一回收警服及警用标志。

第三十六条 公安民警应当根据工作时间和场合需要着装。在工作时间，一般穿着执勤类服装；参加训练时，穿着作训类服装；参加荣誉仪式、宣誓、阅警、重要会议等活动时，穿着常服或者警礼服；参加重大纪念、庆典、外事等活动时，穿着警礼服。主管（主办）单位也可根据工作需要作出规定。

公安民警参加集体活动的统一着装，由活动组织单位确定。

警服的主要品种、穿着规范图示由公安部政治部和警服主管部门另行发布。

第三十七条 公安民警着装时应当严格遵守以下规定：

（一）按照规定配套穿着，不同制式警服不得混穿，警服与便服不得混穿，警服内穿着非制式服装时，不得外露；

（二）按照规定缀钉、佩戴警衔、警号、胸徽、帽徽、领花、从警章等标志，系扎制式腰带，不同制式警用标志不得混戴。除工作需要外，不得佩戴、系挂与公安民警身份或者执行公务无关的标志、物品；

（三）除执行抢险救灾等工作任务外，应当保持警服整洁得体，不得披衣、敞怀、挽袖、卷裤腿等；

（四）除工作需要或者其他特殊情形外，应当穿制式皮鞋、作训鞋或者其他黑色皮鞋，穿深色袜子，不得赤脚穿鞋或者赤脚。男性民警鞋跟一般不高于3厘米，女性民警鞋跟一般不高于4厘米；

（五）除工作需要或者其他特殊情形外，不得化浓妆，不得留长指甲或者染指甲，不得系扎非制式围巾，不得在外露的腰带上系挂手机、钥匙和饰物等，不得戴耳环、耳钉、项链、戒指、腕饰等。除工作需要外，不得文身，不得穿耳洞（女性民警除外）、鼻洞、唇洞；

（六）除工作需要或者眼疾外，不得佩戴有色眼镜；

（七）不得穿戴非统一制式的警服及标志；

（八）未经县级以上公安机关批准，不得穿着警服参加各类电视或者网络征婚、选秀和其他娱乐性节目。

第三十八条 除工作需要外，公安民警不得烫染、蓄留明显夸张的发色、发型。男性民警不得留长发、大鬓角、卷发（自然卷除外）、蓄胡须。除病理等因素外，公安民警不得剃光头。留长发的女性民警着装时应当束发，发辫不得过肩。

第三十九条 公安民警着装时，除在办公区、宿舍或者其他特殊情形外，应当戴警帽。

进入室内时，通常脱帽。立姿可以将警帽用左手托夹于左腋下（帽顶向体外侧，帽徽朝前）；坐姿可以将警帽置于桌（台）前沿左侧或者用左手托放于左侧膝上（帽顶向上，帽徽朝前）。

在办公室和宿舍时，应当将警帽规范放置。

第四十条 公安民警着装需佩戴统一颁发的徽章以及特殊识别标志或者专用臂章时，执行下列规定：

（一）佩戴党员、团员徽章时，应当佩戴于警服左胸前警号正上方适当位置；

（二）参加授勋授奖、重大纪念、庆典等重要活动时，可以在警服胸前适当位置佩戴勋章、奖章、纪念章；

（三）参加重要会议、重大演习和其他重要活动时，可以按照要求佩戴专用识别标志；

（四）执行维稳处突、抢险救灾等任务时，可以按照要求佩戴专用臂章；

（五）公安院校在校学生可以佩戴院（校）徽章。

第四十一条 在雾霾、有毒、粉尘、辐射、感染、噪声、强光、高温、低温、沙尘等环境下或者根据工作需要，公安民警应当穿戴手套、口罩、面罩、防护服、护目镜等防护装备。

第四十二条 公安民警应当爱护和妥善保管警服及警衔、警号、胸徽、帽徽、领花等标志，不得赠送、转借给非人民警察身份人员。

第四十三条 公安民警季节换装的时间和要求由设区的市级以上公安机关根据需要合理确定。

第四十四条 因工作需要，退（离）休公安民警参加重大纪念、庆典等活动时，可以穿着退（离）休时的制式服装，佩戴工作期间和退（离）休后荣获的勋章、奖章等徽章。

公安院校公安专业学生着装时，参照上述规定执行。

第四十五条 因拍摄、制作影视作品或者演出等需要，使用警服及警用标志的，应当按规定履行审批程序，并严格保管。

批准机关应当按照本条令指导影视制作、文艺演出单位严格遵守公安机关着装要求，不得损害公安机关和公安民警形象。非拍摄、演出时不得使用。

第二节 行为规范

第四十六条 公安民警应当模范遵守法律法规，自觉践行社会主义核心价值观。

第四十七条 公安民警应当精神饱满，仪表端庄，举止文明。

第四十八条 两名以上公安民警着装外出时，一般两人成行、三人成列，行列整齐，威严有序。徒步巡逻执勤可视现场情况采取有效警戒队形行进。

第四十九条 公安民警着装时，不得在公共场所吸烟，不得嬉笑打闹、高声喧哗，不得有背手、袖手、插兜、搭肩、挽臂、揽腰等影响警容形象的行为，不得随意席地坐卧。

第五十条 公安民警参加统一组织的集会、会议或者晚会的，按照规定时间和顺序入场，按照指定位置就座，遵守会场秩序，不得迟到早退。散会时，依次退场。

第五十一条 公安民警外出，应当遵守公共秩序和社会公德，自觉维护人民警察的形象和声誉。与他人发生纠纷时，应当依法处理。

第五十二条 公安民警遇到人民群众生命财产安全受到威胁时，应当积极救助或者寻求支援。

第五十三条 公安民警工作时间不得饮酒，不得携带枪支饮酒，未经批准，不得穿着警服饮酒。

第五十四条 公安民警严禁参与黄、赌、毒活动，严禁参加邪教组织，严禁参与封建迷信活动，除工作需要外，严禁参与宗教活动。工作期间，除工作需要外，不得进入歌舞娱乐场所娱乐；穿着警服进入歌舞娱乐场所的，应当自觉维护人民警察警容风纪。

第五十五条 公安民警不得散布有损宪法权威、中国共产党和国家声誉的言论，不得组织或者参加非法组织，不得组织或者参加旨在反对宪法、中国共产党领导和国家的集会、游行、示威等活动，不得传抄、张贴、私藏非法印刷品，不得组织或者参加罢工、串联上访。未经批准，不得接受采访。

第五十六条 公安民警不得接受对工作有影响的宴请和礼品馈赠，不得从事本职以外的其他职业和有偿中介活动，不得参与以营利为目的的文艺演出、企业形象代言等活动，不得以人民警察的名义和肖像做商业广告。

第五十七条 公安民警使用网络社交媒体不得有下列行为：

（一）制作、传播与党的理论、路线、方针、政策相违背的信息和言论；

（二）制作、传播诋毁中国共产党、国家和公安机关形象的信息和言论；

（三）制作、传播低俗信息、不实信息和不当言论；

（四）制作、传播、讨论国家秘密、工作秘密或者内部敏感信息；

（五）擅自发布涉及警务工作秘密的文字、图片、音视频；

（六）未经批准，以人民警察身份开设微博、微信等网络社交平台公众号，个人微博、微信等网络社交媒体头像使用公安机关标志与符号；

（七）利用网络社交工具的支付、红包、转账等功能变相进行权钱交易；

（八）利用网络社交媒体进行不正当交往，非工作需要加入有明显不良倾向的微信群、论坛等网络社交群体；

（九）利用网络社交媒体从事其他与法律法规、党纪条规和党的优良传统相违背的活动。

第五十八条 公安民警不得擅自处置公安信息网信息。确需删除、更改的，应当严格按规定履行审批手续。

第三节　警容风纪检查

第五十九条 公安机关应当经常开展警容风纪教育，建立健全监督检查制度。

第六十条 县级以上公安机关应当加强对警容风纪的日常监督检查，并且定期组织集中检查，及时发现并纠正问题。

对违反警容风纪的公安民警，由督察部门按规定处理。

第五章　警察礼节

第六十一条 公安民警应当注重内部礼节，充分体现公安机关内部的团结友爱和互相尊重。

第六十二条 公安民警敬礼分为举手礼和注目礼。着装时通常行举手礼，正在执行任务或者携带武器装备等不便行举手礼时，可以行注目礼。着便服时，通常行注目礼。

第六十三条 公安民警着装进见或者遇见上级机关领导时，应当主动敬礼。上级机关领导受礼后，应当主动回礼。

第六十四条 列队的公安民警遇有上级检查指导工作，带队人员应当主动向上级敬礼和报告，其他人员行注目礼。

第六十五条 公安民警进见或者遇见本单位经常接触的领导以及在不便敬礼的场合时,可不行举手礼,应当主动致意,领导应当主动回礼。

第六十六条 公安民警交接岗时,应当互相敬礼;不同单位的公安民警因公接触时,应当互相致意。

第六十七条 公安民警因工作需要与人民群众、党政机关工作人员或者外宾接触时,应当主动致意或者敬礼。

第六十八条 升国旗、警旗时,在场的公安民警应当面向国旗、警旗立正,着装的行举手礼,着便服的行注目礼。

第六十九条 奏(唱)中华人民共和国国歌、中国人民警察警歌时,在场的公安民警应当自行立正,举止庄重,肃立致敬。

第六章 日常制度

第一节 学 习

第七十条 公安机关应当加强理论武装,强化公安民警政治历练、思想淬炼、实践锻炼、专业训练,建设学习型机关。

第七十一条 学习内容应当根据形势任务和履职需要科学安排,主要包括政治理论、政策法规、公安业务、科技知识、警务技能等。

第七十二条 公安机关应当突出政治理论学习,把习近平新时代中国特色社会主义思想、党中央关于加强新时代公安工作的决策部署作为重点学习内容,确保全警坚定理想信念、筑牢政治忠诚,统一意志、统一行动、步调一致向前进。

第七十三条 公安机关应当定期制订学习计划,统筹安排时间和形式,采取集体学习与个人自学相结合的方式进行,创新学习方法,注重学习效果,检查学习情况。

公安机关应当结合工作需要,每月至少组织一次集中学习。

第二节 会 议

第七十四条 公安机关应当坚持精简高效、厉行节约、讲求实效的原则,从严控制会议数量、时间和规模、标准。

第七十五条 设区的市级以上公安机关每年应当召开一次年度工作会议,传达学习党中央和上级机关有关精神和决策部署,研究安排本级公安机关重点工作任务。

县级公安机关每年至少召开一次全体大会或者公安民警代表会议,及时总结工作、表彰先进、部署任务。

公安机关召开年度工作会议时，可以根据工作需要邀请人民群众代表和有关部门参加。

第七十六条 基层所队等一线实战单位应当建立工作例会制度，及时梳理情况、总结点评、安排布置工作。

第七十七条 公安机关应当严格按照规定组织会议，严肃会议纪律，不得组织与会议无关的活动，不得超标准用餐、住宿，严禁以任何名义发放礼品、纪念品、土特产，严禁组织高消费娱乐、健身、聚餐、参观景点等活动。

第三节 请示报告

第七十八条 公安机关必须认真落实中国共产党政法工作条例、重大事项请示报告条例等规定，建立严格的请示报告制度，明确请示报告主体、范围、程序和方式等，严明党的政治纪律、组织纪律和工作纪律，确保政令警令畅通。

请示报告工作应当坚持政治导向，严格政治纪律和政治规矩，把讲政治要求贯彻到请示报告工作全过程和各方面；坚持权责明晰，既要及时请示报告，又要负责担当，防止矛盾问题上交；坚持客观真实、实事求是请示报告工作，提出意见建议；坚持规范有序，严格按规定的主体、范围、程序和方式请示报告工作。

第七十九条 下级机关对非本单位职权范围或者本单位无法解决的问题，应当及时请示上级机关。请示报告可以根据事项类型和缓急程度采取口头、书面等方式进行。对于口头请示报告的事项，双方应当及时做好记录。

公安机关主要负责同志是第一责任人，对请示报告事项负总责。

上级机关对下级机关的请示事项，应当认真研究、及时答复。

第八十条 请示报告应当逐级进行。特殊情况下，可以按照有关规定越级请示报告。

接受双重领导的单位，应当根据事项性质和内容向负有主要领导职责的上级机关请示报告，同时抄报另一个上级机关。特殊情况下，可以不抄报。

第八十一条 下级机关一般每半年向上级机关报告公安工作和公安队伍建设的基本情况。

遇有下列情形时，应当在规定时限内及时向上级机关报告，任何单位和个人不得以任何理由瞒报、虚报、迟报或者不报：

（一）发生危害国家安全和影响社会稳定的案（事）件；

（二）发生重特大刑事案件；

（三）发生重特大群体性事件；

（四）发生重特大事故灾难；

（五）发生恐怖袭击事件；

（六）发生重特大涉外突发事件；

（七）发生重特大自然灾害、疫情；

（八）发生重大涉警舆情；

（九）发生公安民警伤亡事件（故）、重大违纪违法、公务用枪案事（件）和执法权威受到侵犯的重大案（事）件。

第四节　请 假 销 假

第八十二条　公安机关主要负责同志离开本地区，应当提前向上级机关主要负责同志请假。因紧急事项临时请假的，应当立即按规定报告。

公安机关主要负责同志、分管日常工作的负责同志（含双正职领导）原则上不能同时离开本地区。

公安机关主要负责同志请假内容包括：请假人员、事由、时间、地点等，主持工作的负责同志及其相关信息。请假期间如行程发生变化的，应当及时补充报告。

公安机关领导干部异地执行任务需离开任务地的，应当及时向所在单位或者任务派出单位有关负责同志请假。

第八十三条　公安民警工作时间非因公外出，应当逐级请假、按时销假，未经批准，不得擅自离岗。因伤、病或者其他原因不能按时上班时，应当及时请假。

第八十四条　公安民警执行特殊或者紧急任务时，非因不可抗拒的原因，不得请假。

第八十五条　请假人员未经批准，不得逾期不归。确有特殊情况的，经批准后可以续假。

第八十六条　对伤、病人员，根据伤、病情况或者医院诊疗建议，按规定审批后准予休息。

第八十七条　请假人员在请假期间应当保持通讯畅通。除特殊情况外，因工作需要召回的，应当立即返回工作岗位。

第五节　工 作 交 接

第八十八条　公安民警在工作变动、退休、辞职或者被辞退、开除公职时，应当将所负责的工作情况和掌管的文件、材料、证件、武器、弹药、器材、数字证书等进行移交，清退涉密载体，并按规定执行脱密期管理和监督。移交工作应当在本人离开工作岗位前完成。

移交前,所在单位领导应当指定接管人。交接时,双方当面清点,必要时由单位领导主持或者请纪检监察等有关部门参加;交接后,双方在交接登记册(表)上签字。

第八十九条 公安机关或者警种、部门主要负责同志和其他负有经济责任的领导干部办理调任、转任、免职、辞职、退休以及调整分工等事项前,审计部门应当按照领导干部经济责任审计有关规定对其任职期间履行经济责任情况进行审计。

第九十条 公安民警因出差出国、学习培训或者休假等短期离开岗位时,应当将负责的工作安排妥当。

第六节 印章管理

第九十一条 公安机关印章(含电子印章)的刻制应当严格按照规定审批,并在指定机构刻制。

第九十二条 新刻制的印章,应当在制发机关留取印模,备案后方可启用。

第九十三条 使用印章(印模)应当按照规定权限,严格履行审批登记手续,严格用印监督管理。严禁利用公章谋私,严禁在空白文件或者信函上加盖印章。

第九十四条 印章(印模)应当专柜存放,专人保管。印章(印模)丢失应当立即上报,及时通报有关单位,并严肃追究责任。

第九十五条 经批准作废的印章,应当登记造册,上交制发机关即行销毁。停止使用的印章,应当上交制发机关处理。

第七节 证件管理

第九十六条 公安民警应当按照规定使用统一的人民警察证。工作期间,一般应当携带人民警察证。

第九十七条 公安机关应当严格人民警察证配发范围,严禁向非人民警察身份人员配发人民警察证。

对丧失配发资格的,应当及时收回、收缴其人民警察证。

第九十八条 人民警察证由公安部按照规定统一监制,实行分级管理。

第八节 保密管理

第九十九条 公安机关应当建立保密工作制度,加强保密宣传教育,强化监督管理，严格保密纪律要求，落实保密工作责任，确保国家秘密和警务工作秘密绝对安全。

第一百条 公安机关应当严格按照国家保密管理规定，准确划定保密要害部门、部位，以及涉密岗位、涉密人员范围。

第一百零一条 公安机关政工部门应当会同保密部门，按照“先审后用、严格把关”的原则，对拟任（聘）用到涉密岗位的人员进行保密审查，并定期对在岗涉密人员组织复审。

涉密人员因公、因私出国（境）的，按照管理权限和规定程序实行严格审批。一般情况下，核心涉密人员因私出国（境）不予批准。

第一百零二条 公安机关应当强化涉密人员日常监督，严格落实保密承诺要求、重大事项报告制度，加强涉密人员离岗离职脱密期管理。

第一百零三条 公安民警在制作、传递、复制、使用、保存和销毁涉密信息或者载体过程中，应当严格执行国家保密管理规定，确保涉密信息或者载体保密安全。

涉密载体是指以文字、数据、符号、图形、图像、声音等方式记载、存储国家秘密信息和警务工作秘密信息的纸介质载体、电磁介质载体、光盘等各类物品。

第一百零四条 需要归档的涉密载体，应当按照要求立卷归档；不需要归档的涉密载体，应当认真履行清点、登记、审批手续后，按规定予以销毁。

第一百零五条 公安民警应当执行下列保密守则：

（一）不该说的秘密不说；

（二）不该知悉的秘密不问；

（三）不该看的秘密不看；

（四）不在私人交往或者公开发表的作品中涉及秘密；

（五）不在非保密场所阅办、谈论秘密；

（六）不在社交媒体发布、传递秘密；

（七）不擅自记录、复制、拍摄、摘抄、收藏秘密；

（八）不擅自携带涉密载体去公共场所或者探亲访友；

（九）不使用无保密措施的通信设备、普通邮政和计算机互联网络传递秘密。

第一百零六条 使用计算机信息系统和信息设备时，应当严格遵守下列规定：

（一）涉密计算机严禁连接公安信息网和互联网及其他公共信息网络，公安信息网计算机严禁连接互联网等其他公共信息网络；

（二）涉密计算机不得连接市话和公安专线传真机或者具有传真功能的多功能一体机，不得安装无线网卡、无线鼠标、无线键盘等具有无线互联功能的设备，不得安装摄像头、麦克风等音视频采集装置；

（三）公安信息网计算机不得安装无线网卡、无线鼠标、无线键盘等具有无线互联功能的设备，在保密要害部门、部位的公安信息网计算机不得安装摄像头、麦克风等音视频采集装置；

（四）涉密场所使用的互联网计算机严禁通过无线方式连接互联网，严禁安装摄像头、麦克风等音视频采集装置，严禁安装移动热点；

（五）严禁使用互联网计算机和连接互联网的移动警务终端处理、存储、传输、发布国家秘密信息和警务工作秘密信息，连接互联网的移动警务终端不得与涉密信息设备和公安信息网计算机违规连接；

（六）涉密计算机、公安信息网计算机应当使用符合保密要求的移动存储介质和导入导出设备；

（七）涉密计算机和公安信息网计算机应当采取符合保密要求的身份鉴别措施。公安民警不得擅自将涉密计算机密钥交由他人使用，不得将公安信息网计算机数字证书交由他人使用；

（八）携带涉密计算机和公安信息网计算机外出的，应当经本单位主管领导批准，并履行登记备案手续；

（九）涉及国家秘密和警务工作秘密信息设备维修，应当在本单位内部进行，并指定专人全程监督，严禁维修人员读取或者复制涉密敏感信息，确需送外维修的，须拆除存储部件。涉密计算机、公安信息网计算机变更用途或者报废时，应当先拆除存储部件，拆除的存储部件应当按照涉密载体有关规定处理；

（十）已确定密级的涉密计算机不得处理、存储、传输高于已确定密级的信息；

（十一）公安信息网计算机不得处理、存储、传输涉及国家秘密的内容；

（十二）不得擅自卸载、修改计算机信息系统的保密安全技术程序、管理程序；

（十三）不得在涉密计算机、公安信息网计算机、互联网计算机之间交叉使用存储介质和打印机、传真机、扫描仪、多功能一体机等具有存储功能的设备；

（十四）涉密计算机应当标注存储、处理信息的最高密级、编号、责任人和涉密计算机专用的标识，公安信息网计算机应当标注公安信息网专用和禁止处理涉及国家秘密信息的标识，互联网计算机应当标注互联网专用和禁止处理涉及国家秘密信息和警务工作秘密信息的标识；

（十五）不得越权访问公安信息资源，不得泄露公民个人信息等不宜对外公开的信息；

（十六）公安机关应当留存应用系统访问日志信息，任何单位和个人不得擅自删除、篡改审计日志信息。

第一百零七条 公安机关及定密责任人应当严格按照规定的定密权限和程序准确定密，并完整标注密级和保密期限。

第一百零八条 公安机关信息公开应当坚持"先审查、后公开"和"一事一审"原则，履行保密审查审批程序，严格网站信息发布登记，定期组织开展网站保密检查。

第一百零九条 公安机关使用微信群、QQ 群、微博、微信公众号等网络社交媒体开展工作的，应当建立健全保密管理制度。

第一百一十条 发现泄密线索和情况的，应当立即向本单位保密部门报告，及时组织查处，并按规定上报。

第九节 档案管理

第一百一十一条 公安机关应当建立健全档案工作制度，严格规范管理，维护档案的真实、完整、可用和安全。

第一百一十二条 公安机关在工作中形成的属于归档范围的全部档案应当由档案部门集中统一管理。任何部门和个人不得据为己有或者拒绝归档。

干部人事档案按照干部管理权限，由相应机关或者单位组织人事部门负责统一管理。

第一百一十三条 按照"谁形成、谁归档"的原则，及时收集整理列入归档范围的文件材料，严格按规定移交归档。

第一百一十四条 公安机关应当加强对开展专项行动、举办重要会议和活动、处置重大案（事）件、承建重大建设项目等过程中形成文件材料的收集和归档。

第一百一十五条 公安机关应当建立符合国家标准的档案用房，配备档案安全防护设施，定期巡查档案保管情况，确保档案实体和信息的安全保密。

第一百一十六条 公安机关应当加强档案借阅管理，根据档案的特点、密级，确定相应的借阅范围和审批程序。

第一百一十七条 公安民警应当严格遵守档案借阅规定，对借阅的档案负有保管保护责任，不得涂改、拆撕、伪造档案。不得擅自将档案转借他人。

第一百一十八条 公安档案非经鉴定不得销毁。

第七章　内务设置

第一百一十九条　公安机关的内务设置应当有利于工作、学习、生活，因地制宜、整齐划一，符合卫生和安全要求。

第一百二十条　公安机关对同类窗口单位应当设置规格统一、标志明显、便于辨识的标志，并及时进行维护、更新。入驻政府集中办公场所的窗口单位，应当突出公安机关特点，按照有关单位要求合理设置。

根据窗口单位的实际条件，合理划分办公区、服务区、等候区等功能区域，确保各功能区域相对独立、秩序良好。

第一百二十一条　公安派出所等基层所队应当按照规定合理规范设置办公、办案、生活等区域，配备相应的设备设施。

按照建设标准要求，因地制宜建立阅览室、健身房、洗衣房、淋浴室和食堂等，丰富公安民警的文体生活，保障公安民警身心健康。

第一百二十二条　县级以上公安机关应当建立荣誉室，有条件的可以建立史迹陈列馆、纪念馆、警察博物馆等。

有条件的基层所队，可以结合实际建立荣誉室。

第一百二十三条　办公、生活区域环境和各类设备物品摆放，应当保持干净、整洁、有序。

第八章　办公秩序

第一百二十四条　公安机关应当加强办公秩序管理，维护正常的工作、学习、生活秩序，保证办公环境整洁，秩序井然。

第一百二十五条　公安民警应当严格遵守工作时间要求，不得无故迟到、早退。工作时间应当保持肃静，不得大声喧哗、闲聊、办私事、因私会客或者从事其他与工作无关的活动。

第一百二十六条　公安机关应当严格办公区管理，建立门卫制度，加强日常值守，强化安全检查。

本单位人员、车辆应当凭有效证件出入办公区。外来人员、车辆需进入办公区的，应当严格登记手续，查验其证件和携带物品，经接待人员允许后方可进入。

严禁将办公用房出租或者无偿提供给外部人员或者其他单位使用。

第一百二十七条　单位内部交通标志应当醒目、齐全，车辆应当按照指定地点停放，按照规定路线、速度行驶，禁止鸣喇叭、急刹车。骑自行车、电动车出入大门应当主动下车或者接受查验。

第九章　接待群众

第一百二十八条　公安民警接待群众应当文明礼貌、态度和蔼、热情周到、耐心细致。

第一百二十九条　公安机关应当简化办事程序，拓宽服务渠道，提高工作效能。在条件允许的情况下，推行一个窗口对外、一站式办结和预约服务、自助受理、网上办理等。

第一百三十条　公安机关应当按规定主动公开公示窗口单位的上下班时间以及报警、咨询、监督电话和工作人员等信息，依法公开工作职责、执法依据、办事程序、法定时限、收费标准、监督方式以及服务承诺等，可以通过报刊、电台、电视台、政府网站和微博、微信公众号及其他信息手段，以及公示栏、牌匾、触摸式查询显示屏或者印发书面材料等形式告知群众，为群众提供方便。

第一百三十一条　公安机关应当结合实际制定工作文明用语和忌语，加强教育培训，严格遵照执行。

第一百三十二条　公安机关窗口单位实行群众报警、求助、咨询和办证、办事首问（接）责任制、接报案登记制和分流移交机制。

除24小时服务窗口外，其他窗口单位可根据实际实行弹性工作制，方便群众办证、办事。

第一百三十三条　公安民警应当在职责范围内，热情为求助群众提供必要帮助，耐心解答群众提出的问题，及时妥善处理群众报警或者报案，并认真做好记录。对不属于公安机关职责范围内的群众报警、报案或者求助，应当告知当事人向其他有关主管机关反映，情况紧急时应当给予协助或者协调处置。

第一百三十四条　除执行重大紧急任务外，公安机关的警车在临时停靠时或者行驶过程中，车上的公安民警应当及时接受群众的现场报警或者紧急求助。

第十章　值班备勤

第一百三十五条　公安机关实行24小时值班备勤。由领导干部带班，安排适当警力值班备勤，配备相应警械武器、防护装备和交通、通讯工具，保障随时应对各类警情任务。基层一线处警单位及警用车辆应当配备防弹防刺背心、头盔及绳索、救生圈、急救包等警用装备和救援器材，并做好装备、器材使用培训和维护保养，确保正常使用。

第一百三十六条 看守所、拘留所、派出所和治安、刑警、交警、巡警、网安等警种、部门，应当根据工作需要，设置值班室，建立健全值班备勤制度。

第一百三十七条 值班人员的主要职责是：

（一）接待报警、报案、检举、控告、自动投案或者其他原因来访的人员；

（二）受理群众遇到危、难、险、困时的求助，以及群众对公安民警违纪违法行为的投诉；

（三）向上级报告发生的案件、事故或者其他紧急情况，并按照上级指示或者预案做出应急处理；

（四）及时接收处置 110 警情指令；

（五）及时妥善处理公文、电话、电子邮件等；

（六）维护本单位工作、学习、生活秩序，承担内部安全保卫工作；

（七）完成领导交办的其他任务。

第一百三十八条 值班室应当利用视频监控系统，建立值班影像档案，并保存不少于九十日。值班人员应当认真填写值班记录，详细记录值班期间发生的重要事项及处置情况。值班记录的主要内容包括：

（一）问题或者事件事情发生的时间、地点，有关人员的姓名、联系方式和主要情况；

（二）向上级报告的时间，接受报告人的姓名和答复的主要内容；

（三）对上级指示的传达、办理情况和时间；

（四）负责处理的单位和人员姓名；

（五）值班领导和值班民警姓名。

值班记录应当采用电子文档或者纸质文书存档，妥善管理。

第一百三十九条 值班人员应当坚守岗位，严格履行职责。因故确需离开值班岗位的，应当及时报告值班领导，并安排其他人员代岗。

第一百四十条 值班人员交接班时，双方应当按照规定的职责内容认真交接工作，履行交接手续。

值班人员交接班时，如果发生突发情况或者群众报警、报案，以交班人员为主进行处置，待处置完毕再交接班。

第一百四十一条 值班备勤人员自值班备勤前 12 小时至值班备勤结束不得饮酒，值班期间不得从事与工作无关的活动，备勤期间不得从事影响紧急到岗的活动。

第十一章　应急处突

第一百四十二条　公安机关应当预先制订各种应急处置预案，定期组织实战演练，不断提高快速反应能力、协调配合能力、现场处置能力、临场组织指挥能力。

第一百四十三条　遇有第八十一条第二款所列情形或者其他紧急任务，县级以上公安机关应当按照应急处置预案，组织人员立即赶赴现场，并根据实际情况，在报告上级机关的同时，迅速通报有关部门及时做好防范、化解和处置突发案（事）件工作。

第一百四十四条　公安民警接到执行紧急任务的命令后，应当迅速到达指定地点，服从统一的指挥调度。发现紧急情况时，应当及时报告并迅速进入现场履行职责。

第一百四十五条　公安机关在处置突发事件时，应当根据突发事件的性质、起因、规模、影响以及现场情势和危害程度，决定是否动用处置性警力及规模，是否采取强制性措施以及采取何种强制性措施，是否使用警械或者武器，既要防止当用不用而使事态失去控制或者致使公安民警伤亡情况发生，也要防止警力和强制性措施使用不当而激化矛盾。公安民警在采取强制性措施前，应当经现场指挥员批准，并向现场人员明示告知。在面临紧急情况下，公安民警可先期处置，并在处置过程中或者处置后及时报告。

情报指挥部门应当及时跟进掌握处置突发事件情况，视情调动警力支援。

第一百四十六条　公安机关在处置突发事件时，应当注意保护党政机关等重点部位及现场人员的安全，同时加强公安民警自身的安全防护，及时获取并固定现场违法犯罪证据。

第一百四十七条　公安民警应当保证通讯畅通，个人通讯方式变更时应当及时报告所在单位，以备发生紧急情况时迅即调集警力。

第十二章　装备财务管理

第一节　装备管理

第一百四十八条　公安机关装备管理应当严格执行有关法律法规规定，遵循整体规划、标准配备、权责相应、规范管理的原则。

第一百四十九条　公安机关应当建立健全装备使用管理、维护保养、存储保管和督察、审计等制度。

第一百五十条 公安机关应当按规定建设装备存储保管场所、完善配套设施,实行分级分类管理。

第一百五十一条 公安机关执法办案管理中心、服务窗口等场所配备的装备品种、数量和方式,应当符合装备使用安全和环境要求。

第一百五十二条 公安机关应当定期开展执法执勤装备检查、校验、测试、标定等工作,确保性能良好。监督检查重点是指挥通信、刑事技术、侦查技术、警械武器、交通工具、防护等装备。

第一百五十三条 公安机关应当加强执法执勤装备使用培训。

第一百五十四条 公安机关应当加强应急装备管理,建立应急装备保障机制,制订应急装备保障预案,按规定开展应急装备管理工作。

第一百五十五条 公安机关发生重大装备事故的,应当迅速开展实地调查,查明事故原因,出具鉴定报告,并及时向上级公安机关报告。

第一百五十六条 任何单位或者个人不得擅自赠送、转借、出租、变卖、私存装备。

第二节 预算财务管理

第一百五十七条 公安机关应当严格执行国家预算财务管理法律法规有关规定,规范财务行为,科学合理编制预算、决算及相关预算财务报表,提高资金使用效益。

第一百五十八条 公安机关应当建立健全财务管理制度、定期财务分析报告制度和内部控制机制,加强对下级机关财务管理的指导、监督和检查。

第一百五十九条 公安机关应当按照国家统一会计制度开展会计工作,依法设置会计账簿,并保证会计账簿的真实、完整。

审计部门应当按照内部审计工作规定,对财政收支、财务收支以及其他经济活动等财经管理情况组织实施审计。

第一百六十条 公安机关主要负责同志对本单位会计工作和会计资料的真实性、完整性、合法性负责。

第十三章 安全防范

第一节 基本要求

第一百六十一条 公安机关应当牢固树立安全意识,加强安全管理工作,并贯穿于公安工作和公安队伍建设的全过程。

第一百六十二条 公安机关应当坚持预防为主的方针,定期分析安全工作形势,查找不安全因素和隐患,制定和改进安全措施,建立健全安全管理制度,加强人防、物防、技防建设,并根据职责分工,压实工作责任,保证各项制度、措施落到实处。

第一百六十三条 公安机关应当加强安全教育,增强公安民警的安全防范意识,及时发现并正确处理队伍内部问题,积极消除安全隐患。强化安全训练,确保公安民警熟练使用警械武器装备,规范使用交通工具,正确处理各类情况和问题,不断提高自我防护、预防安全事故的能力。

第一百六十四条 公安机关应当根据形势任务和环境变化需要,配备安全防护设备设施,加强经常性安全防范工作,开展内部日常安全防范检查,严防发生重大安全事故。

第一百六十五条 发生安全事故应当如实及时上报,查明原因,正确处理,做到实事求是、依法依规。对避重就轻、弄虚作假、不及时报告或者隐瞒不报的,应当依法依规严肃追责问责。

第一百六十六条 县级以上公安机关应当建立维护公安民警执法权威工作委员会,实行党委(党组)统一领导、督察部门牵头协调、职能部门各负其责的工作机制,通过法律、行政、经济、社会、舆论等途径,依法及时查处侵犯公安民警执法权威的行为,为公安民警依法履职创造良好环境。

第二节　执法执勤安全

第一百六十七条 公安机关办公区、办案区应当建设必要的安全技术防范系统,主要出入口、窗口单位服务区应当配备安检和视频监控设备,办案区应当配备同步录音录像设备,并保证设备完好、正常使用。办案区的声像监控资料应当保存不少于九十日,其他区域的声像监控资料应当保存不少于三十日。

对办案区声像监控资料保存期限另有规定的,从其规定。

第一百六十八条 公安机关应当严格在办案区开展办案活动,强化安全意识,落实安全防范措施和责任,防止发生安全事故。

第一百六十九条 公安机关处置暴力恐怖案(事)件或者执行拘留、抓捕等任务时,应当评估安全风险,制订预案方案,周密组织实施,最大限度地避免造成人员伤亡。

第一百七十条 上级对下级布置任务时,应当明确安全要求,并采取安全保障措施。执行任务的公安民警应当提高安全防范意识,严格遵守安全管理制度,保持高度警惕,确保自身和工作对象安全。

第一百七十一条 公安民警执行询问、讯问、押解、看管等任务时,应当严格遵守有关规定,防止发生违法犯罪嫌疑人袭警、脱逃、暴狱和自伤、自残、自杀等案(事)件。

第一百七十二条 公安民警执法执勤时应当按规定携带装备,并规范使用执法记录仪等设备。

第一百七十三条 公安民警开展治安检查、现场勘验等工作时,应当严格遵守法定程序及操作规程,防止发生安全事故(件)。

第一百七十四条 公安民警因工作需要在道路上拦截、检查车辆时,应当选择安全和不妨碍通行的地点进行,设置安全防护设备。必要时,设置减速区、检查区、处置区,并使用阻车装置。

第三节 警械武器管理使用安全

第一百七十五条 公安机关应当建立健全公务用枪管理制度,认真执行安全管理措施,严格落实工作责任。

公安机关应当组建公务用枪管理委员会,明确职责分工,建立定期会商研判机制,加强公务用枪管理工作检查监督。

第一百七十六条 公安机关必须严格公安民警配枪标准条件,规范申报审批程序,加强年度审验把关,实行人员动态管理。

第一百七十七条 公安机关及其所属配枪单位应当按要求设置枪弹库(室、柜),严格落实24小时值守、枪弹分离、双人双锁保管等制度,加强对视频监控等安全防范设施的日常检查,确保公务用枪存放安全。

第一百七十八条 公安机关及其所属配枪单位应当定期对枪支弹药进行检测,严禁使用超寿命、待报废枪支和过期弹药,并加强对枪支弹药的日常维护保养,最大限度降低枪支弹药故障率。

第一百七十九条 公安机关及其所属配枪单位应当建立健全枪弹领取、交还审批、登记等制度,认真查验持枪证、枪证等信息,确保公务用枪交接安全。

第一百八十条 公安机关及所属配枪单位应当加强对枪支管理使用人员的日常教育培训、管理监督和思想、心理状况排查,对出现不适宜配枪情形的公安民警应当及时暂停或者取消其配枪资格,收回持枪证件,确保公务用枪使用安全。

第一百八十一条 公安民警应当严格按照规定管理使用警械武器,确保依法履职尽责,有效维护群众和自身安全,坚决防止警械武器被盗、被抢、丢失、滥用或者发生其他事故。

第一百八十二条 公安民警使用警械武器,应当以有效制止违法犯罪行为、尽量减少人员伤亡和财产损失为原则。

第一百八十三条 公安机关组织公安民警进行实弹射击训练，应当遵守下列安全规定：

（一）合理选择和设置射击场地；

（二）加强现场安全检查，配备专职安全人员，严密组织射击区域安全警戒和观察；

（三）加强枪支弹药的技术检测，防止枪支故障和弹药失效；

（四）实弹射击训练时佩戴个人安全防护器材；

（五）训练结束后统一组织验枪，彻底清查枪支和剩余弹药，防止枪支、弹药丢失，排查安全隐患。

第一百八十四条 公安民警管理使用枪支的，应当遵守下列安全规定：

（一）上班或者执行任务领用枪支后必须严格验枪，下班或者完成任务后必须及时交回并由枪管员验枪收回；

（二）工作期间因私外出的，所携带枪支必须交回并由枪管员验枪收回；

（三）在依法依规使用枪支的情形下，应当准确判定目标，规范操作动作，防止误判或者误伤他人；

（四）严禁私存、私带、私借枪支弹药；

（五）严禁持枪打闹或者枪口对人；

（六）严禁摆弄枪支或者随意动用他人枪支；

（七）严禁持枪打猎、擅自打靶或者安排他人打靶。

第四节 交通事故防范

第一百八十五条 公安机关应当加强交通安全事故防范和监督管理。除执行紧急任务外，公安民警驾驶车辆时应当遵守道路交通安全法律法规，确保行车安全。

第一百八十六条 公安机关应当对公务车辆定期进行维护和保养，确保车况良好。对达到报废标准的车辆应当及时报废，不得使用已达到强制报废标准的车辆从事警务活动。

第一百八十七条 公安民警驾驶警车时，除工作需要外，应当按照规定穿着警服，持有机动车（电子）行驶证、机动车（电子）驾驶证和人民警察证。驾驶实习期内的公安民警不得驾驶警车。公安民警驾驶或者乘坐警用摩托车时，应当戴警用头盔。

第一百八十八条 公安机关警用车辆乘载，应当遵守下列安全规定：

（一）载人不得超过核定的人数；

（二）载物应当符合核定的载质量，严禁超载；

（三）载物的长、宽、高不得违反装载要求；

（四）不得人货混载；

（五）不得违反有关安全规定，载运易燃、易爆等危险物品。

第一百八十九条 公安机关应当定期对驾驶警车的公安民警开展培训，加强交通安全教育。

第五节 火灾事故防范

第一百九十条 公安机关应当加强消防安全防范工作，建立消防管理制度，完善消防设施，配齐消防器材，落实消防责任，坚决防止发生火灾事故。

第一百九十一条 公安机关应当严格消防安全检查，及时发现和消除火灾隐患。加强易燃、易爆物资和装备、器材管理，进入易燃、易爆物品存放场所前必须收缴火种。计算机机房、库房、车场、档案室等重要场所严禁烟火。

第一百九十二条 在礼堂、剧院、大型会议场所等重要防火部位组织集体活动的，应当在应急疏散通道安排人员值守引导，维护现场秩序，防止发生意外。

第一百九十三条 重点防火单位和重要防火场所应当制订消防预案，落实消防责任，定期组织有针对性的消防演练。

第六节 爆炸事故防范

第一百九十四条 公安机关应当遵守弹药、炸药、油料、燃气、烟花爆竹等易燃、易爆物品的安全管理规定，防止发生爆炸事故。

第一百九十五条 爆炸物品的使用管理单位应当按照性质、类别将爆炸物品分别储存在专用仓库内，由专人管理，建立检查、登记制度。存放数量不得超过安全容量。在库区配备监控、防爆设施，严禁无关人员进入库区。

第一百九十六条 组织爆炸物品运输，应当遵守下列安全规定：

（一）正确选择运载工具和装卸载地点与方式；

（二）正确选择运输路线，避开交通繁忙路段和人口稠密地区；

（三）正确选择通过时机，避开人员、车辆流动高峰期；

（四）正确装载爆炸物品，符合安全运输要求；

（五）严密警戒，专人押运。

第一百九十七条 组织实施民用爆炸物品、烟花爆竹、废旧炮（炸）弹等爆炸物品销毁，应当科学划定作业区域，设置安全警示标志，维护作业现场秩序，并严格遵守下列安全规定：

（一）不得擅自变更计划、方案；
（二）不得由非专业机构组织实施；
（三）不得让未经培训的人员参与；
（四）不得在不符合安全要求的场所或者场地作业；
（五）不得在高温、雷雨、大风等不良天气条件下作业；
（六）不得违反操作规程冒险作业。

第十四章　健康保护

第一百九十八条　公安机关应当加强关爱民警工作，保护民警身心健康。基层公安机关应当根据工作任务和实有警力，执行轮休制度。对长期执行重大安全保卫、抢险救援、侦查监控任务以及长期从事重大专项工作的公安民警，应当合理安排调休；对连续工作超出法定工作时间的，应当安排休息。

第一百九十九条　公安机关应当严格落实带薪年休假制度，领导干部应当带头休假。根据工作情况，充分尊重公安民警本人意愿，统筹安排年休假。公安民警确因工作需要不能安排年休假的，应当在下一年度安排补休；不能补休或者未休满法定年休假的，应当按规定发放年休假工资报酬。

上级机关应当对下级机关带薪休假落实情况进行督导检查，推动年休假常态化，确保公安民警得到必要的休整。

第二百条　公安机关应当提倡全警健身，普及科学健身知识和健身方法，开展群众性体育活动；把体能训练作为公安民警教育训练的基本内容，提升体能素质；因地制宜、分类分年龄段开展公安民警年度体能测试。

第二百零一条　公安机关应当严格落实年度体检制度，建立公安民警健康档案，定期对健康状况进行分析，提出健康保护意见。对体检结果异常的，督促并协助做好复查、就医，强化健康生活方式指导及干预。

第二百零二条　公安机关应当开展职业病危害因素基本情况普查，健全针对性健康干预措施。为公安民警配备医疗急救包，确保突发疾病时能及时得到施救。

第二百零三条　公安机关应当严格落实公安民警因公负伤和患病医疗保障救治制度。对因身体健康状况不适宜在现岗位上工作的公安民警，应当调整工作岗位或者安排适当休整。

第二百零四条　公安机关应当开展预防传染病等卫生健康教育，提高公安民警对传染病的防治意识和应对能力。

第二百零五条　公安机关应当加强对办公、办案、生活等场所区域的日常环境卫生管理，建立卫生管理制度，健全卫生安全保障措施，有效防止发生卫生安全事故。发现传染病病人或者疑似传染病病人时，应当按规定及时向所在地疾病预防控制机构或者医疗机构以及上级机关报告。

第二百零六条 发生传染病疫情时，公安机关应当积极配合当地疾病预防控制机构或者医疗机构，采取有效措施，防止公安民警出现感染或者交叉感染，及时组织对办公、办案、生活等场所区域进行卫生处理。

根据工作需要，公安机关可实行弹性工作制，科学合理安排勤务，确保公安民警保持良好的身心状态。

第二百零七条 发生传染病疫情时，公安机关应当对公安民警确诊受感染或者疑似感染情况，按规定逐级报告上级机关；对密切接触者，按照当地疾病预防控制机构要求，采取必要的预防措施。

第二百零八条 公安机关应当建立平战结合、规范有序、及时高效的常态化心理健康服务工作机制，加强心理健康服务专兼职人才队伍建设，不断提升公安民警心理健康服务工作水平。

第二百零九条 县级以上公安机关和有条件的基层所队应当设立公安民警心理健康服务站，对公安民警开展心理健康咨询，适时进行心理辅导；每年定期开展心理健康讲座、团体辅导和心理咨询等活动，保障公安民警心理健康。

第二百一十条 对执行重大安全保卫任务、处置重大突发案（事）件、暴力恐怖案（事）件或者开枪击毙击伤人员，以及工作、生活发生重大变故的公安民警，应当及时进行心理咨询、危机干预。对出现心理健康问题的，应当及时安排休整、治疗。

第二百一十一条 公安机关应当深入开展健康教育，引导公安民警牢固树立健康生活的理念，积极开展文体活动，陶冶情操，增强体质，丰富业余文化生活。

第十五章　警旗　警徽　警歌　警察节

第一节　警　　旗

第二百一十二条 中国人民警察警旗是人民警察队伍的重要标志，是人民警察荣誉、责任和使命的象征，是人民警察忠诚履行新时代使命任务的重要指引。

第二百一十三条 公安民警应当树立警旗意识，尊重和爱护警旗，维护警旗尊严。

第二百一十四条 公安机关及所属单位按规定授予和请领警旗。

授予警旗可以组织授旗仪式。授旗仪式由受旗单位所隶属的公安机关或者上一级公安机关组织实施,通常在单位新组建成立时进行。

第二百一十五条 使用警旗应当报受旗单位主要负责同志批准,不得超出规定的使用范围。

任何组织和个人未经批准不得制造、买卖、持有、使用警旗。

第二节 警 徽

第二百一十六条 中国人民警察警徽是人民警察的象征和标志。公安民警应当爱护警徽,维护警徽尊严。

第二百一十七条 警徽是人民警察专用标志。使用警徽及其图案应当严肃、庄重,严格使用范围。

第二百一十八条 警徽由公安部按照规定统一监制。县级以上公安机关负责监督管理警徽及其图案的使用。

第三节 警 歌

第二百一十九条 中国人民警察警歌是人民警察性质、宗旨和精神的体现。公安民警和公安院校学生应当会唱警歌。

第二百二十条 奏(唱)警歌适用于公安机关重要庆典、集会、会议、检阅以及其他维护、显示人民警察威严的场合。

第二百二十一条 不得在私人婚、丧、庆、悼活动和娱乐、商业活动以及其他不适宜的场合奏(唱)警歌。

第二百二十二条 奏(唱)警歌时,公安民警应当庄重肃立。

第四节 警察节

第二百二十三条 中国人民警察节是人民警察荣誉制度体系的重要组成部分。公安机关应当在警察节举办相关庆祝活动,作为励警爱警患警的重要举措。

第二百二十四条 公安机关庆祝警察节活动,可通过升(挂)警旗仪式、组织宣誓、走访慰问、举办书画摄影作品展览、诗歌朗诵会、音乐会等丰富多彩的文体活动形式进行。

举办警察节庆祝活动应当隆重简朴、厉行节约,防止形式主义和铺张浪费。

第二百二十五条 警察节期间,公安机关可结合实际采取警营开放、法制宣讲、便民服务等多种方式，广泛开展社会宣传，大力加强警察公共关系建设，树立公安机关和公安队伍良好形象。

第十六章 阅　　警

第二百二十六条　阅警是设区的市级以上党政机关主要领导、公安机关主要领导在重大节日、庆典、集会等重要场合对公安队伍的检阅。

第二百二十七条　阅警应当严格审批制度。设区的市级以上公安机关举行阅警，应当报上级公安机关批准；公安院校举行阅警，应当报主管机关批准。

第二百二十八条　阅警的主要程序：

（一）阅警指挥员向阅警领导报告；

（二）阅警领导宣布阅警开始；

（三）组织进行阅警活动；

（四）阅警领导讲话；

（五）阅警指挥员向阅警领导报告；

（六）阅警领导宣布阅警结束。

第十七章 附　　则

第二百二十九条　违反本条令，情节轻微的，应当给予谈话提醒、批评教育或者当场予以纠正；情节严重的，应当按照规定采取带离现场、停止执行职务、禁闭措施，给予处分或者限期调离、辞退等处理；构成违法犯罪的，依法追究相应的法律责任。

第二百三十条　公安机关直属事业单位内务建设参照本条令执行。国家移民管理机构可按照本条令制定具体管理规定或者实施办法。

公安机关警务辅助人员的内务建设，由各省级公安机关参照本条令制定具体办法。

第二百三十一条　本条令所称“以上”均含本级。

第二百三十二条　本条令自发布之日起施行。2000 年 6 月公安部颁布实施的《公安机关人民警察内务条令》（公安部令第 53 号）和 2007 年 6 月公安部颁布实施的《公安机关人民警察着装管理规定》（公安部令第 92 号）同时废止。其他有关内务建设的规定有与本条令不一致的，以本条令为准。

保险中介行政许可及备案实施办法

（2021年10月28日中国银行保险监督管理委员会令2021年第12号公布　自2022年2月1日起施行　国司备字[2021005151]）

第一章　总　　则

第一条　为规范银保监会及其派出机构实施保险中介市场行政许可和备案行为，明确行政许可和备案事项的条件和程序，保护申请人合法权益，根据《中华人民共和国保险法》《中华人民共和国行政许可法》《中华人民共和国资产评估法》等法律法规及国务院的有关决定，制定本办法。

第二条　银保监会及其派出机构依照本办法规定对保险中介业务和高级管理人员实施行政许可和备案。

派出机构包括银保监局和银保监分局。银保监分局在银保监会、银保监局授权范围内，依照本办法规定实施行政许可和备案。

第三条　本办法所称行政许可事项包括经营保险代理业务许可、经营保险经纪业务许可、保险中介集团（控股）公司经营保险中介业务许可，保险代理机构、保险经纪机构高级管理人员任职资格核准。本办法所称备案事项包括经营保险公估业务备案。

第四条　本办法所称保险专业中介机构包括保险专业代理机构、保险经纪机构、保险公估机构。

本办法所称全国性保险专业代理机构、保险经纪机构、保险公估机构是指经营区域不限于工商注册登记所在地省、自治区、直辖市、计划单列市的相应机构。

本办法所称区域性保险专业代理机构、保险经纪机构、保险公估机构是指经营区域为工商注册登记所在地省、自治区、直辖市、计划单列市的相应机构。

第五条　银保监会及其派出机构应依照宏观审慎原则，结合辖区内保险业发展水平等实际情况，按照本办法规定实施保险中介行政许可及备案。

第二章　经营保险代理业务许可

第一节　保险专业代理机构经营保险代理业务许可

第六条　申请人申请经营保险代理业务资格，应当符合以下条件：

（一）依法取得工商营业执照，名称中应当包含“保险代理”字样，且字号不得与现有的保险专业中介机构相同，与其他保险专业中介机构具有同一实际控制人的保险专业代理机构除外；

（二）股东符合本规定要求；

（三）注册资本为实缴货币资本并按银保监会有关规定实施托管，全国性保险专业代理机构的注册资本最低限额为5000万元，区域性保险专业代理机构的注册资本最低限额为2000万元；

（四）营业执照记载的经营范围符合银保监会的有关规定；

（五）有符合《中华人民共和国公司法》和《中华人民共和国保险法》规定的章程；

（六）高级管理人员符合相应的任职资格条件；

（七）有符合银保监会规定的治理结构和内控制度，商业模式科学、合理、可行；

（八）有与业务规模相适应的固定住所；

（九）有符合银保监会规定的业务、财务等计算机软硬件设施；

（十）风险测试符合要求；

（十一）法律、行政法规和银保监会规定的其他条件。

第七条　申请人股东应当符合以下条件：

（一）财务状况良好，具有以自有资金对外投资的能力，出资资金自有、真实、合法，不得用银行贷款及各种形式的非自有资金投资；

（二）法人股东应当具有良好的公司治理结构或有效的组织管理方式，社会声誉、诚信记录、纳税记录以及经营管理良好，出资日上一年末（设立时间不满一年的，以出资日上一月末为准）净资产应不为负数，出资日上一月末净资产及货币资金均大于出资额；

（三）银保监会规定的其他审慎性条件。

第八条　申请人股东有下列情形之一的，申请人不得申请经营保险代理业务资格：

（一）最近5年内受到刑罚或重大行政处罚；

（二）因涉嫌重大违法犯罪正接受有关部门调查；

（三）因严重失信行为被国家有关单位确定为失信联合惩戒对象且应当在保险领域受到相应惩戒，或者最近5年内有其他严重失信不良记录；

（四）依据法律、行政法规不能投资企业；

（五）银保监会根据审慎监管原则认定的其他不适合成为保险专业代理机构股东的情形。

第九条 申请人应确定定位清晰、科学、合理、可行的商业模式。依托专门技术、领域、行业开展业务的，业务发展模式及配套管理制度流程应体现特色与专业性。

第十条 申请人应根据《中华人民共和国公司法》等法律、行政法规和银保监会相关政策要求，依照职责明晰、强化制衡、加强风险管理的原则，建立规范、有效的公司治理结构和内部管理制度。

第十一条 申请人应根据公司的性质、规模，设立股东（大）会、董事会或者执行董事、监事会或者监事等组织机构，并应在章程中明确其职责、议事制度和决策程序。

第十二条 申请人应具有符合银保监会规定要求的业务和财务管理系统及信息安全保障体系，实现对主要业务、财务流程的信息化管理，确保业务和财务信息的及时、准确掌握及信息安全。业务和财务管理软件应当具备保单信息管理、单证管理、客户管理、收付费结算、报表查询生成等基本功能。

第十三条 申请人申请前应选择一家符合银保监会规定要求的商业银行，签订托管协议，开立托管账户，将全部注册资本存入托管账户。托管协议应明确托管期限、托管金额、托管资金用途等内容。注册资本托管账户和基本户应分设。

第十四条 申请人应当向工商注册登记所在地银保监局提交下列申请材料：

（一）经营保险代理业务许可申请书，申请书应当载明保险专业代理机构的名称、注册资本等；

（二）《经营保险代理业务许可申请表》；

（三）《经营保险代理业务许可申请委托书》；

（四）公司章程；

（五）《保险专业代理机构投资人基本情况登记表（法人股东）》或《保险专业代理机构投资人基本情况登记表（自然人股东）》及相关材料；

（六）注册资本为实缴货币资本的证明文件，资本金入账原始凭证复印件；

（七）可行性报告，包括当地经济、社会和金融保险发展情况分析，机构组建的可行性和必要性说明，市场前景分析，业务和财务发展计划，风险管理计划等；

（八）内部管理制度，包括公司治理结构、组织机构设置、业务管理制度、财务制度、信息化管理制度、反洗钱内控制度、消费者权益保护制度以及业务服务标准等；

（九）《保险专业代理机构高级管理人员任职资格申请表》及有关证明材料，聘用人员花名册复印件；

（十）业务、财务等计算机软硬件配备及信息安全保障情况说明等；

（十一）注册资本托管协议复印件及托管户入账证明等；

（十二）投保职业责任保险的，应出具按规定投保职业责任保险的承诺函，缴存保证金的，应出具按规定缴存保证金的承诺函；

（十三）银保监会及其派出机构规定提交的其他材料。

第十五条 全国性保险专业代理机构申请经营保险代理业务资格的，由工商注册登记所在地银保监局受理并初审，银保监会决定。

区域性保险专业代理机构申请经营保险代理业务资格的，由工商注册登记所在地银保监局受理、审查并决定。

第十六条 银保监会及其派出机构应当采取谈话、询问、现场验收等方式了解和审查申请人股东的经营状况、诚信记录以及申请人的市场发展战略、业务发展计划、内控制度建设、人员结构、信息系统配置及运行等有关事项，并进行风险测试和提示。

第十七条 申请人应按规定接受风险测试。风险测试应综合考虑和全面了解机构、股东及存在关联关系的单位或者个人的历史经营状况，判断是否存在利用保险中介机构和业务从事非法经营活动的可能性，核查保险专业中介机构与控股股东、实际控制人在业务、人员、资产、财务等方面是否严格隔离并实现独立经营和核算，全面评估风险状况。

第十八条 银保监局受理、审查并决定的申请事项，应当自受理之日起20日内审查完毕，作出准予或者不予行政许可的书面决定。

银保监局受理并初审的申请事项，应当自受理之日起20日内审查完毕，并将审查意见及完整申请材料上报银保监会。银保监会应自收到银保监局的初步审查意见及申请人完整申请材料之日起，在20日内审查完毕，作出准予或者不予行政许可的书面决定。

第十九条 银保监会及其派出机构作出准予许可决定的，应当向申请人颁发许可证。

作出不予许可决定的，应当说明理由。公司继续存续的，应当依法办理名称、营业范围和公司章程等事项的变更登记，确保其名称中无“保险代理”字样。

第二节　保险兼业代理业务许可

第二十条　商业银行经营保险代理业务,应当具备下列条件:

(一)具有银保监会或其派出机构颁发的金融许可证;

(二)主业经营情况良好,最近2年无重大违法违规记录(已采取有效整改措施并经银保监会及其派出机构认可的除外);

(三)已建立符合银保监会规定的保险代理业务信息系统;

(四)已建立保险代理业务管理制度和机制,并具备相应的专业管理能力;

(五)法人机构和一级分支机构已指定保险代理业务管理责任部门和责任人员;

(六)银保监会规定的其他条件。

第二十一条　银保监会直接监管的商业银行经营保险代理业务,应当由其法人机构向银保监会申请许可证。

其他商业银行经营保险代理业务,应当由法人机构向注册所在地银保监会派出机构申请许可证。

商业银行网点凭法人机构的授权经营保险代理业务。

第二十二条　银保监会及其派出机构收到商业银行经营保险代理业务申请后,可采取谈话、函询、现场验收等方式了解、审查申请人的市场发展战略、业务发展计划、内控制度建设、人员结构、信息系统配置及运行等有关事项,并进行风险提示。

第二十三条　商业银行申请经营保险代理业务,应当提交以下申请材料:

(一)近两年违法违规行为情况的说明(机构成立不满两年的,提供自成立之日起的情况说明);

(二)合作保险公司情况说明;

(三)保险代理业务信息系统情况说明;

(四)保险代理业务管理相关制度,如承保出单、佣金结算、客户服务等;

(五)保险代理业务责任部门和责任人指定情况的说明;

(六)银保监会规定的其他材料。

第二十四条　银保监局受理、审查并决定的申请事项,应当自受理之日起20日内审查完毕,作出准予或者不予行政许可的书面决定。

银保监会受理、审查并决定的申请事项,应当自受理之日起20日内审查完毕,作出准予或者不予行政许可的书面决定。

第二十五条　银保监会及其派出机构作出准予许可决定的,应当向申请人颁发许可证;作出不予许可决定的,应当说明理由。

第二十六条 在中华人民共和国境内经国务院银行保险监督管理机构批准设立的吸收公众存款的金融机构、其他金融机构、政策性银行申请保险兼业代理资格的条件和办理流程参照本办法执行。

其他工商企业申请保险兼业代理资格的条件和办理流程，由银保监会另行规定。

第三节 保险代理集团(控股)公司经营保险代理业务许可

第二十七条 申请人应当符合以下条件：

(一)股东、发起人信誉良好，最近3年内无重大违法记录，出资自有、真实、合法，不得用银行贷款及其他形式的非自有资金投资；

(二)注册资本达到法律、行政法规和银保监会相关规则规定的最低限额；

(三)公司章程或者合伙协议符合有关规定；

(四)高级管理人员符合规定的任职资格条件；

(五)商业模式科学、合理、可行，公司治理完善到位，具备健全的组织机构和管理制度；

(六)有与业务规模相适应的固定住所；

(七)有与开展业务相适应的业务、财务等计算机软硬件设施；

(八)拥有5家及以上子公司，其中至少有2家子公司为保险专业中介机构，至少有1家子公司为保险专业代理机构；

(九)保险中介业务收入占集团总业务收入的50%以上；

(十)风险测试符合要求；

(十一)依法取得工商营业执照，名称中应当包含“保险代理集团(控股)公司”等字样；

(十二)法律、行政法规和银保监会规定的其他条件。

第二十八条 申请人应当向银保监会提交下列申请材料：

(一)申请书，应当载明公司的名称、注册资本、业务范围等；

(二)《保险中介集团公司经营保险代理业务许可申请表》；

(三)《保险中介集团公司经营保险代理业务许可申请委托书》；

(四)集团公司、成员企业及企业集团章程复印件；

(五)可行性报告及内部管理制度，包括设立方式或者更名方案、公司治理和组织机构框架、发展战略、内部控制体系，以及公司章程、业务管理制度、资本管理制度、风险管理制度、关联交易管理制度等；

(六)筹建或更名方案，包括操作流程、集团内各公司的股权整合方案、股权结构、子公司的名称和业务类别、员工及债权处置方案等；

（七）创立大会决议，或者股东会、股东大会关于设立集团公司或者更名的决议；

（八）《投资人基本情况登记表》及相关材料、股份认购协议等，投资人是机构的，还应提供营业执照、其他背景资料以及加盖公章的上一年度财务报表复印件；

（九）加盖公章的集团重要成员公司上一年度的财务报表复印件；

（十）注册资本金实缴情况的说明及证明材料；

（十一）《保险中介服务集团公司高级管理人员任职资格申请表》，拟任高级管理人员简历及有关证明材料；

（十二）银保监会规定提交的其他材料。

第二十九条 银保监会应当采取谈话、询问、现场验收等方式了解、审查申请人股东的经营状况、诚信记录，以及申请人的市场发展战略、业务发展计划、内控制度建设、人员结构、信息系统配置及运行等有关事项，并进行风险测试和提示。

第三十条 保险代理集团（控股）公司申请经营保险代理业务，由银保监会受理、审查并决定。银保监会自受理之日起 20 日内审查完毕，作出准予或者不予行政许可的书面决定。

第三十一条 银保监会作出准予许可决定的，应当向申请人颁发许可证；作出不予许可决定的，应当说明理由。

第三章 经营保险经纪业务许可

第一节 保险经纪机构经营保险经纪业务许可

第三十二条 申请人申请经营保险经纪业务，应当符合以下条件：

（一）依法取得工商营业执照，名称中应当包含“保险经纪”字样，且字号不得与现有的保险专业中介机构相同，与其他保险专业中介机构具有同一实际控制人的保险专业经纪机构除外；

（二）股东符合本规定要求；

（三）注册资本为实缴货币资本并按银保监会有关规定实施托管，全国性保险经纪机构的注册资本最低限额为 5000 万元，区域性保险经纪机构的注册资本最低限额为 2000 万元；

（四）营业执照记载的经营范围符合银保监会的有关规定；

（五）有符合《中华人民共和国公司法》和《中华人民共和国保险法》规定

的章程；

（六）高级管理人员符合规定的任职资格条件；

（七）有符合银保监会规定的治理结构和内控制度，商业模式科学、合理、可行；

（八）有与业务规模相适应的固定住所；

（九）有符合银保监会规定的业务、财务等计算机软硬件设施；

（十）风险测试符合要求；

（十一）法律、行政法规和银保监会规定的其他条件。

第三十三条 申请人股东应当符合以下条件：

（一）财务状况良好，具有以自有资金对外投资的能力，出资资金自有、真实、合法，不得用银行贷款及各种形式的非自有资金投资；

（二）法人股东应当具有良好的公司治理结构或有效的组织管理方式，社会声誉、诚信记录、纳税记录以及经营管理良好，出资日上一年末（设立时间不满一年的，以出资日上一月末为准）净资产应不为负数，出资日上一月末净资产及货币资金均大于出资额；

（三）银保监会规定的其他审慎性条件。

区域性保险经纪公司股东条件由银保监会另行规定。

第三十四条 申请人股东有下列情形之一的，申请人不得申请经营保险经纪业务：

（一）最近5年内受到刑罚或重大行政处罚；

（二）因涉嫌重大违法犯罪正接受有关部门调查；

（三）因严重失信行为被国家有关单位确定为失信联合惩戒对象且应当在保险领域受到相应惩戒，或者最近5年内具有其他严重失信不良记录；

（四）依据法律、行政法规不能投资企业；

（五）银保监会根据审慎监管原则认定的其他不适合成为保险经纪机构股东的情形。

第三十五条 申请人应确定定位清晰、科学、合理、可行的商业模式。依托专门技术、领域、行业开展业务的，业务发展模式及配套管理制度流程应体现特色与专业性。

第三十六条 申请人应根据《中华人民共和国公司法》等法律、行政法规和银保监会相关政策要求，依照职责明晰、强化制衡、加强风险管理的原则，建立规范、有效的公司治理结构和内部管理制度。

第三十七条 申请人应根据公司的性质、规模，设立股东（大）会、董事会或者执行董事、监事会或者监事等组织机构，并在章程中明确其职责、议事制度和决策程序。

第三十八条 申请人应具有符合银保监会规定要求的业务和财务管理系统及信息安全保障体系,实现对主要业务、财务流程的信息化管理,确保业务和财务信息的及时、准确掌握及信息安全,业务和财务管理软件应当具备保单信息管理、单证管理、客户管理、收付费结算、报表查询生成等基本功能。

第三十九条 申请人申请前应选择一家符合银保监会规定要求的商业银行,签订托管协议,开立托管账户,将全部注册资本存入托管账户。托管协议应明确托管期限、托管金额、托管资金用途等内容。注册资本托管账户和基本户应分设。

第四十条 申请人应当向工商注册登记所在地银保监局提交下列申请材料:

(一)经营保险经纪业务许可申请书,申请书应当载明保险经纪机构的名称、注册资本等;

(二)《经营保险经纪业务许可申请表》;

(三)《经营保险经纪业务许可申请委托书》;

(四)公司章程;

(五)《保险经纪机构投资人基本情况登记表(法人股东)》或《保险经纪机构投资人基本情况登记表(自然人股东)》及相关材料;

(六)注册资本为实缴货币资本的证明文件,资本金入账原始凭证复印件;

(七)可行性报告,包括当地经济、社会和金融保险发展情况分析,机构组建的可行性和必要性说明,市场前景分析,业务和财务发展计划,风险管理计划等;

(八)内部管理制度,包括公司治理结构、组织机构设置、业务管理制度、财务制度、信息化管理制度、反洗钱内控制度、消费者权益保护制度以及业务服务标准等;

(九)《保险经纪机构高级管理人员任职资格申请表》及有关证明材料,聘用人员花名册复印件;

(十)业务、财务等计算机软硬件配备及信息安全保障情况说明等;

(十一)注册资本托管协议复印件及托管户入账证明等;

(十二)投保职业责任保险的,应出具按规定投保职业责任保险的承诺函,缴存保证金的,应出具按规定缴存保证金的承诺函;

(十三)银保监会及其派出机构规定提交的其他材料。

第四十一条 全国性保险经纪机构申请经营保险经纪业务的,由工商注册登记所在地银保监局受理并初审,银保监会决定。

区域性保险经纪机构申请经营保险经纪业务的，由工商注册登记所在地银保监局受理、审查并决定。

第四十二条 银保监会及其派出机构应当采取谈话、询问、现场验收等方式了解、审查申请人股东的经营状况、诚信记录以及申请人的市场发展战略、业务发展计划、内控制度建设、人员结构、信息系统配置及运行等有关事项，并进行风险测试和提示。

第四十三条 申请人应按规定接受风险测试。风险测试应综合考虑和全面了解机构、股东及存在关联关系的单位或者个人的历史经营状况，判断是否存在利用保险中介机构和业务从事非法经营活动的可能性，核查保险专业中介机构与控股股东、实际控制人在业务、人员、资产、财务等方面是否严格隔离并实现独立经营和核算，全面评估风险状况。

第四十四条 银保监局受理、审查并决定的申请事项，应当自受理之日起20日内审查完毕，作出准予或者不予行政许可的书面决定。

银保监局受理并初审的申请事项，应当自受理之日起20日内审查完毕，并将审查意见及完整申请材料上报银保监会。银保监会应自收到银保监局的初步审查意见及申请人完整申请材料之日起，在20日内审查完毕，作出准予或者不予行政许可的书面决定。

第四十五条 银保监会及其派出机构作出准予许可决定的，应当向申请人颁发许可证。

作出不予许可决定的，应当说明理由。公司继续存续的，应当依法办理名称、营业范围和公司章程等事项的变更登记，确保其名称中无“保险经纪”字样。

第二节 保险经纪集团（控股）公司经营保险经纪业务许可

第四十六条 申请人应当符合以下条件：

（一）股东、发起人信誉良好，最近3年内无重大违法记录，出资应自有、真实、合法，不得用银行贷款及其他形式的非自有资金投资；

（二）注册资本达到法律、行政法规和银保监会相关规定的最低限额；

（三）公司章程或者合伙协议符合有关规定；

（四）高级管理人员符合规定的任职资格条件；

（五）商业模式科学、合理、可行，公司治理完善到位，具备健全的组织机构和管理制度；

（六）有与业务规模相适应的固定住所；

（七）有与开展业务相适应的业务、财务等计算机软硬件设施；

（八）拥有5家及以上子公司，其中至少有2家子公司为保险专业中介机构，至少有1家子公司为保险经纪机构；

（九）保险中介业务收入占集团总业务收入的50%以上；

（十）风险测试符合要求；

（十一）依法取得工商营业执照，名称中应当包含“保险经纪集团（控股）公司”等字样；

（十二）法律、行政法规和银保监会规定的其他条件。

第四十七条 申请人应当向银保监会提交下列申请材料：

（一）申请书，应当载明公司的名称、注册资本、业务范围等；

（二）《保险中介集团公司经营保险经纪业务许可申请表》；

（三）《保险中介集团公司经营保险经纪业务许可申请委托书》；

（四）集团公司、成员企业及企业集团章程复印件；

（五）可行性报告及内部管理制度，包括设立方式或者更名方案、公司治理和组织机构框架、发展战略、内部控制体系，以及公司章程、业务管理制度、资本管理制度、风险管理制度、关联交易管理制度等；

（六）筹建或更名方案，包括操作流程、集团内各公司的股权整合方案、股权结构、子公司的名称和业务类别、员工及债权处置方案等；

（七）创立大会决议，或者股东会、股东大会关于设立集团公司或者更名的决议；

（八）《投资人基本情况登记表》及相关材料、股份认购协议等，投资人是机构的，还应提供营业执照、其他背景资料以及加盖公章的上一年度财务报表复印件；

（九）加盖公章的集团重要成员公司上一年度的财务报表复印件；

（十）注册资本金实缴情况的说明及证明材料；

（十一）《保险中介服务集团公司高级管理人员任职资格申请表》，拟任高级管理人员简历及有关证明材料；

（十二）银保监会规定提交的其他材料。

第四十八条 银保监会应当采取谈话、询问、现场验收等方式了解、审查申请人股东的经营状况、诚信记录，以及申请人的市场发展战略、业务发展计划、内控制度建设、人员结构、信息系统配置及运行等有关事项，并进行风险测试和提示。

第四十九条 保险经纪集团（控股）公司申请经营保险经纪业务，由银保监会受理、审查并决定。银保监会自受理之日起20日内审查完毕，作出准予或者不予行政许可的书面决定。

第五十条 银保监会作出准予许可决定的，应当向申请人颁发许可证；作出不予许可决定的，应当说明理由。

第四章 经营保险公估业务备案

第五十一条 保险公估机构及其分支机构经营保险公估业务，应依法备案。

第五十二条 保险公估机构经营保险公估业务应当符合以下条件：

（一）股东或者合伙人符合本规定要求，且出资资金自有、真实、合法，不得用银行贷款及各种形式的非自有资金投资；

（二）根据业务发展规划，具备日常经营和风险承担所必需的营运资金，全国性机构营运资金为200万元以上，区域性机构营运资金为100万元以上；

（三）营运资金的托管符合银保监会的有关规定；

（四）公司章程或者合伙协议符合有关规定；

（五）名称中应当包含“保险公估”字样，保险公估机构的字号不得与现有的保险专业中介机构相同，与其他保险专业中介机构具有同一实际控制人的保险公估机构除外；

（六）董事长、执行董事和高级管理人员应当符合本规定要求；

（七）有符合银保监会规定的治理结构和内控制度，商业模式科学、合理、可行；

（八）有与业务规模相适应的固定住所；

（九）有符合银保监会规定的业务、财务信息管理系统；

（十）具备一定数量的保险公估师；

（十一）法律、行政法规和银保监会规定的其他条件。

第五十三条 申请人应当依法采用合伙或者公司形式。

申请人采用合伙形式的，应当有2名以上公估师；其合伙人三分之二以上应当是具有3年以上从业经历且最近3年内未受停止从业处罚的公估师。

申请人采用公司形式的，应当有8名以上公估师和2名以上股东，其中三分之二以上股东应当是具有3年以上从业经历且最近3年内未受停止从业处罚的公估师。

申请人的合伙人或者股东仅为2名的，2名合伙人或者股东都应当是具有3年以上从业经历且最近3年内未受停止从业处罚的公估师。

公估师指通过公估师资格考试的保险公估从业人员。从业经历指保险公估从业经历。

第五十四条 申请人的合伙人或者股东出资资金应自有、真实、合法，不得用银行贷款及各种形式的非自有资金投资。保险公估机构的法人股东或合伙人应财务状况良好，上一年末（设立时间不满一年的，以出资日上一月末为准）净资产应不为负数，应具有以自有资金对外投资的能力，出资日上一月末净资产及货币资金均大于出资额。

第五十五条 申请人股东或合伙人有下列任一情形的，申请人不得申请经营保险公估业务：

（一）最近5年内受到刑罚或者重大行政处罚；

（二）因涉嫌重大违法犯罪正接受有关部门调查；

（三）因严重失信行为被国家有关单位确定为失信联合惩戒对象且应当在保险领域受到相应惩戒，或者最近5年内具有其他严重失信不良记录；

（四）依据法律、行政法规不能投资企业；

（五）银保监会根据审慎监管原则认定的其他不适合成为保险公估机构股东或者合伙人的情形。

第五十六条 申请人董事长、执行董事和高级管理人员应当符合以下条件：

（一）大学专科以上学历，从事金融或者资产评估工作10年以上的人员不受此项限制；

（二）从事金融工作3年以上，或者从事资产评估相关工作3年以上，或者从事经济工作5年以上；

（三）具有履行职责所需的经营管理能力，熟悉保险法律、行政法规及银保监会的相关规定；

（四）诚实守信，品行良好。

有下列情形之一的，不得担任保险公估机构董事长、执行董事和高级管理人员：

（一）担任因违法被吊销许可证的保险公司或者保险专业中介机构的董事、监事或者高级管理人员，并对被吊销许可证负有个人责任或者直接领导责任的，自许可证被吊销之日起未逾3年；

（二）因违法行为或者违纪行为被金融监管机构取消任职资格的金融机构的董事、监事或者高级管理人员，自被取消任职资格之日起未逾5年；

（三）被金融监管机构决定在一定期限内禁止进入金融行业，期限未满；

（四）因违法行为或者违纪行为被吊销执业资格的资产评估机构、验证机构等机构的专业人员，自被吊销执业资格之日起未逾5年；

（五）受金融监管机构警告或者罚款未逾2年；

（六）正在接受司法机关、纪检监察部门或者金融监管机构调查；

（七）因严重失信行为被国家有关单位确定为失信联合惩戒对象且应当在保险领域受到相应惩戒，或者最近5年内具有其他严重失信不良记录；

（八）合伙人有尚未清偿完的合伙企业债务；

（九）法律、行政法规和银保监会规定的其他情形。

保险公估人应当与其高级管理人员建立劳动关系，订立书面劳动合同。

保险公估人董事长、执行董事和高级管理人员不得兼任2家以上分支机构的主要负责人。

第五十七条 申请人申请前应选择一家符合银保监会规定要求的商业银行，签订托管协议，开立托管账户将全部营运资金由基本户存入托管账户。托管协议应明确托管期限、托管金额、托管资金用途及未完成备案不得动用等内容。

第五十八条 申请人应确定定位清晰、科学、合理、可行的商业模式。依托专门技术、领域、行业开展业务的，业务发展模式及配套管理制度流程应体现特色与专业性。

第五十九条 申请人应根据《中华人民共和国公司法》《中华人民共和国合伙企业法》《中华人民共和国资产评估法》等法律、行政法规和银保监会相关政策要求，依照职责明晰、强化制衡、加强风险管理的原则，建立规范有效的治理结构和内部管理制度。

第六十条 申请人应具有符合银保监会规定要求的业务和财务管理系统，实现对主要业务、财务流程的信息化管理，确保业务和财务信息的及时、准确掌握及信息安全。

第六十一条 申请人应当向工商注册登记所在地银保监局提交下列备案材料：

（一）经营保险公估业务备案申请书，申请书应当载明保险公估机构的名称、注册资本、经营区域（全国性或区域性）等；

（二）《经营保险公估业务备案申请表》；

（三）《经营保险公估业务备案委托书》；

（四）《保险公估机构公估师信息表》；

（五）公司章程或者合伙协议；

（六）《保险公估机构投资人基本情况登记表（法人股东）》《保险公估机构投资人基本情况登记表（自然人股东）》及相关材料；

（七）营运资金进入公司基本户的入账原始凭证复印件；

（八）可行性报告，包括当地经济、社会和金融保险发展情况分析，机构组建的可行性和必要性说明，市场前景分析，业务和财务发展计划，风险管理计划等；

（九）内部管理制度，包括公司治理结构、组织机构设置、业务管理制度、财务制度、信息化管理制度、反洗钱内控制度、消费者权益保护制度以及业务服务标准等；

（十）《保险公估机构董事长（执行董事）、高级管理人员任职报告表》及有关证明材料，公估师人员名册及相应证书复印件、聘用人员花名册；

（十一）业务、财务等计算机软硬件配备及信息安全保障情况说明等；

（十二）营运资金托管协议复印件及托管户入账证明等；

（十三）投保职业责任保险或者建立职业风险基金的，应出具按规定投保职业责任保险或建立职业风险基金保证书；

（十四）与业务规模相适应的固定场所及使用权属证明材料；

（十五）保险公司的工作人员、保险专业中介机构的从业人员投资保险公估机构的，应当提供其所在机构知晓其投资的书面证明，保险公司、保险专业中介机构的董事、监事或者高级管理人员投资保险公估机构的，应当根据有关规定提供任职公司股东会或者股东大会的同意文件；

（十六）银保监会及其派出机构规定提交的其他材料。

第六十二条 银保监会及其派出机构应当采取谈话、函询、现场查验等方式了解、审查股东或者合伙人的经营记录、经营动机，以及市场发展战略、业务发展规划、内控制度建设、人员结构、信息系统配置及运行等有关事项，并进行风险测试和提示。

第六十三条 保险公估机构新设分支机构经营保险公估业务，应当符合下列条件：

（一）保险公估机构及其分支机构最近 1 年内没有受到刑罚或者重大行政处罚；

（二）保险公估机构及其分支机构未因涉嫌违法犯罪正接受有关部门调查；

（三）最近 2 年内设立的分支机构不存在运营未满 1 年退出市场的情形；

（四）具备完善的分支机构管理制度；

（五）新设分支机构有符合要求的营业场所、业务财务信息系统，以及与经营业务相匹配的其他设施；

（六）银保监会规定的其他条件。

保险公估机构因严重失信行为被国家有关单位确定为失信联合惩戒对象

且应当在保险领域受到相应惩戒的，或者最近 5 年内具有其他严重失信不良记录的，不得新设分支机构经营保险公估业务。

第六十四条 申请经营保险公估业务备案的保险公估分支机构应当向工商注册登记所在地银保监局提交下列备案材料：

（一）经营保险公估业务备案申请书，申请书应当载明保险公估分支机构的名称、主要负责人姓名等；

（二）《保险公估机构分支机构经营保险公估业务备案申请表》；

（三）保险公估机构备案表复印件；

（四）关于设立保险公估分支机构的内部决议；

（五）新设保险公估分支机构内部管理制度；

（六）保险公估机构及分支机构最近 2 年内接受银行保险监管、市场监管、税务等部门监督检查情况的说明及有关附件，如受过行政处罚，需提供有关行政处罚书复印件及缴纳罚款证明复印件；

（七）业务、财务等计算机软硬件配备及信息安全保障情况说明等；

（八）《保险公估机构董事长（执行董事）、高级管理人员任职报告表》及有关证明材料；

（九）最近 2 年内设立的分支机构是否存在运营未满 1 年退出市场的情况说明，应按照下列字段对最近 2 年内在全国设立分支机构情况进行梳理：机构名称、所在省份、成立时间、是否退出市场、退出市场时间；

（十）新设分支机构职场租赁合同复印件或权属文件复印件及职场照片；

（十一）银保监会及其派出机构规定提交的其他材料。

第六十五条 保险公估机构经营保险公估业务，应当自领取营业执照之日起 30 日内，通过银保监会指定的信息系统向银保监会及其派出机构备案，同时按规定提交纸质及电子备案材料。

保险公估机构分支机构经营保险公估业务，应当自领取分支机构营业执照之日起 10 日内，通过银保监会指定的信息系统向工商注册登记所在地银保监局备案，同时按规定提交纸质及电子备案材料。

区域性保险公估机构及分支机构申请经营保险公估业务的，由工商注册登记所在地银保监局依法备案。

全国性保险公估机构及合伙制保险公估机构申请经营保险公估业务的，由工商注册登记所在地银保监局接收备案材料并初审，由银保监会依法备案。

第六十六条 备案材料完备且符合要求的，银保监会及其派出机构应当在银保监会网站上将备案情况向社会公告，完成备案。保险公估机构在备案公告之后可下载《经营保险公估业务备案表》。

第六十七条 合伙形式的保险公估机构转为公司形式的保险公估机构,或者公司形式的保险公估机构转为合伙形式的保险公估机构,备案流程及材料参照新设机构,变更期间按照转前形式开展业务。

区域性保险公估机构转为全国性保险公估机构,或者全国性保险公估机构转为区域性保险公估机构,备案流程及材料参照新设机构,变更期间按照转前范围开展业务。

第五章　保险专业代理机构及保险经纪机构高级管理人员任职资格许可

第一节　任职资格条件

第六十八条 保险专业代理机构及保险经纪机构高级管理人员需经任职资格许可,包括公司总经理、公司副总经理、省级分公司主要负责人以及对公司经营管理行使重要职权的其他人员。

第六十九条 保险专业代理机构、保险经纪机构高级管理人员拟任人应符合以下条件:

(一)大学专科以上学历,从事金融工作10年以上的人员不受此项限制;

(二)从事金融工作3年以上或者从事经济工作5年以上;

(三)具有履行职责所需的经营管理能力,熟悉保险法律、行政法规及银保监会的相关规定;

(四)诚实守信,品行良好。

第七十条 保险专业代理机构、保险经纪机构高级管理人员拟任人不得有下列任一情形:

(一)无民事行为能力或者限制民事行为能力;

(二)因贪污、贿赂、侵占财产、挪用财产或者破坏社会主义市场秩序,被判处刑罚执行期满未逾5年,或者因犯罪被剥夺政治权利,执行期满未逾5年;

(三)担任破产清算的公司、企业的董事或者厂长、经理,对该公司、企业的破产负有个人责任的,自该公司、企业破产清算完结之日起未逾3年;

(四)担任因违法被吊销营业执照、责令关闭的公司、企业的法定代表人,并负有个人责任的,自该公司、企业被吊销营业执照之日起未逾3年;

(五)担任因违法被吊销许可证的保险公司或者保险中介机构的董事、监事或者高级管理人员,并对被吊销许可证负有个人责任或者直接领导责任的,自许可证被吊销之日起未逾3年;

(六)因违法行为或者违纪行为被金融监管机构取消任职资格的金融机构

的董事、监事或者高级管理人员，自被取消任职资格之日起未逾5年；

（七）被金融监管机构决定在一定期限内禁止进入金融行业的，期限未满；

（八）受金融监管机构警告或者罚款未逾2年；

（九）正在接受司法机关、纪检监察部门或者金融监管机构调查；

（十）个人所负数额较大的债务到期未清偿；

（十一）因严重失信行为被国家有关单位确定为失信联合惩戒对象且应在保险领域受到相应惩戒，或者最近5年内具有其他严重失信不良记录；

（十二）法律、行政法规和银保监会规定的其他情形。

第七十一条 拟任人应通过银保监会认可的保险法规及相关知识测试。

第二节 任职资格许可申请材料

第七十二条 保险专业代理机构、保险经纪机构拟任命高级管理人员，应向拟任机构工商注册登记所在地银保监局提交下列材料：

（一）关于进行任职资格审核的申请；

（二）拟任用高级管理人员的决议；

（三）高级管理人员任职资格申请表；

（四）拟任人身份证复印件或护照复印件；

（五）拟任人学历证书复印件、学历证明文件；

（六）拟任人与保险专业代理机构或保险经纪机构签订的劳动合同复印件；

（七）拟任人3年金融工作经历或5年经济工作经历证明文件；

（八）拟任人最近3年个人信用报告；

（九）在存在潜在利益冲突的机构中任职的，应提交从原单位辞职的证明、辞职承诺书或者公司股东会、股东大会同意兼职的证明；

（十）拟任人合规声明和承诺；

（十一）银保监会及其派出机构规定提交的其他材料。

第七十三条 拟任高级管理人员的决议程序和形式应符合法律、行政法规和公司章程的规定。

第七十四条 拟任人的学历证明材料，需提供教育部学信网查询结果或相关教育主管部门出具的认证报告；党校学历，需提供毕业党校出具的学历证明材料；国（境）外学历，需提供教育部留学服务中心出具的国外学历认证书。

第七十五条 拟任人的工作经历证明材料，需提供曾任职的机构出具的加盖公司公章的证明文件或与曾任职的机构存在与其劳动形式相关的经济收入关系的证明文件。

第七十六条 拟任人合规声明和承诺的内容包括但不限于:最近2年内未受反洗钱重大行政处罚的声明;最近5年内未受过法律、行政法规处罚,有无严重失信不良记录的声明;坚持依法合规经营、切实履职尽责的承诺。有境外金融机构从业经历的,还应当提交最近2年内未受相应境外金融机构所在地涉及反洗钱的重大行政处罚的声明。

第三节 任职资格许可程序

第七十七条 银保监局可以对保险专业代理机构、保险经纪机构拟任高级管理人员进行考察或者谈话,综合考察其合规意识、风险偏好、业务能力等综合素质。

第七十八条 银保监局受理、审查并决定的申请事项,应当自受理之日起20日内审查完毕,作出准予或者不予行政许可的书面决定。

第七十九条 保险专业代理机构、保险经纪机构应在收到拟任高级管理人员任职资格批复后及时作出任命决定,超过2个月未任命的,其任职资格自动失效。

第八十条 保险专业代理机构、保险经纪机构任命临时负责人的,其临时负责人任职时间最长不得超过3个月,并且不得就同一职务连续任命临时负责人。

临时负责人应当具有与履行职责相当的能力,并应当符合本规定的相关要求。

第八十一条 具有高级管理人员任职资格的拟任人在同一保险专业代理机构、保险经纪机构内部调动职务或改任(兼任)职务的,无需重新核准任职资格,应当自作出调任、改任、兼任决定之日起5日内在银保监会规定的监管信息系统中登记相关信息。

第六章 附 则

第八十二条 外资保险专业中介机构申请办理本办法规定的经营保险代理业务许可、经营保险经纪业务许可、经营保险公估业务备案等事项的,应符合本办法规定的条件。

第八十三条 申请人应按照银保监会有关要求,如实、完整提交申请材料。本办法规定提交的各种表格格式由银保监会制定。

第八十四条 除特别说明外,本办法中各项财务指标要求均为合并会计报表口径。

第八十五条 本办法中的“日”均为工作日,“以上”均含本数及本级。

第八十六条 本办法由银保监会负责解释。

第八十七条 本办法自2022年2月1日起施行。

第八十八条 本办法实施前的有关规定与本办法不一致的,按照本办法执行。

证券交易所管理办法

(2021年10月30日中国证券监督管理委员会令第192号公布 自公布之日起施行 国司备字[2021005156])

第一章 总 则

第一条 为加强对证券交易所的管理,促进证券交易所依法全面履行一线监管职能和服务职能,维护证券市场的正常秩序,保护投资者的合法权益,促进证券市场的健康稳定发展,根据《中华人民共和国证券法》(以下简称《证券法》)、《中华人民共和国公司法》(以下简称《公司法》),制定本办法。

第二条 本办法所称的证券交易所是指经国务院决定设立的证券交易所。

第三条 证券交易所根据《中国共产党章程》设立党组织,发挥领导作用,把方向、管大局、保落实,依照规定讨论和决定交易所重大事项,保证监督党和国家的方针、政策在交易所得到全面贯彻落实。

第四条 证券交易所由中国证券监督管理委员会(以下简称中国证监会)监督管理。

第五条 证券交易所的名称,应当标明证券交易所字样。其他任何单位和个人不得使用证券交易所或者近似名称。

第二章 证券交易所的职能

第六条 证券交易所组织和监督证券交易,实施自律管理,应当遵循社会公共利益优先原则,维护市场的公平、有序、透明。

第七条 证券交易所的职能包括:

(一)提供证券交易的场所、设施和服务;

(二)制定和修改证券交易所的业务规则;

（三）依法审核公开发行证券申请；

（四）审核、安排证券上市交易，决定证券终止上市和重新上市；

（五）提供非公开发行证券转让服务；

（六）组织和监督证券交易；

（七）对会员进行监管；

（八）对证券上市交易公司及相关信息披露义务人进行监管；

（九）对证券服务机构为证券上市、交易等提供服务的行为进行监管；

（十）管理和公布市场信息；

（十一）开展投资者教育和保护；

（十二）法律、行政法规规定的以及中国证监会许可、授权或者委托的其他职能。

第八条　证券交易所不得直接或者间接从事：

（一）新闻出版业；

（二）发布对证券价格进行预测的文字和资料；

（三）为他人提供担保；

（四）未经中国证监会批准的其他业务。

第九条　证券交易所可以根据证券市场发展的需要，创新交易品种和交易方式，设立不同的市场层次。

第十条　证券交易所制定或者修改业务规则，应当符合法律、行政法规、部门规章对其自律管理职责的要求。

证券交易所制定或者修改下列业务规则时，应当由证券交易所理事会或者董事会通过，并报中国证监会批准：

（一）证券交易、上市、会员管理和其他有关业务规则；

（二）涉及上市新的证券交易品种或者对现有上市证券交易品种作出较大调整；

（三）以联网等方式为非本所上市的品种提供交易服务；

（四）涉及证券交易方式的重大创新或者对现有证券交易方式作出较大调整；

（五）涉及港澳台及境外机构的重大事项；

（六）中国证监会认为需要批准的其他业务规则。

对于非会员理事的反对或者弃权表决意见，证券交易所应当在向中国证监会报送的请示或者报告中作出说明。

第十一条　证券交易所制定的业务规则对证券交易业务活动的各参与主体具有约束力。对违反业务规则的行为，证券交易所给予纪律处分或者采取其他自律管理措施。

第十二条 证券交易所应当按照章程、协议以及业务规则的规定，对违法违规行为采取自律监管措施或者纪律处分，履行自律管理职责。

第十三条 证券交易所应当在业务规则中明确自律监管措施或者纪律处分的具体类型、适用情形和适用程序。

证券交易所采取纪律处分的，应当依据纪律处分委员会的审核意见作出。纪律处分决定作出前，当事人按照业务规则的规定申请听证的，证券交易所应当组织听证。

第十四条 市场参与主体对证券交易所作出的相关自律监管措施或者纪律处分不服的，可以按照证券交易所业务规则的规定申请复核。

证券交易所应当设立复核委员会，依据其审核意见作出复核决定。

第十五条 证券交易所应当建立风险管理和风险监测机制，依法监测、监控、预警并防范市场风险，维护证券市场安全稳定运行。

证券交易所应当以风险基金、一般风险准备等形式储备充足的风险准备资源，用于垫付或者弥补因技术故障、操作失误、不可抗力及其他风险事件造成的损失。

第十六条 证券交易所应当同其他交易场所、登记结算机构、行业协会等证券期货业组织建立资源共享、相互配合的长效合作机制，联合依法监察证券市场违法违规行为。

第三章 证券交易所的组织

第十七条 实行会员制的证券交易所设会员大会、理事会、总经理和监事会。

实行有限责任公司制的证券交易所设股东会、董事会、总经理和监事会。证券交易所为一人有限责任公司的，不设股东会，由股东行使股东会的职权。

第十八条 会员大会为会员制证券交易所的最高权力机构。会员大会行使下列职权：

（一）制定和修改证券交易所章程；

（二）选举和罢免会员理事、会员监事；

（三）审议和通过理事会、监事会和总经理的工作报告；

（四）审议和通过证券交易所的财务预算、决算报告；

（五）法律、行政法规、部门规章和证券交易所章程规定的其他重大事项。

股东会为公司制证券交易所的最高权力机构。股东会行使下列职权：

（一）修改证券交易所章程；
（二）选举和更换非由职工代表担任的董事、监事；
（三）审议和通过董事会、监事会的工作报告；
（四）审议和通过证券交易所的财务预算、决算报告；
（五）法律、行政法规、部门规章和证券交易所章程规定的其他职权。

第十九条 会员制证券交易所章程应当包括下列事项：
（一）设立目的；
（二）名称；
（三）主要办公及交易场所和设施所在地；
（四）职能范围；
（五）会员的资格和加入、退出程序；
（六）会员的权利和义务；
（七）对会员的纪律处分；
（八）组织机构及其职权；
（九）理事、监事、高级管理人员的产生、任免及其职责；
（十）资本和财务事项；
（十一）解散的条件和程序；
（十二）其他需要在章程中规定的事项。

公司制证券交易所章程应当包括下列事项：
（一）前款第（一）项至第（四）项、第（八）项、第（十）项和第（十一）项规定的事项；
（二）董事、监事、高级管理人员的产生、任免及其职责；
（三）其他需要在章程中规定的事项。

会员制证券交易所章程的制定和修改经会员大会通过后，报中国证监会批准。公司制证券交易所的章程由股东共同制定，并报中国证监会批准；章程的修改由股东会通过后，报中国证监会批准。

第二十条 会员大会每年召开一次，由理事会召集，理事长主持。理事长因故不能履行职责时，由理事长指定的副理事长或者其他理事主持。有下列情形之一的，应当召开临时会员大会：
（一）理事人数不足本办法规定的最低人数；
（二）三分之一以上会员提议；
（三）理事会或者监事会认为必要。

股东会会议由董事会召集。股东会会议的召开应当符合证券交易所章程的规定。

第二十一条 会员大会应当有三分之二以上的会员出席，其决议须经出席会议的会员过半数表决通过。

股东会会议的议事规则应当符合证券交易所章程的规定。

会员大会或者股东会会议结束后十个工作日内，证券交易所应当将大会全部文件及有关情况向中国证监会报告。

第二十二条 理事会是会员制证券交易所的决策机构，行使下列职权：

（一）召集会员大会，并向会员大会报告工作；

（二）执行会员大会的决议；

（三）审定总经理提出的工作计划；

（四）审定总经理提出的年度财务预算、决算方案；

（五）审定对会员的接纳和退出；

（六）审定取消会员资格的纪律处分；

（七）审定证券交易所业务规则；

（八）审定证券交易所上市新的证券交易品种或者对现有上市证券交易品种作出较大调整；

（九）审定证券交易所收费项目、收费标准及收费管理办法；

（十）审定证券交易所重大财务管理事项；

（十一）审定证券交易所重大风险管理和处置事项，管理证券交易所风险基金；

（十二）审定重大投资者教育和保护工作事项；

（十三）决定高级管理人员的聘任、解聘及薪酬事项，但中国证监会任免的除外；

（十四）会员大会授予和证券交易所章程规定的其他职权。

董事会是公司制证券交易所的决策机构，行使下列职权：

（一）召集股东会会议，并向股东会报告工作；

（二）执行股东会的决议；

（三）制订年度财务预算、决算方案；

（四）前款第（三）项、第（五）项至第（十三）项规定的职权；

（五）股东会授予和证券交易所章程规定的其他职权。

第二十三条 证券交易所理事会由七至十三人组成，其中非会员理事人数不少于理事会成员总数的三分之一，不超过理事会成员总数的二分之一。

理事每届任期三年。会员理事由会员大会选举产生，非会员理事由中国证监会委派。

董事会由三至十三人组成。董事每届任期不得超过三年。

第二十四条 理事会会议至少每季度召开一次。会议须有三分之二以上理事出席,其决议应当经出席会议的三分之二以上理事表决同意方为有效。理事会决议应当在会议结束后两个工作日内向中国证监会报告。

董事会会议的召开和议事规则应当符合证券交易所章程的规定。董事会决议应当在会议结束后两个工作日内向中国证监会报告。

第二十五条 理事会设理事长一人,可以设副理事长一至二人。总经理应当是理事会成员。

董事会设董事长一人,可以设副董事长一至二人。总经理应当是董事会成员。董事长、副董事长的任免,由中国证监会提名,董事会通过。

理事长、董事长是证券交易所的法定代表人。

第二十六条 理事长负责召集和主持理事会会议。理事长因故临时不能履行职责时,由副理事长或者其他理事代其履行职责。

董事长负责召集和主持董事会会议。董事长因故临时不能履行职责时,由副董事长代为履行职责;副董事长不能履行职责时,由半数以上董事共同推举一名董事召集和主持。

理事长、董事长不得兼任证券交易所总经理。

第二十七条 证券交易所的总经理、副总经理、首席专业技术管理人员每届任期三年。总经理由中国证监会任免。副总经理按照中国证监会相关规定任免或者聘任。

总经理因故临时不能履行职责时,由总经理指定的副总经理代其履行职责。

第二十八条 会员制证券交易所的总经理行使下列职权:

(一)执行会员大会和理事会决议,并向其报告工作;

(二)主持证券交易所的日常工作;

(三)拟订并组织实施证券交易所工作计划;

(四)拟订证券交易所年度财务预算、决算方案;

(五)审定业务细则及其他制度性规定;

(六)审定除取消会员资格以外的其他纪律处分;

(七)审定除应当由理事会审定外的其他财务管理事项;

(八)理事会授予和证券交易所章程规定的其他职权。

公司制证券交易所的总经理行使下列职权:

(一)执行董事会决议,并向其报告工作;

(二)前款第(二)项至第(六)项规定的职权;

(三)审定除应当由董事会审定外的其他财务管理事项;

（四）董事会授予和证券交易所章程规定的其他职权。

第二十九条 监事会是证券交易所的监督机构，行使下列职权：

（一）检查证券交易所财务；

（二）检查证券交易所风险基金的使用和管理；

（三）监督证券交易所理事或者董事、高级管理人员执行职务行为；

（四）监督证券交易所遵守法律、行政法规、部门规章和证券交易所章程、协议、业务规则以及风险预防与控制的情况；

（五）当理事或者董事、高级管理人员的行为损害证券交易所利益时，要求理事或者董事、高级管理人员予以纠正；

（六）提议召开临时会员大会或者股东会会议；

（七）提议会员制证券交易所召开临时理事会；

（八）向会员大会或者股东会会议提出提案；

（九）会员大会或者股东会授予和证券交易所章程规定的其他职权。

第三十条 证券交易所监事会人员不得少于五人，其中职工监事不得少于两名，专职监事不得少于一名。

监事每届任期三年。职工监事由职工大会、职工代表大会或者其他形式民主选举产生，专职监事由中国证监会委派。证券交易所理事或者董事、高级管理人员不得兼任监事。

会员制证券交易所的监事会，会员监事不得少于两名，由会员大会选举产生。

第三十一条 监事会设监事长一人，由中国证监会提名，监事会通过。

监事长负责召集和主持监事会会议。会员制证券交易所监事长因故不能履行职责时，由其指定的专职监事或者其他监事代为履行职务。公司制证券交易所监事长因故不能履行职责时，由半数以上监事共同推举一名监事代为履行职务。

第三十二条 会员制证券交易所的监事会至少每六个月召开一次会议。监事长、三分之一以上监事可以提议召开临时监事会会议。监事会决议应当经半数以上监事通过。

公司制证券交易所监事会会议的召开和议事规则应当符合《公司法》及证券交易所章程的规定。

监事会决议应当在会议结束后两个工作日内向中国证监会报告。

第三十三条 理事会、董事会、监事会根据需要设立专门委员会。各专门委员会的职责、任期和人员组成等事项，由证券交易所章程具体规定。

各专门委员会的经费应当纳入证券交易所的预算。

第三十四条　证券交易所的从业人员应当正直诚实、品行良好、具备履行职责所必需的专业知识与能力。因违法行为或者违纪行为被开除的证券交易场所、证券公司、证券登记结算机构、证券服务机构的从业人员和被开除的国家机关工作人员，不得招聘为证券交易所的从业人员。

有《公司法》第一百四十六条规定的情形或者下列情形之一的，不得担任证券交易所理事、董事、监事、高级管理人员：

（一）犯有贪污、贿赂、侵占财产、挪用财产罪或者破坏社会经济秩序罪，或者因犯罪被剥夺政治权利；

（二）因违法行为或者违纪行为被解除职务的证券交易场所、证券登记结算机构的负责人，自被解除职务之日起未逾五年；

（三）因违法行为或者违纪行为被解除职务的证券公司董事、监事、高级管理人员，自被解除职务之日起未逾五年；

（四）因违法行为或者违纪行为被吊销执业证书或者被取消资格的律师、注册会计师或者其他证券服务机构的专业人员，自被吊销执业证书或者被取消资格之日起未逾五年；

（五）担任因违法行为被吊销营业执照的公司、企业的法定代表人并对该公司、企业被吊销营业执照负有个人责任的，自被吊销营业执照之日起未逾五年；

（六）担任因经营管理不善而破产的公司、企业的董事、厂长或者经理并对该公司、企业的破产负有个人责任的，自破产之日起未逾五年；

（七）法律、行政法规、部门规章规定的其他情形。

第三十五条　证券交易所理事、董事、监事、高级管理人员的产生、聘任有不正当情况，或者前述人员在任期内有违反法律、行政法规、部门规章和证券交易所章程、业务规则的行为，或者由于其他原因，不适宜继续担任其所担任的职务时，中国证监会有权解除或者提议证券交易所解除有关人员的职务，并按照规定任命新的人选。

第四章　证券交易所对证券交易活动的监管

第三十六条　证券交易所应当制定具体的交易规则。其内容包括：

（一）证券交易的基本原则；

（二）证券交易的场所、品种和时间；

（三）证券交易方式、交易流程、风险控制和规范事项；

（四）证券交易监督；

（五）清算交收事项；
（六）交易纠纷的解决；
（七）暂停、恢复与取消交易；
（八）交易异常情况的认定和处理；
（九）投资者准入和适当性管理的基本要求；
（十）对违反交易规则行为的处理规定；
（十一）证券交易信息的提供和管理；
（十二）指数的编制方法和公布方式；
（十三）其他需要在交易规则中规定的事项。

第三十七条　参与证券交易所集中交易的，必须是证券交易所的会员，非会员不得直接参与股票的集中交易。会员应当依据证券交易所相关业务规则，对客户证券交易行为进行管理。

第三十八条　证券交易所应当实时公布即时行情，并按日制作证券市场行情表，记载并公布下列事项：
（一）上市证券的名称；
（二）开盘价、最高价、最低价、收盘价；
（三）与前一交易日收盘价比较后的涨跌情况；
（四）成交量、成交金额的分计及合计；
（五）证券交易所市场基准指数及其涨跌情况；
（六）中国证监会要求公布或者证券交易所认为需要公布的其他事项。

证券交易所即时行情的权益由证券交易所依法享有。证券交易所对市场交易形成的基础信息和加工产生的信息产品享有专属权利。未经证券交易所同意，任何单位和个人不得发布证券交易即时行情，不得以商业目的使用。经许可使用交易信息的机构和个人，未经证券交易所同意，不得将该信息提供给其他机构和个人使用。

第三十九条　证券交易所应当就其市场内的成交情况编制日报表、周报表、月报表和年报表，并及时向市场公布。

证券交易所可以根据监管需要，对其市场内特定证券的成交情况进行分类统计，并向市场公布。

第四十条　证券交易所应当保证投资者有平等机会获取证券市场的交易行情和其他公开披露的信息，并有平等的交易机会。

第四十一条　因不可抗力、意外事件、重大技术故障、重大人为差错等突发性事件而影响证券交易正常进行时，为维护证券交易正常秩序和市场公平，证券交易所可以按照业务规则采取技术性停牌、临时停市等处置措施，并应当及时向中国证监会报告。

因前款规定的突发性事件导致证券交易结果出现重大异常，按交易结果进行交收将对证券交易正常秩序和市场公平造成重大影响的，证券交易所按照业务规则可以采取取消交易、通知证券登记结算机构暂缓交收等措施，并应当及时向中国证监会报告并公告。

第四十二条　证券交易所对证券交易进行实时监控，及时发现和处理违反业务规则的异常交易行为。

证券交易所应当对可能误导投资者投资决策、可能对证券交易价格或证券交易量产生不当影响等异常交易行为进行重点监控。

第四十三条　证券交易所应当按照维护市场交易秩序，保障市场稳定运行，保证投资者公平交易机会，防范和化解市场风险的原则，制定异常交易行为认定和处理的业务规则，并报中国证监会批准。

第四十四条　对于严重影响证券交易秩序或者交易公平的异常交易行为，证券交易所可以按照业务规则实施限制投资者交易等措施，并向中国证监会报告。

证券交易所发现异常交易行为涉嫌违反法律、行政法规、部门规章的，应当及时向中国证监会报告。

第四十五条　证券交易所应当加强对证券交易的风险监测。出现重大异常波动的，证券交易所可以按照业务规则采取限制交易、强制停牌等处置措施，并向中国证监会报告；严重影响证券市场稳定的，证券交易所可以按照业务规则采取临时停市等处置措施并公告。

第四十六条　证券交易所应当妥善保存证券交易中产生的交易记录，并制定相应的保密管理措施。交易记录等重要文件的保存期不少于二十年。

证券交易所应当要求并督促会员妥善保存与证券交易有关的委托资料、交易记录、清算文件等，并建立相应的查询和保密制度。

第四十七条　证券交易所应当建立符合证券市场监管和实时监控要求的技术系统，并设立负责证券市场监管工作的专门机构。

证券交易所应当保障交易系统、通信系统及相关信息技术系统的安全、稳定和持续运行。

第四十八条　通过计算机程序自动生成或者下达交易指令进行程序化交易的，应当符合中国证监会的规定，并向证券交易所报告，不得影响证券交易所系统安全或者正常交易秩序。证券交易所应当制定业务规则，对程序化交易进行监管。

第五章　证券交易所对会员的监管

第四十九条　证券交易所应当制定会员管理规则。其内容包括：

（一）会员资格的取得和管理；

（二）席位（如有）与交易单元管理；

（三）与证券交易业务有关的会员合规管理及风险控制要求；

（四）会员客户交易行为管理、适当性管理及投资者教育要求；

（五）会员业务报告制度；

（六）对会员的日常管理和监督检查；

（七）对会员采取的收取惩罚性违约金、取消会员资格等自律监管措施和纪律处分；

（八）其他需要在会员管理规则中规定的事项。

第五十条　证券交易所接纳的会员应当是经批准设立并具有法人地位的境内证券经营机构。

境外证券经营机构设立的驻华代表处，经申请可以成为证券交易所的特别会员。

证券交易所的会员种类，会员资格及权利、义务由证券交易所章程和业务规则规定。

第五十一条　证券交易所决定接纳或者开除会员应当在决定后的五个工作日内向中国证监会报告。

第五十二条　证券交易所应当限定席位（如有）的数量。

会员可以通过购买或者受让的方式取得席位。经证券交易所同意，席位可以转让，但不得用于出租和质押。

第五十三条　证券交易所应当对交易单元实施严格管理，设定、调整和限制会员参与证券交易的品种及方式。

会员参与证券交易的，应当向证券交易所申请设立交易单元。经证券交易所同意，会员将交易单元提供给他人使用的，会员应当对其进行管理。会员不得允许他人以其名义直接参与证券的集中交易。具体管理办法由证券交易所规定。

第五十四条　证券交易所应当制定技术管理规范，明确会员交易系统接入证券交易所和运行管理等技术要求，督促会员按照技术要求规范运作，保障交易及相关系统的安全稳定。

证券交易所为了防范系统性风险，可以要求会员建立和实施相应的风险控制系统和监测模型。

第五十五条 证券交易所应当按照章程、业务规则的规定,对会员遵守证券交易所章程和业务规则的情况进行检查,并将检查结果报告中国证监会。

证券交易所可以根据章程、业务规则要求会员提供与证券交易活动有关的业务报表、账册、交易记录和其他文件资料。

第五十六条 证券交易所应当建立会员客户交易行为管理制度,要求会员了解客户并在协议中约定对委托交易指令的核查和对异常交易指令的拒绝等内容,指导和督促会员完善客户交易行为监控系统,并定期进行考核评价。

会员管理的客户出现严重异常交易行为或者在一定时期内多次出现异常交易行为的,证券交易所应当对会员客户交易行为管理情况进行现场或者非现场检查,并将检查结果报告中国证监会。

会员未按规定履行客户管理职责的,证券交易所可以采取自律监管措施或者纪律处分。

第五十七条 证券交易所应当按照章程、业务规则对会员通过证券自营及资产管理等业务进行的证券交易实施监管。

证券交易所应当按照章程、业务规则要求会员报备其通过自营及资产管理账户开展产品业务创新的具体情况以及账户实际控制人的有关文件资料。

第五十八条 证券交易所应当督促会员建立并执行客户适当性管理制度,要求会员向客户推荐产品或者服务时充分揭示风险,并不得向客户推荐与其风险承受能力不适应的产品或者服务。

第五十九条 会员出现违法违规行为的,证券交易所可以按照章程、业务规则的规定采取暂停受理或者办理相关业务、限制交易权限、收取惩罚性违约金、取消会员资格等自律监管措施或者纪律处分。

第六十条 证券交易所会员应当接受证券交易所的监管,并主动报告有关问题。

第六章 证券交易所对证券上市交易公司的监管

第六十一条 证券交易所应当制定证券上市规则。其内容包括:

(一)证券上市的条件、程序和披露要求;

(二)信息披露的主体、内容及具体要求;

(三)证券停牌、复牌的标准和程序;

(四)终止上市、重新上市的条件和程序;

(五)对违反上市规则行为的处理规定;

（六）其他需要在上市规则中规定的事项。

第六十二条　证券交易所应当与申请证券上市交易的公司订立上市协议，确定相互间的权利义务关系。上市协议的内容与格式应当符合法律、行政法规、部门规章的规定。

上市协议应当包括下列内容：

（一）上市证券的品种、名称、代码、数量和上市时间；

（二）上市费用的收取；

（三）证券交易所对证券上市交易公司及相关主体进行自律管理的主要手段和方式，包括现场和非现场检查等内容；

（四）违反上市协议的处理，包括惩罚性违约金等内容；

（五）上市协议的终止情形；

（六）争议解决方式；

（七）证券交易所认为需要在上市协议中明确的其他内容。

第六十三条　证券交易所应当依法建立上市保荐制度。

证券交易所应当监督保荐人及相关人员的业务行为，督促其切实履行法律、行政法规、部门规章以及业务规则中规定的相关职责。

第六十四条　证券交易所按照章程、协议以及上市规则决定证券终止上市和重新上市。

证券交易所按照业务规则对出现终止上市情形的证券实施退市，督促证券上市交易公司充分揭示终止上市风险，并应当及时公告，报中国证监会备案。

第六十五条　证券交易所应当按照章程、协议以及业务规则，督促证券上市交易公司及相关信息披露义务人依法披露上市公告书、定期报告、临时报告等信息披露文件。

证券交易所对信息披露文件进行审核，可以要求证券上市交易公司及相关信息披露义务人、上市保荐人、证券服务机构等作出补充说明并予以公布，发现问题应当按照有关规定及时处理，情节严重的，报告中国证监会。

第六十六条　证券交易所应当依据业务规则和证券上市交易公司的申请，决定上市交易证券的停牌或者复牌。证券上市交易的公司不得滥用停牌或复牌损害投资者合法权益。

证券交易所为维护市场秩序可以根据业务规则拒绝证券上市交易公司的停复牌申请，或者决定证券强制停复牌。

中国证监会为维护市场秩序可以要求证券交易所对证券实施停复牌。

第六十七条　证券交易所应当按照章程、协议以及业务规则，对上市公司控股股东、持股百分之五以上股东、其他相关股东以及董事、监事、高级管理人员等持有本公司股票的变动及信息披露情况进行监管。

第六十八条 发行人、证券上市交易公司及相关信息披露义务人等出现违法违规行为的，证券交易所可以按照章程、协议以及业务规则的规定，采取通报批评、公开谴责、收取惩罚性违约金、向相关主管部门出具监管建议函等自律监管措施或者纪律处分。

第六十九条 证券交易所应当比照本章的有关规定，对证券在本证券交易所发行或者交易的其他主体进行监管。

第七章 管理与监督

第七十条 证券交易所不得以任何方式转让其依照本办法取得的设立及业务许可。

第七十一条 证券交易所的理事、董事、监事、高级管理人员对其任职机构负有诚实信用的义务。

证券交易所的总经理离任时，应当按照有关规定接受离任审计。

第七十二条 证券交易所的总经理、副总经理未经批准，不得在任何营利性组织、团体和机构以及公益性社会团体、基金会、高等院校和科研院所中兼职。会员制证券交易所的非会员理事和非会员监事、公司制证券交易所的董事和监事以及其他工作人员不得以任何形式在证券交易所会员公司兼职。

第七十三条 证券交易所的理事、董事、监事、高级管理人员及其他工作人员不得以任何方式泄露或者利用内幕信息，不得以任何方式违规从证券交易所的会员、证券上市交易公司获取利益。

第七十四条 证券交易所的理事、董事、监事、高级管理人员及其他工作人员在履行职责时，遇到与本人或者其亲属等有利害关系情形的，应当回避。具体回避事项由其章程、业务规则规定。

第七十五条 证券交易所应当建立健全财务管理制度，收取的各种资金和费用应当严格按照规定用途使用，不得挪作他用。

证券交易所的各项收益安排应当以保证交易场所和设施安全运行为前提，合理设置利润留成项目，做好长期资金安排。

会员制证券交易所的收支结余不得分配给会员。

第七十六条 证券交易所应当履行下列报告义务：

（一）证券交易所经符合《证券法》规定的会计师事务所审计的年度财务报告，该报告应于每一财政年度终了后三个月内向中国证监会提交；

（二）关于业务情况的季度和年度工作报告，应当分别于每一季度结束后十五日内和每一年度结束后三十日内向中国证监会报告；

（三）法律、行政法规、部门规章及本办法其他条款中规定的报告事项；

（四）中国证监会要求报告的其他事项。

第七十七条 遇有重大事项，证券交易所应当随时向中国证监会报告。

前款所称重大事项包括：

（一）发现证券交易所会员、证券上市交易公司、投资者和证券交易所工作人员存在或者可能存在严重违反法律、行政法规、部门规章的行为；

（二）发现证券市场中存在产生严重违反法律、行政法规、部门规章行为的潜在风险；

（三）证券市场中出现法律、行政法规、部门规章未作明确规定，但会对证券市场产生重大影响的事项；

（四）执行法律、行政法规、部门规章过程中，需由证券交易所作出重大决策的事项；

（五）证券交易所认为需要报告的其他事项；

（六）中国证监会规定的其他事项。

第七十八条 遇有以下事项之一的，证券交易所应当及时向中国证监会报告，同时抄报交易所所在地人民政府，并采取适当方式告知交易所会员和投资者：

（一）发生影响证券交易所安全运转的情况；

（二）因不可抗力、意外事件、重大技术故障、重大人为差错等突发性事件而影响证券交易正常进行时，证券交易所为维护证券交易正常秩序和市场公平采取技术性停牌、临时停市、取消交易或者通知证券登记结算机构暂缓交收等处理措施；

（三）因重大异常波动，证券交易所为维护市场稳定，采取限制交易、强制停牌、临时停市等处置措施。

第七十九条 中国证监会有权要求证券交易所提供证券市场信息、业务文件以及其他有关的数据、资料。

第八十条 中国证监会有权要求证券交易所对其章程和业务规则进行修改。

第八十一条 中国证监会有权对证券交易所业务规则制定与执行情况、自律管理职责的履行情况、信息技术系统建设维护情况以及财务和风险管理等制度的建立及执行情况进行评估和检查。

中国证监会开展前款所述评估和检查，可以采取要求证券交易所进行自查、要求证券交易所聘请中国证监会认可的专业机构进行核查、中国证监会组织现场核查等方式进行。

第八十二条 中国证监会依法查处证券市场的违法违规行为时，证券交易所应当予以配合。

第八十三条 证券交易所涉及诉讼或者证券交易所理事、董事、监事、高级管理人员因履行职责涉及诉讼或者依照法律、行政法规、部门规章应当受到解除职务的处分时，证券交易所应当及时向中国证监会报告。

第八章 法律责任

第八十四条 证券交易所违反本办法第八条的规定，从事未经中国证监会批准的其他业务的，由中国证监会责令限期改正；构成犯罪的，由司法机关依法追究刑事责任。

第八十五条 证券交易所违反本办法第十条的规定，上市新的证券交易品种或者对现有上市证券交易品种作出较大调整未制定修改业务规则或者未履行相关程序的，由中国证监会责令停止该交易品种的交易，并对有关负责人采取处理措施。

第八十六条 证券交易所违反本办法第十条的规定，制定或者修改业务规则应当报中国证监会批准而未履行相关程序的，中国证监会有权要求证券交易所进行修改、暂停适用或者予以废止，并对有关负责人采取处理措施。

第八十七条 证券交易所违反规定，允许非会员直接参与股票集中交易的，中国证监会依据《证券法》作出行政处罚。

第八十八条 证券交易所违反本办法规定，在监管工作中不履行职责，或者不履行本办法规定的有关报告义务，中国证监会可以采取监管谈话、出具警示函、通报批评、责令限期改正等监管措施。

第八十九条 证券交易所存在下列情况时，由中国证监会对有关高级管理人员视情节轻重分别给予警告、记过、记大过、撤职等行政处分，并责令证券交易所对有关的业务部门负责人给予纪律处分；造成严重后果的，由中国证监会按本办法第三十五条的规定处理；构成犯罪的，由司法机关依法追究有关责任人员的刑事责任：

（一）对国家有关法律、法规、规章、政策和中国证监会颁布的制度、办法、规定不传达、不执行；

（二）对工作不负责任，管理混乱，致使有关业务制度和操作规程不健全、不落实；

（三）对中国证监会的监督检查工作不接受、不配合，对工作中发现的重大隐患、漏洞不重视、不报告、不及时解决；

（四）对在证券交易所内发生的违规行为未能及时采取有效措施予以制止或者查处不力。

第九十条 证券交易所的任何工作人员有责任拒绝执行任何人员向其下达的违反法律、行政法规、部门规章和证券交易所有关规定的工作任务，并有责任向其更高一级领导和中国证监会报告具体情况。没有拒绝执行上述工作任务，或者虽拒绝执行但没有报告的，应当承担相应责任。

第九十一条 证券交易所会员、证券上市交易公司违反法律、行政法规、部门规章和证券交易所章程、业务规则的规定，并且证券交易所没有履行规定的监管责任的，中国证监会有权按照本办法的有关规定，追究证券交易所和证券交易所有关理事、董事、监事、高级管理人员和直接责任人的责任。

第九十二条 证券交易所应当在其职责范围内，及时向中国证监会报告其会员、证券上市交易公司及其他人员违反法律、行政法规、部门规章的情况；按照证券交易所章程、业务规则等证券交易所可以采取自律监管措施和纪律处分的，证券交易所有权按照有关规定予以处理，并报中国证监会备案；法律、行政法规、部门规章规定由中国证监会处罚的，证券交易所可以向中国证监会提出处罚建议。

中国证监会可以要求证券交易所按照业务规则对其会员、证券上市交易公司等采取自律监管措施或者纪律处分。

第九十三条 证券交易所、证券交易所会员、证券上市交易公司违反本办法规定，直接责任人以及与直接责任人有直接利益关系者因此而形成非法获利或者避损的，由中国证监会依法予以行政处罚。

第九章 附 则

第九十四条 本办法由中国证监会负责解释。

第九十五条 本办法自公布之日起施行。2017 年 11 月 17 日中国证监会公布的《证券交易所管理办法》同时废止。

商务部关于废止《中国禁止进口限制进口技术目录》（商务部令2007年第7号）的决定

（2021年11月2日商务部令2021年第4号公布　自公布之日起施行　国司备字［2021005441］）

为调整完善我国技术进口管理体系，经2021年10月28日商务部第38次部务会议审议通过，现决定废止《中国禁止进口限制进口技术目录》（商务部令2007年第7号）。

拖欠农民工工资失信联合惩戒对象名单管理暂行办法

（2021年11月10日人力资源和社会保障部令第45号公布　自2022年1月1日起施行　国司备字［2021005262］）

第一条　为了维护劳动者合法权益，完善失信约束机制，加强信用监管，规范拖欠农民工工资失信联合惩戒对象名单（以下简称失信联合惩戒名单）管理工作，根据《保障农民工工资支付条例》等有关规定，制定本办法。

第二条　人力资源社会保障行政部门实施列入失信联合惩戒名单、公开信息、信用修复等管理活动，适用本办法。

第三条　人力资源社会保障部负责组织、指导全国失信联合惩戒名单管理工作。

县级以上地方人力资源社会保障行政部门依据行政执法管辖权限，负责失信联合惩戒名单管理的具体实施工作。

第四条　失信联合惩戒名单管理实行"谁执法、谁认定、谁负责"，遵循依法依规、客观公正、公开透明、动态管理的原则。

实施失信联合惩戒名单管理，应当依法依规加强信用信息安全和个人信息保护。人力资源社会保障行政部门及其工作人员对实施失信联合惩戒名单管理过程中知悉的国家秘密、商业秘密、个人隐私，应当依法依规予以保密。

第五条　用人单位拖欠农民工工资，具有下列情形之一，经人力资源社会保障行政部门依法责令限期支付工资，逾期未支付的，人力资源社会保障行政部门应当作出列入决定，将该用人单位及其法定代表人或者主要负责人、直接负责的主管人员和其他直接责任人员（以下简称当事人）列入失信联合惩戒名单：

（一）克扣、无故拖欠农民工工资达到认定拒不支付劳动报酬罪数额标准的；

（二）因拖欠农民工工资违法行为引发群体性事件、极端事件造成严重不良社会影响的。

第六条 人力资源社会保障行政部门在作出列入决定前，应当告知当事人拟列入失信联合惩戒名单的事由、依据、提出异议等依法享有的权利和本办法第七条可以不予列入失信联合惩戒名单的规定。

当事人自收到告知之日起 5 个工作日内，可以向人力资源社会保障行政部门提出异议。对异议期内提出的异议，人力资源社会保障行政部门应当自收到异议之日起 5 个工作日内予以核实，并将结果告知当事人。

第七条 用人单位在人力资源社会保障行政部门作出列入决定前，已经改正拖欠农民工工资违法行为，且作出不再拖欠农民工工资书面信用承诺的，可以不予列入失信联合惩戒名单。

第八条 人力资源社会保障行政部门应当自责令限期支付工资文书指定期限届满之日起 20 个工作日内作出列入决定。情况复杂的，经人力资源社会保障行政部门负责人批准，可以延长 20 个工作日。

人力资源社会保障行政部门作出列入决定，应当制作列入决定书。列入决定书应当载明列入事由、列入依据、联合惩戒措施提示、提前移出条件和程序、救济措施等，并按照有关规定交付或者送达当事人。

第九条 作出列入决定的人力资源社会保障行政部门应当按照政府信息公开等有关规定，通过本部门门户网站和其他指定的网站公开失信联合惩戒名单。

第十条 作出列入决定的人力资源社会保障行政部门应当按照有关规定，将失信联合惩戒名单信息共享至同级信用信息共享平台，供相关部门作为在各自职责范围内按照《保障农民工工资支付条例》等有关规定，对被列入失信联合惩戒名单的当事人实施联合惩戒的依据。

对被列入失信联合惩戒名单的当事人，由相关部门在政府资金支持、政府采购、招投标、融资贷款、市场准入、税收优惠、评优评先、交通出行等方面依法依规予以限制。

第十一条 当事人被列入失信联合惩戒名单的期限为 3 年，自人力资源社会保障行政部门作出列入决定之日起计算。

第十二条 用人单位同时符合下列条件的,可以向作出列入决定的人力资源社会保障行政部门申请提前移出失信联合惩戒名单:

(一)已经改正拖欠农民工工资违法行为的;

(二)自改正之日起被列入失信联合惩戒名单满 6 个月的;

(三)作出不再拖欠农民工工资书面信用承诺的。

第十三条 用人单位符合本办法第十二条规定条件,但是具有下列情形之一的,不得提前移出失信联合惩戒名单:

(一)列入失信联合惩戒名单期限内再次发生拖欠农民工工资违法行为的;

(二)因涉嫌拒不支付劳动报酬犯罪正在刑事诉讼期间或者已经被追究刑事责任的;

(三)法律、法规和党中央、国务院政策文件规定的其他情形。

第十四条 用人单位申请提前移出失信联合惩戒名单,应当提交书面申请、已经改正拖欠农民工工资违法行为的证据和不再拖欠农民工工资书面信用承诺。

人力资源社会保障行政部门应当自收到用人单位提前移出失信联合惩戒名单申请之日起 15 个工作日内予以核实,决定是否准予提前移出,制作决定书并按照有关规定交付或者送达用人单位。不予提前移出的,应当说明理由。

人力资源社会保障行政部门准予用人单位提前移出失信联合惩戒名单的,应当将该用人单位的其他当事人一并提前移出失信联合惩戒名单。

第十五条 申请提前移出的用人单位故意隐瞒真实情况、提供虚假资料,情节严重的,由作出提前移出决定的人力资源社会保障行政部门撤销提前移出决定,恢复列入状态。列入的起止时间重新计算。

第十六条 列入决定所依据的责令限期支付工资文书被依法撤销的,作出列入决定的人力资源社会保障行政部门应当撤销列入决定。

第十七条 有下列情形之一的,作出列入决定的人力资源社会保障行政部门应当于 10 个工作日内将当事人移出失信联合惩戒名单,在本部门门户网站停止公开相关信息,并告知第九条规定的有关网站:

(一)当事人被列入失信联合惩戒名单期限届满的;

(二)人力资源社会保障行政部门决定提前移出失信联合惩戒名单的;

(三)列入决定被依法撤销的。

当事人被移出失信联合惩戒名单的,人力资源社会保障行政部门应当及时将移出信息共享至同级信用信息共享平台,相关部门联合惩戒措施按照规定终止。

第十八条 当事人对列入失信联合惩戒名单决定或者不予提前移出失信联合惩戒名单决定不服的,可以依法申请行政复议或者提起行政诉讼。

第十九条 人力资源社会保障行政部门工作人员在实施失信联合惩戒名单管理过程中,滥用职权、玩忽职守、徇私舞弊的,依法依规给予处分;构成犯罪的,依法追究刑事责任。

第二十条 本办法自 2022 年 1 月 1 日起施行。

文化和旅游市场信用管理规定

(2021 年 11 月 11 日文化和旅游部令第 7 号公布 自 2022 年 1 月 1 日起施行 国司备字[2021005150])

第一章 总 则

第一条 为规范和加强文化和旅游市场信用管理,保护各类市场主体、从业人员和消费者合法权益,维护文化和旅游市场秩序,促进文化和旅游市场高质量发展,根据《中华人民共和国旅游法》《中华人民共和国未成年人保护法》《营业性演出管理条例》《娱乐场所管理条例》《互联网上网服务营业场所管理条例》《旅行社条例》等相关法律法规,制定本规定。

第二条 文化和旅游主管部门实施信用管理,应当坚持依法行政、合理关联、保护权益、审慎适度原则,确保奖惩措施与守信失信行为相当。

第三条 本规定适用于文化和旅游市场主体和从业人员的信用信息的采集、归集、公开和共享,守信激励和失信惩戒,信用修复,信用承诺和信用评价等活动。

文化市场主体包括从事营业性演出、娱乐场所、艺术品、互联网上网服务、网络文化、社会艺术水平考级等经营活动的法人或者其他组织;从业人员包括上述市场主体的法定代表人、主要负责人、实际控制人等有关人员。

旅游市场主体包括从事旅行社经营服务、A 级旅游景区经营服务、旅游住宿经营服务、在线旅游经营服务的法人或者其他组织;从业人员包括上述市场主体的法定代表人、主要负责人、实际控制人以及导游等有关人员。

第四条 文化和旅游部信用管理部门负责指导协调和监督管理全国文化和旅游市场信用管理工作。具体职责包括:

(一)承担文化和旅游行业信用体系建设工作,拟定行业信用体系建设规

划并组织实施,实施行业信用监管,统筹推进信用联合奖惩;

(二)组织起草文化和旅游市场信用管理规章制度、标准规范等,开展信用监督检查;

(三)承担社会信用体系建设部际联席会议相关工作,开展文化和旅游市场失信主体认定工作;

(四)负责管理文化和旅游市场信用信息采集、归集、公开和共享工作;

(五)负责管理信用承诺、信用评价、守信激励和失信惩戒、信用修复等工作;

(六)负责建设管理全国文化和旅游市场信用管理系统,负责信用信息安全管理,组织开展信用信息分析与监测工作;

(七)开展诚信文化建设,指导组织信用培训和宣传等工作。

第五条 县级以上地方人民政府文化和旅游主管部门负责本行政区域内文化和旅游市场信用管理工作。具体职责包括:

(一)负责本行政区域文化和旅游市场信用管理制度规范的组织实施,开展本行政区域文化和旅游市场失信主体认定工作;

(二)开展本行政区域内信用信息采集、归集、公开和共享工作,组织开展信用承诺、信用评价、守信激励和失信惩戒、信用修复等工作;

(三)组织开展本行政区域诚信文化建设、信用信息分析与监测、信用培训和宣传等工作。

第六条 鼓励行业协会商会、第三方信用服务机构、金融机构、新闻媒体等各类单位和个人依法参与信用管理。鼓励各类市场主体在生产经营活动中广泛、主动地应用信用报告。

支持行业协会商会开展行业信用建设。支持行业协会商会对认定为失信主体的会员采取公开谴责、取消评优评先资格等行业自律措施,加强诚信宣传教育。

第二章 信用信息采集与归集

第七条 文化和旅游部建立全国文化和旅游市场主体和从业人员信用信息记录。

地方各级文化和旅游主管部门负责补充完善信用信息记录,管理本行政区域内信用信息有关工作。

第八条 文化和旅游市场信用信息包括下列信息:

(一)注册登记、备案等用以识别、记载市场主体和从业人员基本情况的信息；

（二）司法裁判仲裁执行信息；

（三）行政许可、行政处罚信息；

（四）与其他部门实施联合奖惩的信息；

（五）信用评价结果信息、信用承诺履行情况信息；

（六）其他反映市场主体和从业人员信用状况的相关信息。

第九条 文化和旅游主管部门应当按照"谁管理、谁采集"的要求，依法依职责采集相关信用信息，任何单位和个人不得违法违规采集。

第十条 文化和旅游主管部门应当通过全国文化和旅游市场信用管理系统归集职责范围内的相关信用信息。

第三章 失信主体认定

第十一条 文化和旅游市场失信主体分为严重失信主体和轻微失信主体。

第十二条 文化市场主体和从业人员有下列情形之一的，应当将其认定为严重失信主体：

（一）因欺骗、故意隐匿、伪造、变造材料等不正当手段取得许可证、批准文件的，或者伪造、变造许可证、批准文件的；

（二）提供含有法律、行政法规、规章禁止的内容，造成严重后果的；

（三）受到文化和旅游主管部门吊销许可证行政处罚的；

（四）擅自从事营业性演出、娱乐场所、互联网上网服务等文化市场经营活动，特别是造成重大事故或者恶劣社会影响的；

（五）其他应当认定为严重失信主体的情形。

第十三条 旅游市场主体和从业人员有下列情形之一的，应当将其认定为严重失信主体：

（一）因欺骗、故意隐匿、伪造、变造材料等不正当手段取得许可证、批准文件的，或者伪造、变造许可证、批准文件的；

（二）发生重大安全事故，属于旅游市场主体主要责任的；

（三）因侵害旅游者合法权益，造成游客滞留或者严重社会不良影响的；

（四）受到文化和旅游主管部门吊销旅行社业务经营许可证、导游证行政处罚的；

（五）未经许可从事旅游市场经营活动，特别是造成重大事故或者恶劣社会影响的；

（六）其他应当认定为严重失信主体的情形。

第十四条 文化和旅游主管部门将市场主体和从业人员认定为严重失信主体，应当遵守以下程序规定：

（一）告知。经查证符合严重失信主体认定标准的，应当向文化和旅游市场主体和从业人员送达《严重失信主体认定告知书》，载明认定理由、依据、惩戒措施和当事人享有的陈述、申辩权利。

（二）陈述与申辩。当事人在被告知的10个工作日内有权向认定部门提交书面陈述、申辩及相关证明材料，逾期不提交的，视为放弃。认定部门应当在15个工作日内给予答复。陈述、申辩理由被采纳的，不认定为严重失信主体。

（三）认定。符合严重失信主体认定标准的，经专家评估、法制审核、集体讨论等程序，依法在15个工作日内作出决定。

（四）决定与送达。认定部门应当向当事人出具《严重失信主体认定决定书》并送达。

第十五条 文化和旅游市场主体和从业人员有下列情形之一的，应当认定为轻微失信主体：

（一）存在"捂票炒票"、虚假宣传、未履行相关义务、违反公序良俗等行为，造成不良社会影响的；

（二）因故意或者重大过失严重损害旅游者合法权益，但尚不符合严重失信主体认定情形的；

（三）在旅游经营活动中存在安全隐患，未在指定期限内整改完毕的；

（四）拒不配合投诉处置、执法检查，拒不履行行政处罚决定，造成不良社会影响的；

（五）12个月内受到文化和旅游主管部门两次较大数额罚款行政处罚，造成不良社会影响的；

（六）其他应当认定为轻微失信主体的情形。

12个月内第3次认定为轻微失信主体的，应当认定为严重失信主体。

第十六条 符合轻微失信主体认定标准的，由县级以上地方人民政府文化和旅游主管部门依法作出决定。认定部门应当向行政相对人出具《轻微失信主体认定决定书》并送达。

符合轻微失信主体认定标准的，在作出决定前，经文化和旅游主管部门约谈督促，改正违法行为、履行赔偿补偿义务、挽回社会不良影响的，可以不认定为轻微失信主体。

第四章　信用管理措施

第十七条　文化和旅游主管部门对守信情况良好的市场主体和从业人员,可以采取加强宣传、公开鼓励、提供便利服务等激励措施。

第十八条　文化和旅游主管部门对文化市场严重失信主体实施下列管理措施:

(一)适当提高抽查比例和频次,纳入重点监管对象;

(二)将失信信息提供给有关部门查询,供其在相关行政管理、公共服务、评优评先等活动中参考使用;

(三)将失信信息提供给各类市场主体查询,供其在市场活动中参考使用;

(四)因擅自从事娱乐场所经营活动而被认定为严重失信主体的,其投资人和负责人终身不得投资开办娱乐场所或者担任娱乐场所的法定代表人、负责人;

(五)因擅自设立互联网上网服务营业场所经营单位而被认定为严重失信主体的,其法定代表人或者主要负责人 5 年内不得担任互联网上网服务营业场所经营单位的法定代表人或者主要负责人;

(六)因被吊销营业性演出许可证而被认定为严重失信主体的,当事人为单位的,其法定代表人、主要负责人 5 年内不得担任文艺表演团体、演出经纪机构或者演出场所经营单位的法定代表人、主要负责人;

(七)因营业性演出含有禁止内容被吊销营业性演出许可证而被认定为严重失信主体的,不得再次从事营业性演出或者营业性演出的居间、代理、行纪活动;

(八)因被吊销或者撤销娱乐经营许可证而被认定为严重失信主体的,其法定代表人、主要负责人 5 年内不得担任娱乐场所的法定代表人、负责人;

(九)因被吊销《网络文化经营许可证》而被认定为严重失信主体的,其法定代表人或者主要负责人 5 年内不得担任互联网上网服务营业场所经营单位的法定代表人或者主要负责人;

(十)法律、行政法规和党中央、国务院政策文件规定的其他管理措施。

第十九条　文化和旅游主管部门对旅游市场严重失信主体实施下列管理措施:

(一)适当提高抽查比例和频次,纳入重点监管对象;

(二)将失信信息提供给有关部门查询,供其在相关行政管理、公共服务、评优评先等活动中参考使用;

（三）将失信信息提供给各类市场主体查询，供其在市场活动中参考使用；

（四）旅行社因被吊销旅行社业务经营许可证而被认定为严重失信主体的，其主要负责人5年内不得担任任何旅行社的主要负责人；

（五）导游、领队因被吊销导游证而被认定为严重失信主体的，旅行社有关管理人员因旅行社被吊销旅行社业务经营许可证而被认定为严重失信主体的，自处罚之日起3年内不得重新申请导游证或者从事旅行社业务；

（六）旅行社因侵犯旅游者合法权益受到罚款以上行政处罚而被认定为严重失信主体的，自处罚之日起2年内不得申请出境旅游业务；

（七）法律、行政法规和党中央、国务院政策文件规定的其他管理措施。

第二十条 文化和旅游主管部门对轻微失信主体实施下列管理措施：

（一）依据法律、行政法规和党中央、国务院政策文件，在审查行政许可、资质资格等时作为参考因素；

（二）加大日常监管力度，提高随机抽查的比例和频次；

（三）将失信信息提供给有关部门查询，供其在相关行政管理、公共服务等活动中参考使用；

（四）在行政奖励、授予称号等方面予以重点审查；

（五）法律、行政法规和党中央、国务院政策文件规定的其他管理措施。

第二十一条 对严重失信主体实施信用管理措施的期限为3年，对轻微失信主体实施信用管理措施的期限为1年。

法律法规另有规定的，从其规定。

第五章 信用信息公开与共享

第二十二条 文化和旅游市场信用信息的公开与共享坚持合法、必要、安全原则，防止信息泄露，不得侵犯商业秘密和个人隐私。

第二十三条 失信主体信息应当按照“谁认定、谁公开”原则通过全国文化和旅游市场信用管理系统等渠道公开。

法律法规另有规定的，从其规定。

第二十四条 文化和旅游部信用管理部门应当建立健全信用信息查询、应用和反馈机制，推进信用信息与其他有关部门共享，实施信用联合奖惩。

各级文化和旅游主管部门有关职能部门、文化市场综合执法机构，应当将执法信息等相关信用信息及时与同级文化和旅游信用管理部门共享。

第二十五条 公民、法人和其他组织有权查询与自身相关的信用信息。文化和旅游主管部门应当依法依规为查询提供便利。

认定部门或者信用信息归集管理部门发现信用信息有误的，应当及时主动更正。

公民、法人和其他组织认为自己的信用信息有误时，有权向认定部门申请更正相关信息。认定部门应当在收到实名提交的书面更正申请之日起5个工作日内作出是否更正的决定。

第六章　信用修复

第二十六条　符合以下条件的，认定部门应当主动进行信用修复：

（一）实施信用管理措施期限届满；

（二）认定为失信主体的依据被撤销或者变更，不符合认定为失信主体标准的；

（三）因为政策变化或者法律法规修订，已经不适宜认定为失信主体的；

（四）其他应当主动修复的情形。

信用修复应当通过全国文化和旅游市场信用管理系统进行。

第二十七条　文化和旅游市场失信主体积极进行合规整改、纠正失信行为、消除不良影响、接受信用修复培训、作出信用承诺的，可以向认定部门提出信用修复申请并遵循以下程序：

（一）申请。有关市场主体和从业人员可以向认定部门提出信用修复申请，说明事实和理由，提交信用修复申请书、培训记录、纠正失信行为等有关材料。

（二）受理。认定部门收到申请后，应当于10个工作日内予以受理。不符合条件的不予受理并说明理由。

（三）核查。认定部门应当自受理之日起10个工作日内，采取线上、书面、实地等方式检查核实。必要时，可以组织开展约谈或者指导。

（四）决定。认定部门应当自核查完成之日起5个工作日内作出准予信用修复或者不予信用修复的决定，不予信用修复的应当说明理由。

（五）修复。认定部门应当自作出准予信用修复决定之日起5个工作日内，解除对失信主体的相关管理措施。

第二十八条　具有下列情形之一的，不予信用修复：

（一）认定为严重失信主体不满6个月的、认定为轻微失信主体不满3个月的；

（二）因违反相关法律法规规定，依法被限制或者禁止行业准入期限尚未届满的；

（三）距离上一次信用修复时间不到1年的；

（四）申请信用修复过程中存在弄虚作假、故意隐瞒事实等欺诈行为的；

（五）申请信用修复过程中又因同一原因受到行政处罚，造成不良社会影响的；

（六）法律法规和党中央、国务院政策文件明确规定不可修复的。

第七章　信用评价与信用承诺

第二十九条　文化和旅游部根据工作需要，制定行业信用评价制度和规范，组织开展信用评价，实施分级分类管理。各级文化和旅游主管部门在职责范围内开展信用评价工作。

鼓励行业协会商会、第三方信用服务机构等具备条件的机构依法依规参与信用评价。

第三十条　鼓励各部门在评优评先、人员招聘、试点示范等方面优先选择信用评价较好的市场主体和从业人员。

鼓励和支持有关机构积极利用信用评价结果，拓展信用应用场景。

第三十一条　文化和旅游主管部门在行政管理、政务服务等工作中应当规范应用信用承诺，将文化和旅游市场主体和从业人员的承诺履约情况记入信用信息记录，作为监督管理的重要依据。

文化和旅游市场主体和从业人员被认定为严重失信主体或者曾经作出虚假承诺的，不适用信用承诺的有关规定。

第八章　监督责任与权利保障

第三十二条　文化和旅游主管部门应当对信用管理工作进行检查和评估，并采取通报表扬、通报批评、责令改正等措施。

第三十三条　文化和旅游主管部门及其工作人员未依照本规定履行职责的，依法予以处理。

第三十四条　文化和旅游主管部门应当依法保障市场主体和从业人员的合法权益。

第九章　附　　则

第三十五条　《严重失信主体认定告知书》《严重失信主体认定决定书》

《轻微失信主体认定决定书》等文书格式由文化和旅游部另行制定。

第三十六条 文化和旅游主管部门对收到的人民法院生效法律文书，根据法律、行政法规和党中央、国务院政策文件需要实施严重失信管理措施的，参照本规定执行。

第三十七条 本规定自2022年1月1日起施行。《文化和旅游部关于印发〈全国文化市场黑名单管理办法〉的通知》(文旅市发〔2018〕30号)、《文化和旅游部关于印发〈旅游市场黑名单管理办法(试行)〉的通知》(文旅市场发〔2018〕119号)同时废止。

交通运输部关于修改《铁路运输基础设备生产企业审批办法》的决定

(2021年11月19日交通运输部令2021年第32号公布　自公布之日起施行　国司备字[2021005266])

交通运输部决定对《铁路运输基础设备生产企业审批办法》(交通运输部令2013年第21号)作如下修改：

将第五条第一款修改为："申请企业应当提交下列材料：

"(一)行政许可申请书；

"(二)企业法人营业执照副本复印件；

"(三)专业生产设备明细表；

"(四)专业技术人员明细表；

"(五)企业产品质量保证体系和安全管理制度相关材料；

"(六)拟生产的产品目录、设计图纸目录、工艺文件目录，所依据的国家标准、行业标准、企业标准目录；

"(七)新研发产品试用考核材料；

"(八)新研发产品技术评审(鉴定)证书或者审查意见；

"(九)法律法规要求的其他材料。"

本决定自公布之日起施行。

《铁路运输基础设备生产企业审批办法》根据本决定作相应修改，重新公布。

铁路运输基础设备生产企业审批办法

（2013年12月23日交通运输部令2013年第21号公布　根据2021年11月19日《交通运输部关于修改〈铁路运输基础设备生产企业审批办法〉的决定》修正）

第一章　总　　则

第一条　为规范铁路运输基础设备生产企业行政许可工作，加强铁路运输安全监督管理，保障公众生命财产安全，依据《中华人民共和国行政许可法》和《铁路安全管理条例》等法律、行政法规和国家有关规定，制定本办法。

第二条　本办法所称铁路运输基础设备是指铁路道岔及其转辙设备、铁路信号控制软件和控制设备、铁路通信设备、铁路牵引供电设备。铁路运输基础设备目录由国家铁路局制定、调整并公布。

第三条　在中华人民共和国境内生产铁路运输基础设备的企业，应当向国家铁路局提出申请，经审查合格取得铁路运输基础设备生产企业许可证（以下简称生产许可证）。

第二章　条件与程序

第四条　申请企业应当符合下列条件：

（一）有按照国家标准、行业标准检测、检验合格的专业生产设备；

（二）有相应的专业技术人员；

（三）有完善的产品质量保证体系和安全管理制度；

（四）法律、行政法规规定的其他条件。

第五条　申请企业应当提交下列材料：

（一）行政许可申请书；

（二）企业法人营业执照副本复印件；

（三）专业生产设备明细表；

（四）专业技术人员明细表；

（五）企业产品质量保证体系和安全管理制度相关材料；

（六）拟生产的产品目录、设计图纸目录、工艺文件目录，所依据的国家标准、行业标准、企业标准目录；

（七）新研发产品试用考核材料；

（八）新研发产品技术评审（鉴定）证书或者审查意见；

（九）法律法规要求的其他材料。

行政许可申请书采用格式文本，文本格式由国家铁路局制定。

第六条 国家铁路局对申请企业提交的申请材料，应当根据下列情况分别作出处理：

（一）申请材料存在可以当场更正的错误的，应当允许申请人当场更正；

（二）申请材料不齐全或者不符合法定形式的，应当当场或者在 5 个工作日内一次告知申请人需要补正的全部内容，逾期不告知的，自收到申请材料之日起即为受理；

（三）申请材料齐全、符合法定形式，或者申请企业按要求提交全部补正申请材料的，应当受理行政许可申请。

国家铁路局受理或者不予受理行政许可申请，应当出具加盖国家铁路局行政许可专用章和注明日期的书面凭证。

第七条 国家铁路局受理行政许可申请后，应当对申请材料进行审查，需要时可组织现场核实、检验、检测及专家评审。

第八条 申请材料经审查合格的，国家铁路局应当依法作出准予行政许可的书面决定；不合格的，依法作出不予许可的书面决定，说明理由并送达申请企业。

第九条 国家铁路局应当自受理申请之日起 20 个工作日内作出行政许可决定。20 个工作日内不能作出决定的，经国家铁路局负责人批准，可以延长 10 个工作日，并将延长期限的理由告知申请企业。

检验、检测和专家评审时间不计算在上述期限内。

第十条 国家铁路局作出准予行政许可决定的，应当自作出许可决定之日起 10 个工作日内向申请企业颁发、送达许可证件。

第三章 证书管理

第十一条 生产许可证应当注明企业名称、生产地点、适用范围和有效起止日期。生产许可证有效期为 5 年，有效期届满后，被许可企业需要延续已取得的生产许可证有效期的，应当在有效期届满 60 个工作日前向国家铁路局提出申请。

第十二条 被许可企业生产条件发生较大变化（包括生产地址变化、生产线重大技术改造、委外加工企业变更等）时，应当向国家铁路局重新申请许可。

第十三条 被许可企业名称、生产地址名称等发生变更的，应当向国家铁路局申请办理生产许可证变更手续。

第四章 监督管理

第十四条 国家铁路局及其铁路监督管理机构应当对被许可企业进行监督检查，监督检查时被许可企业应当配合检查并按要求提交相关材料。

被许可企业应当按年度向国家铁路局提交企业产品质量保证和安全管理情况自查报告。

第十五条 监督检查的主要内容包括：

（一）取得生产许可证应当具备条件的保持情况；

（二）生产许可证使用情况。

监督检查不合格的企业，应当进行整改，并在60个工作日内向国家铁路局提出复查申请。

第十六条 申请企业隐瞒有关情况或者提供虚假材料申请行政许可的，国家铁路局不予受理或者不予行政许可，并给予警告，申请企业在1年内不得再次申请该行政许可。

第十七条 有下列情形之一的，国家铁路局根据利害关系人的请求或者依据职权，可以撤销行政许可：

（一）行政机关工作人员滥用职权、玩忽职守作出准予行政许可决定的；

（二）超越法定职权作出准予行政许可决定的；

（三）违反法定程序作出准予行政许可决定的；

（四）对不具备申请资格或者不符合法定条件的申请企业准予行政许可的；

（五）依法可以撤销行政许可的其他情形。

被许可人以欺骗、贿赂等不正当手段取得行政许可的，应当予以撤销。申请人在3年内不得再次申请该行政许可。

第十八条 有下列情形之一的，国家铁路局应当依法办理有关行政许可的注销手续：

（一）行政许可有效期届满未延续的；

（二）被许可企业依法终止的；

（三）行政许可依法被撤销，或者行政许可证件依法被吊销的；

（四）因不可抗力导致行政许可事项无法实施的；

（五）法律、法规规定的应当注销行政许可的其他情形。

第五章　附　　则

第十九条　国家铁路局依据本办法制定实施细则。

第二十条　本办法自 2014 年 1 月 1 日起施行。2005 年 4 月 1 日原铁道部公布的《铁路运输安全设备生产企业认定办法》(铁道部令第 15 号)同时废止。

交通运输部关于修改《违反〈铁路安全管理条例〉行政处罚实施办法》的决定

(2021 年 11 月 19 日交通运输部令 2021 年第 33 号公布　自公布之日起施行　国司备字[2021005267])

交通运输部决定对《违反〈铁路安全管理条例〉行政处罚实施办法》(交通运输部令 2013 年第 22 号)作如下修改:

一、将第六条修改为:"公民、法人或者其他组织因违法行为受到行政处罚,其违法行为对他人造成损害的,应当依法承担民事责任。

"违法行为构成犯罪,应当依法追究刑事责任的,不得以行政处罚代替刑事处罚。"

二、将第七条第二款修改为:"铁路行政处罚由地区铁路监督管理局实施的,一般由违法行为发生地的地区铁路监督管理局管辖。地区铁路监督管理局之间对管辖权有争议的,应当协商解决,协商不成的,报请国家铁路局指定管辖;也可以直接由国家铁路局指定管辖。"

三、第八条增加一款,作为第二款:"同一个违法行为违反多个法律规范应当给予罚款处罚的,按照罚款数额高的规定处罚。"

四、将第九条修改为:"当事人有下列情形之一的,应当依法从轻或者减轻行政处罚:

"(一)主动消除或者减轻违法行为危害后果的;

"(二)受他人胁迫或者诱骗实施铁路安全违法行为的;

"(三)主动供述铁路监管部门尚未掌握的违法行为的;

"(四)配合铁路监管部门查处危害铁路安全行为有立功表现的;

"(五)法律、法规、规章规定其他应当从轻或者减轻行政处罚的。

“违法行为轻微并及时改正，没有造成危害后果的，不予行政处罚。初次违法且危害后果轻微并及时改正的，可以不予行政处罚。

“当事人有证据足以证明没有主观过错的，不予行政处罚。法律、行政法规另有规定的，从其规定。

“对当事人的违法行为依法不予行政处罚的，铁路监管部门应当对当事人进行教育。”

五、将第十条第一款修改为：“违法行为在2年内未被发现的，不再给予行政处罚；涉及公民生命健康安全且有危害后果的，上述期限延长至5年。法律另有规定的除外。”

六、将第四十七条修改为：“铁路监管部门发现公民、法人或者其他组织有依法应当给予行政处罚的行为的，必须全面、客观、公正地调查，收集有关证据。”

七、将第四十八条修改为：“对依法应当给予行政处罚的行为，符合立案标准的，铁路监管部门应当按照本办法规定的管辖范围及时立案。”

八、将第四十九条第六项、第六十二条中的“行政机关”修改为“铁路监管部门”。

九、将第五十条修改为：“执法人员与案件有直接利害关系或者有其他关系可能影响公正执法的，应当回避。

“当事人认为执法人员与案件有直接利害关系或者有其他关系可能影响公正执法的，有权申请回避。

“当事人提出回避申请的，铁路监管部门应当依法审查，由铁路监管部门负责人决定。决定作出之前，不停止调查。”

十、将第五十二条中的“拟作出行政处罚决定的事实、理由及依据”修改为“拟作出的行政处罚内容及事实、理由、依据”，“享有陈述、申辩及依法要求举行听证的权利”修改为“依法享有陈述、申辩及要求听证等权利”。

十一、将第五十三条修改为：“执法部门拟作出较大数额罚款、没收较大数额违法所得、吊销许可证件等行政处罚决定，应当告知当事人有要求听证的权利；当事人要求听证的，案件办理人员应当向铁路监管部门负责人报告，由法制工作部门组织听证。听证程序按有关法律、行政法规的规定执行。”

十二、将第五十四条中的“铁路监管部门”修改为“铁路监管部门负责人”。

第三项修改为：“（三）违法事实不成立的，不予行政处罚”。

增加两款，作为第二款、第三款：“在铁路监管部门负责人作出行政处罚的决定之前，应当依法由从事行政处罚决定法制审核的人员进行法制审核。

“对情节复杂或者重大违法行为给予行政处罚，铁路监管部门负责人应当集体讨论决定。”

十三、将第五十五条第一款第一项修改为：“（一）当事人的姓名或者名称、地址”。

第一款第二项修改为：“（二）违反法律、法规、规章的事实和证据”。

第一款第五项修改为：“（五）申请行政复议、提起行政诉讼的途径和期限”。

第二款修改为：“行政处罚决定书应当加盖作出行政处罚决定的铁路监管部门的印章。”

十四、将第五十六条中的“民事诉讼法”修改为“《中华人民共和国民事诉讼法》”。

增加一款，作为第三款：“当事人同意并签订确认书的，执法部门可以采用传真、电子邮件等方式，将行政处罚决定书等送达当事人。”

十五、将第五十七条修改为：“收缴罚款后，应当依法向当事人出具由国务院财政部门统一制发的专用票据。处罚和罚款收缴应当分离，罚款所得的款项，必须按照有关规定上缴，任何单位和个人不得截留、私分或者变相私分。”

十六、将第五十八条中的“受案”改为“立案”。

十七、将第五十九条第一款修改为：“行政处罚决定依法作出后，当事人应当在行政处罚决定书载明的期限内，予以履行。”

删去第二款中的“行政法规”。

十八、将第六十条第一项中的“加处罚款不得超出原处罚决定金钱给付义务的数额”修改为“加处罚款的数额不得超出罚款的数额”。

十九、将第六十七条第一项修改为：“（一）立案审批表”。

二十、将第六十八条修改为：“依照本办法对公民处以200元以下、对法人或者其他组织处以3000元以下罚款或者警告的行政处罚的，可以当场作出行政处罚决定。行政处罚决定书应当当场交付当事人。”

二十一、删去第七十条第一款。

二十二、将第七十四条中的“委托”修改为“书面委托”。

二十三、将第七十六条第一款修改为：“本办法所称‘较大数额’，按照对个人1万元以上、单位10万元以上的标准执行。”

本决定自公布之日起施行。

《违反〈铁路安全管理条例〉行政处罚实施办法》根据本决定作相应修改并对条文序号作相应调整，重新公布。

违反《铁路安全管理条例》行政处罚实施办法

（2013年12月24日交通运输部令2013年第22号公布　根据2021年11月19日《交通运输部关于修改〈违反《铁路安全管理条例》行政处罚实施办法〉的决定》修正）

第一章　总　　则

第一条　为规范铁路安全行政处罚行为，维护当事人的合法权益，根据《中华人民共和国行政处罚法》、《铁路安全管理条例》（以下简称《条例》）、《建设工程质量管理条例》等法律、行政法规，制定本办法。

第二条　国家铁路局和地区铁路监督管理局（以下统称铁路监管部门）对违反《条例》的行为实施行政处罚适用本办法。

第三条　铁路监管部门实施行政处罚，遵循合法、公正、公开的原则，坚持处罚与教育相结合。

实施行政处罚应当按照法定职责和法定程序，以事实为依据，与违法行为的性质、情节以及对铁路安全的危害程度相当。

第四条　铁路行政执法人员实施行政处罚时，应当出示执法证件。

第五条　公民、法人或者其他组织对铁路监管部门给予的行政处罚，享有陈述权、申辩权。

第六条　公民、法人或者其他组织因违法行为受到行政处罚，其违法行为对他人造成损害的，应当依法承担民事责任。

违法行为构成犯罪，应当依法追究刑事责任的，不得以行政处罚代替刑事处罚。

第二章　行政处罚的管辖与适用

第七条　《条例》规定由铁路监管部门处罚的事项，一般由地区铁路监督管理局实施。对案情复杂、性质严重、社会影响较大、跨区域的案件以及国家铁路局认为有必要的，由国家铁路局实施处罚。直接向国家铁路局举报、控告的案件由国家铁路局依法决定管辖机关。

铁路行政处罚由地区铁路监督管理局实施的，一般由违法行为发生地的地区铁路监督管理局管辖。地区铁路监督管理局之间对管辖权有争议的，应当协商解决，协商不成的，报请国家铁路局指定管辖；也可以直接由国家铁路局指定管辖。

第八条 对当事人的同一个违法行为，不得给予两次以上罚款的行政处罚。

同一个违法行为违反多个法律规范应当给予罚款处罚的，按照罚款数额高的规定处罚。

第九条 当事人有下列情形之一的，应当依法从轻或者减轻行政处罚：

（一）主动消除或者减轻违法行为危害后果的；

（二）受他人胁迫或者诱骗实施铁路安全违法行为的；

（三）主动供述铁路监管部门尚未掌握的违法行为的；

（四）配合铁路监管部门查处危害铁路安全行为有立功表现的；

（五）法律、法规、规章规定其他应当从轻或者减轻行政处罚的。

违法行为轻微并及时改正，没有造成危害后果的，不予行政处罚。初次违法且危害后果轻微并及时改正的，可以不予行政处罚。

当事人有证据足以证明没有主观过错的，不予行政处罚。法律、行政法规另有规定的，从其规定。

对当事人的违法行为依法不予行政处罚的，铁路监管部门应当对当事人进行教育。

第十条 违法行为在2年内未被发现的，不再给予行政处罚；涉及公民生命健康安全且有危害后果的，上述期限延长至5年。法律另有规定的除外。

前款规定的期限，从违法行为发生之日起计算。违法行为有连续或者继续状态的，从行为终了之日起计算。

第三章 对违法行为的行政处罚

第十一条 违反《条例》第八条规定，铁路建设工程勘察、设计、施工、监理以及建设物资、设备的采购未依法进行招标的，由地区铁路监督管理局依照《中华人民共和国招标投标法》、《中华人民共和国招标投标法实施条例》等法律、行政法规的规定实施处罚。

第十二条 违反《条例》第九条规定，从事铁路建设工程勘察、设计、施工、监理活动的单位超越本单位资质等级承揽工程的，由地区铁路监督管理局依照《建设工程质量管理条例》第六十条规定，责令停止违法行为并处以相应罚款，有违法所得的，予以没收：

（一）尚未实质性开展工程建设活动的，对勘察、设计单位或者监理单位处合同约定的勘察费、设计费或者监理酬金1倍的罚款，对施工单位处工程合同价款2%的罚款；

（二）已实质性开展工程建设活动，未造成铁路建设工程质量事故的，对勘察、设计单位或监理单位处合同约定的勘察费、设计费或者监理酬金1倍以上1.5倍以下的罚款，对施工单位处工程合同价款2%以上3%以下的罚款；

（三）造成铁路建设工程质量事故的，对勘察、设计单位或者监理单位处合同约定的勘察费、设计费或者监理酬金1.5倍以上2倍以下的罚款，对施工单位处工程合同价款3%以上4%以下的罚款。

未取得资质证书承揽工程的，予以取缔，依照前款规定处以罚款；有违法所得的，予以没收。

以欺骗手段取得资质证书承揽工程的，依照本条第一款规定处以罚款；有违法所得的，予以没收。

第十三条 违反《条例》第十条规定，建设单位选择不具备相应资质等级的勘察、设计、施工、监理单位进行工程建设的，由地区铁路监督管理局依照《建设工程质量管理条例》第五十四条规定，责令改正，处以相应罚款：

（一）单项工程合同价款超出施工资质等级允许规模1倍以内的，或者选择超越1个资质等级的勘察、设计、施工、监理单位进行工程建设的，每一起处50万元以上70万元以下的罚款；

（二）单项工程合同价款超出施工资质等级允许规模1倍以上2倍以内的，或者选择超越2个及以上资质等级的勘察、设计、施工、监理单位进行工程建设的，每一起处70万元以上90万元以下的罚款；

（三）单项工程合同价款超出施工资质等级允许规模2倍以上的，或者选择没有资质的勘察、设计、施工、监理单位进行工程建设的，每一起处90万元以上100万元以下的罚款。

第十四条 违反《条例》第十一条规定，高速铁路和地质构造复杂的铁路建设工程未实行工程地质勘察监理制度的，由地区铁路监督管理局依照《条例》第八十四条规定，责令改正，对建设单位处以相应罚款：

（一）未造成铁路建设工程质量事故的，处10万元以上20万元以下的罚款；

（二）造成铁路建设工程质量一般事故的，处20万元以上30万元以下的罚款；

（三）造成铁路建设工程质量较大及以上等级事故的，处30万元以上50

万元以下的罚款。

第十五条　违反《条例》第十三条规定，施工单位使用不合格的建筑材料、建筑构配件和设备的，由地区铁路监督管理局依照《建设工程质量管理条例》第六十四条规定，责令改正，处以相应罚款：

（一）未造成铁路建设工程质量事故的，处工程合同价款2%的罚款；

（二）造成铁路建设工程质量一般事故的，处工程合同价款2%以上3%以下的罚款；

（三）造成铁路建设工程质量较大及以上等级事故的，处工程合同价款3%以上4%以下的罚款。

第十六条　违反《条例》第十三条规定，建设单位明示或者暗示施工单位使用不合格的建筑材料、建筑构配件和设备的，由地区铁路监督管理局依照《建设工程质量管理条例》第五十六条规定责令改正，对建设单位处以相应罚款：

（一）未造成铁路建设工程质量事故的，处20万元以上30万元以下的罚款；

（二）造成铁路建设工程质量一般事故的，处30万元以上40万元以下的罚款；

（三）造成铁路建设工程质量较大及以上等级事故的，处40万元以上50万元以下的罚款。

第十七条　违反《条例》第十四条规定，建设单位违规要求设计、施工单位压缩建设工期的，由地区铁路监督管理局依照《建设工程质量管理条例》第五十六条规定，责令改正，视情节处以相应罚款：

（一）未造成铁路建设工程质量事故的，处20万元以上30万元以下的罚款；

（二）造成铁路建设工程质量一般事故的，处30万元以上40万元以下的罚款；

（三）造成铁路建设工程质量较大及以上等级事故的，处40万元以上50万元以下的罚款。

第十八条　违反《条例》第十五条规定，建设单位未组织铁路建设工程竣工验收，擅自交付使用；或者验收不合格，擅自交付使用；或者对不合格的建设工程按照合格工程验收的，由地区铁路监督管理局依照《建设工程质量管理条例》第五十八条规定，责令改正，视情节处以相应罚款：

（一）未对铁路运营安全造成影响的，处工程合同价款2%的罚款；

（二）影响铁路运营安全的，处工程合同价款2%以上3%以下的罚款；

（三）造成铁路交通事故的，处工程合同价款3%以上4%以下的罚款。

第十九条 违反《条例》第十六条规定，铁路建设单位在铁路线路及其邻近区域进行铁路建设工程施工不执行铁路营业线施工安全管理规定，影响铁路运营安全的，由地区铁路监督管理局依照《条例》第八十四条规定，责令改正，视情节处以相应罚款：

（一）违法情节较轻的，处10万元以上20万元以下的罚款；

（二）违法情节较重的，处20万元以上30万元以下的罚款；

（三）造成铁路交通事故的，处30万元以上50万元以下的罚款。

第二十条 违反《条例》第二十五条规定，用于铁路运输的安全检测、监控、防护设施设备，集装箱和集装化用具等运输器具、专用装卸机械、索具、篷布、装载加固材料或者装置、运输包装、货物装载加固等，不符合国家标准、行业标准和技术规范的，由地区铁路监督管理局依照《条例》第八十七条规定责令改正，视情节处以相应罚款：

（一）违法情节较轻的，处2万元以上5万元以下的罚款；

（二）违法情节较重的，处5万元以上7万元以下的罚款；

（三）违法情节严重的，处7万元以上10万元以下的罚款。

第二十一条 违反《条例》第二十六条规定，铁路机车车辆以及其他专用设备制造者未按规定召回缺陷产品，采取措施消除缺陷的，由国家铁路局依照《条例》第八十六条规定，责令改正；拒不改正的，处缺陷产品货值金额1%以上5%以下的罚款；拒不改正且造成铁路交通事故的，处缺陷产品货值金额5%以上10%以下的罚款；情节严重的，吊销相应的许可证件。

第二十二条 违反《条例》第二十七条规定，新建、改建铁路的铁路建设单位或者铁路运输企业未依法根据铁路线路安全保护区平面图设立标桩的，由地区铁路监督管理局依照《条例》第八十七条规定责令改正，视情节处以相应罚款：

（一）违法情节较轻的，处2万元以上5万元以下的罚款；

（二）违法情节较重的，处5万元以上7万元以下的罚款；

（三）违法情节严重的，处7万元以上10万元以下的罚款。

第二十三条 违反《条例》第二十八条规定，设计开行时速120公里以上列车的铁路未按照国家有关规定和标准设置、维护铁路封闭设施、安全防护设施的，由地区铁路监督管理局依照《条例》第八十七条规定责令改正，视情节处以相应罚款：

（一）违法情节较轻的，处2万元以上5万元以下的罚款；

（二）违法情节较重的，处5万元以上7万元以下的罚款；

（三）违法情节严重的，处 7 万元以上 10 万元以下的罚款。

第二十四条 违反《条例》第二十九条规定，在铁路线路安全保护区内烧荒、放养牲畜、种植影响铁路线路安全和行车瞭望的树木等植物，或者向铁路线路安全保护区排污、倾倒垃圾以及其他危害铁路安全的物质的，由地区铁路监督管理局依照《条例》第八十八条规定责令改正，视情节可以处以相应罚款：

（一）违法情节较轻的，对单位可以处 1 万元以下的罚款，对个人可以处 500 元以下的罚款；

（二）违法情节较重的，对单位可以处 1 万元以上 3 万元以下的罚款，对个人可以处 500 元以上 1000 元以下的罚款；

（三）违法情节严重的，对单位可以处 3 万元以上 5 万元以下的罚款，对个人可以处 1000 元以上 2000 元以下的罚款。

第二十五条 违反《条例》第三十条规定，未经铁路运输企业同意并签订安全协议，在铁路线路安全保护区内建造建筑物、构筑物，铺设、架设各类管线、缆线、渡槽等设施，取土、挖砂、挖沟、采空作业或者堆放、悬挂物品，或者违反保证铁路安全的国家标准、行业标准和施工安全规范，影响铁路运输安全的，由地区铁路监督管理局依照《条例》第八十九条规定责令改正，视情节可以处以相应罚款：

（一）违法情节较轻的，可以处 5 万元以下的罚款；

（二）违法情节较重的，可以处 5 万元以上 10 万元以下的罚款。

铁路运输企业未派员对铁路线路安全保护区内施工现场进行安全监督的，可以处 3 万元以下的罚款。

第二十六条 违反《条例》第三十二条规定，在铁路线路安全保护区及其邻近区域建造或者设置的建筑物、构筑物、设备等进入国家规定的铁路建筑限界的，由地区铁路监督管理局依照《条例》第九十条规定责令改正，视情节处以相应罚款：

（一）违法情节较轻的，对单位处 5 万元以上 10 万元以下的罚款，对个人处 1 万元以上 2 万元以下的罚款；

（二）违法情节较重的，对单位处 10 万元以上 15 万元以下的罚款，对个人处 2 万元以上 3 万元以下的罚款；

（三）违法情节严重的，对单位处 15 万元以上 20 万元以下的罚款，对个人处 3 万元以上 5 万元以下的罚款。

第二十七条 违反《条例》第三十三条规定，在铁路线路两侧建造、设立生产、加工、储存或者销售易燃、易爆或者放射性物品等危险物品的场所、仓库不符合国家标准、行业标准规定的安全防护距离的，由地区铁路监督管理局依照

《条例》第九十条规定责令改正，视情节处以相应罚款：

（一）违法情节较轻的，对单位处 5 万元以上 10 万元以下的罚款，对个人处 1 万元以上 2 万元以下的罚款；

（二）违法情节较重的，对单位处 10 万元以上 15 万元以下的罚款，对个人处 2 万元以上 3 万元以下的罚款；

（三）违法情节严重的，对单位处 15 万元以上 20 万元以下的罚款，对个人处 3 万元以上 5 万元以下的罚款。

第二十八条 违反《条例》第四十三条规定，未按规定设置、维护下穿铁路桥梁、涵洞的道路限高防护架的，由地区铁路监督管理局依照《条例》第八十七条规定责令改正，视情形处以相应罚款：

（一）未按规定维护的，处 2 万元以上 3 万元以下的罚款；

（二）未按规定设置的，处 3 万元以上 5 万元以下的罚款；

（三）因未按规定设置或维护，造成后果的，处 5 万元以上 10 万元以下的罚款。

第二十九条 违反《条例》第四十四条规定，铁路线路安全保护区内的道路和铁路线路路堑上的道路、跨越铁路线路的道路桥梁，未按照国家有关规定和标准设置、维护、管理防止车辆以及其他物体进入、坠入铁路线路的安全防护设施和警示标志的，由地区铁路监督管理局依照《条例》第八十七条规定责令改正，视情节处以相应罚款：

（一）违法情节较轻的，处 2 万元以上 5 万元以下的罚款；

（二）违法情节较重的，处 5 万元以上 7 万元以下的罚款；

（三）违法情节严重的，处 7 万元以上 10 万元以下的罚款。

第三十条 违反《条例》第四十五条规定，架设、铺设铁路信号和通信线路、杆塔不符合国家标准、行业标准和铁路安全防护要求，或者未对铁路信号和通信线路、杆塔进行维护和管理的，由地区铁路监督管理局依照《条例》第八十七条规定责令改正，视情节处以相应罚款：

（一）违法情节较轻的，处 2 万元以上 5 万元以下的罚款；

（二）违法情节较重的，处 5 万元以上 7 万元以下的罚款；

（三）违法情节严重的，处 7 万元以上 10 万元以下的罚款。

第三十一条 违反《条例》第四十七条规定，铁路与道路交叉的无人看守道口未按照国家标准设置、维护警示标志；有人看守道口未设置、维护移动栏杆、列车接近报警装置、警示灯、警示标志、铁路道口路段标线等安全防护设施的，由地区铁路监督管理局依照《条例》第八十七条规定责令改正，视情节处以相应罚款：

(一)违法情节较轻的,处2万元以上5万元以下的罚款;

(二)违法情节较重的,处5万元以上7万元以下的罚款;

(三)违法情节严重的,处7万元以上10万元以下的罚款。

第三十二条 违反《条例》第四十八条规定,机动车或者非机动车在铁路道口内发生故障或者装载物掉落,未立即将故障车辆或者掉落的装载物移至安全地点,或者未立即报告铁路道口看守人员的;在无人看守道口,未立即在道口两端采取措施拦停列车,并就近通知铁路车站或者公安机关的,由地区铁路监督管理局依照《条例》第九十四条规定责令改正,处1000元以上5000元以下的罚款。

第三十三条 违反《条例》第四十九条规定,履带车辆等可能损坏铁路设施设备的车辆、物体通过铁路道口,未提前通知铁路道口管理单位,并采取相应的安全防护措施的,由地区铁路监督管理局依照《条例》第九十四条规定责令改正,处1000元以上5000元以下的罚款。

第三十四条 违反《条例》第五十条规定,铁路运输企业未在铁路桥梁、隧道的两端,铁路信号、通信光(电)缆的埋设、铺设地点,电气化铁路接触网、自动闭塞供电线路和电力贯通线路等电力设施附近易发生危险的地点按照国家标准、行业标准设置易于识别的警示、保护标志的,由地区铁路监督管理局依照《条例》第八十七条规定责令改正,视情节处以相应罚款:

(一)违法情节较轻的,处2万元以上5万元以下的罚款;

(二)违法情节较重的,处5万元以上7万元以下的罚款;

(三)违法情节严重的,处7万元以上10万元以下的罚款。

第三十五条 违反《条例》第五十五条规定,铁路运输企业未对铁路线路、铁路防护设施和警示标志进行经常性巡查和维护的,由地区铁路监督管理局依照《条例》第八十七条规定责令改正,视情节处以相应罚款:

(一)违法情节较轻的,处2万元以上5万元以下的罚款;

(二)违法情节较重的,处5万元以上7万元以下的罚款;

(三)违法情节严重的,处7万元以上10万元以下的罚款。

第三十六条 违反《条例》第五十七条规定,铁路机车车辆的驾驶人员持过期或者失效驾驶证件执业的,由地区铁路监督管理局责令改正,可以处1000元以下的罚款。

第三十七条 违反《条例》第五十九条规定,铁路运输企业使用的运输工具、装载加固设备以及其他专用设施设备不符合国家标准、行业标准和安全要求的,由地区铁路监督管理局依照《条例》第八十七条规定责令改正,视情节处以相应罚款:

（一）违法情节较轻的，处 2 万元以上 5 万元以下的罚款；

（二）违法情节较重的，处 5 万元以上 7 万元以下的罚款；

（三）违法情节严重的，处 7 万元以上 10 万元以下的罚款。

第三十八条　违反《条例》第六十七条规定，铁路运输托运人托运货物、行李、包裹时匿报、谎报货物品名、性质、重量，或者装车、装箱超过规定重量以及在普通货物中夹带危险货物，或者在危险货物中夹带禁止配装货物的，由地区铁路监督管理局依照《条例》第九十六条规定责令改正，视情形处以相应罚款：

（一）托运货物、行李、包裹时匿报、谎报货物品名、性质、重量，或者装车、装箱超过规定重量，情节较轻的，可处 2000 元以下的罚款；情节较重的，处 2000 元以上 1 万元以下的罚款；情节严重的，处 1 万元以上 2 万元以下的罚款。

（二）将危险化学品谎报或者匿报为普通货物托运，处 10 万元以上 15 万元以下的罚款；违法情节严重的，处 15 万元以上 20 万元以下的罚款。

（三）在普通货物中夹带危险货物，在危险货物中夹带禁止配装的货物，处 3 万元以上 10 万元以下的罚款；违法情节严重的，处 10 万元以上 20 万元以下的罚款。

第三十九条　违反《条例》第六十八条规定，铁路运输企业在非危险货物办理站办理危险货物承运手续，承运未接受安全检查的货物，承运不符合安全规定、可能危害铁路运输安全的货物的，由地区铁路监督管理局依照《条例》第一百条规定责令改正，视情节处以相应罚款：

（一）违法情节较轻的，处 2 万元以上 5 万元以下的罚款；

（二）违法情节较重的，处 5 万元以上 7 万元以下的罚款；

（三）违法情节严重的，处 7 万元以上 10 万元以下的罚款。

第四十条　违反《条例》第六十九条规定，铁路运输企业和托运人未依照法律法规和国家其他有关规定使用专用的设施设备运输危险货物的，由地区铁路监督管理局依照《条例》第八十七条规定责令改正，视情节处以相应罚款：

（一）违法情节较轻的，处 2 万元以上 5 万元以下的罚款；

（二）违法情节较重的，处 5 万元以上 7 万元以下的罚款；

（三）违法情节严重的，处 7 万元以上 10 万元以下的罚款。

第四十一条　违反《条例》第六十九条规定，铁路运输托运人运输危险货物未配备必要的应急处理器材、设备以及防护用品的，由地区铁路监督管理局依照《条例》第九十七条规定责令改正，视情节处以相应罚款：

（一）违法情节较轻的，处 1 万元以上 2 万元以下的罚款；

（二）违法情节较重的，处 2 万元以上 3 万元以下的罚款；

（三）违法情节严重的，处3万元以上5万元以下的罚款。

第四十二条　违反《条例》第七十一条规定，铁路运输企业未按照操作规程包装、装卸、运输危险货物，防止危险货物泄漏、爆炸的，由地区铁路监督管理局依照《条例》第一百条规定责令改正，视情节处以相应罚款：

（一）违法情节较轻的，处2万元以上5万元以下的罚款；

（二）违法情节较重的，处5万元以上7万元以下的罚款；

（三）违法情节严重的，处7万元以上10万元以下的罚款。

第四十三条　违反《条例》第七十一条规定，铁路运输托运人未按照操作规程包装、装卸、运输危险货物，防止危险货物泄漏、爆炸的，由地区铁路监督管理局依照《条例》第九十七条规定责令改正，视情节处以相应罚款：

（一）违法情节较轻的，处1万元以上2万元以下的罚款；

（二）违法情节较重的，处2万元以上3万元以下的罚款；

（三）违法情节严重的，处3万元以上5万元以下的罚款。

第四十四条　违反《条例》第七十二条规定，铁路运输企业和托运人未依照法律法规和国家其他有关规定包装、装载、押运麻醉药品和精神药品等特殊药品，造成特殊药品在运输过程中被盗、被劫或者发生丢失的，由地区铁路监督管理局依照《麻醉药品和精神药品管理条例》等相关法律、行政法规规定处罚。

第四十五条　违反《条例》规定，本办法未规定行政处罚、其他法律法规另有规定的，依照其规定执行。

第四十六条　铁路监管部门发现违反《条例》规定的行为，但本部门无权处理的，应当及时移送或者通报有权处理的部门。

第四章　行政处罚程序

第四十七条　铁路监管部门发现公民、法人或者其他组织有依法应当给予行政处罚的行为的，必须全面、客观、公正地调查，收集有关证据。

第四十八条　对依法应当给予行政处罚的行为，符合立案标准的，铁路监管部门应当按照本办法规定的管辖范围及时立案。

第四十九条　铁路行政执法人员在调查、收集证据时，应当遵守下列规定：

（一）不得少于2人。

（二）询问证人和当事人，应当分别进行，并告知其作伪证的法律责任；《询问笔录》须经被询问人阅核后，由询问人和被询问人签名，被询问人拒绝签名的，由询问人在询问笔录上注明情况。

（三）对与案件有关的物品或者现场进行勘验检查时，应当通知当事人到场，制作《检查（勘验）笔录》，当事人拒不到场的，可请在场的其他人员见证。

（四）对需要采取抽样取证的，应当制作《抽样取证物品清单》，并妥善保管，需要退回的应当退回。

（五）对涉及专业性较强问题的，应当聘请有专业知识和技术能力的部门、人员进行鉴定。

（六）在证据可能灭失或者以后难以取得的情况下，经铁路监管部门负责人批准，可以先行登记保存，制作《先行登记保存证据清单》，并应当在 7 日内对先行登记保存的证据作出处理决定。

第五十条 执法人员与案件有直接利害关系或者有其他关系可能影响公正执法的，应当回避。

当事人认为执法人员与案件有直接利害关系或者有其他关系可能影响公正执法的，有权申请回避。

当事人提出回避申请的，铁路监管部门应当依法审查，由铁路监管部门负责人决定。决定作出之前，不停止调查。

第五十一条 案件调查终结后，执法人员认为案件事实清楚，主要证据齐全，应当制作《案件调查报告》，对案件提出处理意见，报执法部门负责人审查。涉及多部门管理事项的，应当分送有关部门联审。涉及行政许可事项的，应当送行政许可审查部门审查。对重大、疑难案件调查情况，应当向国家铁路局有关部门报告。

因案情性质发生变化或者客观原因导致调查工作不需要或者无法继续开展的，可以作出《终止调查决定书》，并送达相关当事人和举报人、控告人。

第五十二条 《案件调查报告》经执法部门负责人审查后，认为应当给予行政处罚的，执法人员应当制作《行政处罚告知书》，送达被告知人，告知拟作出的行政处罚内容及事实、理由、依据。并告知其依法享有陈述、申辩及要求听证等权利。逾期未提出听证的，视为放弃。

第五十三条 执法部门拟作出较大数额罚款、没收较大数额违法所得、吊销许可证件等行政处罚决定，应当告知当事人有要求听证的权利；当事人要求听证的，案件办理人员应当向铁路监管部门负责人报告，由法制工作部门组织听证。听证程序按有关法律、行政法规的规定执行。

第五十四条 铁路监管部门负责人根据案件的不同情况，分别作出如下处理决定：

（一）确有违法行为，应当给予行政处罚的，根据情节和危害后果的轻重，作出行政处罚决定；

（二）违法行为轻微，依法可以不予行政处罚的，不予行政处罚；

（三）违法事实不成立的，不予行政处罚；

（四）违法行为涉嫌犯罪的，移送司法机关。

在铁路监管部门负责人作出行政处罚的决定之前，应当依法由从事行政处罚决定法制审核的人员进行法制审核。

对情节复杂或者重大违法行为给予行政处罚，铁路监管部门负责人应当集体讨论决定。

第五十五条 铁路监管部门依据本办法制作《行政处罚决定书》。《行政处罚决定书》应当载明下列事项：

（一）当事人的姓名或者名称、地址；

（二）违反法律、法规、规章的事实和证据；

（三）行政处罚的种类和依据；

（四）行政处罚的履行方式和期限；

（五）申请行政复议、提起行政诉讼的途径和期限；

（六）作出行政处罚决定的铁路监管部门名称和作出决定的日期。

行政处罚决定书应当加盖作出行政处罚决定的铁路监管部门的印章。

第五十六条 执法部门负责送达行政处罚决定书。行政处罚决定书应当在宣告后当场交付当事人，当事人拒绝签收的，送达人员应当在送达回证上注明；当事人不在场的，应当在 7 日内依照《中华人民共和国民事诉讼法》的规定，采取留置送达、邮寄送达、公告送达等方式送达。

当事人在收到行政处罚决定书后，应当在行政处罚决定书送达回证上注明收到日期、签名或者盖章。

当事人同意并签订确认书的，执法部门可以采用传真、电子邮件等方式，将行政处罚决定书等送达当事人。

第五十七条 收缴罚款后，应当依法向当事人出具由国务院财政部门统一制发的专用票据。处罚和罚款收缴应当分离，罚款所得的款项，必须按照有关规定上缴，任何单位和个人不得截留、私分或者变相私分。

第五十八条 行政处罚案件自立案之日起，一般应当在 30 日内办理完毕；由于客观原因不能完成的，经执法部门负责人同意，可以延长，但不得超过 60 日；特殊情况需进一步延长的，应当经铁路监管部门负责人批准，可延长至 90 日。

第五十九条 行政处罚决定依法作出后，当事人应当在行政处罚决定书载明的期限内，予以履行。

当事人对行政处罚决定不服,申请行政复议或者提起行政诉讼的,行政处罚不停止执行,法律另有规定的除外。

第六十条 当事人逾期不履行行政处罚决定的,铁路监管部门可以采取下列措施:

(一)到期不缴纳罚款的,每日按罚款数额的3%加处罚款,加处罚款的数额不得超出罚款的数额;

(二)在法定期限内不申请行政复议或者提起行政诉讼,又不履行行政处罚决定的,执法部门可以自期限届满之日起3个月内申请人民法院强制执行。

第六十一条 铁路监管部门申请人民法院强制执行前,应当催告当事人履行义务。催告书送达10日后当事人仍未履行义务的,可以向所在地有管辖权的人民法院申请强制执行;执行对象是不动产的,向不动产所在地有管辖权的人民法院申请强制执行。

第六十二条 向人民法院申请强制执行,应当提供下列材料:

(一)强制执行申请书;

(二)行政处罚决定书及作出决定的事实、理由和依据;

(三)当事人的意见及铁路监管部门催告情况;

(四)申请强制执行标的情况;

(五)法律、行政法规规定的其他材料。

强制执行申请书应当由铁路监管部门负责人签名,加盖铁路监管部门的印章,并注明日期。

第六十三条 因情况紧急,为保障公共安全,铁路监管部门可以申请人民法院立即执行。

第六十四条 铁路监管部门对人民法院不予受理的裁定有异议的,可以自收到裁定之日起15日内向上一级人民法院申请复议。

第六十五条 当事人确有经济困难,需要延期或者分期缴纳罚款的,由当事人提出申请并经铁路监管部门批准,可以暂缓或者分期缴纳。

第六十六条 地区铁路监督管理局对当事人作出较大数额罚款行政处罚决定的,应当自作出行政处罚决定书之日起7日内报国家铁路局备案。

第六十七条 行政处罚决定执行完毕后,应当将下列案件材料立卷归档:

(一)立案审批表;

(二)案件调查报告;

(三)证据材料;

(四)行政处罚告知书、行政处罚决定书、送达回证;

(五)罚款收据复印件;

(六)在办理案件中形成的其他材料。

第六十八条 依照本办法对公民处以200元以下、对法人或者其他组织处以3000元以下罚款或者警告的行政处罚的,可以当场作出行政处罚决定。行政处罚决定书应当当场交付当事人。

第五章 执法监督

第六十九条 铁路监管部门应当建立行政处罚责任追究制度,对违法实施行政处罚的责任人实行责任追究。

第七十条 法制工作部门负责对执法部门和执法人员执行法律法规情况进行监督检查。安全监察部门、人事部门负责执法人员日常管理和培训,对不符合执法资格的人员应当停止其执法工作,收缴其执法证件。

第七十一条 公民、法人或者其他组织认为铁路监管部门的行政处罚侵害其合法权益,有权依照《中华人民共和国行政复议法》申请行政复议。国家铁路局法制工作部门、安全监察部门对地区铁路监督管理局违法或者不适当的行政处罚有权予以纠正。

第七十二条 公民、法人或者其他组织认为铁路监管部门的行政处罚侵害其合法权益,有权依照《中华人民共和国行政诉讼法》,向人民法院提起行政诉讼。

第七十三条 铁路监管部门违法实施行政处罚,给公民人身或者财产造成损害、给单位造成财产损失的,应当依照《中华人民共和国国家赔偿法》予以赔偿。

第六章 附　　则

第七十四条 铁路监管部门依照法律、法规、规章,可以在法定权限内书面委托符合法定条件的组织实施行政处罚。

第七十五条 依据《条例》第一百零六条规定,对专用铁路、铁路专用线的行政处罚参照本办法的规定执行。

第七十六条 本办法所称"较大数额",按照对个人1万元以上、单位10万元以上的标准执行。

本办法"以上"含本数、"以下"不含本数。

第七十七条 本办法所规定的法律文书格式,由国家铁路局统一制定。

第七十八条 本办法自2014年1月1日起施行。2006年1月4日原铁道部发布的《违反〈铁路运输安全保护条例〉行政处罚实施办法》（铁道部令第27号）同时废止。

审计机关审计听证规定

（2021年11月19日审计署令第14号公布　自公布之日起施行
国司备字[2021005166]）

第一条　为规范审计机关的审计处罚程序，保证审计质量，维护公民、法人或者其他组织的合法权益，根据《中华人民共和国行政处罚法》和《中华人民共和国审计法》及其实施条例，制定本规定。

第二条　审计机关进行审计听证应当遵循公正、公平、公开的原则。

第三条　审计机关对被审计单位和有关责任人员（以下统称当事人）拟作出下列审计处罚的，应当向当事人送达审计听证告知书，告知当事人有要求听证的权利，当事人要求听证的，审计机关应当举行审计听证会：

（一）对被审计单位处以十万元以上或者对个人处以一万元以上罚款的；

（二）对被审计单位处以没收十万元以上违法所得的；

（三）法律、法规、规章规定的其他情形。

第四条　审计听证告知书主要包括以下内容：

（一）当事人的名称或者姓名；

（二）当事人违法的事实和证据；

（三）审计处罚的法律依据；

（四）审计处罚建议；

（五）当事人有要求审计听证的权利；

（六）当事人申请审计听证的期限；

（七）审计机关的名称（印章）和日期。

第五条　当事人要求举行审计听证会的，应当自收到审计听证告知书之日起五个工作日内，向审计机关提出书面申请，列明听证要求，并由当事人签名或者盖章。逾期不提出书面申请的，视为放弃审计听证权利。

第六条　审计机关应当在举行审计听证会七个工作日前向当事人及有关人员送达审计听证会通知书，通知当事人举行审计听证会的时间、地点，审计听证主持人、书记员姓名，并告知当事人有申请主持人、书记员回避的权利。

第七条　除涉及国家秘密、商业秘密或者个人隐私依法予以保密外，审计听证会应当公开举行。

第八条 审计听证会的主持人由审计机关负责人指定的非本案审计人员担任,负责审计听证会的组织、主持工作。

书记员可以由一至二人组成,由主持人指定,负责审计听证的记录工作,制作审计听证笔录。

第九条 当事人认为主持人或者书记员与本案有直接利害关系的,有权申请其回避并说明理由。

当事人申请主持人回避应当在审计听证会举行之前提出;申请书记员回避可以在审计听证会举行时提出。

当事人申请回避可以以书面形式提出,也可以以口头形式提出。以口头形式提出的,由书记员记录在案。

第十条 主持人的回避,由审计机关负责人决定;书记员的回避,由主持人决定。

相关回避情况应当记入审计听证笔录。

第十一条 当事人可以亲自参加审计听证,也可以委托一至二人代理参加审计听证。委托他人代理参加审计听证会的,代理人应当出具当事人的授权委托书。

当事人的授权委托书应当载明代理人的代理权限。

第十二条 当事人接到审计听证通知书后,本人或者其代理人不能按时参加审计听证会的,应当及时告知审计机关并说明理由。

当事人及其代理人无正当理由拒不出席听证或者未经许可中途退出听证的,视为放弃听证权利,审计机关终止听证。终止听证的情况应当记入审计听证笔录。

第十三条 书记员应当将审计听证的全部活动记入审计听证笔录。审计机关认为有必要的,可以对审计听证会情况进行录音、录像。

审计听证笔录应当交听证双方确认无误后签字或者盖章。当事人或者其代理人如认为笔录有差错,可以要求补正。当事人或者其代理人拒绝签字或者盖章的,由听证主持人在笔录中注明。

第十四条 审计听证会参加人和旁听人员应当遵守以下听证纪律:

(一)审计听证会参加人应当在主持人的主持下发言、提问、辩论;

(二)未经主持人允许,审计听证会参加人不得提前退席;

(三)未经主持人允许,任何人不得录音、录像或摄影;

(四)旁听人员要保持肃静,不得发言、提问或者议论。

第十五条 主持人在审计听证会主持过程中,有以下权利:

(一)对审计听证会参加人的不当辩论或者其他违反审计听证会纪律的行

为予以制止、警告；

（二）对违反审计听证会纪律的旁听人员予以制止、警告、责令退席；

（三）对违反审计听证纪律的人员制止无效的，提请公安机关依法处置。

第十六条 审计听证会应当按照下列程序进行：

（一）主持人宣读审计听证会的纪律和应注意的事项；

（二）主持人宣布审计听证会开始；

（三）主持人宣布案由并宣读参加审计听证会的主持人、书记员、听证参加人的姓名、工作单位和职务；

（四）主持人告知当事人或者其代理人有申请书记员回避的权利，并询问当事人或者其代理人是否申请回避；

（五）本案审计人员提出当事人违法的事实、证据和审计处罚的法律依据以及审计处罚建议；

（六）当事人进行陈述、申辩；

（七）在主持人允许下，双方进行质证、辩论；

（八）双方作最后陈述；

（九）书记员将所作的笔录交听证双方当场确认并签字或者盖章；

（十）主持人宣布审计听证会结束。

第十七条 有下列情形之一的，可以延期举行审计听证会：

（一）当事人或者其代理人有正当理由未到场的；

（二）需要通知新的证人到场，或者有新的事实需要重新调查核实的；

（三）主持人应当回避，需要重新确定主持人的；

（四）其他需要延期的情形。

第十八条 审计听证会结束后，主持人应当将审计听证笔录、案卷材料等一并报送审计机关。

审计机关根据审计听证笔录以及有关审理意见，区别以下情形作出决定：

（一）确有应受审计处罚的违法行为的，根据情节轻重及具体情况，作出审计处罚；

（二）违法事实不能成立的，不予审计处罚；

（三）违法行为轻微，依法依规可以不予审计处罚的，不予审计处罚。

违法行为涉嫌犯罪的，审计机关应当依法依规移送监察机关或者司法机关处理。

第十九条 审计机关不得因当事人要求审计听证、在审计听证中进行申辩和质证而加重处罚。

第二十条 审计听证文书和有关资料应当归入相应的审计项目档案。

第二十一条 审计听证文书送达适用《中华人民共和国民事诉讼法》的有关规定。

第二十二条 本规定由审计署负责解释。

第二十三条 本规定自发布之日起施行。审计署于 2000 年 1 月 28 日发布的《审计机关审计听证的规定》(2000 年审计署第 1 号令)同时废止。

附件:1. 审计听证告知书(参考格式)

2. 审计听证会通知书(参考格式)

3. 审计听证笔录(参考格式)

附件 1

******(审计机关全称)**

审计听证告知书

审*听告〔****〕**号

*****关于*****的审计听证告知书**

________________:

经审计,发现你/你单位*****行为违反了国家有关规定,拟依法对你/你单位处以****元的罚款/没收****元违法所得/****(法律、法规、规章规定的其他情形)。现根据《中华人民共和国行政处罚法》第六十三条的规定和《审计机关审计听证规定》第三条、第五条的规定,告知你/你单位有权要求举行听证,你/你单位可以自收到本告知书之日起 5 个工作日内,向本机关提出书面申请,列明审计听证要求,并签名或者盖章。逾期不提出书面申请的,视为放弃审计听证权利。

附件:审计处罚依据的事实、证据和适用的法律法规

(审计机关署名及印章)

****年*月*日

附件 2

＊＊＊＊(审计机关全称)

审计听证会通知书

审＊听通〔＊＊＊＊〕＊＊号

＊＊＊关于＊＊＊＊＊的审计听证会通知书

________________：

你/你单位于＊＊年＊＊月＊＊日提出的听证要求收悉。经研究,决定于＊＊＊＊(时间)在＊＊＊(地点)举行审计听证会,请届时参加。

审计听证会的主持人为＊＊＊,书记员为＊＊＊。如果你/你单位认为主持人、书记员与本案有直接利害关系,有权申请其回避并说明理由。

你/你单位法定代表人可以亲自参加听证,也可以委托一至二人代理参加审计听证,代理人应当出具载明代理人的代理权限的授权委托书。

(审计机关署名及印章)

＊＊＊＊年＊月＊日

抄送:

附件 3

审计听证笔录

案由：

听证时间：　　年　月　日

听证地点：

听证主持人：　　工作单位及职务：

书记员：　　　　工作单位及职务：

当事人：　　　　工作单位及职务：

法定代表人：

住址：

委托代理人：　　　　工作单位及职务：

本案审计人员：　　　工作单位及职务：

其他听证参加人：　　工作单位及职务：

主持人:现在宣读审计听证会的纪律和应注意的事项(略)。听证会参与各方是否听清楚了上述内容?

当事人：

审计人员：

其他听证参加人：

主持人:我宣布＊＊＊关于＊＊＊＊＊的审计听证会正式开始。现在宣读参加审计听证会的主持人、书记员和听证参加人的姓名、工作单位和职务(略)。当事人,你有申请书记员回避的权利,是否申请回避?

当事人：

主持人:请本案审计人员提出当事人违法的事实、证据和审计处罚的法律依据以及审计处罚建议。

审计人员：

主持人:请当事人进行陈述、申辩。

当事人：

主持人:审计人员、当事人现在可以进行质证、辩论。

审计人员：

当事人：

主持人:审计人员,请作最后陈述。

审计人员：

主持人:当事人,请作最后陈述。

当事人:

主持人:我宣布审计听证会结束。请听证双方与书记员核对、确认审计听证笔录,确认无误后,在笔录每一页下方签名或者盖章。

保险集团公司监督管理办法

(2021年11月24日中国银行保险监督管理委员会令2021年第13号公布　自公布之日起施行　国司备字[2021005289])

第一章　总　　则

第一条　为加强对保险集团公司的监督管理,有效防范保险集团经营风险,促进金融保险业健康发展,根据《中华人民共和国保险法》(以下简称《保险法》)、《中华人民共和国公司法》等法律、行政法规及《国务院对确需保留的行政审批项目设定行政许可的决定》(中华人民共和国国务院令第412号),制定本办法。

第二条　中国银行保险监督管理委员会(以下简称银保监会)根据法律、行政法规和国务院授权,按照实质重于形式的原则,对保险集团公司实行全面、持续、穿透的监督管理。

第三条　本办法所称保险集团公司,是指依法登记注册并经银保监会批准设立,名称中具有"保险集团"或"保险控股"字样,对保险集团成员公司实施控制、共同控制或重大影响的公司。

保险集团是指保险集团公司及受其控制、共同控制或重大影响的公司组成的企业集合,该企业集合中除保险集团公司外,有两家以上子公司为保险公司且保险业务为该企业集合的主要业务。

保险集团成员公司是指保险集团公司及受其控制、共同控制或重大影响的公司,包括保险集团公司、保险集团公司直接或间接控制的子公司以及其他成员公司。

第二章　设立和许可

第四条　设立保险集团公司,应当报银保监会审批,并具备下列条件:

(一)投资人符合银保监会规定的保险公司股东资质条件,股权结构合理,且合计至少控制两家境内保险公司50%以上股权；

（二）具有符合本办法第六条规定的成员公司；

（三）注册资本最低限额为20亿元人民币；

（四）具有符合银保监会规定任职资格条件的董事、监事和高级管理人员；

（五）具有完善的公司治理结构、健全的组织机构、有效的风险管理和内部控制管理制度；

（六）具有与其经营管理相适应的营业场所、办公设备和信息系统；

（七）法律、行政法规和银保监会规定的其他条件。

涉及处置风险的，经银保监会批准，上述条件可以适当放宽。

第五条 保险集团公司的股权监管、股东行为监管，参照适用银保监会关于保险公司股权管理的监管规定。

第六条 拟设立保险集团公司的投资人控制的保险公司中至少有一家具备下列条件：

（一）在中国境内开业6年以上；

（二）最近3个会计年度连续盈利；

（三）上一年末净资产不低于10亿元人民币，总资产不低于100亿元人民币；

（四）具有完善的公司治理结构、健全的组织机构、有效的风险管理和内部控制管理制度；

（五）最近4个季度核心偿付能力充足率不低于75%，综合偿付能力充足率不低于150%；

（六）最近4个季度风险综合评级不低于B类；

（七）最近3年无重大违法违规行为和重大失信行为。

第七条 设立保险集团公司可以采取下列两种方式：

（一）发起设立。保险公司的股东作为发起人，以其持有的保险公司股权和货币出资设立保险集团公司，其中货币出资总额不得低于保险集团公司注册资本的50%。

（二）更名设立。保险公司转换更名为保险集团公司，保险集团公司以货币出资设立保险子公司，原保险公司的保险业务依法转移至该保险子公司。

保险集团公司设立包括筹建和开业两个阶段。

第八条 采取发起设立的方式设立保险集团公司的，发起人应当在筹建阶段向银保监会提交下列材料：

（一）设立申请书，包括拟设立公司的名称、组织形式、注册资本、住所（营业场所）、投资人、投资金额、投资比例、业务范围、筹备组织情况、联系人及联系方式等；

（二）可行性研究报告，包括可行性分析、设立方式、发展战略、公司治理和组织机构框架、风险管理和内部控制体系、保险子公司整合前后偿付能力评估等；

（三）筹建方案，包括筹备组设置、工作职责和工作计划，拟设立的保险集团公司及其子公司的股权结构，理顺股权关系的总体规划和操作流程，子公司的名称和业务类别等；

（四）筹备负责人材料，包括投资人关于认可筹备组负责人和拟任董事长、总经理任职的确认书，筹备组负责人基本情况、本人认可证明，拟任董事长、总经理的任职资格申请表，身份证明和学历学位证书复印件；

（五）保险集团公司章程草案；

（六）发起人控制的保险公司最近3年经审计的财务报告、偿付能力报告；

（七）营业执照；

（八）投资人有关材料，包括基本情况类材料、财务信息类材料、公司治理类材料、附属信息类材料、有限合伙企业投资人的特别材料等；

（九）住所（营业场所）所有权或者使用权的证明文件；

（十）中长期发展战略和规划、业务经营计划、对外投资计划，资本及财务管理、风险管理和内部控制等主要制度；

（十一）信息化建设情况报告；

（十二）法律意见书；

（十三）反洗钱材料；

（十四）材料真实性声明；

（十五）银保监会规定的其他材料。

第九条 采取更名设立的方式设立保险集团公司的，拟更名的保险公司应当在筹建阶段向银保监会提交下列材料：

（一）更名申请书，其中应当载明拟更名公司的名称、组织形式、注册资本、住所（营业场所）、业务范围、筹备组织情况、联系人及联系方式等；

（二）可行性研究报告，包括可行性分析、更名方式、公司治理和组织机构框架、发展战略、风险管理和内部控制体系、保险公司更名前后偿付能力评估等；

（三）更名方案，包括拟设立的保险集团公司及其子公司的股权结构，理顺股权关系的总体规划和操作流程，子公司的名称和业务类别等；

（四）筹备负责人材料，包括投资人关于认可筹备组负责人和拟任董事长、总经理任职的确认书，筹备组负责人基本情况、本人认可证明，拟任董事长、总经理任职资格申请表，身份证明和学历学位证书复印件；

（五）保险集团公司章程草案；

（六）保险公司股东（大）会同意更名设立保险集团公司的决议；

（七）保险公司最近3年经审计的财务报告、偿付能力报告；

（八）更名后的营业执照；

（九）住所（营业场所）所有权或者使用权的证明文件；

（十）中长期发展战略和规划、业务经营计划、对外投资计划，资本及财务管理、风险管理和内部控制等主要制度；

（十一）信息化建设情况报告；

（十二）法律意见书；

（十三）反洗钱材料；

（十四）材料真实性声明；

（十五）银保监会规定的其他材料。

第十条 设立保险集团公司的，发起人或拟更名的保险公司应当在开业阶段向银保监会提交下列材料：

（一）开业申请书，包括公司名称、住所（营业场所）、法定代表人、注册资本、股权结构、经营区域、业务范围，拟任董事、监事、高级管理人员和关键岗位管理人员名单。

（二）采取发起设立方式的，提供创立大会决议，没有创立大会决议的，应当提交所有投资人同意申请开业的文件或决议；采取更名设立方式的，提供股东（大）会决议。

（三）保险集团公司章程，股东（大）会、董事会、监事会议事规则。

（四）采取发起设立方式的，提供验资报告；采取更名设立方式的，提供拟注入新设保险子公司的资产评估报告、客户和债权人权益保障计划、员工权益保障计划。

（五）发展规划，包括公司战略目标、业务发展、机构发展、偿付能力管理、资本管理、风险管理、保障措施等规划要素。

（六）拟任董事、监事、高级管理人员的简历及其符合相应任职资格条件的证明材料。

（七）公司组织机构，包括部门设置及人员基本构成情况。

（八）资产托管协议或资产托管合作意向书。

（九）住所（营业场所）所有权或者使用权的证明文件及消防安全证明。

（十）信息化建设情况报告。

（十一）公司内部管理制度。

（十二）营业执照。

（十三）投资人有关材料，包括财务信息类材料、纳税证明和征信记录，股权结构、控股股东及实际控制人情况材料，无重大违法违规记录声明、自有资金投资承诺书等。

（十四）反洗钱材料。

（十五）材料真实性声明。

（十六）银保监会规定的其他材料。

第十一条 设立保险集团公司，应当向市场监督管理部门办理工商注册登记，领取营业执照。

保险集团公司应当经银保监会批准方能开展相关经营活动。银保监会批准后，应当颁发保险许可证。

保险集团公司设立事项审批时限参照保险公司相关规定执行。

第三章 经营规则

第十二条 保险集团公司的业务以股权投资及管理为主。

保险集团公司开展重大股权投资应当使用自有资金。重大股权投资是指对被投资企业实施控制的投资行为。

第十三条 保险集团公司经营保险业务、进行股权管理、开展保险资金运用，应当遵守法律、行政法规及其他监管规定的要求。

第十四条 在尊重子公司及其他成员公司独立法人经营自主权的基础上，保险集团公司应当对全集团的股权投资进行统筹管理，防止无序扩张。

第十五条 保险集团公司可以投资下列保险类企业：

（一）保险公司；

（二）保险资产管理机构；

（三）保险专业代理机构、保险经纪机构和保险公估机构；

（四）银保监会批准设立的其他保险类企业。

第十六条 保险集团公司可以投资非保险类金融企业。

保险集团公司及其子公司对境内非保险类金融企业重大股权投资的账面余额，合计不得超过集团上一年末合并净资产的30%。

第十七条 保险集团公司及其子公司投资同一金融行业中主营业务相同的企业，控股的数量原则上不得超过一家。

第十八条 保险集团公司可以投资本办法第五十六条规定的与保险业务相关的非金融类企业。

除本办法第五十六条规定的非金融类企业和为投资不动产设立的项目公

司外，保险集团公司对其他单一非金融类企业的持股比例不得超过25%，或不得对该企业有重大影响。

第十九条 保险集团公司及其金融类子公司对境内非金融类企业重大股权投资的账面余额，合计不得超过集团上一年末合并净资产的10%。

纳入前款计算范围的非金融类企业是指保险集团公司及其金融类子公司在境内投资的首层级非金融类企业。

本条规定的非金融类企业，不包括保险集团公司及其金融类子公司为投资不动产设立的项目公司，以及本办法第五十六条第一款第（一）项规定的主要为保险集团提供服务的共享服务类子公司。

第二十条 保险集团公司可进行境外投资。

保险集团公司及其境内子公司对境外主体重大股权投资的账面余额，合计不得超过集团上一年末合并净资产的10%。

纳入前款计算范围的境外主体是指保险集团公司及其境内子公司在境外投资的首层级境外主体。

保险集团公司及其境内子公司投资单一境外非金融主体的账面余额不得超过集团上一年末合并净资产的5%。

本条规定的境外主体不包括保险集团公司及其境内金融类子公司为投资不动产设立的项目公司。

第四章 公司治理

第二十一条 保险集团公司应当按照法律、行政法规及其他监管规定的要求，建立符合下列要求的公司治理框架：

（一）覆盖集团所有成员公司；

（二）覆盖集团所有重要事项；

（三）恰当地识别和平衡各成员公司与集团整体之间以及各成员公司之间的利益冲突。

治理框架应关注的内容包括但不限于：

（一）规范的治理结构；

（二）股权结构和管理结构的适当性；

（三）清晰的职责边界；

（四）主要股东的财务稳健性；

（五）科学的发展战略、价值准则与良好的社会责任；

（六）有效的风险管理与内部控制；

（七）合理的激励约束机制；

（八）完善的信息披露制度。

第二十二条 保险集团公司应当尊重子公司及其他成员公司独立法人经营自主权，统筹管理集团人力资源、财务会计、数据治理、信息系统、资金运用、品牌文化等事项，加强集团内部的业务协同和资源共享，建立覆盖集团整体的风险管理、内控合规和内部审计体系，提高集团整体运营效率和风险防范能力。

第二十三条 保险集团公司对子公司履行管理职能过程中，不得滥用其控制地位或采取其他不正当措施，损害子公司及其他利益相关者的合法权益。

第二十四条 保险集团公司应当组织制定集团整体战略规划，定期对战略规划执行情况进行评估，根据发展实际和外部环境变化调整和完善战略规划。

保险集团公司应当根据集团整体战略规划，指导子公司制定发展战略和经营计划。保险集团公司应当设立或指定相应职能部门，定期监控、评估子公司发展战略和经营计划的执行情况并提出管理意见，确保集团整体目标和子公司责任目标的实现。

第二十五条 保险集团公司应当根据自身管理需要，合理确定董事会规模及成员构成。

第二十六条 保险集团公司董事会应当根据相关监管要求及实际情况设立专门委员会，行使审计、提名薪酬管理、战略管理、风险管理以及关联交易管理等职能。

第二十七条 保险集团公司应当根据集团整体战略规划和子公司管理需求，按照合规、精简、高效的原则，指导子公司建立规范的公司治理结构。

子公司为上市公司的，公司治理应当符合上市规则及上市公司监管要求。

第二十八条 保险集团公司在依法推进本公司股东（大）会、董事会、监事会良好运作的同时，应当加强对子公司不同层级、不同类别会议的决策支持和组织管理。

保险集团公司应当设立或指定相应的职能部门，为其派驻子公司董事、监事履职提供支持和服务。子公司董事、监事对其在董事会或监事会的履职行为依法承担责任。

第二十九条 保险集团公司满足下列条件的，经向银保监会备案后，可以豁免其下属保险子公司适用关于独立董事、董事会专门委员会等方面的监管要求：

（一）保险集团公司治理结构健全、公司治理机制运行有效，并已根据相关监管规定建立独立董事和董事会专门委员会制度；

（二）保险集团公司已对保险子公司建立有效的管控机制。

获得前款豁免的保险子公司出现公司治理机制失灵、公司治理缺陷等情形的，银保监会可视情况撤销豁免。

第三十条 保险集团公司应当具有简明、清晰、可穿透的股权结构。

保险集团应当建立与其战略规划、风险状况和管理能力相适应的组织架构和管理结构，实现保险集团公司与其下属成员公司股权控制层级合理，组织架构清晰透明，管理结构明确。

第三十一条 保险集团公司与其金融类子公司之间的股权控制层级原则上不得超过三级，与其非金融类子公司之间的股权控制层级原则上不得超过四级。股权控制层级的计算，以保险集团公司本级为第一级。不开展业务、不实际运营的特殊目的实体以及为投资不动产设立的项目公司，可以不计算在上述股权控制层级之内。

第三十二条 保险集团成员公司之间原则上不得交叉持股，子公司及其他成员公司不得持有保险集团公司的股权。

第三十三条 保险集团公司高级管理人员原则上最多兼任一家保险子公司的高级管理人员。

子公司及其他成员公司高级管理人员原则上不得相互兼任。

第三十四条 保险集团公司应当建立健全覆盖全集团的董事、监事及高级管理人员履职评价体系。

保险集团公司应当建立与本集团发展战略、风险管理、整体效益、岗位职责、社会责任、企业文化相适应的科学合理的薪酬管理机制和绩效考核体系。

第三十五条 保险集团公司应当建立统一的内部审计制度，对集团及其成员公司财务收支、业务经营、内部控制、风险管理实施独立、客观的监督、评价和建议，指导和评估子公司的内部审计工作。

保险集团公司对内部审计实行集中化或垂直化管理的，子公司可以委托保险集团公司实施内部审计工作。

第五章 风险管理

第三十六条 保险集团公司应当整合集团风险管理资源，建立与集团战略目标、组织架构、业务模式相适应的全面风险管理体系以及科学有效的风险预警机制，有效识别、计量、评估、监测和控制集团总体风险。

保险集团风险包括但不限于：

（一）一般风险，包括保险风险、信用风险、市场风险、流动性风险、操作风险、声誉风险、战略风险等；

（二）特有风险，包括风险传染、组织结构不透明风险、集中度风险、非保险领域风险等。

第三十七条 保险集团公司应当设立独立于业务部门的风险管理部门，负责集团全面风险管理体系的制定和实施，并要求各业务条线、子公司及其他成员公司在集团整体风险偏好和风险管理政策框架下，制定自身的风险管理政策，促进保险集团风险管理的一致性和有效性。

第三十八条 保险集团公司应当制定集团层面的风险偏好体系，明确集团在实现其战略目标过程中愿意并能够承担的风险水平，确定风险管理目标，以及集团对各类风险的风险容忍度和风险限额。

风险偏好体系应当经董事会批准后实施，并每年进行审查、修订和完善。

第三十九条 保险集团公司应当根据集团整体的发展战略和风险偏好，对各类风险指标和风险限额进行分配，建立超限额处置机制。子公司及其他成员公司风险偏好、风险容忍度和风险限额应当与集团风险偏好、风险容忍度和风险限额相协调。

保险集团公司应当对集团整体、子公司及其他成员公司的风险管理制度执行情况进行监测，必要时可基于集团风险限额要求各成员公司对风险限额进行调整。

第四十条 保险集团公司应当建立满足集团风险管理需要的信息系统，确保能够准确、全面、及时地获取集团风险管理相关信息，对各类风险进行定性、定量分析，有效识别、评估和监测集团整体风险状况。

第四十一条 保险集团公司应当在并表基础上管理集团集中度风险，建立和完善集中度风险管理的政策、程序和方法，以识别、计量、监测和防范集团整体以及各成员公司的不同类型的集中度风险。

保险集团集中度风险，是指成员公司单个风险或风险组合在集团层面聚合后，可能直接或间接威胁到集团偿付能力的风险；包括但不限于交易对手集中度风险、保险业务集中度风险、非保险业务集中度风险、投资资产集中度风险、行业集中度风险、地区集中度风险等。

第四十二条 保险集团公司应当建立和完善集团内部资金管理、业务运营、信息管理以及人员管理等方面的防火墙制度，防范保险集团成员公司之间的风险传递。

保险集团成员公司之间开展业务协同的，应当依法以合同等形式明确风险承担主体，防止风险责任不清、交叉传染及利益冲突。

第四十三条 保险集团公司应当建立监测、报告、控制和处理整个保险集团关联交易和内部交易的政策与程序，防范可能产生的不当利益输送、风险延迟暴露、监管套利、风险传染和其他对保险集团稳健经营的负面影响。

保险集团的内部交易应当遵守银保监会对于关联交易、内部交易的相关规定。

第四十四条 保险集团公司应当加强集团对外担保的统筹管理，明确对外担保的条件、额度及审批程序。

保险集团公司只能对其保险子公司提供担保，且保险集团公司及其子公司对外担保的余额不得超过本公司上一年度末净资产的10%。

第四十五条 保险集团公司应当建立与其风险相适应的压力测试体系，定期对集团整体的流动性、偿付能力等开展压力测试，将测试结果应用于制定经营管理决策、应急预案以及恢复和处置计划。

第四十六条 保险集团公司应当加强集团客户信息安全保护，指导和督促子公司及其他成员公司按照合法、正当、必要的原则，依法开展客户信息收集、传输、存储、使用和共享，严格履行信息保护义务。

第六章 资本管理

第四十七条 保险集团公司应当建立健全覆盖整个集团的资本管理体系，包括资本规划机制、资本充足评估机制、资本约束机制以及资本补充机制，确保资本与资产规模、业务复杂程度和风险特征相适应，并能够充分覆盖集团面临的各类风险。

第四十八条 保险集团公司应当根据公司发展战略目标、行业情况和国家有关规定，有针对性地制定保险集团公司及其金融类子公司至少未来3年的资本规划，并保证资本规划的可行性。

第四十九条 保险集团公司应当根据集团的发展战略、经营规划和风险偏好，设定恰当的资本充足目标。

保险集团公司及其金融类子公司应当建立与其自身风险特征、经营环境相适应的资本充足评估机制，定期评估资本状况，确保保险集团公司及其保险子公司满足偿付能力监管要求，非保险类金融子公司的资本状况持续符合金融监管部门规定，并将非金融类子公司资产负债比率保持在合理水平，实现集团安全稳健运行。

第五十条 保险集团公司应当在集团内部建立资本约束机制，指导子公司及其他成员公司在制定发展战略与经营规划、设计产品、资金运用等方面，严格遵守资本约束指标，注重审慎经营，强化风险管理。

保险集团公司应当加强资产负债管理，保持债务规模和期限结构合理适当，保持资产结构和负债结构合理匹配。

第五十一条 保险集团公司应当建立与子公司及其他成员公司发展战略和经营规划相适应的资本补充机制，通过加强业务管理、提高内部盈利能力、股权或者债权融资等方式保持集团的资本充足，并加强现金流管理，履行对子公司及其他成员公司的出资义务。

第五十二条 保险集团公司可以根据法律、行政法规及其他监管规定发行符合条件的资本工具，但应当严格控制双重杠杆比率。保险集团公司的双重杠杆比率不得高于银保监会的相关要求。

本办法所称双重杠杆比率，是指保险集团公司长期股权投资账面价值与所有者权益之比；账面价值是指账面余额扣除减值准备。

第七章　非保险子公司管理

第五十三条 本办法所称非保险子公司，是指保险集团公司及其保险子公司直接或间接控制的不属于本办法第十五条规定的保险类企业的境内外子公司。

第五十四条 保险集团公司及其保险子公司直接或间接投资非保险子公司，应当有利于优化集团资源配置、发挥协同效应、提升集团整体专业化水平和市场竞争能力，有效促进保险主业发展。

本章所称直接投资，是指保险集团公司及其保险子公司以出资人名义投资并持有非保险子公司股权的行为；所称间接投资，是指保险集团公司及其保险子公司的各级非保险子公司以出资人名义投资并持有其他非保险子公司股权的行为。

投资非保险子公司，应当遵循实质重于形式的原则。实质上由保险集团公司或其保险子公司开展的投资，不得违规通过非保险子公司以间接投资的形式规避监管。

第五十五条 保险集团公司应当建立健全完善的内部管理制度，明确对非保险子公司管理的权限、流程和责任，落实对非保险子公司管理的主体责任。

第五十六条 保险集团公司可以直接或间接投资非保险子公司，具体类型包括：

（一）主要为保险集团成员公司提供信息技术服务、审计、保单管理、巨灾管理、物业等服务和管理的共享服务类子公司；

（二）根据银保监会关于保险资金运用的监管规定开展重大股权投资设立的其他非保险子公司；

（三）法律、行政法规及银保监会规定的其他类子公司。

第五十七条 保险集团公司直接投资共享服务类非保险子公司的，应当符合下列条件：

（一）公司治理机制健全、运行良好；

（二）上期末综合偿付能力充足率在150%以上，核心偿付能力充足率在75%以上；

（三）使用自有资金投资，资金来源符合法律、行政法规及监管规定要求；

（四）拟投资的共享服务类非保险子公司主要为该保险集团提供共享服务；

（五）银保监会关于重大股权投资的监管规定。

保险集团公司不得间接投资共享服务类非保险子公司。

第五十八条 保险集团公司投资共享服务类非保险子公司，应当报银保监会审批，并提供下列材料：

（一）银保监会相关监管规定要求的重大股权投资应当提交的材料；

（二）共享服务或管理的具体方案、风险隔离的制度安排以及保险消费者权益保护的有关措施等。

保险集团公司直接投资共享服务类之外的其他非保险子公司，应当按照银保监会重大股权投资的监管规定执行。

保险集团公司间接投资非保险子公司的，保险集团公司应当在发起人协议或投资协议签署之日起15个工作日内向银保监会报告。

第五十九条 保险集团公司及其保险子公司直接投资非保险子公司，应符合法律、行政法规、监管规定及其公司章程规定的内部决策程序，经其股东（大）会、董事会或其授权机构审批通过。

间接投资非保险子公司的，应当向保险集团公司或其保险子公司董事会报告。

第六十条 保险集团公司及其保险子公司应通过对直接控制的非保险子公司的管理，确保非保险子公司投资设立或收购的其他非保险子公司遵守本办法有关要求。

第六十一条 保险集团公司应当加强商标、字号管理，明确非保险成员公司使用本公司商标、字号的具体方式和权限等，避免声誉风险传递。

第六十二条 保险集团公司及其保险子公司不得为非保险子公司的债务提供担保，不得向非保险子公司提供借款，银保监会另有规定的除外。

第六十三条 保险集团公司及其保险子公司不能以对被投资企业债务承担连带责任的方式投资非保险子公司。

保险集团公司及其保险子公司认购非保险子公司股权或其发行的股票、债券等有价证券的,应当遵守银保监会关于保险资金运用等监管规定。

保险集团公司及其保险子公司就将来向非保险子公司增加投资或提供资本协助等作出承诺的,应当符合相关规定,并经其股东(大)会、董事会或其授权机构批准。

第六十四条 保险集团公司及其保险子公司应当建立外包管理制度,明确允许和禁止外包的范围、内容、形式、决策权限与程序、后续管理以及外包各方的权利义务与责任等。

本办法所称外包,是指保险集团公司及其保险子公司将原本由自身负责处理的某些业务活动或管理职能委托给非保险子公司或者集团外机构持续处理的行为。

第六十五条 保险集团公司及其保险子公司外包本公司业务或职能的,应当进行风险评估并经其董事会或董事会授权机构审议通过,确保提供外包服务的受托方具备良好稳定的财务状况、较高的技术实力和服务质量、完备的管理能力以及较强的应对突发事件能力。

保险集团公司及其保险子公司外包时,应当与受托方签署书面合同,明确外包内容、形式、服务价格、客户信息保密要求、各方权利义务以及违约责任等内容。外包过程中应加强对外包活动风险的监测,在年度风险评估中定期审查外包业务、职能的履行情况,进行风险敞口分析和其他风险评估,并向董事会报告。

保险集团公司及其保险子公司应当在外包合同签署前 20 个工作日向银保监会报告。银保监会根据该外包行为的风险状况,可以采取风险提示、约见谈话、监管质询等措施。

第六十六条 保险集团公司应当于每年 4 月 30 日前向银保监会报送非保险子公司年度报告。报告应当包含下列内容:

(一)投资非保险子公司的总体情况,包括非保险子公司的数量、层级、业务分类及其经营情况、管控情况、重要内控和风险管理制度等;

(二)非保险子公司股权结构图,包括非保险子公司层级及计算情况、保险集团公司及其保险子公司直接或间接投资非保险子公司的股权比例等;

(三)非保险子公司主要高级管理人员基本信息;

(四)非保险子公司风险评估情况,包括重大关联交易和重大内部交易情况、外包管理情况、防火墙建设以及非金融类子公司的资产负债率情况等;

（五）保险集团持有非保险子公司股权变动情况及原因；

（六）银保监会要求的其他事项。

保险集团所属非保险子公司年度报告，由保险集团公司统一报送。

第八章 信息披露

第六十七条 保险集团公司应当根据法律、行政法规及其他监管规定的要求，遵循完整、准确、及时、有效的原则，规范地披露信息。

第六十八条 保险集团公司除根据保险机构信息披露相关监管规定披露本公司基本情况外，还应当披露集团整体的基本情况，包括：

（一）保险集团公司与各级子公司之间的股权结构关系；

（二）非保险子公司名称、注册资本、实缴资本、股权结构、法定代表人等基本信息；

（三）银保监会规定的其他事项。

第六十九条 保险集团公司除根据保险机构信息披露相关监管规定披露本公司重大事项外，还应当披露集团发生的下列重大事项：

（一）对集团造成重大影响的风险事件；

（二）银保监会规定的其他事项。

第七十条 保险集团公司应当制作年度信息披露报告，除根据保险机构信息披露相关监管规定披露的本公司年度信息外，还应当至少包括下列内容：

（一）上一年度合并口径下的财务会计信息；

（二）上一年度的偿付能力信息；

（三）上一年度保险集团并表成员公司之间的重大内部交易，根据法律、行政法规及其他监管规定要求已由成员公司披露的除外；

（四）上一年度集团整体的风险管理状况；

（五）银保监会规定的其他事项。

第七十一条 保险集团公司应当将本公司及集团整体的基本情况、重大事项、年度信息披露报告登载于公司网站上。

基本情况发生变更的，保险集团公司应当自变更之日起 10 个工作日内更新。

发生重大事项的，保险集团公司应当自事项发生之日起 15 个工作日内发布临时信息披露公告。

年度信息披露报告应当在每年 4 月 30 日前发布，银保监会另有规定的从其规定。

偿付能力相关信息披露按照保险公司偿付能力监管规则有关要求执行。

第七十二条 上市保险集团公司按照上市公司信息披露要求已披露的相关信息,可不再重复披露。

第九章 监督管理

第七十三条 银保监会在单一法人监管的基础上,对保险集团的资本、财务以及风险进行全面和持续的并表监管,识别、计量、监控和评估保险集团的总体风险。

银保监会基于并表监管,可采取直接或间接监管方式,依法通过保险集团公司或其他受监管的成员公司,全面监测保险集团所有成员公司的风险,必要时可采取相应措施。

金融管理部门依法按照金融监管职责分工,对保险集团公司及其金融类成员公司实施监管。

第七十四条 银保监会遵循实质重于形式的原则,以控制为基础,兼顾风险相关性,确定保险集团的并表监管范围。

第七十五条 保险集团公司及其子公司应当纳入并表监管范围。

除前款规定的情形外,保险集团公司投资的下列机构,应当纳入并表监管的范围:

(一)被投资机构所产生的风险或造成的损失足以对保险集团的财务状况及风险水平造成重大影响;

(二)通过境内外附属机构、空壳公司等复杂股权设计成立的,保险集团实际控制或对该机构的经营管理存在重大影响的其他被投资机构。

第七十六条 银保监会有权根据保险集团公司股权结构变动、风险类别及风险状况,确定和调整并表监管范围并提出监管要求。

保险集团公司应当向银保监会报告并表范围及管理情况。

第七十七条 银保监会可以要求下列单位或者个人,在指定的期限内提供与保险集团公司经营管理和财务状况有关的资料、信息:

(一)保险集团成员公司;

(二)保险集团公司股东、实际控制人;

(三)保险集团公司董事、监事、高级管理人员;

(四)银保监会认为需要提供相关资料、信息的其他单位或个人。

银保监会可以建立与保险集团公司以及外部审计机构的三方会谈机制,了解保险集团在公司治理、风险防控和集团管控等方面的情况。

依据《保险法》和金融监管协调机制的有关规定，银保监会可以请保险集团成员公司的开户银行、指定商业银行、资产托管机构、证券交易所、证券登记结算机构等协助调查。

第七十八条 保险集团公司应当按照有关规定及时向银保监会报送财务报告、偿付能力报告、并表监管报告以及非保险子公司报告等有关报告和其他资料。

第七十九条 发生影响或可能影响保险集团公司经营管理、财务状况、风险控制、客户资产安全的重大事件，或者保险集团的组织架构、管理结构或股权结构等发生重大变化时，保险集团公司应立即向银保监会报送报告，说明起因、目前状态、可能产生的影响和拟采取的措施。

第八十条 保险集团公司的金融类子公司资本充足水平未能达到金融监管机构规定的，银保监会可以要求保险集团公司采取增资等方式保证其实现资本充足。保险集团公司不落实监管要求的，银保监会可以依法采取相应措施。

第八十一条 保险集团公司的保险子公司未达到金融监管机构规定的审慎监管要求，业务或财务状况显著恶化的，银保监会可以要求保险集团公司采取有效措施协助其恢复正常运营。

第八十二条 非保险子公司显著危及保险集团公司或其保险子公司安全经营的，银保监会可以要求保险集团公司进行整改。

第八十三条 保险集团公司及其子公司的股权投资范围、比例或股权控制层级不符合监管要求的，银保监会可依法采取相应措施。

第八十四条 银保监会可以基于审慎监管原则，要求保险集团公司对其偿付能力、流动性等风险开展覆盖全集团的压力测试，并根据压力测试结果采取相应措施。

第八十五条 银保监会可以根据保险集团的资产规模、业务复杂程度以及风险状况等要求保险集团公司制定恢复和处置计划。恢复计划应当确保面对危机时保险集团重要业务的可持续性；处置计划应当避免保险集团经营中断对行业造成负面影响，并最大程度降低对公共资本的消耗。

第八十六条 银保监会与境内其他监管机构相互配合，共享监督管理信息，协调监管政策和监管措施，有效监管保险集团成员公司，避免监管真空和重复监管。

银保监会可以与境外监管机构以签订跨境合作协议或其他形式开展监管合作，加强跨境监管协调及信息共享，对跨境运营的保险集团实施有效的监管。

第十章　附　　则

第八十七条　保险集团公司的合并、分立、变更、解散、业务，以及相关人员任职资格等事项的监督管理，参照银保监会关于保险公司相关规定执行。

第八十八条　外国保险公司或外国保险集团公司作为中国境内保险公司股东设立保险集团公司的，适用本办法。《外资保险公司管理条例》及其实施细则有特殊规定的，从其规定。

对其他保险类企业具有直接或间接控制权，但名称中不带有“保险集团”或“保险控股”字样的保险公司，参照适用本办法，第二十九条第一款不适用。

被认定为系统重要性金融机构的保险集团，有特殊监管规定的，从其规定。

第八十九条　保险公司直接或间接投资设立的非保险子公司的管理，参照适用本办法关于非保险子公司的规定。

除保险集团成员公司分支机构外，保险集团所属非法人组织，参照适用本办法关于保险集团成员公司的规定。

第九十条　本办法所称控制，是指存在下列情况之一：

（一）投资人直接或间接取得被投资企业过半数有表决权股份；

（二）投资人通过与其他投资人签订协议或其他安排，实质拥有被投资企业过半数表决权；

（三）按照法律规定或协议约定，投资人具有实际支配被投资企业行为的权力；

（四）投资人有权任免被投资企业董事会或其他类似权力机构的过半数成员；

（五）投资人在被投资企业董事会或其他类似权力机构具有过半数表决权；

（六）其他属于控制的情形，包括按照《企业会计准则第 33 号——合并财务报表》构成控制的情形。

两个或两个以上投资人均有资格单独主导被投资企业不同方面的决策、经营和管理等活动时，能够主导对被投资企业回报产生最重大影响的活动的一方，视为对被投资企业形成控制。

第九十一条　本办法所称“以上”“至少”“不低于”均包含本数，“超过”不含本数。

第九十二条　本办法由银保监会解释。

第九十三条 本办法自公布之日起施行。原中国保险监督管理委员会发布的《保险集团公司管理办法(试行)》(保监发〔2010〕29 号)同时废止。《保险集团并表监管指引》(保监发〔2014〕96 号)规定与本办法不一致的,以本办法为准。

普通话水平测试管理规定

(2021 年 11 月 27 日教育部令第 51 号公布 自 2022 年 1 月 1 日起施行 国司备字[2021005442])

第一条 为规范普通话水平测试管理,促进国家通用语言文字的推广普及和应用,根据《中华人民共和国国家通用语言文字法》,制定本规定。

第二条 普通话水平测试(以下简称测试)是考查应试人运用国家通用语言的规范、熟练程度的专业测评。

第三条 国务院语言文字工作部门主管全国的测试工作,制定测试政策和规划,发布测试等级标准和测试大纲,制定测试规程,实施证书管理。

省、自治区、直辖市人民政府语言文字工作部门主管本行政区域内的测试工作。

第四条 国务院语言文字工作部门设立或者指定国家测试机构,负责全国测试工作的组织实施、质量监管和测试工作队伍建设,开展科学研究、信息化建设等,对地方测试机构进行业务指导、监督、检查。

第五条 省级语言文字工作部门可根据需要设立或者指定省级及以下测试机构。省级测试机构在省级语言文字工作部门领导下,负责本行政区域内测试工作的组织实施、质量监管,设置测试站点,开展科学研究和测试工作队伍建设,对省级以下测试机构和测试站点进行管理、监督、检查。

第六条 各级测试机构和测试站点依据测试规程组织开展测试工作,根据需要合理配备测试员和考务人员。

测试员和考务人员应当遵守测试工作纪律,按照测试机构和测试站点的组织和安排完成测试任务,保证测试质量。

第七条 测试机构和测试站点要为测试员和考务人员开展测试提供必要的条件,合理支付其因测试工作产生的通信、交通、食宿、劳务等费用。

第八条 测试机构和测试站点应当健全财务管理制度,按照标准收取测试费用。

第九条 测试员分为省级测试员和国家级测试员,具体条件和产生办法由国家测试机构另行规定。

第十条 以普通话为工作语言的下列人员，在取得相应职业资格或者从事相应岗位工作前，应当根据法律规定或者职业准入条件的要求接受测试：

（一）教师；

（二）广播电台、电视台的播音员、节目主持人；

（三）影视话剧演员；

（四）国家机关工作人员；

（五）行业主管部门规定的其他应该接受测试的人员。

第十一条 师范类专业、播音与主持艺术专业、影视话剧表演专业以及其他与口语表达密切相关专业的学生应当接受测试。

高等学校、职业学校应当为本校师生接受测试提供支持和便利。

第十二条 社会其他人员可自愿申请参加测试。

在境内学习、工作或生活3个月及以上的港澳台人员和外籍人员可自愿申请参加测试。

第十三条 应试人可根据实际需要，就近就便选择测试机构报名参加测试。

视障、听障人员申请参加测试的，省级测试机构应积极组织测试，并为其提供必要的便利。视障、听障人员测试办法由国务院语言文字工作部门另行制定。

第十四条 普通话水平等级分为三级，每级分为甲、乙两等。一级甲等须经国家测试机构认定，一级乙等及以下由省级测试机构认定。

应试人测试成绩达到等级标准，由国家测试机构颁发相应的普通话水平测试等级证书。

普通话水平测试等级证书全国通用。

第十五条 普通话水平测试等级证书分为纸质证书和电子证书，二者具有同等效力。纸质证书由国务院语言文字工作部门统一印制，电子证书执行《国家政务服务平台标准》中关于普通话水平测试等级证书电子证照的行业标准。

纸质证书遗失的，不予补发，可以通过国家政务服务平台查询测试成绩，查询结果与证书具有同等效力。

第十六条 应试人对测试成绩有异议的，可以在测试成绩发布后15个工作日内向原测试机构提出复核申请。

测试机构接到申请后，应当在15个工作日内作出是否受理的决定。如受理，须在受理后15个工作日内作出复核决定。

具体受理条件和复核办法由国家测试机构制定。

第十七条 测试机构徇私舞弊或者疏于管理，造成测试秩序混乱、作弊情况严重的，由主管的语言文字工作部门给予警告、暂停测试资格直至撤销测试机构的处理，并由主管部门依法依规对直接负责的主管人员或者其他直接责任人员给予处分；构成犯罪的，依法追究刑事责任。

第十八条 测试工作人员徇私舞弊、违反测试规定的，可以暂停其参与测试工作或者取消测试工作资格，并通报其所在单位予以处理；构成犯罪的，依法追究刑事责任。

第十九条 应试人在测试期间作弊或者实施其他严重违反考场纪律行为的，组织测试的测试机构或者测试站点应当取消其考试资格或者考试成绩，并报送国家测试机构记入全国普通话水平测试违纪人员档案。测试机构认为有必要的，还可以通报应试人就读学校或者所在单位。

第二十条 本规定自2022年1月1日起施行。2003年5月21日发布的《普通话水平测试管理规定》（教育部令第16号）同时废止。

公证执业活动投诉处理办法

（2021年11月30日司法部令第147号公布　自2022年1月1日起施行　国司备字[2021005290]）

第一章　总　　则

第一条 为了规范公证执业活动投诉处理工作，加强公证执业活动监督，维护投诉人的合法权益，根据《中华人民共和国公证法》等规定，结合公证管理工作实际，制定本办法。

第二条 司法行政机关开展公证执业活动投诉处理工作，适用本办法。

第三条 本办法所称投诉人，是指认为公证机构或者公证员违法违规执业侵犯其合法权益，向司法行政机关投诉的自然人、法人或者其他组织。

本办法所称被投诉人，是指被投诉的公证机构或者公证员。

第四条 司法行政机关开展公证执业活动投诉处理工作，应当遵循属地管理、依法公正、及时便民的原则。

第五条 司法部负责监督、指导全国公证执业活动投诉处理工作。省、自治区、直辖市司法行政机关负责监督、指导本行政区域内公证执业活动投诉处理工作。

公证机构所在地司法行政机关或者公证员执业所在地司法行政机关(以下称投诉处理机关),具体负责投诉处理工作。

第六条 公证协会应当根据司法行政机关要求,协助和配合开展公证执业活动投诉处理工作。

第七条 司法行政机关发现公证执业活动投诉涉及民事纠纷的,可以引导投诉人和被投诉人在自愿、平等的基础上,依法通过调解等方式解决。

第二章 投诉受理

第八条 自然人、法人或者其他组织认为公证机构或者公证员在执业活动中有下列违法违规行为侵犯其合法权益的,可以向投诉处理机关投诉:

(一)为不真实、不合法的事项出具公证书;

(二)私自出具公证书;

(三)毁损、篡改公证文书或者公证档案;

(四)违反规定的收费标准收取公证费;

(五)侵占、挪用公证费或者侵占、盗窃公证专用物品;

(六)以诋毁其他公证机构、公证员或者支付回扣、佣金等不正当手段争揽公证业务;

(七)同时在二个以上公证机构执业;

(八)从事有报酬的其他职业;

(九)为本人及近亲属办理公证或者办理与本人及近亲属有利害关系的公证;

(十)泄露在执业活动中知悉的国家秘密、商业秘密或者个人隐私;

(十一)其他违反法律法规以及司法部规定的行为。

第九条 投诉处理机关应当向社会公布公证执业活动投诉电话、传真、电子邮箱、通讯地址以及投诉事项范围、投诉处理程序等信息,并指定专人负责投诉接待和处理工作。

第十条 投诉人应当自知道或者应当知道被投诉人执业活动侵犯其合法权益之日起三年内,向司法行政机关投诉。法律另有规定的除外。

第十一条 投诉人向投诉处理机关提出投诉,一般应当采用书面形式,载明投诉人姓名(名称)、性别、身份证号码(统一社会信用代码)、住址、联系方式,被投诉人的姓名(名称),以及投诉事项、请求、事实、理由,并提交与投诉事项相关的证明材料。

采用书面形式投诉确有困难的,可以现场提出口头投诉,投诉处理机关应当当场记录前款规定的相关信息,并由投诉人签字或者捺印。

第十二条 投诉人应当对其所提供材料内容的真实性负责,不得捏造、歪曲事实,不得诬告、陷害他人。

第十三条 投诉人或者其法定代理人委托他人代理投诉的,代理人应当提供投诉人或者其法定代理人的授权委托书、代理人的联系方式和投诉人、代理人的身份证明。

第十四条 投诉处理机关收到投诉材料后,应当及时登记,并进行审查。其他司法行政机关收到投诉材料的,应当及时转送投诉处理机关,并书面告知投诉人。

第十五条 投诉人提供的信息不齐全或者无相关证明材料的,投诉处理机关应当在收到投诉材料之日起七个工作日内一次性书面告知投诉人补充。书面告知内容应当包括需要补充的信息或者证明材料和合理的补充期限。

投诉人经告知后无正当理由逾期不补充的,视为投诉人放弃投诉。

第十六条 投诉事项属于本办法第八条规定情形,投诉材料齐全的,投诉处理机关应当受理。

第十七条 有下列情形之一的,不予受理:

(一)投诉事项已经司法行政机关处理,且没有新的事实和证据的;

(二)对人民法院等单位是否采信公证书有异议的;

(三)投诉事项不属于本办法第八条规定情形的。

第十八条 投诉处理机关应当自收到投诉材料之日起七个工作日内,作出是否受理的决定,并书面告知投诉人。情况复杂的,可以适当延长作出决定的时间,但延长期限不得超过十五个工作日,并应当将延长的时间和理由书面告知投诉人。

投诉人补充投诉材料所需的时间,不计算在前款规定的期限内。

第三章 调查处理

第十九条 投诉处理机关受理投诉后,应当全面、客观、公正地进行调查。必要时,可以委托下级司法行政机关或者相关公证协会进行调查。

投诉处理机关进行调查,不得妨碍被投诉人开展正常的公证执业活动。

第二十条 在调查过程中,投诉人就同一投诉事项,以不同事实、理由和诉求对被投诉人多次提出投诉的,投诉处理机关可以合并办理。

第二十一条 投诉处理机关进行调查,可以对公证机构进行实地调查,要求被投诉人说明情况、提交有关材料,调阅被投诉人有关业务案卷和档案材料，向有关单位、个人核实情况、收集证据；并可以根据需要，组织专家论证或者听取有关部门的意见、建议。

调查应当由两名以上工作人员进行。必要时，应当制作调查笔录，并由相关人员签字或者盖章；不能或者拒绝签字、盖章的，应当在笔录中注明有关情况。

调查人员应当对被投诉人及有关单位、个人提供的证据和有关材料进行登记并妥善保管；不能保存原件的，应当保存复印件，并由被投诉人或者有关单位、个人在复印件上签名或者盖章。

第二十二条 被投诉人应当配合调查工作，在投诉处理机关要求的期限内如实陈述事实、提供有关材料，不得提供虚假、伪造的材料或者隐匿、毁损、涂改有关证据材料。

被投诉人为公证员的，其所在的公证机构应当配合调查。

第二十三条 投诉处理机关在调查过程中，对于投诉人认为公证书有错误的，应当告知其可以向公证机构提出复查；对于投诉人对公证机构作出撤销或者不予撤销公证书的决定有异议的，应当告知其可以向有关地方公证协会提出公证复查争议投诉。投诉人向公证机构提出复查或者向地方公证协会提出公证复查争议投诉的，投诉处理机关应当中止调查，并书面告知投诉人。

投诉处理机关发现在受理投诉前投诉人已经向公证机构提出复查或者向地方公证协会提出公证复查争议投诉，尚未处理完毕的，应当中止调查，并书面告知投诉人。

公证机构复查或者地方公证协会对复查投诉处理结束后，司法行政机关应当及时恢复调查。

第二十四条 投诉处理机关在调查过程中发现有本办法第十七条规定情形，或者投诉人书面申请撤回投诉的，可以终止投诉处理工作，并将终止决定和理由书面告知投诉人、被投诉人。

第二十五条 投诉处理机关在调查过程中，发现被投诉人的违法违规行为仍处于连续或者继续状态的，应当责令被投诉人立即停止违法违规行为。

第二十六条 公证协会接受委托开展投诉事项的调查工作，发现被投诉人有违反职业道德、执业纪律和行业规范行为的，应当依据行业规范对被投诉人实施行业惩戒。

第二十七条 投诉处理机关应当根据对投诉事项的调查结果，分别作出如下处理：

（一）被投诉人具有应当给予行政处罚的违法违规行为的，依法给予行政处罚或者移送有处罚权的司法行政机关依法给予行政处罚；

（二）被投诉人违法违规情节轻微，没有造成危害后果，依法可以不予行政处罚的，应当给予批评教育、责令限期整改等处理；

（三）投诉事项缺乏事实依据或者查证不实的，对投诉请求不予支持，并向投诉人说明情况。

被投诉人涉嫌违反职业道德、执业纪律和行业规范的，移交有关公证协会调查处理；涉嫌犯罪的，移送司法机关依法追究刑事责任。

第二十八条 投诉处理机关受理投诉的，应当自作出投诉受理决定之日起六十日内作出处理决定；情况复杂，不能在规定期限内作出处理的，经本机关负责人批准，可以适当延长办理期限，但延长期限不得超过三十日，并应当将延长的时间和理由书面告知投诉人。

投诉案件因本办法第二十条规定的情形合并办理的，办理期限自受理最后一次投诉的时间开始计算。投诉调查工作因本办法第二十三条规定的情形中止的，中止期间不计入投诉处理期限。

第二十九条 投诉处理机关应当自作出处理决定之日起七个工作日内，将处理决定书面告知投诉人、被投诉人。处理决定应当载明不服处理决定的法律救济途径和期限。

第三十条 对于被投诉人存在违法违规行为并被处罚、处理的，投诉处理机关应当及时将投诉处理决定记入被投诉人的公证执业档案，通报相关公证协会，并依法向社会公开。

第三十一条 投诉处理机关应当对被投诉人履行处罚、处理决定，纠正违法违规行为的情况进行监督、检查，发现问题应当责令其限期整改。

第四章 监 督

第三十二条 上级司法行政机关应当加强对下级司法行政机关投诉处理工作的监督、指导和检查，发现有违法、不当情形的，应当及时责令改正。下级司法行政机关应当及时上报纠正情况。

第三十三条 司法行政机关应当建立公证执业活动投诉处理工作档案，并按年度将公证执业活动投诉处理工作情况书面报告上一级司法行政机关。

对于涉及重大违法违规行为的投诉处理决定，应当及时报告上一级司法行政机关。

第三十四条 司法行政机关工作人员在投诉处理工作中有滥用职权、玩忽职守或者其他违法违规行为的，依法给予处分；构成犯罪的，依法追究刑事责任。

第五章 附　　则

第三十五条　本办法所称公证机构所在地司法行政机关,是指根据当地公证机构设置方案的规定,负责组建该公证机构,并承担对其实施日常监督、指导职能的司法行政机关。公证员执业所在地司法行政机关,是指负责组建该公证员所属的公证机构,并承担对该公证机构及其公证员实施日常监督、指导职能的司法行政机关。

第三十六条　本办法由司法部解释。

第三十七条　本办法自2022年1月1日起施行。司法部此前制定的有关公证执业活动投诉处理规定与本办法不一致的,以本办法为准。

危险废物转移管理办法

（2021年12月30日生态环境部、公安部、交通运输部令第23号公布　自2022年1月1日起施行　国司备字[2021005328]）

第一章 总　　则

第一条　为加强对危险废物转移活动的监督管理,防止污染环境,根据《中华人民共和国固体废物污染环境防治法》等有关法律法规,制定本办法。

第二条　本办法适用于在中华人民共和国境内转移危险废物及其监督管理活动。

转移符合豁免要求的危险废物的,按照国家相关规定实行豁免管理。

在海洋转移危险废物的,不适用本办法。

第二条　危险废物转移应当遵循就近原则。

跨省、自治区、直辖市转移(以下简称跨省转移)处置危险废物的,应当以转移至相邻或者开展区域合作的省、自治区、直辖市的危险废物处置设施,以及全国统筹布局的危险废物处置设施为主。

第四条　生态环境主管部门依法对危险废物转移污染环境防治工作以及危险废物转移联单运行实施监督管理,查处危险废物污染环境违法行为。

各级交通运输主管部门依法查处危险废物运输违反危险货物运输管理相关规定的违法行为。

公安机关依法查处危险废物运输车辆的交通违法行为,打击涉危险废物污染环境犯罪行为。

第五条 生态环境主管部门、交通运输主管部门和公安机关应当建立健全协作机制,共享危险废物转移联单信息、运输车辆行驶轨迹动态信息和运输车辆限制通行区域信息,加强联合监管执法。

第六条 转移危险废物的,应当执行危险废物转移联单制度,法律法规另有规定的除外。

危险废物转移联单的格式和内容由生态环境部另行制定。

第七条 转移危险废物的,应当通过国家危险废物信息管理系统(以下简称信息系统)填写、运行危险废物电子转移联单,并依照国家有关规定公开危险废物转移相关污染环境防治信息。

生态环境部负责建设、运行和维护信息系统。

第八条 运输危险废物的,应当遵守国家有关危险货物运输管理的规定。未经公安机关批准,危险废物运输车辆不得进入危险货物运输车辆限制通行的区域。

第二章　相关方责任

第九条 危险废物移出人、危险废物承运人、危险废物接受人(以下分别简称移出人、承运人和接受人)在危险废物转移过程中应当采取防扬散、防流失、防渗漏或者其他防止污染环境的措施,不得擅自倾倒、堆放、丢弃、遗撒危险废物,并对所造成的环境污染及生态破坏依法承担责任。

移出人、承运人、接受人应当依法制定突发环境事件的防范措施和应急预案,并报有关部门备案;发生危险废物突发环境事件时,应当立即采取有效措施消除或者减轻对环境的污染危害,并按相关规定向事故发生地有关部门报告,接受调查处理。

第十条 移出人应当履行以下义务:

(一)对承运人或者接受人的主体资格和技术能力进行核实,依法签订书面合同,并在合同中约定运输、贮存、利用、处置危险废物的污染防治要求及相关责任;

(二)制定危险废物管理计划,明确拟转移危险废物的种类、重量(数量)和流向等信息;

(三)建立危险废物管理台账,对转移的危险废物进行计量称重,如实记录、妥善保管转移危险废物的种类、重量(数量)和接受人等相关信息;

(四)填写、运行危险废物转移联单,在危险废物转移联单中如实填写移出人、承运人、接受人信息，转移危险废物的种类、重量（数量）、危险特性等信息，以及突发环境事件的防范措施等；

（五）及时核实接受人贮存、利用或者处置相关危险废物情况；

（六）法律法规规定的其他义务。

移出人应当按照国家有关要求开展危险废物鉴别。禁止将危险废物以副产品等名义提供或者委托给无危险废物经营许可证的单位或者其他生产经营者从事收集、贮存、利用、处置活动。

第十一条 承运人应当履行以下义务：

（一）核实危险废物转移联单，没有转移联单的，应当拒绝运输；

（二）填写、运行危险废物转移联单，在危险废物转移联单中如实填写承运人名称、运输工具及其营运证件号，以及运输起点和终点等运输相关信息，并与危险货物运单一并随运输工具携带；

（三）按照危险废物污染环境防治和危险货物运输相关规定运输危险废物，记录运输轨迹，防范危险废物丢失、包装破损、泄漏或者发生突发环境事件；

（四）将运输的危险废物运抵接受人地址，交付给危险废物转移联单上指定的接受人，并将运输情况及时告知移出人；

（五）法律法规规定的其他义务。

第十二条 接受人应当履行以下义务：

（一）核实拟接受的危险废物的种类、重量（数量）、包装、识别标志等相关信息；

（二）填写、运行危险废物转移联单，在危险废物转移联单中如实填写是否接受的意见，以及利用、处置方式和接受量等信息；

（三）按照国家和地方有关规定和标准，对接受的危险废物进行贮存、利用或者处置；

（四）将危险废物接受情况、利用或者处置结果及时告知移出人；

（五）法律法规规定的其他义务。

第十三条 危险废物托运人（以下简称托运人）应当按照国家危险货物相关标准确定危险废物对应危险货物的类别、项别、编号等，并委托具备相应危险货物运输资质的单位承运危险废物，依法签订运输合同。

采用包装方式运输危险废物的，应当妥善包装，并按照国家有关标准在外包装上设置相应的识别标志。

装载危险废物时，托运人应当核实承运人、运输工具及收运人员是否具有相应经营范围的有效危险货物运输许可证件，以及待转移的危险废物识别标志中的相关信息与危险废物转移联单是否相符；不相符的，应当不予装载。装载采用包装方式运输的危险废物的，应当确保将包装完好的危险废物交付承运人。

第三章　危险废物转移联单的运行和管理

第十四条　危险废物转移联单应当根据危险废物管理计划中填报的危险废物转移等备案信息填写、运行。

第十五条　危险废物转移联单实行全国统一编号，编号由十四位阿拉伯数字组成。第一至四位数字为年份代码；第五、六位数字为移出地省级行政区划代码；第七、八位数字为移出地设区的市级行政区划代码；其余六位数字以移出地设区的市级行政区域为单位进行流水编号。

第十六条　移出人每转移一车（船或者其他运输工具）次同类危险废物，应当填写、运行一份危险废物转移联单；每车（船或者其他运输工具）次转移多类危险废物的，可以填写、运行一份危险废物转移联单，也可以每一类危险废物填写、运行一份危险废物转移联单。

使用同一车（船或者其他运输工具）一次为多个移出人转移危险废物的，每个移出人应当分别填写、运行危险废物转移联单。

第十七条　采用联运方式转移危险废物的，前一承运人和后一承运人应当明确运输交接的时间和地点。后一承运人应当核实危险废物转移联单确定的移出人信息、前一承运人信息及危险废物相关信息。

第十八条　接受人应当对运抵的危险废物进行核实验收，并在接受之日起五个工作日内通过信息系统确认接受。

运抵的危险废物的名称、数量、特性、形态、包装方式与危险废物转移联单填写内容不符的，接受人应当及时告知移出人，视情况决定是否接受，同时向接受地生态环境主管部门报告。

第十九条　对不通过车（船或者其他运输工具），且无法按次对危险废物计量的其他方式转移危险废物的，移出人和接受人应当分别配备计量记录设备，将每天危险废物转移的种类、重量（数量）、形态和危险特性等信息纳入相关台账记录，并根据所在地设区的市级以上地方生态环境主管部门的要求填写、运行危险废物转移联单。

第二十条　危险废物电子转移联单数据应当在信息系统中至少保存十年。

因特殊原因无法运行危险废物电子转移联单的，可以先使用纸质转移联单，并于转移活动完成后十个工作日内在信息系统中补录电子转移联单。

第四章　危险废物跨省转移管理

第二十一条　跨省转移危险废物的，应当向危险废物移出地省级生态环境主管部门提出申请。移出地省级生态环境主管部门应当商经接受地省级生态环境主管部门同意后，批准转移该危险废物。未经批准的，不得转移。

鼓励开展区域合作的移出地和接受地省级生态环境主管部门按照合作协议简化跨省转移危险废物审批程序。

第二十二条　申请跨省转移危险废物的，移出人应当填写危险废物跨省转移申请表，并提交下列材料：

（一）接受人的危险废物经营许可证复印件；

（二）接受人提供的贮存、利用或者处置危险废物方式的说明；

（三）移出人与接受人签订的委托协议、意向或者合同；

（四）危险废物移出地的地方性法规规定的其他材料。

移出人应当在危险废物跨省转移申请表中提出拟开展危险废物转移活动的时间期限。

省级生态环境主管部门应当向社会公开办理危险废物跨省转移需要的申请材料。

危险废物跨省转移申请表的格式和内容，由生态环境部另行制定。

第二十三条　对于申请材料齐全、符合要求的，受理申请的省级生态环境主管部门应当立即予以受理；申请材料存在可以当场更正的错误的，应当允许申请人当场更正；申请材料不齐全或者不符合要求的，应当当场或者在五个工作日内一次性告知移出人需要补正的全部内容，逾期不告知的，自收到申请材料之日起即为受理。

第二十四条　危险废物移出地省级生态环境主管部门应当自受理申请之日起五个工作日内，根据移出人提交的申请材料和危险废物管理计划等信息，提出初步审核意见。初步审核同意移出的，通过信息系统向危险废物接受地省级生态环境主管部门发出跨省转移商请函；不同意移出的，书面答复移出人，并说明理由。

第二十五条　危险废物接受地省级生态环境主管部门应当自收到移出地省级生态环境主管部门的商请函之日起十个工作日内，出具是否同意接受的意见，并通过信息系统函复移出地省级生态环境主管部门；不同意接受的，应当说明理由。

第二十六条 危险废物移出地省级生态环境主管部门应当自收到接受地省级生态环境主管部门复函之日起五个工作日内作出是否批准转移该危险废物的决定;不同意转移的,应当说明理由。危险废物移出地省级生态环境主管部门应当将批准信息通报移出地省级交通运输主管部门和移入地等相关省级生态环境主管部门和交通运输主管部门。

第二十七条 批准跨省转移危险废物的决定,应当包括批准转移危险废物的名称,类别,废物代码,重量(数量),移出人,接受人,贮存、利用或者处置方式等信息。

批准跨省转移危险废物的决定的有效期为十二个月,但不得超过移出人申请开展危险废物转移活动的时间期限和接受人危险废物经营许可证的剩余有效期限。

跨省转移危险废物的申请经批准后,移出人应当按照批准跨省转移危险废物的决定填写、运行危险废物转移联单,实施危险废物转移活动。移出人可以按照批准跨省转移危险废物的决定在有效期内多次转移危险废物。

第二十八条 发生下列情形之一的,移出人应当重新提出危险废物跨省转移申请:

(一)计划转移的危险废物的种类发生变化或者重量(数量)超过原批准重量(数量)的;

(二)计划转移的危险废物的贮存、利用、处置方式发生变化的;

(三)接受人发生变更或者接受人不再具备拟接受危险废物的贮存、利用或者处置条件的。

第五章 法律责任

第二十九条 违反本办法规定,未填写、运行危险废物转移联单,将危险废物以副产品等名义提供或者委托给无危险废物经营许可证的单位或者其他生产经营者从事收集、贮存、利用、处置活动,或者未经批准擅自跨省转移危险废物的,由生态环境主管部门和公安机关依照《中华人民共和国固体废物污染环境防治法》有关规定进行处罚。

违反危险货物运输管理相关规定运输危险废物的,由交通运输主管部门、公安机关和生态环境主管部门依法进行处罚。

违反本办法规定,未规范填写、运行危险废物转移联单,及时改正,且没有造成危害后果的,依法不予行政处罚;主动消除或者减轻危害后果的,生态环境主管部门可以依法从轻或者减轻行政处罚。

第三十条 违反本办法规定，构成违反治安管理行为的，由公安机关依法进行处罚；构成犯罪的，依法追究刑事责任。

生态环境主管部门、交通运输主管部门在监督检查时，发现涉嫌犯罪的案件，应当按照行政执法和刑事司法相衔接相关规定及时移送公安机关。

第六章 附 则

第三十一条 本办法下列用语的含义：

（一）转移，是指以贮存、利用或者处置危险废物为目的，将危险废物从移出人的场所移出，交付承运人并移入接受人场所的活动。

（二）移出人，是指危险废物转移的起始单位，包括危险废物产生单位、危险废物收集单位等。

（三）承运人，是指承担危险废物运输作业任务的单位。

（四）接受人，是指危险废物转移的目的地单位，即危险货物的收货人。

（五）托运人，是指委托承运人运输危险废物的单位，只能由移出人或者接受人担任。

第三十二条 本办法自 2022 年 1 月 1 日起施行。《危险废物转移联单管理办法》（原国家环境保护总局令第 5 号）同时废止。

司法解释

最高人民法院关于修改《最高人民法院关于审理铁路运输人身损害赔偿纠纷案件适用法律若干问题的解释》的决定

（2021 年 11 月 24 日最高人民法院审判委员会第 1853 次会议通过　2021 年 12 月 8 日最高人民法院公告公布　自 2022 年 1 月 1 日起施行　法释〔2021〕19 号）

最高人民法院审判委员会第 1853 次会议决定，对《最高人民法院关于审理铁路运输人身损害赔偿纠纷案件适用法律若干问题的解释》（以下简称《解释》）作如下修改：

一、第一条第二款开始部分增加规定："铁路运输企业在客运合同履行过程中造成旅客人身损害的赔偿纠纷案件，不适用本解释"。

二、删去第二条中的"依法由受害人承担扶养义务的被扶养人"。

三、删去第三条第一款中的"赔偿权利人依照民法典第三编要求承运人承担违约责任予以人身损害赔偿的，由运输始发地、目的地或者被告住所地铁路运输法院管辖"。同时增加一款作为第二款规定："前款规定的地区没有铁路运输法院的，由高级人民法院指定的其他人民法院管辖。"

四、第五条条首部分修改为："铁路行车事故及其他铁路运营事故造成人身损害，有下列情形之一的，铁路运输企业不承担赔偿责任"；并增加一项作为第三项规定："法律规定铁路运输企业不承担赔偿责任的其他情形造成的。"

五、将第六条和第七条合并修改为：

"因受害人的过错行为造成人身损害，依照法律规定应当由铁路运输企业承担赔偿责任的，根据受害人的过错程度可以适当减轻铁路运输企业的赔偿责任，并按照以下情形分别处理：

（一）铁路运输企业未充分履行安全防护、警示等义务，铁路运输企业承担事故主要责任的,应当在全部损害的百分之九十至百分之六十之间承担赔偿责任;铁路运输企业承担事故同等责任的,应当在全部损害的百分之六十至百分之五十之间承担赔偿责任;铁路运输企业承担事故次要责任的,应当在全部损害的百分之四十至百分之十之间承担赔偿责任;

(二)铁路运输企业已充分履行安全防护、警示等义务,受害人仍施以过错行为的,铁路运输企业应当在全部损害的百分之十以内承担赔偿责任。

铁路运输企业已充分履行安全防护、警示等义务,受害人不听从值守人员劝阻强行通过铁路平交道口、人行过道,或者明知危险后果仍然无视警示规定沿铁路线路纵向行走、坐卧故意造成人身损害的,铁路运输企业不承担赔偿责任,但是有证据证明并非受害人故意造成损害的除外。”

六、删去第八条第一款末尾的“但铁路运输企业承担的赔偿责任应当不低于全部损失的百分之五十”和第二款末尾的“但铁路运输企业承担的赔偿责任应当不低于全部损失的百分之四十”,并将第二款中的“及”修改为“或者”。

七、将第九条第一款中的“按照各自的过错分担责任;双方均无过错的,按照公平原则分担责任”,修改为“的责任份额根据各自责任大小确定;难以确定责任大小的,平均承担责任”。同时,将第二款中的“第七条”修改为“第六条”。

八、删去第十二条和第十三条。

九、删去第十六条第二款规定的“本解释施行前已经终审,本解释施行后当事人申请再审或者按照审判监督程序决定再审的案件,不适用本解释”。

十、将《解释》的条文顺序作相应调整:“第八条”调整为“第七条”,“第九条”调整为“第八条”,“第十条”调整为“第九条”,“第十一条”调整为“第十条”,“第十四条”调整为“第十一条”,“第十五条”调整为“第十二条”,“第十六条”调整为“第十三条”。

本决定自 2022 年 1 月 1 日起施行。

《解释》根据本决定作相应修改,并调整条文顺序后重新公布。

最高人民法院关于审理铁路运输人身损害赔偿纠纷案件适用法律若干问题的解释

（2010 年 1 月 4 日最高人民法院审判委员会第 1482 次会议通过　根据 2020 年 12 月 29 日《最高人民法院关于修改〈最高人民法院关于在民事审判工作中适用《中华人民共和国工会法》若干问题的解释〉等二十七件民事类司法解释的决定》第一次修正　根据 2021 年 12 月 8 日《最高人民法院关于修改〈最高人民法院关于审理铁路运输人身损害赔偿纠纷案件适用法律若干问题的解释〉的决定》第二次修正）

为正确审理铁路运输人身损害赔偿纠纷案件，依法维护各方当事人的合法权益，根据《中华人民共和国民法典》《中华人民共和国铁路法》《中华人民共和国民事诉讼法》等法律的规定，结合审判实践，就有关适用法律问题作如下解释：

第一条　人民法院审理铁路行车事故及其他铁路运营事故造成的铁路运输人身损害赔偿纠纷案件，适用本解释。

铁路运输企业在客运合同履行过程中造成旅客人身损害的赔偿纠纷案件，不适用本解释；与铁路运输企业建立劳动合同关系或者形成劳动关系的铁路职工在执行职务中发生的人身损害，依照有关调整劳动关系的法律规定及其他相关法律规定处理。

第二条　铁路运输人身损害的受害人以及死亡受害人的近亲属为赔偿权利人，有权请求赔偿。

第三条　赔偿权利人要求对方当事人承担侵权责任的，由事故发生地、列车最先到达地或者被告住所地铁路运输法院管辖。

前款规定的地区没有铁路运输法院的，由高级人民法院指定的其他人民法院管辖。

第四条　铁路运输造成人身损害的，铁路运输企业应当承担赔偿责任；法律另有规定的，依照其规定。

第五条　铁路行车事故及其他铁路运营事故造成人身损害，有下列情形之一的，铁路运输企业不承担赔偿责任：

（一）不可抗力造成的；

（二）受害人故意以卧轨、碰撞等方式造成的；

（三）法律规定铁路运输企业不承担赔偿责任的其他情形造成的。

第六条 因受害人的过错行为造成人身损害，依照法律规定应当由铁路运输企业承担赔偿责任的，根据受害人的过错程度可以适当减轻铁路运输企业的赔偿责任，并按照以下情形分别处理：

（一）铁路运输企业未充分履行安全防护、警示等义务，铁路运输企业承担事故主要责任的，应当在全部损害的百分之九十至百分之六十之间承担赔偿责任；铁路运输企业承担事故同等责任的，应当在全部损害的百分之六十至百分之五十之间承担赔偿责任；铁路运输企业承担事故次要责任的，应当在全部损害的百分之四十至百分之十之间承担赔偿责任；

（二）铁路运输企业已充分履行安全防护、警示等义务，受害人仍施以过错行为的，铁路运输企业应当在全部损害的百分之十以内承担赔偿责任。

铁路运输企业已充分履行安全防护、警示等义务，受害人不听从值守人员劝阻强行通过铁路平交道口、人行过道，或者明知危险后果仍然无视警示规定沿铁路线路纵向行走、坐卧故意造成人身损害的，铁路运输企业不承担赔偿责任，但是有证据证明并非受害人故意造成损害的除外。

第七条 铁路运输造成无民事行为能力人人身损害的，铁路运输企业应当承担赔偿责任；监护人有过错的，按照过错程度减轻铁路运输企业的赔偿责任。

铁路运输造成限制民事行为能力人人身损害的，铁路运输企业应当承担赔偿责任；监护人或者受害人自身有过错的，按照过错程度减轻铁路运输企业的赔偿责任。

第八条 铁路机车车辆与机动车发生碰撞造成机动车驾驶人员以外的人人身损害的，由铁路运输企业与机动车一方对受害人承担连带赔偿责任。铁路运输企业与机动车一方之间的责任份额根据各自责任大小确定；难以确定责任大小的，平均承担责任。对受害人实际承担赔偿责任超出应当承担份额的一方，有权向另一方追偿。

铁路机车车辆与机动车发生碰撞造成机动车驾驶人员人身损害的，按照本解释第四条至第六条的规定处理。

第九条 在非铁路运输企业实行监护的铁路无人看守道口发生事故造成人身损害的，由铁路运输企业按照本解释的有关规定承担赔偿责任。道口管理单位有过错的，铁路运输企业对赔偿权利人承担赔偿责任后，有权向道口管理单位追偿。

第十条 对于铁路桥梁、涵洞等设施负有管理、维护等职责的单位，因未尽职责使该铁路桥梁、涵洞等设施不能正常使用，导致行人、车辆穿越铁路线路造成人身损害的，铁路运输企业按照本解释有关规定承担赔偿责任后，有权向该单位追偿。

第十一条 有权作出事故认定的组织依照《铁路交通事故应急救援和调查处理条例》等有关规定制作的事故认定书，经庭审质证，对于事故认定书所认定的事实，当事人没有相反证据和理由足以推翻的，人民法院应当作为认定事实的根据。

第十二条 在专用铁路及铁路专用线上因运输造成人身损害，依法应当由肇事工具或者设备的所有人、使用人或者管理人承担赔偿责任的，适用本解释。

第十三条 本院以前发布的司法解释与本解释不一致的，以本解释为准。

最高人民法院关于人民法院强制执行股权若干问题的规定

（2021年11月15日最高人民法院审判委员会第1850次会议通过 2021年12月20日最高人民法院公告公布 自2022年1月1日起施行 法释〔2021〕20号）

为了正确处理人民法院强制执行股权中的有关问题，维护当事人、利害关系人的合法权益，根据《中华人民共和国民事诉讼法》《中华人民共和国公司法》等法律规定，结合执行工作实际，制定本规定。

第一条 本规定所称股权，包括有限责任公司股权、股份有限公司股份，但是在依法设立的证券交易所上市交易以及在国务院批准的其他全国性证券交易场所交易的股份有限公司股份除外。

第二条 被执行人是公司股东的，人民法院可以强制执行其在公司持有的股权，不得直接执行公司的财产。

第三条 依照民事诉讼法第二百二十四条的规定以被执行股权所在地确定管辖法院的，股权所在地是指股权所在公司的住所地。

第四条 人民法院可以冻结下列资料或者信息之一载明的属于被执行人的股权：

（一）股权所在公司的章程、股东名册等资料；

（二）公司登记机关的登记、备案信息；

（三）国家企业信用信息公示系统的公示信息。

案外人基于实体权利对被冻结股权提出排除执行异议的，人民法院应当依照民事诉讼法第二百二十七条的规定进行审查。

第五条 人民法院冻结被执行人的股权，以其价额足以清偿生效法律文书确定的债权额及执行费用为限，不得明显超标的额冻结。股权价额无法确定的，可以根据申请执行人申请冻结的比例或者数量进行冻结。

被执行人认为冻结明显超标的额的，可以依照民事诉讼法第二百二十五条的规定提出书面异议，并附证明股权等查封、扣押、冻结财产价额的证据材料。人民法院审查后裁定异议成立的，应当自裁定生效之日起七日内解除对明显超标的额部分的冻结。

第六条 人民法院冻结被执行人的股权，应当向公司登记机关送达裁定书和协助执行通知书，要求其在国家企业信用信息公示系统进行公示。股权冻结自在公示系统公示时发生法律效力。多个人民法院冻结同一股权的，以在公示系统先办理公示的为在先冻结。

依照前款规定冻结被执行人股权的，应当及时向被执行人、申请执行人送达裁定书，并将股权冻结情况书面通知股权所在公司。

第七条 被执行人就被冻结股权所作的转让、出质或者其他有碍执行的行为，不得对抗申请执行人。

第八条 人民法院冻结被执行人股权的，可以向股权所在公司送达协助执行通知书，要求其在实施增资、减资、合并、分立等对被冻结股权所占比例、股权价值产生重大影响的行为前向人民法院书面报告有关情况。人民法院收到报告后，应当及时通知申请执行人，但是涉及国家秘密、商业秘密的除外。

股权所在公司未向人民法院报告即实施前款规定行为的，依照民事诉讼法第一百一十四条的规定处理。

股权所在公司或者公司董事、高级管理人员故意通过增资、减资、合并、分立、转让重大资产、对外提供担保等行为导致被冻结股权价值严重贬损，影响申请执行人债权实现的，申请执行人可以依法提起诉讼。

第九条 人民法院冻结被执行人基于股权享有的股息、红利等收益，应当向股权所在公司送达裁定书，并要求其在该收益到期时通知人民法院。人民法院对到期的股息、红利等收益，可以书面通知股权所在公司向申请执行人或者人民法院履行。

股息、红利等收益被冻结后，股权所在公司擅自向被执行人支付或者变相支付的，不影响人民法院要求股权所在公司支付该收益。

第十条 被执行人申请自行变价被冻结股权，经申请执行人及其他已知执行债权人同意或者变价款足以清偿执行债务的，人民法院可以准许，但是应当在能够控制变价款的情况下监督其在指定期限内完成，最长不超过三个月。

第十一条 拍卖被执行人的股权，人民法院应当依照《最高人民法院关于人民法院确定财产处置参考价若干问题的规定》规定的程序确定股权处置参考价，并参照参考价确定起拍价。

确定参考价需要相关材料的，人民法院可以向公司登记机关、税务机关等部门调取，也可以责令被执行人、股权所在公司以及控制相关材料的其他主体提供；拒不提供的，可以强制提取，并可以依照民事诉讼法第一百一十一条、第一百一十四条的规定处理。

为确定股权处置参考价，经当事人书面申请，人民法院可以委托审计机构对股权所在公司进行审计。

第十二条 委托评估被执行人的股权，评估机构因缺少评估所需完整材料无法进行评估或者认为影响评估结果，被执行人未能提供且人民法院无法调取补充材料的，人民法院应当通知评估机构根据现有材料进行评估，并告知当事人因缺乏材料可能产生的不利后果。

评估机构根据现有材料无法出具评估报告的，经申请执行人书面申请，人民法院可以根据具体情况以适当高于执行费用的金额确定起拍价，但是股权所在公司经营严重异常，股权明显没有价值的除外。

依照前款规定确定的起拍价拍卖的，竞买人应当预交的保证金数额由人民法院根据实际情况酌定。

第十三条 人民法院拍卖被执行人的股权，应当采取网络司法拍卖方式。

依据处置参考价并结合具体情况计算，拍卖被冻结股权所得价款可能明显高于债权额及执行费用的，人民法院应当对相应部分的股权进行拍卖。对相应部分的股权拍卖严重减损被冻结股权价值的，经被执行人书面申请，也可以对超出部分的被冻结股权一并拍卖。

第十四条 被执行人、利害关系人以具有下列情形之一为由请求不得强制拍卖股权的，人民法院不予支持：

（一）被执行人未依法履行或者未依法全面履行出资义务；

（二）被执行人认缴的出资未届履行期限；

（三）法律、行政法规、部门规章等对该股权自行转让有限制；

（四）公司章程、股东协议等对该股权自行转让有限制。

人民法院对具有前款第一、二项情形的股权进行拍卖时，应当在拍卖公告中载明被执行人认缴出资额、实缴出资额、出资期限等信息。股权处置后，相关主体依照有关规定履行出资义务。

第十五条 股权变更应当由相关部门批准的，人民法院应当在拍卖公告中载明法律、行政法规或者国务院决定规定的竞买人应当具备的资格或者条件。必要时，人民法院可以就竞买资格或者条件征询相关部门意见。

拍卖成交后，人民法院应当通知买受人持成交确认书向相关部门申请办理股权变更批准手续。买受人取得批准手续的，人民法院作出拍卖成交裁定书；买受人未在合理期限内取得批准手续的，应当重新对股权进行拍卖。重新拍卖的，原买受人不得参加竞买。

买受人明知不符合竞买资格或者条件依然参加竞买，且在成交后未能在合理期限内取得相关部门股权变更批准手续的，交纳的保证金不予退还。保证金不足以支付拍卖产生的费用损失、弥补重新拍卖价款低于原拍卖价款差价的，人民法院可以裁定原买受人补交；拒不补交的，强制执行。

第十六条 生效法律文书确定被执行人交付股权，因股权所在公司在生效法律文书作出后增资或者减资导致被执行人实际持股比例降低或者升高的，人民法院应当按照下列情形分别处理：

（一）生效法律文书已经明确交付股权的出资额的，按照该出资额交付股权；

（二）生效法律文书仅明确交付一定比例的股权的，按照生效法律文书作出时该比例所对应出资额占当前公司注册资本总额的比例交付股权。

第十七条 在审理股东资格确认纠纷案件中，当事人提出要求公司签发出资证明书、记载于股东名册并办理公司登记机关登记的诉讼请求且其主张成立的，人民法院应当予以支持；当事人未提出前述诉讼请求的，可以根据案件具体情况向其释明。

生效法律文书仅确认股权属于当事人所有，当事人可以持该生效法律文书自行向股权所在公司、公司登记机关申请办理股权变更手续；向人民法院申请强制执行的，不予受理。

第十八条 人民法院对被执行人在其他营利法人享有的投资权益强制执行的，参照适用本规定。

第十九条 本规定自 2022 年 1 月 1 日起施行。

施行前本院公布的司法解释与本规定不一致的，以本规定为准。

附件:主要文书参考样式

×××人民法院
协助执行通知书

(××××)……执……号

×××市场监督管理局:

根据本院(××××)……执……号执行裁定,依照《中华人民共和国民事诉讼法》第二百四十二条、《最高人民法院关于人民法院强制执行股权若干问题的规定》第六条的规定,请协助执行下列事项:

一、对下列情况进行公示:冻结被执行人×××(证件种类、号码:……)持有×××……(股权的数额),冻结期限自××××年××月××日起至××××年××月××日止;

二、冻结期间,未经本院许可,在你局职权范围内,不得为被冻结股权办理　　等有碍执行的事项(根据不同的公司类型、冻结需求,载明具体的协助执行事项)。

××××年××月××日
(院印)

经办人员:×××
联系电话:……

×××人民法院
协助执行通知书
（回执）

×××人民法院：

你院（××××）……执……号执行裁定书、（××××）……执……号协助执行通知书收悉，我局处理结果如下：

已于××××年××月××日在国家企业信用信息公示系统将你院冻结股权的情况进行公示，并将在我局职权范围内按照你院要求履行相关协助执行义务。

××××年××月××日
（公章）

经办人员：×××
联系电话：……

最高人民法院关于修改《最高人民法院关于仲裁司法审查案件报核问题的有关规定》的决定

（2021年11月15日最高人民法院审判委员会第1850次会议通过　2021年12月24日最高人民法院公告公布　自2022年1月1日起施行　法释〔2021〕21号）

根据审判实践需要，经最高人民法院审判委员会第1850次会议决定，对《最高人民法院关于仲裁司法审查案件报核问题的有关规定》作如下修改：

一、将第三条修改为："本规定第二条第二款规定的非涉外涉港澳台仲裁司法审查案件，高级人民法院经审查，拟同意中级人民法院或者专门人民法院以违背社会公共利益为由不予执行或者撤销我国内地仲裁机构的仲裁裁决的，应当向最高人民法院报核，待最高人民法院审核后，方可依最高人民法院的审核意见作出裁定。"

二、增加一条作为第四条："依据本规定第二条第二款由高级人民法院审核的案件，高级人民法院应当在作出审核意见之日起十五日内向最高人民法院报备。"

三、原第四条作为第五条。

四、原第五条作为第六条。

五、原第六条作为第七条。

六、原第七条作为第八条。

七、原第八条作为第九条。

本决定自2022年1月1日起施行。

根据本决定，《最高人民法院关于仲裁司法审查案件报核问题的有关规定》作相应修改后，重新公布。

最高人民法院关于仲裁司法审查案件报核问题的有关规定

（2017年11月20日最高人民法院审判委员会第1727次会议通过　根据2021年12月24日《最高人民法院关于修改〈最高人民法院关于仲裁司法审查案件报核问题的有关规定〉的决定》修正）

为正确审理仲裁司法审查案件，统一裁判尺度，依法保护当事人合法权益，保障仲裁发展，根据《中华人民共和国民事诉讼法》《中华人民共和国仲裁法》等法律规定，结合审判实践，制定本规定。

第一条　本规定所称仲裁司法审查案件，包括下列案件：

（一）申请确认仲裁协议效力案件；

（二）申请撤销我国内地仲裁机构的仲裁裁决案件；

（三）申请执行我国内地仲裁机构的仲裁裁决案件；

（四）申请认可和执行香港特别行政区、澳门特别行政区、台湾地区仲裁裁决案件；

（五）申请承认和执行外国仲裁裁决案件；

（六）其他仲裁司法审查案件。

第二条　各中级人民法院或者专门人民法院办理涉外涉港澳台仲裁司法审查案件，经审查拟认定仲裁协议无效，不予执行或者撤销我国内地仲裁机构的仲裁裁决，不予认可和执行香港特别行政区、澳门特别行政区、台湾地区仲裁裁决，不予承认和执行外国仲裁裁决，应当向本辖区所属高级人民法院报核；高级人民法院经审查拟同意的，应当向最高人民法院报核。待最高人民法院审核后，方可依最高人民法院的审核意见作出裁定。

各中级人民法院或者专门人民法院办理非涉外涉港澳台仲裁司法审查案件，经审查拟认定仲裁协议无效，不予执行或者撤销我国内地仲裁机构的仲裁裁决，应当向本辖区所属高级人民法院报核；待高级人民法院审核后，方可依高级人民法院的审核意见作出裁定。

第三条　本规定第二条第二款规定的非涉外涉港澳台仲裁司法审查案件，高级人民法院经审查，拟同意中级人民法院或者专门人民法院以违背社会公共利益为由不予执行或者撤销我国内地仲裁机构的仲裁裁决的，应当向最高人民法院报核，待最高人民法院审核后，方可依最高人民法院的审核意见作出裁定。

第四条 依据本规定第二条第二款由高级人民法院审核的案件，高级人民法院应当在作出审核意见之日起十五日内向最高人民法院报备。

第五条 下级人民法院报请上级人民法院审核的案件，应当将书面报告和案件卷宗材料一并上报。书面报告应当写明审查意见及具体理由。

第六条 上级人民法院收到下级人民法院的报核申请后，认为案件相关事实不清的，可以询问当事人或者退回下级人民法院补充查明事实后再报。

第七条 上级人民法院应当以复函的形式将审核意见答复下级人民法院。

第八条 在民事诉讼案件中，对于人民法院因涉及仲裁协议效力而作出的不予受理、驳回起诉、管辖权异议的裁定，当事人不服提起上诉，第二审人民法院经审查拟认定仲裁协议不成立、无效、失效、内容不明确无法执行的，须按照本规定第二条的规定逐级报核，待上级人民法院审核后，方可依上级人民法院的审核意见作出裁定。

第九条 本规定自2018年1月1日起施行，本院以前发布的司法解释与本规定不一致的，以本规定为准。

最高人民法院关于生态环境侵权案件适用禁止令保全措施的若干规定

(2021年11月29日最高人民法院审判委员会第1854次会议通过 2021年12月27日最高人民法院公告公布 自2022年1月1日起施行 法释〔2021〕22号)

为妥善审理生态环境侵权案件，及时有效保护生态环境，维护民事主体合法权益，落实保护优先、预防为主原则，根据《中华人民共和国民法典》《中华人民共和国环境保护法》《中华人民共和国民事诉讼法》等有关法律规定，结合审判实践，制定本规定。

第一条 申请人以被申请人正在实施或者即将实施污染环境、破坏生态行为，不及时制止将使申请人合法权益或者生态环境受到难以弥补的损害为由，依照民事诉讼法第一百条、第一百零一条规定，向人民法院申请采取禁止令保全措施，责令被申请人立即停止一定行为的，人民法院应予受理。

第二条 因污染环境、破坏生态行为受到损害的自然人、法人或者非法人组织,以及民法典第一千二百三十四条、第一千二百三十五条规定的“国家规定的机关或者法律规定的组织”,可以向人民法院申请作出禁止令。

第三条 申请人提起生态环境侵权诉讼时或者诉讼过程中,向人民法院申请作出禁止令的,人民法院应当在接受申请后五日内裁定是否准予。情况紧急的,人民法院应当在接受申请后四十八小时内作出。

因情况紧急,申请人可在提起诉讼前向污染环境、破坏生态行为实施地、损害结果发生地或者被申请人住所地等对案件有管辖权的人民法院申请作出禁止令,人民法院应当在接受申请后四十八小时内裁定是否准予。

第四条 申请人向人民法院申请作出禁止令的,应当提交申请书和相应的证明材料。

申请书应当载明下列事项:

(一)申请人与被申请人的身份、送达地址、联系方式等基本情况;

(二)申请禁止的内容、范围;

(三)被申请人正在实施或者即将实施污染环境、破坏生态行为,以及如不及时制止将使申请人合法权益或者生态环境受到难以弥补损害的情形;

(四)提供担保的财产信息,或者不需要提供担保的理由。

第五条 被申请人污染环境、破坏生态行为具有现实而紧迫的重大风险,如不及时制止将对申请人合法权益或者生态环境造成难以弥补损害的,人民法院应当综合考量以下因素决定是否作出禁止令:

(一)被申请人污染环境、破坏生态行为被行政主管机关依法处理后仍继续实施;

(二)被申请人污染环境、破坏生态行为对申请人合法权益或者生态环境造成的损害超过禁止被申请人一定行为对其合法权益造成的损害;

(三)禁止被申请人一定行为对国家利益、社会公共利益或者他人合法权益产生的不利影响;

(四)其他应当考量的因素。

第六条 人民法院审查申请人禁止令申请,应当听取被申请人的意见。必要时,可进行现场勘查。

情况紧急无法询问或者现场勘查的,人民法院应当在裁定准予申请人禁止令申请后四十八小时内听取被申请人的意见。被申请人意见成立的,人民法院应当裁定解除禁止令。

第七条 申请人在提起诉讼时或者诉讼过程中申请禁止令的,人民法院可以责令申请人提供担保,不提供担保的,裁定驳回申请。

申请人提起诉讼前申请禁止令的,人民法院应当责令申请人提供担保,不提供担保的，裁定驳回申请。

第八条 人民法院裁定准予申请人禁止令申请的，应当根据申请人的请求和案件具体情况确定禁止令的效力期间。

第九条 人民法院准予或者不准予申请人禁止令申请的，应当制作民事裁定书，并送达当事人，裁定书自送达之日起生效。

人民法院裁定准予申请人禁止令申请的，可以根据裁定内容制作禁止令张贴在被申请人住所地，污染环境、破坏生态行为实施地、损害结果发生地等相关场所，并可通过新闻媒体等方式向社会公开。

第十条 当事人、利害关系人对人民法院裁定准予或者不准予申请人禁止令申请不服的，可在收到裁定书之日起五日内向作出裁定的人民法院申请复议一次。人民法院应当在收到复议申请后十日内审查并作出裁定。复议期间不停止裁定的执行。

第十一条 申请人在人民法院作出诉前禁止令后三十日内不依法提起诉讼的，人民法院应当在三十日届满后五日内裁定解除禁止令。

禁止令效力期间内，申请人、被申请人或者利害关系人以据以作出裁定的事由发生变化为由，申请解除禁止令的，人民法院应当在收到申请后五日内裁定是否解除。

第十二条 被申请人不履行禁止令的，人民法院可依照民事诉讼法第一百一十一条的规定追究其相应法律责任。

第十三条 侵权行为实施地、损害结果发生地在中华人民共和国管辖海域内的海洋生态环境侵权案件中，申请人向人民法院申请责令被申请人立即停止一定行为的，适用海洋环境保护法、海事诉讼特别程序法等法律和司法解释的相关规定。

第十四条 本规定自 2022 年 1 月 1 日起施行。

附件：1. 民事裁定书（诉中禁止令用）样式

2. 民事裁定书（诉前禁止令用）样式

3. 民事裁定书（解除禁止令用）样式

4. 禁止令（张贴公示用）样式

附件1:民事裁定书(诉中禁止令用)样式

××××人民法院
民事裁定书

(××××)……民初……号

申请人:×××,……(写明姓名或名称、住所地等基本情况)。

……

被申请人:×××,……(写明姓名或名称、住所地等基本情况)。

申请人×××因与被申请人×××……(写明案由)纠纷一案,向本院申请作出禁止令,责令被申请人×××……(写明申请作出禁止令的具体请求事项)。

本院认为:……(写明是否符合作出禁止令的条件,以及相应的事实理由)。依照《中华人民共和国民事诉讼法》第一百条,《最高人民法院关于生态环境侵权案件适用禁止令保全措施的若干规定》第三条第一款、第八条、第九条第一款的规定,裁定如下:

一、……被申请人×××自本裁定生效之日……(写明效力期间及要求被申请人立即停止实施的具体行为的内容)。

二、……(若禁止实施的具体行为不止一项,依次写明)。

(不准予申请人禁止令申请的,写明"驳回申请人×××的禁止令申请。")

如不服本裁定,可在裁定书送达之日起五日内,向本院申请复议一次。复议期间,不停止裁定的执行。

本裁定送达后即发生法律效力。

审判长×××
审判员×××
审判员×××

××××年××月××日
(院印)
法官助理×××
书记员×××

【说明】

1. 本样式根据《中华人民共和国民事诉讼法》第一百条、《最高人民法院关于生态环境侵权案件适用禁止令保全措施的若干规定》第三条第一款、第八条、第九条第一款制定，供人民法院在受理、审理案件过程中，依当事人申请作出禁止令时用。

2. 当事人申请诉中禁止令的，案号与正在进行的民事诉讼案号相同，为（××××）……民初……号；若特殊情况下当事人在二审中申请诉中禁止令的，案号则为二审案号。

3. 禁止令的效力期间原则上自裁定生效之日起至案件终审裁判文书生效或者人民法院裁定解除之日止；人民法院若根据个案实际情况确定了具体的效力期间，亦应在裁定书中予以明确。期间届满，禁止令自动终止。

附件2:民事裁定书(诉前禁止令用)样式

××××人民法院
民事裁定书

(××××)……行保……号

申请人:×××,……(写明姓名或名称、住所地等基本情况)。

被申请人:×××,……(写明姓名或名称、住所地等基本情况)。

因被申请人×××……(写明具体的生态环境侵权行为),申请人×××向本院申请禁止令,责令被申请人×××……(写明申请作出禁止令的具体请求事项)。

本院认为:……(写明是否符合作出禁止令的条件,以及相应的事实理由)。依照《中华人民共和国民事诉讼法》第一百零一条,《最高人民法院关于生态环境侵权案件适用禁止令保全措施的若干规定》第三条第二款、第八条、第九条第一款的规定,裁定如下:

一、……被申请人×××自本裁定生效之日……(写明效力期间及要求被申请人立即停止实施的具体行为的内容)。

二、……(若禁止实施的具体行为不止一项,依次写明)。

(不准予申请人禁止令申请的,写明"驳回申请人×××的禁止令申请。")

如不服本裁定,可在裁定书送达之日起五日内,向本院申请复议一次。复议期间,不停止裁定的执行。

本裁定送达后即发生法律效力。

审判长×××
审判员×××
审判员×××

××××年××月××日
(院印)
法官助理×××
书记员×××

【说明】

1. 本样式根据《中华人民共和国民事诉讼法》第一百零一条、《最高人民法院关于生态环境侵权案件适用禁止令保全措施的若干规定》第三条第二款、第八条、第九条第一款制定，供人民法院在受理案件前，依当事人申请作出禁止令时用。

2. 当事人申请诉前禁止令时，尚未进入诉讼程序，故编立案号（××××）……行保……号。

3. 禁止令的效力期间原则上自裁定生效之日起至案件终审裁判文书生效或者人民法院裁定解除之日止；人民法院若根据个案实际情况确定了具体的效力期间，亦应在裁定书中予以明确。期间届满，禁止令自动终止。

附件 3：民事裁定书（解除禁止令用）样式

××××人民法院
民事裁定书

（××××）……民初……号

申请人：×××，……（写明姓名或名称、住所地等基本情况）。

被申请人：×××，……（写明姓名或名称、住所地等基本情况）。

本院于××××年××月××日作出××（写明案号）民事裁定，准予×××的禁止令申请。××××年××月××日，申请人/被申请人/利害关系人×××基于据以作出禁止令的事由发生变化为由，请求解除禁止令。

本院经审查认为，……（写明是否符合解除禁止令的条件，以及相应的事实理由）。依照《最高人民法院关于生态环境侵权案件适用禁止令保全措施的若干规定》第十一条第二款的规定，裁定如下：

一、解除××××（被申请人的姓名或者名称）……（写明需要解除的禁止实施的具体行为）。

二、……（若需解除的禁止实施的具体行为不止一项，依次写明）。

（如不符合解除禁止令条件的，写明："驳回申请人/被申请人/利害关系人×××的解除禁止令申请。"）

如不服本裁定，可在裁定书送达之日起五日内，向本院申请复议一次。复议期间，不停止裁定的执行。

本裁定送达后即发生法律效力。

审判长×××
审判员×××
审判员×××

××××年××月××日
（院印）
法官助理×××
书记员×××

【说明】

1. 本样式根据《最高人民法院关于生态环境侵权案件适用禁止令保全措

施的若干规定》第十一条第二款制定，供人民法院在禁止令效力期间内，因据以作出禁止令的事由发生变化，依申请人、被申请人或者利害关系人申请提前解除禁止令用。

2. 根据《最高人民法院关于生态环境侵权案件适用禁止令保全措施的若干规定》第六条第二款因被申请人抗辩理由成立而解除已作出的禁止令、第十一条第一款因申请人未在法定三十日内提起诉讼而解除禁止令的，可参照本样式调整相应表述后使用。

3. 若一审中裁定解除禁止令的，则采用一审案号（或之……）；若二审中裁定解除禁止令的，则采用二审案号；若系针对申请人在诉前禁止令作出后三十日内未起诉而解除或者提前解除的，则采用原禁止令案号之一。

4. 解除裁定生效后，依据原裁定制作的禁止令自动终止。

附件4:禁止令(张贴公示用)样式

××××人民法院
禁止令

(××××)……民初……号/(××××)……行保……号

×××(写明被申请人姓名或名称):

申请人×××以你(你单位)……(申请理由)为由,于××××年××月××日向本院申请作出禁止令。本院经审查,于××××年××月××日作出××号民事裁定,准予申请人×××的禁止令申请。现责令:

……(裁定书主文内容)。

此令。

×××人民法院

××××年××月××日

(院印)

【说明】

1. 本样式根据《最高人民法院关于生态环境侵权案件适用禁止令保全措施的若干规定》第九条第二款制定,供人民法院在被申请人住所地,污染环境、破坏生态行为实施地、损害结果发生地等相关场所张贴以及通过新闻媒体等方式向社会公开时用。

2. 如系诉中禁止令,案号与正在审理案件案号相同,如系诉前禁止令则案号为(××××)……行保……号。

最高人民法院　最高人民检察院关于办理危害食品安全刑事案件适用法律若干问题的解释

（2021年12月13日最高人民法院审判委员会第1856次会议、2021年12月29日最高人民检察院第十三届检察委员会第八十四次会议通过　2021年12月30日最高人民法院、最高人民检察院公告公布　自2022年1月1日起施行　法释〔2021〕24号）

为依法惩治危害食品安全犯罪，保障人民群众身体健康、生命安全，根据《中华人民共和国刑法》《中华人民共和国刑事诉讼法》的有关规定，对办理此类刑事案件适用法律的若干问题解释如下：

第一条　生产、销售不符合食品安全标准的食品，具有下列情形之一的，应当认定为刑法第一百四十三条规定的"足以造成严重食物中毒事故或者其他严重食源性疾病"：

（一）含有严重超出标准限量的致病性微生物、农药残留、兽药残留、生物毒素、重金属等污染物质以及其他严重危害人体健康的物质的；

（二）属于病死、死因不明或者检验检疫不合格的畜、禽、兽、水产动物肉类及其制品的；

（三）属于国家为防控疾病等特殊需要明令禁止生产、销售的；

（四）特殊医学用途配方食品、专供婴幼儿的主辅食品营养成分严重不符合食品安全标准的；

（五）其他足以造成严重食物中毒事故或者严重食源性疾病的情形。

第二条　生产、销售不符合食品安全标准的食品，具有下列情形之一的，应当认定为刑法第一百四十三条规定的"对人体健康造成严重危害"：

（一）造成轻伤以上伤害的；

（二）造成轻度残疾或者中度残疾的；

（三）造成器官组织损伤导致一般功能障碍或者严重功能障碍的；

（四）造成十人以上严重食物中毒或者其他严重食源性疾病的；

（五）其他对人体健康造成严重危害的情形。

第三条　生产、销售不符合食品安全标准的食品，具有下列情形之一的，应当认定为刑法第一百四十三条规定的"其他严重情节"：

（一）生产、销售金额二十万元以上的；

（二）生产、销售金额十万元以上不满二十万元，不符合食品安全标准的食品数量较大或者生产、销售持续时间六个月以上的；

（三）生产、销售金额十万元以上不满二十万元，属于特殊医学用途配方食品、专供婴幼儿的主辅食品的；

（四）生产、销售金额十万元以上不满二十万元，且在中小学校园、托幼机构、养老机构及周边面向未成年人、老年人销售的；

（五）生产、销售金额十万元以上不满二十万元，曾因危害食品安全犯罪受过刑事处罚或者二年内因危害食品安全违法行为受过行政处罚的；

（六）其他情节严重的情形。

第四条　生产、销售不符合食品安全标准的食品，具有下列情形之一的，应当认定为刑法第一百四十三条规定的“后果特别严重”：

（一）致人死亡的；

（二）造成重度残疾以上的；

（三）造成三人以上重伤、中度残疾或者器官组织损伤导致严重功能障碍的；

（四）造成十人以上轻伤、五人以上轻度残疾或者器官组织损伤导致一般功能障碍的；

（五）造成三十人以上严重食物中毒或者其他严重食源性疾病的；

（六）其他特别严重的后果。

第五条　在食品生产、销售、运输、贮存等过程中，违反食品安全标准，超限量或者超范围滥用食品添加剂，足以造成严重食物中毒事故或者其他严重食源性疾病的，依照刑法第一百四十三条的规定以生产、销售不符合安全标准的食品罪定罪处罚。

在食用农产品种植、养殖、销售、运输、贮存等过程中，违反食品安全标准，超限量或者超范围滥用添加剂、农药、兽药等，足以造成严重食物中毒事故或者其他严重食源性疾病的，适用前款的规定定罪处罚。

第六条　生产、销售有毒、有害食品，具有本解释第二条规定情形之一的，应当认定为刑法第一百四十四条规定的“对人体健康造成严重危害”。

第七条　生产、销售有毒、有害食品，具有下列情形之一的，应当认定为刑法第一百四十四条规定的“其他严重情节”：

（一）生产、销售金额二十万元以上不满五十万元的；

（二）生产、销售金额十万元以上不满二十万元，有毒、有害食品数量较大或者生产、销售持续时间六个月以上的；

（三）生产、销售金额十万元以上不满二十万元，属于特殊医学用途配方食品、专供婴幼儿的主辅食品的；

（四）生产、销售金额十万元以上不满二十万元，且在中小学校园、托幼机构、养老机构及周边面向未成年人、老年人销售的；

（五）生产、销售金额十万元以上不满二十万元，曾因危害食品安全犯罪受过刑事处罚或者二年内因危害食品安全违法行为受过行政处罚的；

（六）有毒、有害的非食品原料毒害性强或者含量高的；

（七）其他情节严重的情形。

第八条　生产、销售有毒、有害食品，生产、销售金额五十万元以上，或者具有本解释第四条第二项至第六项规定的情形之一的，应当认定为刑法第一百四十四条规定的"其他特别严重情节"。

第九条　下列物质应当认定为刑法第一百四十四条规定的"有毒、有害的非食品原料"：

（一）因危害人体健康，被法律、法规禁止在食品生产经营活动中添加、使用的物质；

（二）因危害人体健康，被国务院有关部门列入《食品中可能违法添加的非食用物质名单》《保健食品中可能非法添加的物质名单》和国务院有关部门公告的禁用农药、《食品动物中禁止使用的药品及其他化合物清单》等名单上的物质；

（三）其他有毒、有害的物质。

第十条　刑法第一百四十四条规定的"明知"，应当综合行为人的认知能力、食品质量、进货或者销售的渠道及价格等主、客观因素进行认定。

具有下列情形之一的，可以认定为刑法第一百四十四条规定的"明知"，但存在相反证据并经查证属实的除外：

（一）长期从事相关食品、食用农产品生产、种植、养殖、销售、运输、贮存行业，不依法履行保障食品安全义务的；

（二）没有合法有效的购货凭证，且不能提供或者拒不提供销售的相关食品来源的；

（三）以明显低于市场价格进货或者销售且无合理原因的；

（四）在有关部门发出禁令或者食品安全预警的情况下继续销售的；

（五）因实施危害食品安全行为受过行政处罚或者刑事处罚，又实施同种行为的；

（六）其他足以认定行为人明知的情形。

第十一条　在食品生产、销售、运输、贮存等过程中，掺入有毒、有害的非食品原料，或者使用有毒、有害的非食品原料生产食品的，依照刑法第一百四十四条的规定以生产、销售有毒、有害食品罪定罪处罚。

在食用农产品种植、养殖、销售、运输、贮存等过程中，使用禁用农药、食品动物中禁止使用的药品及其他化合物等有毒、有害的非食品原料，适用前款的规定定罪处罚。

在保健食品或者其他食品中非法添加国家禁用药物等有毒、有害的非食品原料的，适用第一款的规定定罪处罚。

第十二条 在食品生产、销售、运输、贮存等过程中，使用不符合食品安全标准的食品包装材料、容器、洗涤剂、消毒剂，或者用于食品生产经营的工具、设备等，造成食品被污染，符合刑法第一百四十三条、第一百四十四条规定的，以生产、销售不符合安全标准的食品罪或者生产、销售有毒、有害食品罪定罪处罚。

第十三条 生产、销售不符合食品安全标准的食品，有毒、有害食品，符合刑法第一百四十三条、第一百四十四条规定的，以生产、销售不符合安全标准的食品罪或者生产、销售有毒、有害食品罪定罪处罚。同时构成其他犯罪的，依照处罚较重的规定定罪处罚。

生产、销售不符合食品安全标准的食品，无证据证明足以造成严重食物中毒事故或者其他严重食源性疾病，不构成生产、销售不符合安全标准的食品罪，但构成生产、销售伪劣产品罪，妨害动植物防疫、检疫罪等其他犯罪的，依照该其他犯罪定罪处罚。

第十四条 明知他人生产、销售不符合食品安全标准的食品，有毒、有害食品，具有下列情形之一的，以生产、销售不符合安全标准的食品罪或者生产、销售有毒、有害食品罪的共犯论处：

（一）提供资金、贷款、账号、发票、证明、许可证件的；

（二）提供生产、经营场所或者运输、贮存、保管、邮寄、销售渠道等便利条件的；

（三）提供生产技术或者食品原料、食品添加剂、食品相关产品或者有毒、有害的非食品原料的；

（四）提供广告宣传的；

（五）提供其他帮助行为的。

第十五条 生产、销售不符合食品安全标准的食品添加剂，用于食品的包装材料、容器、洗涤剂、消毒剂，或者用于食品生产经营的工具、设备等，符合刑法第一百四十条规定的，以生产、销售伪劣产品罪定罪处罚。

生产、销售用超过保质期的食品原料、超过保质期的食品、回收食品作为原料的食品,或者以更改生产日期、保质期、改换包装等方式销售超过保质期的食品、回收食品,适用前款的规定定罪处罚。

实施前两款行为,同时构成生产、销售不符合安全标准的食品罪,生产、销售不符合安全标准的产品罪等其他犯罪的,依照处罚较重的规定定罪处罚。

第十六条 以提供给他人生产、销售食品为目的,违反国家规定,生产、销售国家禁止用于食品生产、销售的非食品原料,情节严重的,依照刑法第二百二十五条的规定以非法经营罪定罪处罚。

以提供给他人生产、销售食用农产品为目的,违反国家规定,生产、销售国家禁用农药、食品动物中禁止使用的药品及其他化合物等有毒、有害的非食品原料,或者生产、销售添加上述有毒、有害的非食品原料的农药、兽药、饲料、饲料添加剂、饲料原料,情节严重的,依照前款的规定定罪处罚。

第十七条 违反国家规定,私设生猪屠宰厂(场),从事生猪屠宰、销售等经营活动,情节严重的,依照刑法第二百二十五条的规定以非法经营罪定罪处罚。

在畜禽屠宰相关环节,对畜禽使用食品动物中禁止使用的药品及其他化合物等有毒、有害的非食品原料,依照刑法第一百四十四条的规定以生产、销售有毒、有害食品罪定罪处罚;对畜禽注水或者注入其他物质,足以造成严重食物中毒事故或者其他严重食源性疾病的,依照刑法第一百四十三条的规定以生产、销售不符合安全标准的食品罪定罪处罚;虽不足以造成严重食物中毒事故或者其他严重食源性疾病,但符合刑法第一百四十条规定的,以生产、销售伪劣产品罪定罪处罚。

第十八条 实施本解释规定的非法经营行为,非法经营数额在十万元以上,或者违法所得数额在五万元以上的,应当认定为刑法第二百二十五条规定的“情节严重”;非法经营数额在五十万元以上,或者违法所得数额在二十五万元以上的,应当认定为刑法第二百二十五条规定的“情节特别严重”。

实施本解释规定的非法经营行为,同时构成生产、销售伪劣产品罪,生产、销售不符合安全标准的食品罪,生产、销售有毒、有害食品罪,生产、销售伪劣农药、兽药罪等其他犯罪的,依照处罚较重的规定定罪处罚。

第十九条 违反国家规定,利用广告对保健食品或者其他食品作虚假宣传,符合刑法第二百二十二条规定的,以虚假广告罪定罪处罚;以非法占有为目的,利用销售保健食品或者其他食品诈骗财物,符合刑法第二百六十六条规定的,以诈骗罪定罪处罚。同时构成生产、销售伪劣产品罪等其他犯罪的,依照处罚较重的规定定罪处罚。

第二十条 负有食品安全监督管理职责的国家机关工作人员,滥用职权或者玩忽职守，构成食品监管渎职罪，同时构成徇私舞弊不移交刑事案件罪、商检徇私舞弊罪、动植物检疫徇私舞弊罪、放纵制售伪劣商品犯罪行为罪等其他渎职犯罪的，依照处罚较重的规定定罪处罚。

负有食品安全监督管理职责的国家机关工作人员滥用职权或者玩忽职守，不构成食品监管渎职罪，但构成前款规定的其他渎职犯罪的，依照该其他犯罪定罪处罚。

负有食品安全监督管理职责的国家机关工作人员与他人共谋，利用其职务行为帮助他人实施危害食品安全犯罪行为，同时构成渎职犯罪和危害食品安全犯罪共犯的，依照处罚较重的规定定罪从重处罚。

第二十一条 犯生产、销售不符合安全标准的食品罪，生产、销售有毒、有害食品罪，一般应当依法判处生产、销售金额二倍以上的罚金。

共同犯罪的，对各共同犯罪人合计判处的罚金一般应当在生产、销售金额的二倍以上。

第二十二条 对实施本解释规定之犯罪的犯罪分子，应当依照刑法规定的条件，严格适用缓刑、免予刑事处罚。对于依法适用缓刑的，可以根据犯罪情况，同时宣告禁止令。

对于被不起诉或者免予刑事处罚的行为人，需要给予行政处罚、政务处分或者其他处分的，依法移送有关主管机关处理。

第二十三条 单位实施本解释规定的犯罪的，对单位判处罚金，并对直接负责的主管人员和其他直接责任人员，依照本解释规定的定罪量刑标准处罚。

第二十四条 “足以造成严重食物中毒事故或者其他严重食源性疾病”“有毒、有害的非食品原料”等专门性问题难以确定的，司法机关可以依据鉴定意见、检验报告、地市级以上相关行政主管部门组织出具的书面意见，结合其他证据作出认定。必要时，专门性问题由省级以上相关行政主管部门组织出具书面意见。

第二十五条 本解释所称“二年内”，以第一次违法行为受到行政处罚的生效之日与又实施相应行为之日的时间间隔计算确定。

第二十六条 本解释自 2022 年 1 月 1 日起施行。本解释公布实施后，《最高人民法院、最高人民检察院关于办理危害食品安全刑事案件适用法律若干问题的解释》（法释〔2013〕12 号）同时废止；之前发布的司法解释与本解释不一致的，以本解释为准。

人民法院在线调解规则

（2021年12月27日最高人民法院审判委员会第1859次会议通过　2021年12月30日最高人民法院公告公布　自2022年1月1日起施行　法释〔2021〕23号）

为方便当事人及时解决纠纷，规范依托人民法院调解平台开展的在线调解活动，提高多元化解纠纷效能，根据《中华人民共和国民事诉讼法》《中华人民共和国行政诉讼法》《中华人民共和国刑事诉讼法》等法律的规定，结合人民法院工作实际，制定本规则。

第一条　在立案前或者诉讼过程中依托人民法院调解平台开展在线调解的，适用本规则。

第二条　在线调解包括人民法院、当事人、调解组织或者调解员通过人民法院调解平台开展的在线申请、委派委托、音视频调解、制作调解协议、申请司法确认调解协议、制作调解书等全部或者部分调解活动。

第三条　民事、行政、执行、刑事自诉以及被告人、罪犯未被羁押的刑事附带民事诉讼等法律规定可以调解或者和解的纠纷，可以开展在线调解。

行政、刑事自诉和刑事附带民事诉讼案件的在线调解，法律和司法解释另有规定的，从其规定。

第四条　人民法院采用在线调解方式应当征得当事人同意，并综合考虑案件具体情况、技术条件等因素。

第五条　人民法院审判人员、专职或者兼职调解员、特邀调解组织和特邀调解员以及人民法院邀请的其他单位或者个人，可以开展在线调解。

在线调解组织和调解员的基本情况、纠纷受理范围、擅长领域、是否收费、作出邀请的人民法院等信息应当在人民法院调解平台进行公布，方便当事人选择。

第六条　人民法院可以邀请符合条件的外国人入驻人民法院调解平台，参与调解当事人一方或者双方为外国人、无国籍人、外国企业或者组织的民商事纠纷。

符合条件的港澳地区居民可以入驻人民法院调解平台，参与调解当事人一方或者双方为香港特别行政区、澳门特别行政区居民、法人或者非法人组织以及大陆港资澳资企业的民商事纠纷。

符合条件的台湾地区居民可以入驻人民法院调解平台，参与调解当事人一方或者双方为台湾地区居民、法人或者非法人组织以及大陆台资企业的民商事纠纷。

第七条 人民法院立案人员、审判人员在立案前或者诉讼过程中，认为纠纷适宜在线调解的，可以通过口头、书面、在线等方式充分释明在线调解的优势，告知在线调解的主要形式、权利义务、法律后果和操作方法等，引导当事人优先选择在线调解方式解决纠纷。

第八条 当事人同意在线调解的，应当在人民法院调解平台填写身份信息、纠纷简要情况、有效联系电话以及接收诉讼文书电子送达地址等，并上传电子化起诉申请材料。当事人在电子诉讼平台已经提交过电子化起诉申请材料的，不再重复提交。

当事人填写或者提交电子化起诉申请材料确有困难的，人民法院可以辅助当事人将纸质材料作电子化处理后导入人民法院调解平台。

第九条 当事人在立案前申请在线调解，属于下列情形之一的，人民法院退回申请并分别予以处理：

（一）当事人申请调解的纠纷不属于人民法院受案范围，告知可以采用的其他纠纷解决方式；

（二）与当事人选择的在线调解组织或者调解员建立邀请关系的人民法院对该纠纷不具有管辖权，告知选择对纠纷有管辖权的人民法院邀请的调解组织或者调解员进行调解；

（三）当事人申请调解的纠纷不适宜在线调解，告知到人民法院诉讼服务大厅现场办理调解或者立案手续。

第十条 当事人一方在立案前同意在线调解的，由人民法院征求其意见后指定调解组织或者调解员。

当事人双方同意在线调解的，可以在案件管辖法院确认的在线调解组织和调解员中共同选择调解组织或者调解员。当事人同意由人民法院指定调解组织或者调解员，或者无法在同意在线调解后两个工作日内共同选择调解组织或者调解员的，由人民法院指定调解组织或者调解员。

人民法院应当在收到当事人在线调解申请后三个工作日内指定调解组织或者调解员。

第十一条 在线调解一般由一名调解员进行，案件重大、疑难复杂或者具有较强专业性的，可以由两名以上调解员调解，并由当事人共同选定其中一人主持调解。无法共同选定的，由人民法院指定一名调解员主持。

第十二条 调解组织或者调解员应当在收到人民法院委派委托调解信息或者当事人在线调解申请后三个工作日内，确认接受人民法院委派委托或者当事人调解申请。纠纷不符合调解组织章程规定的调解范围或者行业领域，明显超出调解员擅长领域或者具有其他不适宜接受情形的，调解组织或者调解员可以写明理由后不予接受。

调解组织或者调解员不予接受或者超过规定期限未予确认的，人民法院、当事人可以重新指定或者选定。

第十三条 主持或者参与在线调解的人员有下列情形之一，应当在接受调解前或者调解过程中进行披露：

（一）是纠纷当事人或者当事人、诉讼代理人近亲属的；

（二）与纠纷有利害关系的；

（三）与当事人、诉讼代理人有其他可能影响公正调解关系的。

当事人在调解组织或者调解员披露上述情形后或者明知其具有上述情形，仍同意调解的，由该调解组织或者调解员继续调解。

第十四条 在线调解过程中，当事人可以申请更换调解组织或者调解员；更换后，当事人仍不同意且拒绝自行选择的，视为当事人拒绝调解。

第十五条 人民法院对当事人一方立案前申请在线调解的，应当征询对方当事人的调解意愿。调解员可以在接受人民法院委派调解之日起三个工作日内协助人民法院通知对方当事人，询问是否同意调解。

对方当事人拒绝调解或者无法联系对方当事人的，调解员应当写明原因，终结在线调解程序，即时将相关材料退回人民法院，并告知当事人。

第十六条 主持在线调解的人员应当在组织调解前确认当事人参与调解的方式，并按照下列情形作出处理：

（一）各方当事人均具备使用音视频技术条件的，指定在同一时间登录人民法院调解平台；无法在同一时间登录的，征得各方当事人同意后，分别指定时间开展音视频调解；

（二）部分当事人不具备使用音视频技术条件的，在人民法院诉讼服务中心、调解组织所在地或者其他便利地点，为其参与在线调解提供场所和音视频设备。

各方当事人均不具备使用音视频技术条件或者拒绝通过音视频方式调解的，确定现场调解的时间、地点。

在线调解过程中，部分当事人提出不宜通过音视频方式调解的，调解员在征得其他当事人同意后，可以组织现场调解。

第十七条 在线调解开始前，主持调解的人员应当通过证件证照在线比对等方式核实当事人和其他参与调解人员的身份，告知虚假调解法律后果。立案前调解的，调解员还应当指导当事人填写《送达地址确认书》等相关材料。

第十八条 在线调解过程中，当事人可以通过语音、文字、视频等形式自主表达意愿，提出纠纷解决方案。除共同确认的无争议事实外，当事人为达成调解协议作出妥协而认可的事实、证据等，不得在诉讼程序中作为对其不利的依据或者证据，但法律另有规定或者当事人均同意的除外。

第十九条 调解员组织当事人就所有或者部分调解请求达成一致意见的，应当在线制作或者上传调解协议，当事人和调解员应当在调解协议上进行电子签章；由调解组织主持达成调解协议的，还应当加盖调解组织电子印章，调解组织没有电子印章的，可以将加盖印章的调解协议上传至人民法院调解平台。

调解协议自各方当事人均完成电子签章之时起发生法律效力，并通过人民法院调解平台向当事人送达。调解协议有给付内容的，当事人应当按照调解协议约定内容主动履行。

第二十条 各方当事人在立案前达成调解协议的，调解员应当记入调解笔录并按诉讼外调解结案，引导当事人自动履行。依照法律和司法解释规定可以申请司法确认调解协议的，当事人可以在线提出申请，人民法院经审查符合法律规定的，裁定调解协议有效。

各方当事人在立案后达成调解协议的，可以请求人民法院制作调解书或者申请撤诉。人民法院经审查符合法律规定的，可以制作调解书或者裁定书结案。

第二十一条 经在线调解达不成调解协议，调解组织或者调解员应当记录调解基本情况、调解不成的原因、导致其他当事人诉讼成本增加的行为以及需要向人民法院提示的其他情况。人民法院按照下列情形作出处理：

（一）当事人在立案前申请在线调解的，调解组织或者调解员可以建议通过在线立案或者其他途径解决纠纷，当事人选择在线立案的，调解组织或者调解员应当将电子化调解材料在线推送给人民法院，由人民法院在法定期限内依法登记立案；

（二）立案前委派调解的，调解不成后，人民法院应当依法登记立案；

（三）立案后委托调解的，调解不成后，人民法院应当恢复审理。

审判人员在诉讼过程中组织在线调解的，调解不成后，应当及时审判。

第二十二条 调解员在线调解过程中，同步形成电子笔录，并确认无争议事实。经当事人双方明确表示同意的，可以以调解录音录像代替电子笔录，但无争议事实应当以书面形式确认。

电子笔录以在线方式核对确认后，与书面笔录具有同等法律效力。

第二十三条 人民法院在审查司法确认申请或者出具调解书过程中，发现当事人可能采取恶意串通、伪造证据、捏造事实、虚构法律关系等手段实施虚假调解行为，侵害他人合法权益的，可以要求当事人提供相关证据。当事人不提供相关证据的，人民法院不予确认调解协议效力或者出具调解书。

经审查认为构成虚假调解的，依照《中华人民共和国民事诉讼法》等相关法律规定处理。发现涉嫌刑事犯罪的，及时将线索和材料移送有管辖权的机关。

第二十四条 立案前在线调解期限为三十日。各方当事人同意延长的，不受此限。立案后在线调解，适用普通程序的调解期限为十五日，适用简易程序的调解期限为七日，各方当事人同意延长的，不受此限。立案后延长的调解期限不计入审理期限。

委派委托调解或者当事人申请调解的调解期限，自调解组织或者调解员在人民法院调解平台确认接受委派委托或者确认接受当事人申请之日起算。审判人员主持调解的，自各方当事人同意之日起算。

第二十五条 有下列情形之一的，在线调解程序终结：

（一）当事人达成调解协议；

（二）当事人自行和解，撤回调解申请；

（三）在调解期限内无法联系到当事人；

（四）当事人一方明确表示不愿意继续调解；

（五）当事人分歧较大且难以达成调解协议；

（六）调解期限届满，未达成调解协议，且各方当事人未达成延长调解期限的合意；

（七）当事人一方拒绝在调解协议上签章；

（八）其他导致调解无法进行的情形。

第二十六条 立案前调解需要鉴定评估的，人民法院工作人员、调解组织或者调解员可以告知当事人诉前委托鉴定程序，指导通过电子诉讼平台或者现场办理等方式提交诉前委托鉴定评估申请，鉴定评估期限不计入调解期限。

诉前委托鉴定评估经人民法院审查符合法律规定的，可以作为证据使用。

第二十七条 各级人民法院负责本级在线调解组织和调解员选任确认、业务培训、资质认证、指导入驻、权限设置、业绩评价等管理工作。上级人民法院选任的在线调解组织和调解员，下级人民法院在征得其同意后可以确认为本院在线调解组织和调解员。

第二十八条 人民法院可以建立婚姻家庭、劳动争议、道路交通、金融消费、证券期货、知识产权、海事海商、国际商事和涉港澳台侨纠纷等专业行业特邀调解名册，按照不同专业邀请具备相关专业能力的组织和人员加入。

最高人民法院建立全国性特邀调解名册，邀请全国人大代表、全国政协委员、知名专家学者、具有较高知名度的调解组织以及较强调解能力的人员加入，参与调解全国法院有重大影响、疑难复杂、适宜调解的案件。

高级人民法院、中级人民法院可以建立区域性特邀调解名册，参与本辖区法院案件的调解。

第二十九条 在线调解组织和调解员在调解过程中，存在下列行为之一的，当事人可以向作出邀请的人民法院投诉：

（一）强迫调解；

（二）无正当理由多次拒绝接受人民法院委派委托或者当事人调解申请；

（三）接受当事人请托或者收受财物；

（四）泄露调解过程、调解协议内容以及调解过程中获悉的国家秘密、商业秘密、个人隐私和其他不宜公开的信息，但法律和行政法规另有规定的除外；

（五）其他违反调解职业道德应当作出处理的行为。

人民法院经核查属实的，应当视情形作出解聘等相应处理，并告知有关主管部门。

第三十条 本规则自 2022 年 1 月 1 日起施行。最高人民法院以前发布的司法解释与本规则不一致的，以本规则为准。

附：

一、2021 年 12 月份报国务院备案并予以登记的地方性法规、自治条例、单行条例和地方政府规章目录

地方性法规

法规名称	公布日期	备案登记编号
河北雄安新区条例	2021 年 7 月 29 日	国司备字［2021005198］
山西老陈醋保护条例	2021 年 9 月 29 日	国司备字［2021005188］
山西省康养产业促进条例	2021 年 9 月 29 日	国司备字［2021005189］
山西省农业生产托管服务条例	2021 年 9 月 29 日	国司备字［2021005190］
晋中市城市居民二次供水管理条例	2021 年 10 月 13 日	国司备字［2021005191］
临汾市电动自行车管理条例	2021 年 10 月 13 日	国司备字［2021005192］
内蒙古自治区地下水保护和管理条例	2021 年 11 月 16 日	国司备字［2021005247］
内蒙古自治区养老服务条例	2021 年 11 月 16 日	国司备字［2021005248］
内蒙古自治区城乡生活垃圾管理条例	2021 年 11 月 16 日	国司备字［2021005249］
内蒙古自治区人民代表大会常务委员会关于修改《内蒙古自治区计量管理条例》的决定	2021 年 11 月 16 日	国司备字［2021005250］
内蒙古自治区人民代表大会常务委员会关于修改《内蒙古自治区物业管理条例》的决定	2021 年 11 月 16 日	国司备字［2021005251］

续表

法规名称	公布日期	备案登记编号
内蒙古自治区人民代表大会常务委员会关于废止《内蒙古自治区执行〈中华人民共和国婚姻法〉的补充规定》的决定	2021年11月16日	国司备字［2021005252］
沈阳市水污染防治条例(修订)	2021年10月12日	国司备字［2021005221］
鞍山市优化营商环境条例	2021年10月25日	国司备字［2021005222］
抚顺市文明行为促进条例	2021年10月22日	国司备字［2021005223］
本溪市文明行为促进条例	2021年10月15日	国司备字［2021005224］
锦州市违法建设治理规定	2021年10月14日	国司备字［2021005225］
清原满族自治县人民代表大会关于修改《清原满族自治县物业管理条例》等3件单行条例的决定	2021年10月13日	国司备字［2021005226］
桓仁满族自治县人民代表大会关于修改《桓仁满族自治县封山育林管理条例》《桓仁满族自治县冰葡萄酒管理条例》和废止《桓仁满族自治县水库渔业资源保护管理条例》的决定	2021年10月15日	国司备字［2021005227］
喀喇沁左翼蒙古族自治县人民代表大会关于修改和废止《喀喇沁左翼蒙古族自治县蒙古族文化工作条例》等3件单行条例的决定	2021年10月22日	国司备字［2021005228］
吉林省人民代表大会常务委员会关于修改和废止部分地方性法规的决定	2021年9月28日	国司备字［2021005424］
黑龙江省人民代表大会常务委员会关于修改《黑龙江省城市供热条例》的决定	2021年11月1日	国司备字［2021005232］
黑龙江省人民代表大会常务委员会关于修改《黑龙江省计量条例》的决定	2021年11月1日	国司备字［2021005233］

续表

法规名称	公布日期	备案登记编号
黑龙江省人民代表大会常务委员会关于修改《黑龙江省人口与计划生育条例》的决定	2021 年 11 月 1 日	国司备字［2021005234］
黑龙江省动物防疫条例	2021 年 11 月 1 日	国司备字［2021005235］
黑龙江省人民代表大会常务委员会关于修改《黑龙江省食品安全条例》和《黑龙江省绿色食品管理条例》的决定	2021 年 11 月 1 日	国司备字［2021005236］
哈尔滨市房地产经纪管理条例	2021 年 11 月 3 日	国司备字［2021005237］
哈尔滨市东北抗联文化保护传承条例	2021 年 11 月 1 日	国司备字［2021005238］
鸡西市防御雷电灾害管理条例	2021 年 11 月 1 日	国司备字［2021005239］
黑河市寒区试车产业服务条例	2021 年 10 月 29 日	国司备字［2021005241］
鹤岗市农村人居环境卫生管理条例	2021 年 10 月 29 日	国司备字［2021005240］
上海市城市更新条例	2021 年 8 月 25 日	国司备字［2021005178］
上海市人民代表大会常务委员会关于修改《上海市出版物发行管理条例》等 3 件地方性法规的决定	2021 年 8 月 25 日	国司备字［2021005179］
上海市红色资源传承弘扬和保护利用条例	2021 年 5 月 21 日	国司备字［2021005203］
浙江省人民代表大会常务委员会关于修改《浙江省水上交通安全管理条例》的决定	2021 年 11 月 25 日	国司备字［2021005283］
浙江省人民代表大会常务委员会关于促进和保障龙港市新型城镇化综合改革的决定	2021 年 11 月 25 日	国司备字［2021005284］
浙江省人民代表大会常务委员会关于修改《浙江省消防条例》的决定	2021 年 11 月 25 日	国司备字［2021005285］

续表

法规名称	公布日期	备案登记编号
浙江省综合行政执法条例	2021年11月25日	国司备字［2021005286］
浙江省人民代表大会常务委员会关于修改《浙江省人口与计划生育条例》的决定	2021年11月25日	国司备字［2021005287］
温州市全民阅读促进条例	2021年12月6日	国司备字［2021005387］
嘉兴市住宅物业管理条例	2021年12月7日	国司备字［2021005388］
绍兴市城市轨道交通管理条例	2021年12月8日	国司备字［2021005389］
绍兴市人民代表大会常务委员会关于修改《绍兴市水资源保护条例》的决定	2021年12月8日	国司备字［2021005390］
淮北市非机动车管理条例	2021年8月6日	国司备字［2021005175］
福建省乡村振兴促进条例	2021年10月22日	国司备字［2021005212］
福州市脱胎漆器技艺保护规定	2021年11月3日	国司备字［2021005213］
福州市居家养老服务条例	2021年11月2日	国司备字［2021005214］
泉州市历史文化名城保护条例	2021年11月1日	国司备字［2021005215］
三明市三元区环城山体保护条例	2021年10月22日	国司备字［2021005216］
莆田市木兰溪流域保护条例	2021年10月26日	国司备字［2021005217］
龙岩市奇和洞遗址保护条例	2021年10月26日	国司备字［2021005218］
龙岩市扬尘污染防治条例	2021年10月26日	国司备字［2021005219］

续表

法规名称	公布日期	备案登记编号
宁德市户外广告和招牌设置管理条例	2021 年 10 月 25 日	国司备字［2021005220］
江西省养老服务条例	2021 年 11 月 19 日	国司备字［2021005254］
景德镇市陶瓷文化传承创新条例	2021 年 10 月 12 日	国司备字［2021005199］
江西武功山风景名胜区——宜春明月山景区条例	2021 年 10 月 20 日	国司备字［2021005186］
江西武功山风景名胜区——吉安武功山景区条例	2021 年 10 月 20 日	国司备字［2021005187］
江西武功山风景名胜区——萍乡武功山景区条例	2021 年 10 月 18 日	国司备字［2021005177］
鹰潭市文明行为促进条例	2021 年 10 月 13 日	国司备字［2021005200］
青岛市饮用水水源保护条例	2021 年 9 月 30 日	国司备字［2021005170］
淄博市物业管理条例	2021 年 10 月 8 日	国司备字［2021005171］
烟台市养犬管理条例	2021 年 9 月 30 日	国司备字［2021005172］
烟台市养马岛生态环境保护条例	2021 年 9 月 30 日	国司备字［2021005173］
郑州市古树名木及古树后备资源保护条例	2021 年 11 月 10 日	国司备字［2021005208］
洛阳市湿地保护条例	2021 年 11 月 1 日	国司备字［2021005204］
南阳市居民住宅区消防安全管理条例	2021 年 11 月 9 日	国司备字［2021005205］
安阳市政务服务条例	2021 年 10 月 25 日	国司备字［2021005206］

续表

法规名称	公布日期	备案登记编号
鹤壁市社会治安综合治理条例	2021年10月26日	国司备字［2021005207］
濮阳市不可降解塑料制品管理条例	2021年11月3日	国司备字［2021005209］
三门峡市山体保护条例	2021年11月12日	国司备字［2021005210］
许昌市科技创新促进条例	2021年10月28日	国司备字［2021005211］
湖北省人民代表大会常务委员会关于集中修改涉及长江保护法省本级地方性法规的决定	2021年9月29日	国司备字［2021005386］
湖北省动物防疫条例	2021年11月26日	国司备字［2021005429］
湖北省人民代表大会常务委员会关于修改《湖北省人口与计划生育条例》等地方性法规的决定	2021年11月26日	国司备字［2021005430］
湖南省人口与计划生育条例	2021年12月4日	国司备字［2021005431］
湖南省人民代表大会常务委员会关于促进和保障长江流域禁捕工作的决定	2021年12月3日	国司备字［2021005432］
长沙市人民代表大会常务委员会关于修改《长沙市文明行为促进条例》等六部地方性法规的决定	2021年10月20日	国司备字［2021005231］
广东省人民代表大会常务委员会关于修改《广东省人口与计划生育条例》的决定	2021年12月1日	国司备字［2021005376］
广东省人力资源市场条例	2021年12月1日	国司备字［2021005377］
广东省动物防疫条例	2021年12月1日	国司备字［2021005378］
广东省平安建设条例	2020年12月1日	国司备字［2021005379］

续表

法规名称	公布日期	备案登记编号
广东省人民代表大会常务委员会关于修改《广东省拆迁城镇华侨房屋规定》等两项地方性法规的决定	2021 年 12 月 1 日	国司备字［2021005380］
广州市排水条例	2021 年 10 月 26 日	国司备字［2021005229］
广州市人民代表大会常务委员会关于清理广州市地方性法规中与民法典不一致条款的决定	2021 年 10 月 20 日	国司备字［2021005230］
深圳市人民代表大会常务委员会关于修改《深圳经济特区道路交通安全管理条例》的决定	2021 年 10 月 30 日	国司备字［2021005242］
深圳市人民代表大会常务委员会关于修改《深圳市城市规划条例》的决定	2021 年 10 月 30 日	国司备字［2021005243］
深圳市人民代表大会常务委员会关于修改《深圳经济特区土地使用权出让条例》的决定	2021 年 10 月 30 日	国司备字［2021005244］
深圳市人民代表大会常务委员会关于修改《深圳经济特区房地产登记条例》的决定	2021 年 10 月 30 日	国司备字［2021005245］
深圳经济特区政府投资项目管理条例	2021 年 10 月 30 日	国司备字［2021005246］
珠海经济特区突发公共卫生事件应急条例	2021 年 10 月 9 日	国司备字［2021005176］
汕头经济特区跨境电子商务促进条例	2021 年 11 月 22 日	国司备字［2021005258］
汕头经济特区预防与化解纠纷促进条例	2021 年 11 月 22 日	国司备字［2021005259］
乳源瑶族自治县县城市容和环境卫生	2021 年 9 月 2 日	国司备字［2021005253］
海口市人民代表大会常务委员会关于修改《海口市万绿园保护管理规定》等三件法规的决定	2021 年 6 月 17 日	国司备字［2021005384］

续表

法规名称	公布日期	备案登记编号
重庆市人民代表大会常务委员会关于废止《重庆市农业机械安全监理及事故处理条例》《重庆市罚款和没收财物管理条例》的决定	2021年11月25日	国司备字[2021005268]
重庆市人民代表大会常务委员会关于修改《重庆市人口与计划生育条例》的决定	2021年11月25日	国司备字[2021005383]
重庆市中医药条例	2021年11月25日	国司备字[2021005385]
重庆市人民代表大会常务委员会关于加强嘉陵江流域水生态环境协同保护的决定	2021年11月25日	国司备字[2021005420]
重庆市道路运输管理条例	2021年11月25日	国司备字[2021005421]
重庆市国有土地上房屋征收与补偿条例	2021年11月25日	国司备字[2021005422]
重庆市生活垃圾管理条例	2021年11月25日	国司备字[2021005423]
重庆市标准化条例	2021年11月25日	国司备字[2021005425]
四川省物业管理条例	2021年9月29日	国司备字[2021005401]
四川省交通运输综合行政执法条例	2021年9月29日	国司备字[2021005402]
四川省公共文化服务保障条例	2021年9月29日	国司备字[2021005403]
四川省公共消防设施条例	2021年9月29日	国司备字[2021005404]
四川省人民代表大会常务委员会关于修改《四川省建筑管理条例》的决定	2021年9月29日	国司备字[2021005405]
四川省人民代表大会常务委员会关于修改《四川省水利工程管理条例》的决定	2021年9月29日	国司备字[2021005406]

续表

法规名称	公布日期	备案登记编号
四川省人民代表大会常务委员会关于修改《四川省人口与计划生育条例》的决定	2021 年 9 月 29 日	国司备字［2021005407］
成都市《中华人民共和国河道管理条例》实施办法	2021 年 9 月 30 日	国司备字［2021005409］
成都市城市公共汽车客运管理条例	2021 年 9 月 30 日	国司备字［2021005410］
攀枝花市观音岩引水工程管理规定	2021 年 8 月 2 日	国司备字［2021005180］
泸州市历史风貌建筑保护条例	2021 年 10 月 9 日	国司备字［2021005411］
南充市乡村污水处理条例	2021 年 10 月 8 日	国司备字［2021005412］
宜宾市农村生活环境保护管理条例	2021 年 10 月 11 日	国司备字［2021005413］
邓小平故里历史文化遗存保护条例	2021 年 10 月 11 日	国司备字［2021005414］
达州市红色文化遗存保护利用条例	2021 年 9 月 30 日	国司备字［2021005415］
雅安市文明行为促进条例	2021 年 10 月 8 日	国司备字［2021005416］
广元市剑门蜀道保护条例	2021 年 10 月 8 日	国司备字［2021005417］
内江市文明行为促进条例	2021 年 10 月 12 日	国司备字［2021005418］
资阳市大气污染防治条例	2021 年 10 月 18 日	国司备字［2021005419］
贵州省中医药条例	2021 年 5 月 27 日	国司备字［2021005201］
贵州省长征国家文化公园条例	2021 年 5 月 27 日	国司备字［2021005202］

续表

法规名称	公布日期	备案登记编号
云南省人民代表大会常务委员会关于全面贯彻实施长江保护法促进高质量发展的决定	2021 年 9 月 29 日	国司备字［2021005391］
云南省宗教事务条例	2021 年 11 月 24 日	国司备字［2021005392］
昆明市城市供水用水管理条例	2021 年 12 月 9 日	国司备字［2021005298］
玉溪市文明行为促进条例	2021 年 11 月 26 日	国司备字［2021005393］
保山市乡村清洁条例	2021 年 11 月 29 日	国司备字［2021005394］
丽江市乡村清洁条例	2021 年 11 月 25 日	国司备字［2021005395］
怒江傈僳族自治州怒江美丽公路路域环境管理条例	2021 年 10 月 30 日	国司备字［2021005397］
甘肃省禁毒条例	2021 年 11 月 26 日	国司备字［2021005358］
甘肃省固体废物污染环境防治条例	2021 年 11 月 26 日	国司备字［2021005359］
甘肃省技术市场条例	2021 年 11 月 26 日	国司备字［2021005360］
甘肃省社会信用条例	2021 年 11 月 26 日	国司备字［2021005361］
甘肃省标准化条例	2021 年 11 月 26 日	国司备字［2021005362］
甘肃省实施《中华人民共和国未成年人保护法》办法	2021 年 11 月 26 日	国司备字［2021005363］
甘肃省动物防疫条例	2021 年 11 月 26 日	国司备字［2021005364］
甘肃省实施《中华人民共和国土地管理法》办法	2021 年 11 月 26 日	国司备字［2021005368］

续表

法规名称	公布日期	备案登记编号
甘肃省各级人民代表大会常务委员会规范性文件备案审查规定	2021 年 11 月 26 日	国司备字［2021005369］
甘肃省涉案财物价格认定条例	2021 年 11 月 26 日	国司备字［2021005372］
甘肃省人民代表大会常务委员会关于修改《甘肃省人口与计划生育条例》的决定	2021 年 11 月 26 日	国司备字［2021005374］
甘肃省阿克塞哈萨克族自治县城市市容和环境卫生管理条例	2021 年 11 月 1 日	国司备字［2021005181］
青海省实施河长制湖长制条例	2021 年 9 月 29 日	国司备字［2021005193］
青海省非物质文化遗产条例	2021 年 9 月 29 日	国司备字［2021005194］
青海省消防条例	2021 年 9 月 29 日	国司备字［2021005195］
西宁市爱国卫生管理条例（修订）	2021 年 11 月 12 日	国司备字［2021005255］
海西蒙古族藏族自治州自治条例（修订）	2021 年 10 月 29 日	国司备字［2021005196］
玉树藏族自治州施行《中华人民共和国民法典》结婚年龄的变通规定	2021 年 11 月 11 日	国司备字［2021005256］
民和回族土族自治县自治条例（修订）	2021 年 10 月 29 日	国司备字［2021005197］
银川市人民代表大会常务委员会关于修改《银川市学生校外就餐休息场所卫生管理条例》等六件地方性法规的决定	2021 年 9 月 28 日	国司备字［2021005174］
哈密市城市供热用热管理条例	2021 年 11 月 8 日	国司备字［2021005257］

地方政府规章

规章名称	公布日期	备案登记编号
河北省地震预警管理办法	2021 年 11 月 12 日	国司备字［2021005185］
河北省科学技术奖励办法	2021 年 11 月 28 日	国司备字［2021005273］
河北省省级重要物资储备管理办法	2021 年 11 月 25 日	国司备字［2021005440］
石家庄市人民政府关于废止部分市政府规章的决定	2021 年 11 月 23 日	国司备字［2021005293］
唐山市人民政府关于废止《唐山市土地管理办法》的决定	2021 年 2 月 11 日	国司备字［2021005141］
唐山市人民政府关于修改《唐山市住宅专项维修资金管理办法》的决定	2021 年 3 月 6 日	国司备字［2021005142］
邯郸市人民政府关于废止邯郸市建设用地管理办法等 6 件政府规章的决定	2021 年 11 月 11 日	国司备字［2021005279］
张家口市相对集中行政许可权实施办法	2021 年 11 月 18 日	国司备字［2021005149］
太原市爱国卫生管理办法	2021 年 12 月 5 日	国司备字［2021005270］
晋城市城市户外广告和招牌设置管理办法	2021 年 12 月 8 日	国司备字［2021005426］
内蒙古自治区人民政府关于废止部分政府规章的决定	2021 年 11 月 25 日	国司备字［2021005398］
内蒙古自治区人民政府关于修改《内蒙古自治区苏木、乡镇档案管理办法》的决定	2021 年 11 月 25 日	国司备字［2021005399］
呼和浩特市人民政府关于废止部分政府规章的决定	2021 年 11 月 4 日	国司备字［2021005163］
抚顺市人民政府关于废止部分市政府规章的决定	2021 年 11 月 20 日	国司备字［2021005182］

续表

规章名称	公布日期	备案登记编号
本溪市人民政府关于公布市政府规章及行政规范性文件清理结果的决定	2021 年 11 月 30 日	国司备字[2021005294]
长春市人民政府关于修改和废止部分政府规章的决定	2021 年 12 月 10 日	国司备字[2021005396]
黑龙江省人民政府关于修改《关于委托实施省管部分用地审批(审核)职权的决定》的决定	2021 年 9 月 9 日	国司备字[2021005169]
江苏省企业职工基本养老保险规定	2021 年 11 月 25 日	国司备字[2021005274]
江苏省测绘地理信息市场管理规定	2021 年 12 月 4 日	国司备字[2021005288]
常州市气象设施和气象探测环境保护办法	2021 年 11 月 11 日	国司备字[2021005146]
盐城市重大行政决策程序规定	2021 年 12 月 9 日	国司备字[2021005443]
盐城市人民防空工程建设使用规定	2021 年 12 月 12 日	国司备字[2021005444]
扬州市城镇燃气管理办法	2021 年 12 月 21 日	国司备字[2021005437]
扬州市市区养犬管理办法	2021 年 12 月 17 日	国司备字[2021005438]
淮安市城市房屋使用安全管理办法	2021 年 11 月 29 日	国司备字[2021005367]
杭州市人民政府关于废止《杭州市城市地下管线工程档案管理办法》等 6 件市政府规章的决定	2021 年 11 月 17 日	国司备字[2021005164]
杭州市人民政府关于修改《杭州市门牌管理规定》等 2 件市政府规章部分条款的决定	2021 年 11 月 17 日	国司备字[2021005165]
杭州市不动产登记若干规定	2021 年 12 月 6 日	国司备字[2021005365]

续表

规章名称	公布日期	备案登记编号
杭州市行政赔偿和追偿办法	2021 年 12 月 13 日	国司备字［2021005427］
宁波市人民政府地方性法规案和规章制定办法	2021 年 12 月 6 日	国司备字［2021005382］
金华市市区国有土地上房屋征收与补偿办法	2021 年 12 月 6 日	国司备字［2021005434］
安徽省知识产权保护办法	2021 年 10 月 26 日	国司备字［2021005295］
安徽省粮食储备管理办法	2021 年 9 月 27 日	国司备字［2021005296］
合肥市基本医疗保险办法	2021 年 11 月 4 日	国司备字［2021005160］
六安市餐厨垃圾管理办法	2021 年 10 月 18 日	国司备字［2021005157］
福建省侨批档案保护与利用办法	2021 年 10 月 13 日	国司备字［2021005167］
南平市生活垃圾分类管理办法	2021 年 11 月 2 日	国司备字［2021005159］
南昌市城镇排水与污水处理管理办法	2021 年 11 月 17 日	国司备字［2021005263］
泰安市应急避难场所管理办法	2021 年 12 月 15 日	国司备字［2021005435］
泰安市重大行政决策程序规定	2021 年 12 月 15 日	国司备字［2021005436］
滨州市建筑外立面管理办法	2021 年 11 月 29 日	国司备字［2021005260］
滨州市人民政府关于修改《滨州市政府规章制定程序规定》的决定	2021 年 11 月 29 日	国司备字［2021005261］
河南省取水许可管理办法	2021 年 10 月 27 日	国司备字［2021005161］

续表

规章名称	公布日期	备案登记编号
河南省行政处罚听证管理办法	2021 年 10 月 23 日	国司备字［2021005162］
河南省储备粮管理办法	2021 年 11 月 13 日	国司备字［2021005278］
濮阳市城市生活垃圾处理费征收管理办法	2021 年 3 月 19 日	国司备字［2021005297］
鄂州市人民政府关于修改《鄂州市农贸市场管理办法》的决定	2021 年 11 月 17 日	国司备字［2021005269］
湖南省内部审计办法	2021 年 11 月 2 日	国司备字［2021005148］
湖南省古树名木保护办法	2021 年 11 月 26 日	国司备字［2021005370］
湖南省优化营商环境规定	2021 年 11 月 26 日	国司备字［2021005371］
长沙市人民政府关于修改和废止部分市人民政府规章的决定	2021 年 11 月 13 日	国司备字［2021005183］
湘潭市居民住宅区消防安全管理办法	2021 年 12 月 1 日	国司备字［2021005428］
广东省省级储备粮管理办法	2021 年 11 月 19 日	国司备字［2021005381］
广州市房屋交易监督管理办法	2021 年 11 月 15 日	国司备字［2021005272］
汕头经济特区行政规范性文件管理规定	2021 年 11 月 3 日	国司备字［2021005280］
潮州市城区户外广告设施和招牌设置管理办法	2021 年 12 月 3 日	国司备字［2021005439］
汕尾市红海湾经济开发区管理暂行规定	2021 年 11 月 7 日	国司备字［2021005264］
汕尾市华侨管理区管理暂行规定	2021 年 11 月 8 日	国司备字［2021005265］

续表

规章名称	公布日期	备案登记编号
南宁市行政规范性文件制定监督管理办法	2021 年 11 月 24 日	国司备字［2021005271］
三亚市中小学、幼儿园用地保护办法	2021 年 11 月 14 日	国司备字［2021005184］
三亚市规章与行政规范性文件管理办法	2021 年 12 月 6 日	国司备字［2021005366］
重庆市无障碍环境建设与管理规定	2021 年 11 月 26 日	国司备字［2021005373］
重庆市物业专项维修资金管理办法	2021 年 11 月 26 日	国司备字［2021005375］
四川省无障碍环境建设管理办法	2021 年 12 月 2 日	国司备字［2021005277］
贵州省人民政府关于废止和修改部分省政府令的决定	2021 年 10 月 6 日	国司备字［2021005400］
昆明市人民政府关于废止《昆明市人民政府重大行政决策程序规定》的决定	2021 年 10 月 29 日	国司备字［2021005281］
西安市城市更新办法	2021 年 11 月 19 日	国司备字［2021005147］
甘肃省无线电管理办法	2021 年 11 月 2 日	国司备字［2021005145］
兰州市人民政府关于修改《兰州市政府投资项目评审管理办法》的决定	2021 年 11 月 25 日	国司备字［2021005275］
兰州市人民政府关于修改《兰州市地质灾害防治管理办法》的决定	2021 年 11 月 25 日	国司备字［2021005276］
兰州市人民政府关于修改《兰州市城市房屋使用安全管理办法》的决定	2021 年 11 月 25 日	国司备字［2021005282］
青海省人民政府关于修改和废止部分省政府规章的决定	2021 年 10 月 28 日	国司备字［2021005158］
新疆维吾尔自治区地方储备粮管理办法	2021 年 10 月 21 日	国司备字［2021005155］

二、2021年废止的法律目录

中华人民共和国执业医师法

（1998年6月26日第九届全国人民代表大会常务委员会第三次会议通过　1998年6月26日中华人民共和国主席令第五号公布　根据2009年8月27日中华人民共和国主席令第十八号第十一届全国人民代表大会常务委员会第十次会议《关于修改部分法律的决定》修正）

中华人民共和国环境噪声污染防治法

（1996年10月29日第八届全国人民代表大会常务委员会第二十二次会议通过　根据2018年12月29日第十三届全国人民代表大会常务委员会第七次会议《关于修改〈中华人民共和国劳动法〉等七部法律的决定》修正）

三、2021年废止的行政法规目录

非法金融机构和非法金融业务活动取缔办法
（1998年7月13日中华人民共和国国务院令第247号发布　根据2011年1月8日国务院令第588号《国务院关于废止和修改部分行政法规的决定》修订）

计划生育技术服务管理条例
（2001年6月13日中华人民共和国国务院令第309号公布　根据2004年12月10日《国务院关于修改〈计划生育技术服务管理条例〉的决定》修订）

社会抚养费征收管理办法
（2002年8月2日中华人民共和国国务院令第357号公布　自2002年9月1日起施行）

流动人口计划生育工作条例
（2009年5月11日中华人民共和国国务院令第555号公布　自2009年10月1日起施行）

中华人民共和国印花税暂行条例
（1988年8月6日中华人民共和国国务院令第11号发布　根据2011年1月8日《国务院关于废止和修改部分行政法规的决定》修订）

中华人民共和国公司登记管理条例
（1994年6月24日中华人民共和国国务院令第156号公布　根据2005年12月18日《国务院关于修改〈中华人民共和国公司登记管理条例〉的决定》第一次修订　根据2014年2月19日《国务院关于废止和修改部分行政法规的决定》第二次修订　根据2016年2月6日《国务院关于修改部分行政法规的决定》第三次修订）

中华人民共和国企业法人登记管理条例
（1988年6月3日中华人民共和国国务院令第1号发布　根据2011年1月8日《国务院关于废止和修改部分行政法规的决定》第一次修订　根据2014年2月19日《国务院关于废止和修改部分行政法规的决定》第二次修订　根据2016年2月6日《国务院关于修改部分行政法规的决定》第三次修订　根据2019年3月2日《国务院关于修改部分行政法规的决定》第四次修订）

中华人民共和国合伙企业登记管理办法

（1997年11月19日中华人民共和国国务院令第236号发布　根据2007年5月9日《国务院关于修改〈中华人民共和国合伙企业登记管理办法〉的决定》第一次修订　根据2014年2月19日《国务院关于废止和修改部分行政法规的决定》第二次修订　根据2019年3月2日《国务院关于修改部分行政法规的决定》第三次修订）

农民专业合作社登记管理条例

（2007年5月28日中华人民共和国国务院令第498号公布　根据2014年2月19日《国务院关于废止和修改部分行政法规的决定》修订）

企业法人法定代表人登记管理规定

（1998年4月7日国家工商行政管理局令第85号发布　1999年6月12日国务院批准修订）

四、2021年国务院部门明令废止的规章目录

罚没财物和追回赃款赃物管理办法
（1986年12月31日　(86)财预字第228号）

禁止食品加药卫生管理办法
（1987年10月22日卫生部发布）

中华人民共和国交通部拆解船舶监督管理规则
（1989年12月23日　交通部(89)交安监字723号）

汽车排气污染监督管理办法
（1990年8月15日国家环保局、公安部、国家进出口商品检验局、中国人民解放军总后勤部、交通部、中国汽车工业总公司发布　(90)环管字第359号）

公路工程施工监理办法
（1992年5月16日　交工发[1992]378号）

海上移动通信业务标识管理办法
（1993年12月24日交通部令1993年第7号发布　自1994年3月1日起施行）

长江渔业资源管理规定
（1995年9月28日农业部发布　根据2004年7月1日《农业部关于修订农业行政许可规章和规范性文件的决定》修订）

居民用户家用电器损坏处理办法
（1996年8月21日电力工业部令第7号发布　自1996年9月1日起施行）

中国民用航空旅客、行李国际运输规则
（1997年12月8日民航总局令第70号公布　自1998年4月1日起施行）

乡镇档案工作试行办法
（1998年1月5日　档发字[1998]1号）

国有企业资产与产权变动档案处置暂行办法
（1998年3月5日　档发字[1998]6号）

国家发展计划委员会关于印发《涉案物品价格鉴定复核裁定管理办法》的通知
（1998年5月5日　计价费[1998]775号）

宗教院校聘用外籍专业人员办法
（1998年11月19日由国家宗教事务局、国家外国专家局、公安部颁发　国宗发[1998]052号）

危险废物转移联单管理办法
（1999年5月31日国家环境保护总局令第5号发布　自1999年10月1日起施行）

审计机关审计听证的规定

（2000年1月28日审计署令第1号发布　自发布之日起施行）

质量技术监督行政复议实施办法

（2000年4月24日国家质量技术监督局令第9号公布　自公布之日起施行）

公安机关人民警察内务条令

（2000年6月1日公安部令第53号公布　自公布之日起施行）

仿印邮票图案管理办法

（2000年10月8日信息产业部令第4号发布　自发布之日起实行）

一次性使用无菌医疗器械监督管理办法（暂行）

（2000年10月13日国家药品监督管理局令第24号发布　自发布之日起施行）

药品行政保护条例实施细则

（2000年10月24日国家药品监督管理局令第25号发布　自发布之日起施行）

建设项目竣工环境保护验收管理办法

（2001年12月27日国家环境保护总局令第13号公布　自2002年2月1日起施行）

国家重大建设项目招标投标监督暂行办法

（2002年1月10日国家发展计划委员会令第18号公布　自2002年2月1日起施行）

中药材生产质量管理规范（试行）

（2002年4月17日国家药品监督管理局令第32号发布　自2002年6月1日起施行）

技术监督行政执法证件和徽章管理办法

（1991年5月11日国家技术监督局令22号发布　根据2003年2月21日《国家质量监督检验检疫总局关于废止部分质量技术监督行政规章的通知》修订）

普通话水平测试管理规定

（2003年5月21日教育部令第16号发布　自2003年6月15日起施行）

保险业重大突发事件应急处理规定

（2003年12月18日中国保险监督管理委员会第3号令公布　自2004年2月1日起施行）

中国民用航空旅客、行李国内运输规则

（1996年2月28日民航总局令第49号公布　根据2004年7月12日《中国民用航空总局关于修订〈中国民用航空旅客、行李国内运输规则〉的决定》修订）

直接接触药品的包装材料和容器管理办法

（2004年7月20日国家食品药品监督管理局令第13号公布　自公布之日起施行）

保险公司非寿险业务准备金管理办法(试行)

(2004年12月15日中国保险监督管理委员会令2004年第13号公布　自2005年1月15日起施行)

农村土地承包经营权流转管理办法

(2005年1月19日农业部令第47号公布　自2005年3月1日起施行)

化妆品卫生监督条例实施细则

(1991年3月27日卫生部令13号公布　根据2005年5月20日《卫生部关于修改〈化妆品卫生监督条例实施细则〉第四十九条、第五十条的通知》修订)

旅游规划设计单位资质等级认定管理办法

(2005年7月6日国家旅游局令第24号公布　自2005年8月5日起施行)

文化部立法工作规定

(2006年3月16日文化部令第37号公布　自2006年4月10日起实施)

宗教教职人员备案办法

(2006年12月29日国家宗教事务局令第3号发布　自2007年3月1日起施行)

宗教活动场所主要教职任职备案办法

(2006年12月29日国家宗教事务局令第4号发布　自2007年3月1日起施行)

上市公司信息披露管理办法

(2007年1月30日证监会令第40号公布　自公布之日起施行)

兽用生物制品经营管理办法

(2007年3月29日农业部令第3号公布　自2007年5月1日起施行)

公安机关人民警察着装管理规定

(1998年12月18日公安部发布　根据2000年8月28日公安部令第54号第一次修订　根据2007年6月5日公安部令第92号第二次修订)

保险许可证管理办法

(2007年6月22日中国保险监督管理委员会令2007年第1号公布　自2007年9月1日起施行)

金融许可证管理办法

(2007年7月3日中国银行业监督管理委员会令2007年第8号公布　自公布之日起施行)

宗教院校设立办法

(2007年8月1日国家宗教事务局令第6号公布　自2007年9月1日起施行)

证券市场资信评级业务管理暂行办法

(2007年8月24日中国证券监督管理委员会令第50号发布　自2007年9月1日起施行)

中国禁止进口限制进口技术目录

(2007年10月23日商务部令第7号公布　自2007年11月23日起施行)

中央储备糖管理办法

(2008年1月24日商务部令2008年第1号公布　自2008年3月1日起施行)

保险公司偿付能力管理规定
（2008年7月10日中国保险监督管理委员会令第1号公布　自2008年9月1日起施行）
工商行政管理执法证管理办法
（2008年10月9日国家工商行政管理总局令第36号公布　自2008年12月1日起施行）
中华人民共和国海关化验管理办法
（2008年10月13日海关总署令第176号公布　自2008年12月1日起施行）
中国保险监督管理委员会政府信息公开办法
（2008年11月18日中国保险监督管理委员会令2008年第3号公布　自2009年1月1日起施行）
道路交通事故社会救助基金管理试行办法
（2009年9月10日财政部、保监会、公安部、卫生部、农业部令第56号公布　自2010年1月1日起施行）
经营者集中申报办法
（2009年11月21日商务部令2009年第11号公布　自2010年1月1日起施行）
经营者集中审查办法
（2009年11月24日商务部令2009年第12号公布　自2010年1月1日起施行）
财产保险公司保险条款和保险费率管理办法
（2010年2月5日中国保险监督管理委员会令第3号公布　自2010年4月1日起施行）
中华人民共和国海关办理行政处罚简单案件程序规定
（2010年3月1日海关总署令第188号公布　自2010年4月1日起施行）
再保险业务管理规定
（2010年5月21日中国保险监督管理委员会令2010年第8号公布　自2010年7月1日起施行）
商业银行董事履职评价办法（试行）
（2010年12月10日中国银行业监督管理委员会令2010年第7号公布　自公布之日起施行）
国家旅游局规章和规范性文件制定程序规定
（2011年4月6日国家旅游局令第36号公布　自公布之日起施行）
固体废物进口管理办法
（2011年4月8日环境保护部、商务部、发展改革委、海关总署、原质检总局令第12号公布　自2011年8月1日起施行）
未依法申报经营者集中调查处理暂行办法
（2011年12月30日商务部令2011年第6号公布　自2012年2月1日起施行）

中央投资项目招标代理资格管理办法
(2012年3月2日国家发展和改革委员会令第13号发布　自2012年4月2日起施行)

社会组织登记管理机关行政处罚程序规定
(2012年8月3日民政部令第44号公布　自2012年10月1日起施行)

机动车登记规定
(2008年5月27日公安部令第102号发布　根据2012年9月12日《公安部关于修改〈机动车登记规定〉的决定》修正)

家用汽车产品修理、更换、退货责任规定
(2012年12月29日国家质量监督检验检疫总局令第150号公布　自2013年10月1日起施行)

职业病诊断与鉴定管理办法
(2013年2月19日卫生部令第91号公布　自2013年4月10日起施行)

社会保险费申报缴纳管理规定
(2013年9月26日人力资源社会保障部令第20号公布　自2013年11月1日起施行)

价格违法行为举报处理规定
(2014年1月15日国家发展和改革委员会令第6号公布　自2014年5月1日起施行)

网络交易管理办法
(2014年1月26日国家工商行政管理总局令第60号公布　自2014年3月15日起施行)

中华人民共和国海关行政处罚听证办法
(2006年1月26日海关总署第145号令发布　根据2014年3月13日《海关总署关于修改部分规章的决定》修订)

中华人民共和国海关进出口货物商品归类管理规定
(2007年3月2日海关总署令第158号公布　根据2014年3月13日《海关总署关于修改部分规章的决定》修改)

中华人民共和国海关办理行政处罚案件程序规定
(2007年3月2日海关总署令第159号公布　根据2014年3月13日《海关总署关于修改部分规章的决定》修改)

医疗器械注册管理办法
(2014年7月30日国家食品药品监督管理总局令第4号公布　自2014年10月1日起施行)

体外诊断试剂注册管理办法
(2014年7月30日国家食品药品监督管理总局令第5号公布　自2014年10月1日起施行)

工商行政管理行政处罚信息公示暂行规定
（2014年8月19日国家工商行政管理总局令第71号公布　自2014年10月1日起施行）

西部地区鼓励类产业目录
（2014年8月20日国家发展和改革委员会第15号令公布　自2014年10月1日起施行）

对外援助管理办法（试行）
（2014年11月15日商务部令2014年第5号发布　自2014年12月15日起施行）

关于经营者集中附加限制性条件的规定（试行）
（2014年12月4日商务部令2014年第6号发布　自2015年1月5日起施行）

碳排放权交易管理暂行办法
（2014年12月10日国家发展和改革委员会令第17号发布　自发布之日起30日后施行）

企业事业单位环境信息公开办法
（2014年12月19日环境保护部令第31号公布　自2015年1月1日起施行）

食品药品监督管理统计管理办法
（2014年12月19日国家食品药品监督管理总局令第10号公布　自2015年2月1日起施行）

公司债券发行与交易管理办法
（2015年1月15日证监会令第113号公布　自2015年1月15日起施行）

证券市场禁入规定
（2006年6月7日中国证券监督管理委员会令第33号公布　根据2015年5月18日《中国证券监督管理委员会关于修改〈证券市场禁入规定〉的决定》修订）

水运工程施工监理规定（试行）
（1994年8月30日交通部发布　根据2015年6月26日《交通运输部关于修改〈水运工程施工监理规定（试行）〉的决定》修正）

中国质量奖管理办法
（2015年9月14日国家质量监督检验检疫总局令第167号公布　自2015年11月1日起施行）

严重违法失信企业名单管理暂行办法
（2015年12月30日国家工商行政管理总局令第83号公布　自2016年4月1日起施行）

中国保险监督管理委员会派出机构监管职责规定
（2016年1月11日保监会令2016年第1号公布　自2016年3月1日起实施）

机动车驾驶证申领和使用规定
（2012年9月12日公安部令第123号发布　根据2016年1月29日《公安部关于修改〈机动车驾驶证申领和使用规定〉的决定》修改）

食品生产经营日常监督检查管理办法

（2016年3月4日国家食品药品监督管理总局令第23号公布　自2016年5月1日起施行）

民用航空导航设备开放与运行管理规定

（2016年3月28日交通运输部令2016年第24号公布　自2016年4月28日起施行）

民用航空通信导航监视设备飞行校验管理规则

（2016年3月28日交通运输部令2016年第25号公布　自2016年4月28日起施行）

质量监督检验检疫行政执法证件管理办法

（2002年11月6日国家质量监督检验检疫总局令第30号公布　根据2008年4月29日《国家质量监督检验检疫总局关于修改〈质量监督检验检疫行政执法证件管理办法〉的决定》第一次修订　根据2016年12月6日《国家质量监督检验检疫总局关于修改〈质量监督检验检疫行政执法证件管理办法〉的决定》第二次修订）

科学研究和教学用品免征进口税收规定

（2007年1月31日财政部、海关总署、国家税务总局令第45号公布　根据2011年6月14日《财政部、海关总署、国家税务总局关于修改〈科技开发用品免征进口税收暂行规定〉和〈科学研究和教学用品免征进口税收规定〉的决定》修订　根据2017年12月20日《财政部、海关总署、国家税务总局关于修改〈科学研究和教学用品免征进口税收规定〉的决定》修正）

保险公司董事、监事和高级管理人员任职资格管理规定

（2010年1月8日中国保险监督管理委员会令2010年第2号公布　根据2014年1月23日《中国保险监督管理委员会关于修改〈保险公司董事、监事和高级管理人员任职资格管理规定〉的决定》第一次修正　根据2018年2月13日《中国保险监督管理委员会关于修改〈中华人民共和国外资保险公司管理条例实施细则〉等四部规章的决定》第二次修正）

中华人民共和国海关企业信用管理办法

（2018年3月3日海关总署令第237号公布　自2018年5月1日起施行）

出口蜂蜜检验检疫管理办法

（2000 年 2 月 22 日国家检验检疫局令第 20 号公布　根据 2018 年 4 月 28 日《海关总署关于修改部分规章的决定》修正）

建设项目环境影响评价分类管理名录

（2017 年 6 月 29 日环境保护部令第 44 号公布　根据 2018 年 4 月 28 日《环境保护部关于修改〈建设项目环境影响评价分类管理名录〉部分内容的决定》修正）

中华人民共和国海关报关单位注册登记管理规定

（2014 年 3 月 13 日海关总署令第 221 号公布　根据 2017 年 12 月 20 日《海关总署关于修改部分规章的决定》第一次修正　根据 2018 年 5 月 29 日《海关总署关于修改部分规章的决定》第二次修正）

出入境检验检疫报检企业管理办法

（2015 年 2 月 15 日国家质量监督检验检疫总局令第 161 号公布　2016 年 10 月 18 日《国家质量监督检验检疫总局关于修改和废止部分规章的决定第一次修正　根据 2018 年 4 月 28 日《海关总署关于修改部分规章的决定》第二次修正　根据 2018 年 5 月 29 日《海关总署关于修改部分规章的决定》第三次修正）

中国证券监督管理委员会关于改革完善并严格实施上市公司退市制度的若干意见

（2014 年 10 月 15 日证监会令第 107 号公布　根据 2018 年 7 月 27 日《中国证券监督管理委员会关于修改〈关于改革完善并严格实施上市公司退市制度的若干意见〉的决定》修正）

进口食品境外生产企业注册管理规定

（2012 年 3 月 22 日国家质量监督检验检疫总局令第 145 号公布　根据 2018 年 11 月 23 日《海关总署关于修改部分规章的决定》修正）

进出口食品安全管理办法

（2011 年 9 月 13 日国家质量监督检验检疫总局令第 144 号公布　根据 2016 年 10 月 18 日《国家质量监督检验检疫总局关于修改和废止部分规章的决定》第一次修正　根据 2018 年 11 月 23 日《海关总署关于修改部分规章的决定》第二次修正）

进出口水产品检验检疫监督管理办法

（2011 年 1 月 4 日国家质量监督检验检疫总局令第 135 号公布　根据 2018 年 11 月 23 日《海关总署关于修改部分规章的决定》修正）

进出口肉类产品检验检疫监督管理办法
（2011年1月4日国家质量监督检验检疫总局令第136号公布　根据2018年11月23日《海关总署关于修改部分规章的决定》修正）

进出口乳品检验检疫监督管理办法
（2013年1月24日国家质量监督检验检疫总局令第152号公布　根据2018年11月23日《海关总署关于修改部分规章的决定》修正）

出口食品生产企业备案管理规定
（2017年11月14日国家质量监督检验检疫总局令第192号公布　根据2018年11月23日《海关总署关于修改部分规章的决定》修正）

中华人民共和国水上水下活动通航安全管理规定
（2019年1月28日交通运输部令2019年第2号公布　自2019年5月1日起施行）

中华人民共和国海上海事行政处罚规定
（2015年5月29日交通运输部令2015年第8号公布　2017年5月23日《交通运输部关于修改〈中华人民共和国海上海事行政处罚规定〉的决定》第一次修正　2019年4月12日《交通运输部关于修改〈中华人民共和国海上海事行政处罚规定〉的决定》第二次修正）

外商投资合伙企业登记管理规定
（2010年1月29日国家工商行政管理总局令第47号公布　根据2014年2月20日《国家工商行政管理总局关于修改〈中华人民共和国企业法人登记管理条例施行细则〉、〈外商投资合伙企业登记管理规定〉、〈个人独资企业登记管理办法〉、〈个体工商户登记管理办法〉等规章的决定》第一次修订　根据2019年8月8日《市场监管总局关于修改〈中华人民共和国企业法人登记管理条例施行细则〉等四部规章的决定》第二次修订）

应收账款质押登记办法
（2019年11月22日中国人民银行令〔2019〕第4号发布　自2020年1月1日起施行）

农业行政处罚程序规定
（2020年1月14日农业农村部令2020年第1号公布　自2020年3月1日起施行）

证券交易所管理办法
（2017年11月17日中国证监会令第136号公布　根据2020年3月20日《中国证券监督管理委员会关于修改部分证券期货规章的决定》修正）

图书在版编目（CIP）数据

中华人民共和国新法规汇编. 2022 年. 第 1 辑：总第 299 辑/司法部编. —北京：中国法制出版社，2022. 7
ISBN 978-7-5216-2741-1

Ⅰ. ①中… Ⅱ. ①司… Ⅲ. ①法规-汇编-中国-2022 Ⅳ. ①D920. 9

中国版本图书馆 CIP 数据核字（2022）第 109029 号

中华人民共和国新法规汇编
ZHONGHUA RENMIN GONGHEGUO XIN FAGUI HUIBIAN
（2022 年第 1 辑）
编者/司法部

经销/新华书店
印刷/三河市紫恒印装有限公司
开本/850 毫米×1168 毫米　32 开　　印张/12. 625　字数/352 千
版次/2022 年 7 月第 1 版　　2022 年 7 月第 1 次印刷

中国法制出版社出版
书号 ISBN 978-7-5216-2741-1　　定价：18. 00 元

北京市西城区西便门西里甲 16 号西便门办公区
邮政编码：100053　　传真：010-63141600
网址：http：//www. zgfzs. com　　**编辑部电话：010-63141663**
市场营销部电话：010-63141612　　**印务部电话：010-63141606**
（如有印装质量问题，请与本社印务部联系。）